本书是国家社会科学基金教育学重点课题
（课题批准号 ADA130006）的最终研究成果。

马健生 等 著

教育国际化政策及其
实施效果的国际比较研究

A Comparative Study of
Internationalization of
Education: Policies and Effects

北京师范大学出版集团
BEIJING NORMAL UNIVERSITY PUBLISHING GROUP
北京师范大学出版社

前　言

　　教育国际化的核心就是在经济全球化、知识经济一体化的大背景下，充分利用国际与国内两个教育市场，有效配置本国的教育资源与要素，培养出具有国际视野和国际竞争力的高素质人才。在知识经济日益凸显的时代，国家综合实力的竞争，归根结底是人才的竞争。因此，教育国际化的最终目标是要培养大批具有爱国情怀和国际视野、通晓国际规则、能够参与国际事务的国际化人才。这种人才既能立足于本国，又能放眼世界，积极主动地参与到国际竞争当中。

　　随着世界政治格局的变化和世界经济一体化趋势的加强，教育国际化已经成为经济全球化的重要组成部分，成为世界教育发展的重大趋势，已经引起各国政府和国际社会的广泛关注。2010 年颁布的《国家中长期教育改革和发展规划纲要(2010—2020 年)》(以下简称《规划纲要》)十分重视教育的对外开放，对进一步提高我国教育国际化水平具有重要作用，《规划纲要》明确提出："加强国际交流与合作。坚持以开放促改革、促发展。开展多层次、宽领域的教育交流与合作，提高我国教育国际化水平。借鉴国际上先进的教育理念和教育经验，促进我国教育改革发展，提升我国教育的国际地位、影响力和竞争力。适应国家经济社会对外开放的要求，培养大批具有国际视野、通晓国际规则、能够参与国际事务和国际竞争的国际化人才。"从这个意义上来说，教育国际化对于促进我国教育事业、经济建设和对外关系的发展具有重要的意义。早在 1983 年，邓小平同志就提出了"教育要面向现代化、面向世界、面向未来"的要求，可以说这是中国教育面向国际的先声。步入 21 世纪，我国在更深层次上融入了世界经济。在这样的背景下，加快教育国际化的步伐，深入贯彻落实《教育规划纲要》，已成为我国教育发展的必然趋势和战略选择。

通过对教育国际化政策及其实施效果的国际比较研究，我们可以从宏观层面比较全面地了解西方主要发达国家教育国际化政策制定的背景与依据、政策变迁过程、政策实施效果、政策特征等。此外，从国际比较的视野对教育国际化政策及其实施效果进行研究，突破了国别研究的界限，抽象程度更高，更加有利于深化对教育国际化政策及其实施效果的理性认识。虽然教育国际化有着普遍的基本规律，但是任何一种教育形式都有其成功的一面，又都有其需要逐步完善的一面。在不同的文化背景下，教育国际化既要遵循普遍规律，又要保持自己的优势特色，并在实践中不断探索适合本国国情的教育国际化政策。与此同时，中国教育国际化政策的制定与实施也正积极改革，谋求新的发展，在实践过程中也取得了许多成功的经验。因此，本课题的研究有助于更加全面、系统而有效地把握国内外教育国际化政策及其实施的成功经验。然而，各个国家的教育制度会因其政治制度、经济发展、文化传统、历史变迁等的不同而不同，但无论哪种教育，其最终目的都是要促进人的全面发展，培养其社会经济发展所需要的人才。

改革开放以后，中国高等教育国际化的意识日益增强，并且制定了相关的法律法规予以支持和推动。随着经济全球化、知识经济的不断发展，世界各国经济实力的竞争最终取决于高素质人才的竞争。在当今世界经济一体化的过程中，人类活动日益走向全球化，作为人类活动重要组成部分的教育，也在此过程中扮演着重要的角色。教育本身所具有的知识生产、转化、传播的功能，也决定了它是一个开放的系统，只有与外界不断地进行物质、能量和信息的交换，才能促进其自身的健康发展。因此，我们需要逐步扩大教育开放，提高中国的教育国际化水平，培养出大批具有国际视野与国际竞争力的高水平人才，逐步推动中国从教育大国向教育强国、从人力资源大国向人力资源强国不断迈进，同时这也是教育国际化自身发展与完善的迫切需要。

本研究力图通过国际比较研究、理论研究、个案研究等多种研究方式和手段，试图回答如下几个具体的研究问题。

1. 教育国际化政策实施效果的分析框架或维度包括哪些方面？

2. 主要国家教育国际化政策包括哪些方面？实施效果如何？

3. 主要国家在教育国际化发展中有哪些经验值得我们借鉴？其教育国际化政策的话语体系呈现出哪些特征？

4. 中国教育国际化政策包括哪些方面？中国的教育国际化在发展过程中面临着哪些机遇与挑战？

本书的基本内容主要包括教育国际化的基本理论研究，教育国际化政策及其实施效果的国别比较研究，国际组织的教育国际化政策及其实施效果研究，教育国际化的国际经验研究和中国教育国际化政策、实施效果与战略选择五个部分。各个部分的具体内容如下。

第一部分，即第一章，教育国际化的基本理论。

第二部分，包括第二至第七章，分别是：

第二章，美国教育国际化政策及其实施效果。

第三章，英国教育国际化政策及其实施效果。

第四章，德国教育国际化政策及其实施效果。

第五章，日本教育国际化政策及其实施效果。

第六章，澳大利亚教育国际化政策及其实施效果。

第七章，印度教育国际化政策及其实施效果。

第三部分，包括第八章和第九章，分别是：

第八章，欧盟教育国际化政策及其实施效果。

第九章，联合国教科文组织高等教育文凭互认政策及其实施效果。

第四部分，即第十章，国际经验：教育国际化政策话语体系的主要特征。

第五部分，即第十一章，中国教育国际化政策、实施效果与战略选择。

之所以选择美国、英国、德国、日本、澳大利亚、印度这些国家以及欧盟和联合国教科文组织这两个国际组织作为研究对象，主要基于如下考虑。

第一，美国作为世界上最大的经济体，其社会经济的发展获益于教育国际化极多，是世界上教育国际化的主要代表，其教育国际化是贯穿于美国教育建立、发展的一条明线，在不同历史时期根据其不同的推动主体、背后动因而呈现出不同的发展形势。

第二，英国和德国是欧洲老牌的资本主义国家的典型代表。英国是当今世界上教育国际化程度较高的国家之一，国际化所带来的巨大收益不但推动了英国经济的发展，师生国际流动的日益频繁还开阔了英国学生的教育视野，丰富了英国社会的文化元素。德国是现代大学的发源地，其高等教育不仅历史悠久，而且一直在世界上享有盛誉。随着经济全球化、欧洲一体化的发展，德国从20世纪末开始积极采取一系列措施加快其教育国际化的进程，这不仅提高了德国教育在世界舞台上的影响力，也使得德国成为对外国学生来说最具吸引力的留学目的地之一。

第三，日本是亚洲的发达国家，其教育国际化为日本社会提供了大量适应国际社会的高级人才，支持了仅有1亿多人口的日本成为世界第三经济大国，提高了日本的国家竞争力，树立了日本在世界范围内教育先进国家的地位，取得了一系列令人瞩目的成绩。

第四，澳大利亚是将教育国际化作为推动其国民经济发展，特别是服务贸易的典型国家。澳大利亚的教育国际化发端于20世纪初，经过一个多世纪的发展，现已取得了举世瞩目的成就。在海外留学生教育方面，目前澳大利亚已经成为世界上最受国际留学生欢迎的留学目的地之一，仅次于美国和英国。

第五，印度是新兴的发展中国家，也是经济发展迅速的金砖国家，还是当前十分重视教育国际化的发展中国家。对于同样作为发展中国家的中国而言，印度在其教育国际化方面的举措对于我国推进教育国际化的发展具有相当大的参考价值。

第六，欧盟全称为欧洲联盟，是目前欧洲27国政治经济共同体，还是世界上最有影响力的国家区域性组织，其教育国际化的发展和其他区域组织存在较大的差异。欧盟自成立以来，在推进欧盟成员国之间以及成员国与其他国家之间的国际交流与合作方面做出了重要贡献。

第七，联合国教科文组织是联合国的常设机构，是范围最为广泛的国际组织，截至2015年，有195个会员国，9个准会员国。在如今的全球教育治理环境中，联合国教科文组织正发挥着日益重要的作用。其发布的关于教育国际化的政策报告日益受到各国教育政策制定者以及专家的关注。

目　录

第一部分

第二部分

第三部分

第四部分

第五部分

第一部分

第一暗戀

第一章　教育国际化的基本理论

随着全球化的逐步深入，世界各国、各地区之间的相互依赖关系日益增强，政治、外交、经济、贸易等诸多领域的全球化早已打破固有的樊篱，进而触及教育、文化等公共生活领域。素有国家"软实力"之称的教育事业，不仅与国家利益休戚相关，更肩负着民族振兴的使命。在经济全球化的推动下，教育也经历着全球化的洗礼，不断迈向更为开放、合作、多元与融合的国际化。然而，教育国际化不是 21 世纪的产物，而是滥觞于两千年前文明古国之间的文化交流以及古希腊罗马以来的"游学"与"游教"之风；① 教育国际化不是自发的演变过程，其背后打下了文化传统的深刻烙印，并在不同的文化间寻求互助与共存；教育国际化不是被动的驱策，而是承载着国家的现实利益与民族未来发展的使命，是助力国家强盛、社会发展乃至世界和平的重要动力；教育国际化不是"不蔓不枝"的文化自觉，而是形塑国家教育政策的重要力量，并在社会变迁的潮流中蜿蜒前行。

一、教育国际化的基本内涵

教育国际化的历史源远流长，国际化的不同维度对教育的发展产生了不同程度的影响。教育国际化不仅有着十分丰富的内涵，其外延也在不断地扩展，在新的时代背景下发展成为世界性的趋势与潮流，引起了人们的普遍关注与高度重视，正在逐步成为各国教育蓝图中浓墨重彩的一笔。然而由于认知差异、视角不同、主体利益分歧等，人们对于教育国际化内涵的理解见仁见智，对其内涵的认识也不尽相同。

---

① 杨启光：《教育国际化进程与发展模式》，2 页，北京，社会科学文献出版社，2011。

(一)教育国际化概念解析

就词源而言,"国际"一词的本意为"国与国之间,或与世界各国有关的;联系或涉及两个及两个以上国别的";"际"意味着边界;"化"意味着变化发展的过程。"国际化"则是一个丰富而又复杂的概念,广义上意指超越国家限制的各种行为,具体指涉不同国家和地区间的文化认同。当代著名比较教育学家阿特巴赫把"国际化"定义为"政府职能部门、学术系统、高等院校,乃至高校各个院系为应对全球化所制定的各种政策和开展的各种项目",并对"本土国际化与海外国际化"两个下位概念做了界定:"本土国际化是使本地院校具有国际化经验和要素而设计的战略,如在课程中增加关于全球化和比较教育课题研究的内容,或者招收海外学者到本地院校就读、任教等。海外国际化指的是在其他国家拓展教育、学术与人才交流计划或项目,主要包括派遣学生、学者到其他国家进行短期学习和交流,建立海外分校,参与国际合作教育与研究项目。"[①]

详言之,国际化是指在历史发展进程中,一个国家在政治、经济、文化等方面对其他国家政治、经济、文化产生影响的过程。这种影响过程是双向性互动的:一方面,被影响者主动认识、理解、尊重进而吸收世界优秀文化成果,侧重自身素质和内部机制的革新,力求通过内部革新去适应外部变化;另一方面,影响者把本国优秀文化成果主动推广于世界,让世界各国认识、理解、尊重进而吸收本国优秀文化成果,侧重于注重通过自身力量去能动地影响和改变外部世界。[②] 理解国际化是理解教育国际化的基础,就教育国际化而言,不同国家、不同学术背景的学者对教育国际化的认识不尽相同,以下为几种对教育国际化颇具代表性的概念解析。

加拿大多伦多大学简·奈特(Jane Knight)着眼于高等教育,认为高等教育国际化是"一个将国际视野、跨文化或全球化的视角与高等教育的目标、功能(包括教学、科研、服务社会)以及具体实施相融合的过程"。[③]

---

① [美]菲利普·G. 阿特巴赫:《全球化与国际化》,姜川、陈廷柱译,载《高等教育研究》,2010(2)。

② 刘自任:《美国高等教育国际化初探》,硕士学位论文,西南大学,2007。

③ Jane Knight, "Updated Internationalization Definition," *International Higher Education.* 2003(33),pp. 2-3.

如此定义凸显了教育国际化的维度以及动态发展的过程。

隶属于联合国教科文组织(UNESCO)的国际大学联合会(International-al Association of University)也从高等教育入手,对高等教育国际化给予以下定义:"高等教育国际化是将跨国界和跨文化的观点和氛围与大学的教学、科研和社会服务等主要功能相结合的过程,这是一个包罗万象的变化过程,既有学校内部的变化,又有学校外部的变化;既有自下而上的,又有自上而下的;还有学校自身的政策导向变化。"

国际教育发展委员会在其划时代的报告《学会生存——教育世界的今天和明天》中指出,教育国际化就是要求教育反映出各国共同的抱负、问题和倾向,反映出它们走向同一目的的行为,其必然的结果则是各国政府和各个民族之间的基本团结,在消除了偏见与沉默的情况下,以一种真正的国际精神发展相互间的接触。国际21世纪教育委员会向联合国教科文组织提交的报告《教育——财富蕴藏其中》提出了国际合作作为高等教育的另一项职能在最近几年变得越来越重要,人们依此指出大学的第四项职能,即国际文化交流;该报告一经出版就引起了广泛重视,在新的时期为教育的国际化发展奠定了基础。

我国《教育大辞典》指出,教育国际化是指第二次世界大战后,国际互相交流、研讨、协作、解决教育上共同问题的发展趋势。国际组织的出现和发展,国际合作加强,改革学制的封闭与鼓励状态、使本国与国际上的各级各类学校发展趋向一致,是教育国际化的三个主要特点。①

一个国家独特的历史、本土文化、资源、战略优先权等都是影响其国际关系的重要因素。正因如此,一个国家的民族认同和特有的文化传统是影响该国国际化发展的方向与程度的关键要素。国际化不是孤立存在的,其本身即为一个动力过程,包含很多活动,保持开放与融合是维持国际化可持续发展的必由之路。教育国际化是建立在文化多样性、互动性与包容性基础之上的,是国与国之间秉持相互尊重、平等对话和互相包容的原则,将教育事业与国际维度有机结合的过程。教育国际化本身不是目的,而是提升教育质量、改革教育系统、保持国际对话的助推

---

① 顾明远:《教育大辞典·增订合编本(上)》,751页,上海,上海教育出版社,1988。

器。教育国际化是一个不断发展变化的概念，其过程是双向或多向互动的，是教育发展的内在要求，有助于一国教育的发展对国际环境的变化做出积极的回应，并力求保持一致的国际步伐。教育国际化更是在教育领域内保持国际视野并胸怀自我，指导本土教育改革和实践过程，不断追求国际上更优质教育的努力和尝试；是不同国家的教育在发展过程中不断趋同，吸纳与输出的平衡和超越；是旨在交流、共享和借鉴的文化自觉，是在坚守和创新中不断地改革和创新。教育国际化表现出了开放性、包容性、交流性、竞争性、民族性、融合性，以及相互依存性等时代特征。

（二）教育国际化与相关概念辨析

1. 教育全球化与教育国际化

全球化（Globalization）意为世界为一个整体，某一事物在全世界范围内运转，并得到不同国家和地区人民的认可，使其拥有共同的目标与行为，以及由此产生经济、政治、文化、科学、教育等活动的一体化及相互联系、相互依赖的关系。全球化的概念的生成基于对国家概念的淡化，削弱了国界线的重要性。教育全球化指教育思想、教育体制、教育实践在世界范围内的传播和普及，优秀的教育思想和成功的教育实践得到世界不同国家和地区人民的认可，并不断成为普遍接受和认可的价值观，进而促进不同国家和地区之间的教育联系、教育互动与相互依赖。作为经济全球化的衍生物，教育全球化同样具有双重属性，是一把双刃剑，一方面强调借鉴、融合他国优秀经验助力本国教育改革，另一方面要迎接发达国家教育竞争与教育植入带来的挑战。近现代以来，在生产力快速发展与知识创新、科技进步的推动下，教育全球化的进程日益加快，依附论则将这一过程形象地比拟为"麦当劳化"（McDonaldization），即一种事物在全球范围内传播、被接受，并强调其传播的范围之广、速度之快。

国际化（Internationalization）包括外向国际化（走出去）和内向国际化（引进来）两重含义，是不同国家和不同地区之间的动态互动与彼此之间产生的影响；国际化强调空间的开放、思想的包容、观念的融合与形式的多元。教育国际化有两层含义：一是教育要为国家培养国际化的人才；

二是教育本身对外开放，强调教育的国际交流。教育国际化是针对经济全球化趋势而采取的教育应对行动，是世界各国教育在发展中为了保持与生产力发展、科技创新、社会文明的一致性与同步性而必须经历的自我改革、自我完善及自我发展的过程；是现代人类跨越教育的时空障碍，既在世界这一空间范围内沟通、联系、交流与互动，又在时间这一尺度上共同面向未来、描绘明日世界教育图景的一种自然进程。[①]　教育国际化要求在处理教育问题时要采取开放、包容、多元并相互理解和尊重的态度，重视不同国家在相互平等对话和动态互动过程中所显现的多元性。在教育全球化浪潮的席卷下，教育国际化要求教育系统兼收并蓄，融合各方优势，探索本土化的质量提升之路，要在地区乃至全球都有较强的竞争力，教育国际化更多地呈现出多样化的态势。

　　"全球化"是不按人的主观意志为转移或改变的一种现象、一个过程，强调一致性和统一性；而"国际化"则是政府、学校、科研机构为应对全球化而做出的有目的、有计划的一种政策导向或实践措施，强调多样性和互动性。[②]　全球化是国际化的催化剂，国际化是对全球化的回应。教育全球化与教育国际化一方面互为映衬，相互依托；另一方面又有所区别，是两个不同的概念。正确把握二者的不同点应注意以下两点：第一，从起源来看，教育全球化最早可以追溯到古希腊智者派的"游教"活动，是自发兴起的以传播知识为主要目的的教育实践活动。教育国际化则肇始于第二次世界大战之后，为了加强不同国家、不同意识形态、不同文化之间的交流与合作，通过增进交流以达成更多共识，加深彼此的了解，多方协作，致力于共同解决教育方面出现的新问题，促进世界不同国家和地区教育事业的良性发展。第二，就本质特征而言，教育全球化是忽视单个民族、国家的利益，跨越国家界限的教育资源的全球流动，是经济发展的必然结果，是不可逆转的历史潮流。教育国际化是建立在不同国家、民族的相互交流与合作的基础之上，并强调彼此之间的共同利益

---

　　① 袁利平：《教育国际化的真实内涵及其现实检视》，载《西华师范大学学报（哲学社会科学版）》，2009(1)。

　　② 周南照：《教育国际化的多元内涵、战略意义与实施途径》，载《世界教育信息》，2011(5)。

与普世价值，是有目的性的、主观的教育实践。教育国际化是在承认差异的前提下，立足于自身的教育发展特点，以互相尊重、互相理解为准则的国际交流与合作。

2. 国际化教育与教育国际化

相比于教育全球化和教育国际化的动态发展过程，国际化教育是教育全球化和教育国际化发展过程中的阶段性状态，是一个静态的概念。国际化教育是教育形态的反映，这种教育形态是面向全球不同国家和地区，基于多主体的互动交流并在一定程度上取得相互依赖的教育成果，同时也是以促进交流与合作为教育目的、以多元文化和多元价值观为教育内容、以信息技术利用为主要特征的全新教育方式为导向的教育形态。如今，全球化进程日益深入，国际化教育形塑迈向国际社会的教育理念，国际化的教育理念对教育功能、教育过程和教育内容都产生了巨大的影响。国际化的教育功能是指在人类社会进入国际化时代中教育所承担的培养具有高度胜任力和国际竞争力的复合型人才的职责和在此培养过程中发挥的作用。国际化的教育功能要突破传统的较为封闭的教育教学模式，打破定位于课堂的教育界限，利用可能的一切技术、社会教育资源，培养学生成为终身学习者，提高学生的国际竞争力。国际化的教育过程注重教育的国际交流与合作，涵盖不同形式的交流方式，综合利用先进的教育技术和交流媒介，注重培养学生多元文化价值和对全纳教育的理解。国际化的教育内容侧重于语言能力的培养，注重学生的日常外语及其在实际情境中的使用能力，注重培养学生多渠道获取知识与信息的能力，并注重强化学生在礼仪、风俗、文化方面的培养。国际化教育具有开放性、多样性和前瞻性的特征。具体而言，国际化教育的开放性是指一个民族国家的教育与其他民族国家的教育存在着物质的、能量的和信息的交流，这种交流是自由的，几乎不受时间、地点和行为方式的限制；国际化教育的多样性是指各个国家和地区都有适合本土特征的教育目标、教育内容和符合教育条件并与之相匹配的教育方法，多样性的特征还表现在国际化教育是从民族、国家的利益出发的，是根据各个国家自身的特点与条件来选择的教育策略；国际化教育的前瞻性是指教育把握时代发展脉络，跟进世界教育发展新动态，融合先进的教育理念，进而指导教育实践。

　　教育国际化是在经济全球化和教育全球化洪流的裹挟中推动教育朝向国际化发展的动态过程，是人类在教育资源的共享增加、各国教育之间依赖性增强的国际化背景下，对教育的生存价值、发展价值、享受价值的不断追求的历程。这种历程不是现代社会的产物，而是可以追溯到我国的春秋战国时期，以及西方的古希腊时期。教育国际化随着经济社会的发展而不断演进，呈现出不同的国际化教育场景，并由不同点状的国际化教育形态串联成教育国际化发展的动态延伸过程。国际化教育与教育国际化之间在本质上存在着很大的差别，不仅是静态概念和动态概念的差别，而且是教育形态与教育现象的差别。国际化教育是推进教育国际化的一种手段，区别于教育国际化也不等同于教育国际化。教育的国际化是通过国际的相互交流与合作来推进国际化教育进程，而国际化教育则是教育国际化发展历程中的静态状态，通过教育的手段来推进教育的国际化。①

　　3. 国际理解教育与教育国际化

　　第二次世界大战之后，为减少战争，增强不同国家和地区之间的理解，维护世界和平，1946 年联合国教科文组织提出了国际理解教育（Education for International Understanding）的教育理念。教育在促进文化传播和文化理解的过程中起着越来越重要的作用，国际理解教育是指通过各种手段和措施培养具有国际理解能力和理解品行的人，并在此基础上促进不同文化之间的相互尊重、相互了解和共同发展。国际理解教育重视培养具有丰富的本国文化知识和尊重其他民族文化传统的人，主要是为了使人们在认识世界时不囿于本民族的文化认同，而以包容、多样、开放、理解的视角，学习别国历史、文化和社会习俗；学习与世界不同国家的人们交往的技能、行为规范并建立人类共同的基本价值观；学习正确分析和预见别国政治、经济发展状况及其对本国发展的影响；正确认识和处理经济竞争与合作、生态环境、多元文化共存、和平与发展等方面的国际问题；培养善良、无私、公正、民主、聪颖、热爱和平，关

---

　　① 庞红卫：《教育全球化辨析》，见《浙江大学教育学院研究生论文集》，5～7 页，杭州，浙江大学出版社，2001。

心人类的共同发展的情操；担负起"全球公民"的责任和义务。①

国际理解教育的产生有着深刻的社会背景。首先，20世纪中期以来，随着交通、通信的迅猛发展，人们在经济、社会和文化等方面的国际交往日益频繁，国家间的相互依存关系日渐加深。随着国际竞争的加剧，国际交往中的摩擦和矛盾也逐渐增多并日益尖锐，全球性问题的不断涌现，使解决这些问题的国际合作的必要性更加突出。其次，新的信息交流技术的高速发展催生了地区性和世界网络的形成，不仅使国际知识与技术的传播变得可能，而且使传播的速度变得更快。信息的全球化传播使知识在世界范围内的共享变为现实，也为开展国际理解教育提供了可能和条件。最后，国际化时代诸多全球性问题凸显。"冷战"结束，世界多极化格局初见端倪，与此同时，困扰着人类的地球环境、能源、人口、难民等国际性问题增多，客观上加深了国家间相互协作与相互依赖的关系。在教育、科研、文化与科学技术的各个领域中开展国际交流，并做出各自的贡献，成为各国际成员国在国际化时代下新的历史使命。这种历史使命要求各国公民具有国际责任感、国际知识、国际交往能力，以及对多元文化、多元制度有深刻理解。

国际理解教育理念的产生受到了教育国际化思潮的影响，同时也促进了教育国际化的发展进程。国际理解教育与教育国际化都致力于培养具有国际竞争力和国际视野的复合型人才，强调文化多样性及文化之间的对话和理解，都在客观上促进了不同国家之间的相互交流与合作。与教育国际化不同，国际理解教育本身是过程也是目的，其最终目的不仅仅是增强不同国家和文化间的理解与合作，培养具有国际视野的优秀人才，而且是受不同的主体利益与时代潮流的影响而不断前进的教育发展进程。

4. 国际教育政策与教育国际化政策

国际教育政策是以面向世界不同的国家，满足不同国家教育发展过程中的多样化需求为根本目标的全球性教育发展战略。随着经济、文化的发展，教育越来越被认为是人权中不可或缺的组成部分，是个人能力

① 徐辉、王静：《国际理解教育研究》，载《西南师范大学学报（人文社会科学版）》，2003 (6)。

建构、国家发展及经济增长的重要组成部分，也是政府工作的核心职能。国际教育政策秉持以上价值理念，一般是由国际上一些关注教育改革和发展的组织，如联合国（UN）、联合国教科文组织、经济合作与发展组织（OECD）、世界银行（World Bank）等发起并制定的，由政府、基金会、科研机构、培训机构、专业发展组织、非营利集团和非政府组织等多方共同合作传播并执行。① 国际组织本身具有思想引领、问题裁决、标准制定、信息交流、促进成员国之间合作的职能，能够突破国别和地域的限制，以更为开阔的视野和包容的态度站在全人类的角度审视问题并提出解决问题的办法。联合国发起的《世界人权宣言》《儿童权利公约》《巴黎宣言》，以及联合国教科文组织发起的《全民教育》《全纳教育》《千年发展计划》等教育政策，都是具有代表性的国际教育政策。然而，由于经济、政治地位等方面的不平衡，具有影响力的国际组织都是由西方国家主导的，并且采取西方国家的研究范式，有西方中心主义的倾向。近年来，随着发展中国家综合实力的提升，发展中国家在国际组织中获得了一定的话语权，国际教育政策正朝向更为平等、包容、和谐的目标逐步发展。

与国际教育政策不同，教育国际化政策是对国际教育政策的呼应，多是由各国政府部门为响应国际组织国际教育政策实施的需求，或为推动本国教育的国际化发展并基于本土实际而制定的适合本国国情的相关教育政策。国际教育政策的关注点多为不同教育系统的共同点，在共同点的基础上寻求同质的政策基础和政策目标。教育国际化政策则是各国政府在教育国际化思潮的影响下，基于本国教育政策的实际并面向国际社会而制定的个性化教育发展策略。在当今国际交流日渐频繁、国际竞争越来越激烈的背景下，教育不再是一座孤岛，而是一幅色彩斑斓、风姿各异的全景图，各国教育系统都在教育国际化潮流的推动下不断向前涌动，并形成全球教育网络，每个国家都是全球教育网络中不可替代的组成部分。发达国家为保持既有的教育竞争优势、增强对留学生的吸引力、吸引人才以教育促进经济发展、传播思想意识，积极推进教育国际

---

① Carolyn A. Brown, *Globalization, International Education Policy and Local Policy Formation: Voices from the Developing World*. New York and London, Springer Dordrecht Heidelberg, 2015, pp. 4-5.

化的进程，其教育国际化政策走在世界前列。教育国际化政策分为教育援助政策和促进本国教育发展的政策两种类型，如第二次世界大战后美国发起的"马歇尔计划"、《外交援助法》属于教育援助政策，而《国际教育法案》《超越9·11：国际教育的综合国家政策》则属于后者。教育政策研究和国际化是多面互动的过程，能够在地区—国家—全球框架内更深刻地理解教育问题，并能使教育政策跟进时代前沿，影响国家的未来发展。①

(三)教育国际化的核心要素

教育国际化的核心是以推进人类教育改革为目的、以实现世界范围内教育的高速发展为目标，具有时代性、国际性和跨国、跨文化、跨学科特点的教育现代化。② 知识的普遍性导致教育本身具有国际性，教育国际化的核心要素包括培养目标的国际化、课程的国际化、人员交流国际化、国际学术交流与合作研究、教育资源的国际共享五个核心要素。③

第一，培养目标的国际化。教育国际化旨在培养面向世界、有国际意识的人才，教育要为学生提供了解外界的窗口，使他们能够掌握世界的先进文化，为培养未来世界公民做准备。国际化的教育观念要培养学生参与世界竞争、与国际社会交流与合作的能力，国际性、开放型人才培养目标要求学生不仅是未来全球问题的解决者，也是本国发展的栋梁④，能为本国在国际事务中拥有更大的话语权打下基础。

第二，课程的国际化。教育内容的国际化主要表现为课程的国际化，即增设有关国际教育的专业或课程，或在已有课程中增设国际性内容。如果某个学科只注重一国经验而排斥其他文化经验，就是欺骗学生的沙文主义的做法。教育国际化要求在国际框架内讲授一个学科，以便使学生意识到所有国家的相互联系以及诸如贫困和种族歧视等问题的普遍性。国际课程强调课程内容的国际水准，强调具有现代性和探究性的课程，

---

① Joseph Zajda, *Second International Handbook on Globalization*, *Education and Policy Research*, New York and London, Springer Dordrecht Heidelberg, 2015, p. viii.

② 冯增俊：《比较教育》，262 页，南京，江苏教育出版社，1996。

③ 陈学飞：《美国、德国、法国、日本当代高等教育思想研究》，108～110 页，上海，上海教育出版社，1998。

④ 陈玉云：《教育国际化与教育民族性问题》，载《教育探索》，2003(10)。

体现学科前沿知识、交叉学科内容，更多的关注生活和社会。[①]

第三，人员交流国际化。教师和学生作为传播和继承知识的最大载体，其国际流动是教育国际化进程中最为核心的要素之一，接收与派出的学生与教师的数量和层次不仅反映一个国家教育国际化的发展程度，而且也是一国教育发达程度与开放程度的重要标志。[②] 教师和学生的国际交流不仅促进知识、思想的国际传播，也有助于加强世界不同国家间的文化联系，进而促进国家间的经济和政治联系。

第四，国际学术交流与合作研究。国际学术交流最根本的目的在于相互理解、相互合作，学者们可以联合他们的智力共同解决一些世界性的问题。开展国际研究和地区研究离不开外语学习，外语不仅是学习别国文化、了解世界文明、促进不同国家人民之间交流的工具，而且能够提高学生的文化和语言鉴赏力。建立在良好语言基础上的国际学术交流与合作，是排除政治、宗教、意识形态等社会因素的干扰，自由研究和探讨学术问题的国际交流，对于增强共同问题的解决能力和不同文化的理解力发挥了重要作用。

第五，教育资源的国际共享。教育技术的变革推动了教育国际化的发展进程，教育技术、设施等教育资源的国际共享也是教育国际化的重要组成部分。如果说知识的国际传播和共享是教育国际化的软载体，教育技术、设施等资源则是教育国际化的硬载体。随着信息技术的快速发展，教育技术、设施更新换代的频率也在加快，教育技术、设施的国际共享还要尽可能地向全球公开优质教学资源，为符合条件的学习者提供相应的教育资源，如慕课（MOOCs）的兴起和广泛应用，正是综合利用了多方教育技术，聚集全球优质教育资源而搭建的教育传播、合作平台，也是促进学术交流和知识传播的重要途径。

二、教育国际化的演变过程

教育现象的历史追踪是洞悉教育本质的必经之路，对教育国际化生发流变过程的追溯能够厘清教育国际化的发展脉络，更深刻地理解教育

---

① 康丽：《教育国际化更应该关注课程的国际化》，载《中国教师报》，2014-10-22。
② 李联明：《后"9·11"时代美国高等教育国际化新发展研究》，博士学位论文，南京大学，2012。

国际化的内涵、特征与未来的发展方向。美国著名的教育史学家佛罗斯特曾高度评价教育历史研究的重要性,指出:"所谓教育史就是人们在从古至今对教育的认识过程中,不断地重建其教育观念和教育机构的历史;同时也是人们按照自己的设想,做出种种努力和尝试,去塑造下一代人的历史。有时教育发展得很慢,以至于给人们一种印象,仿佛教育没有一点进步。但在其他一些时候,教育发展的速度却很快,以至变化很大。老的东西很快地被抛弃,新的东西不断出现。但是无论快慢,在任何时候,变化总是在产生,教育也一直在发展。"①教育国际化与其他教育现象一样遵循教育发展的一般规律,随着历史的发展不断地超越、丰富、重构,并适时地被赋予新的时代特征。

作为人类共同的事业和影响世界教育变革最重要的力量,教育国际化的思想与实践历史最早可以追溯到古希腊罗马时期,知识的普世价值赋予了教育国际性的特征,智者的"游学"、知识的跨区域传播是教育国际化的原始形态。古希腊罗马时期是教育国际化的发端,是学者自发的教育实践,呈现出源于生活并有多样形态的特征。而现代意义上的教育国际化肇始于 19 世纪,形成于 20 世纪,特别是第二次世界大战之后,在工业革命的洗礼和民族意识增强的影响下,教育国际化步入了实质性发展阶段,凸显了现代化特征和交互性特征。20 世纪 90 年代,东、西方"冷战"状态结束,教育国际化步入了快速推进时期。随着国际竞争的日益加剧,世界各国普遍意识到新的国际化时代的到来,高度重视加强教育的国际交流,并把教育国际化作为发展本国教育的战略方针,教育国际化迎来了新的发展契机,并朝向常态化和系统性方向发展。

(一)生活化与多样性:教育国际化的萌芽(16 世纪之前)

1. 生活化:教育国际化的历史境遇

教育的跨文化、跨地域交流是伴随着人类文明的进步和知识传播的发展而发展起来的,从古希腊时期起,人类就有了以传播知识、求学为目的的跨地域教育活动。知识的普遍性决定了知识分子的流动性和教育活动的国际性。古希腊时期,学者长途跋涉去求学以探求科学、哲学的

---

① [美]S. E. 佛罗斯特:《西方教育的历史和哲学基础》,吴元训等译,3 页,北京,华夏出版社,1987。

真理，形成了跨国的"游学""游教"之风。公元前 5 世纪到公元前 4 世纪，希腊半岛的经济发展盛极一时，此时希腊城邦尤其是雅典实行城邦民主制，其公民几乎无一例外都广泛参与到城邦政治事务中。政治观点的表达和政治权利的争取都离不开辩论术，为了培养辩论技能，人们迫切需要受到更多、更高级的教育，此时出现了教导人们学习辩论术而游走于各城邦之间的职业教师，被称为"智者派"。"智者派"大多不是雅典人，但多以雅典为活动中心，活动范围不断向外辐射，向人们传播哲学、天文学、数学等高深知识。公元前 5 世纪到公元 1 世纪的罗马共和国时期，罗马贵族家庭把他们的孩子送往雅典、罗兹岛（Rhodes，希腊东南端佐泽卡尼索斯群岛中最大的岛屿）和亚洲的一些城市让孩子接受正规的教育。希腊圣贤柏拉图也曾到文明积淀深厚、历史悠久的埃及等地考察游历，"游学"之后建立了以传播知识和文化、培养学生、探寻真理为主要教育目的的学园，学园是固定的教学场所，吸引了来自不同国家的年轻人前来求学问道。罗马帝国时期，随着罗马军队在世界各地的不断侵略和扩张，罗马学校也在帝国领地范围内迅速扩张，生根发芽。

中世纪的大学在欧洲的普遍兴起与发展是促进教育国际化的一支重要力量，中世纪大学追求知识的普遍性，认为人文学科是一切知识的基础，一切学问在范围上都是全球性的，以教育为目的的旅行活动变得更为普遍。中世纪大学没有入学方面的国籍限制，也是"真正的国际性机构"，几乎每所大学的学生和教职员都具有国际性，不同国家的大学采用同一种语言（拉丁语）教学，开设的课程也大体相同。不同的大学之间相互承认授予的文凭，师生的流动性很强，拜占庭的学者在波伦亚和佛罗伦萨受到欢迎，来自欧洲各地的学者齐聚巴黎、牛津、剑桥等地，就如同生活在自己的国家一样。文艺复兴时期，大量的教师与学生为了讲学或求学开始了规律性的跨国教育游历，恩格斯评价当时的"巨人"时说："那时，差不多没有一个著名人物不曾作过长途的旅行，不会说四五种语言，不在几个专业上放射出光芒。"[①]中世纪著名的城市，如佛罗伦萨、威尼斯、巴黎、伦敦等地的行会组织都有专门为外国学生建立起来的驻扎

---

① 顾海良：《教育体制改革攻坚》，161 页，北京，中国水利水电出版社，2006。

地。古希腊和中世纪时期的高等教育国际化，是基于知识无国界的朴素认识，是出于学者个人追求学问和传播知识的动机，是一种自发的、私人性质的活动。

2. 多样性：教育国际化的原始形态

古希腊和中世纪的教育国际化主要是非官方或自发的学者和学生，为了传授或者学习知识而进行的跨国流动，大部分是欧洲范围内的跨文化流动。然而随着 16 世纪欧洲的基督教改革运动及民族国家的兴起，学术界树立起了宗教和国界的樊篱，对教育国际化影响最大的大学甚至被称为"宗教和政治的污染之源"，严重阻碍了教育的国际化发展。16 世纪早期，以教育跨国传播为主要目的的教育游历已经成了欧洲文化生活的重要组成部分，学者们教育活动的旅行范围从北欧延伸至意大利，学者的流动加速了人文主义运动以及人们追求新知的进程。文艺复兴时期，人们为了搜集古希腊、罗马时期留下的书籍文物，游走于欧洲各大修道院和文化遗址之间。艺术家为拜求大师学习新技术、宣传新作品并寻求经济资助，也开始了国家间的流动。文艺复兴时期的国外求学不仅仅意味着在大学城或者学园中的旅居，教育本身的内涵也得到了扩展，旅行也成了增长教育经验的一种途径。①

随着航海业、地理大发现、海外贸易以及殖民、宗教活动扩张的深入，各国之间的教育交流又重新活跃了起来。与之前不同，此时的教育国际化涉及范围更为广泛，形式更为多样，包括美洲、澳洲等新开辟的殖民地拓展了教育国际化的地理空间，跨国教育的沟通、交往呈现出多元化的形式，如旅行、贸易、殖民扩张、战争、传教、教育考察等活动都是这一时期教育国际化的发展样态。唐代的"玄奘西游""鉴真东渡"，世界各国遣唐使来华学习，元代时西方传教士马可波罗来中国传教都是国际教育交流与合作的实践。

这一时期的教育国际化集中在欧洲大陆，主要是由于这一时期欧洲文明的发展走在世界前列，欧洲各国文化传统有较大差异，文化多样性显著，行会与大学的兴起以及便利的交通条件等一系列因素促进了教师

---

① Stephen Mark Halpern, "The Story of International Education: A History," *Ph. D. Dissertation*, *Columbia University*, 1969.

和学生的跨国、跨地域、跨文化流动，这种流动是教育国际化的原始形态，此时教育国际化中的国际交流源于生活，不成体系，教育国际化的进程从碎片化的生活维度逐渐扩展到探求真理的学术维度、促进知识传播的文化维度，以及强化思想控制的宗教维度。从生活化到多样性，教育国际化经历了最原始的萌芽阶段，并在内容和形式上为教育国际化进程的进一步发展奠定了基础。

（二）民族性与竞争性：教育国际化的起步（16世纪到第二次世界大战）

英国学者尼克·史蒂文森（Nick Stevenson）认为："在全球化的背景下，民族主义和民族认同并没有终结。真正世界主义的文化只可能借由民族文化的革新而产生，这些民族文化依然是比许多人似乎意识到的更强势的璀璨群星。"[1]民族主义与教育发展的关联问题始终是教育研究中的一个重要课题。民族主义是在不同民族特征基础上发展而来的，并以本民族文化价值与社会立场为根本出发点来审视并解决问题的一种价值取向。一个国家的教育制度不仅被深刻地打上了民族历史发展的烙印，而且也是反映该国民族特性的文化标志。民族主义与民族性是塑造民族国家强有力的手段和重要制度支撑，表面上看，民族主义与教育国际化是相互冲突的对立概念，但实际上，民族国家与国际化是人类社会发展过程中在不同阶段的外显特征，是人类社会的二元结构。在国际化浪潮的推动下，不同民族之间以竞争求进步，以合作求共同发展。教育国际化不仅凸显了不同民族的民族性，同时也放大了民族之间的竞争性。民族国家不仅是教育国际化发展的前提和基本条件，也是教育国际化进程中要不断突破的地域和思想樊篱。

1. 民族性：教育国际化的价值重构

教育国际化主要是一种超越国家的教育行为，以双边行为或多边行为为主要形式。在国际化进程中，民族国家一直处于显要位置，国际化是以地域性为核心并以民族国家为主体的国家间交往。16世纪以后，世界各国间的教育行政官员、学者以及学生之间互相交流及参观考察的力度显著增强，此时普鲁士的教育发展异军突起，吸引了来自欧洲其他各

---

[1] 翟学伟、甘会斌、褚建芳：《全球化与民族认同》，49页，南京，南京大学出版社，2009。

国、美洲等地的教育官员和学者竞相参观学习。法国的维克多·库森(Victor Cousin)1831 年接受教育部部长基佐的委派赴普鲁士研究其教育,随后递交了《关于德意志各邦,特别是普鲁士公共教育状况》的报告,报告中的很多内容后来被法国《基佐法案》所采纳。① 无独有偶,为了进一步促进美国教育的发展,贺拉斯·曼(Horce Mann)去欧洲国家进行教育游历和访问。1843 年,贺拉斯·曼详细地考察了英国、荷兰、比利时、法国和德国等国的学校,赴欧洲访问的考察结果通过《第七年度报告》公布给了美国民众。② 随着国际竞争与国际交流的不断增多,教育离开世界各地而独立存在的想法是不现实的,所有人都是生活在一个逐渐一体化中的世界公民,同时也需要一体化的教育。

这一时期的教育国际化已突破单一的"游学""游教"形式,政府为借鉴别国成功的教育经验以促进本国教育的改革与发展的政治性教育互访显著增多,正如库森所言,"我研究的是普鲁士,而我思考的始终是法兰西"。除此之外,随着民族主义意识的增强和宗教活动的扩展,不同国家、不同种族之间的界限更为分明,这一方面扩展了教育国际化的地理空间,明晰了教育国际化的划分界限;另一方面,不同国家、不同宗教派别之间的竞争也在客观上促进了国家之间的相互沟通与相互学习。教育的国际性与民族性是不矛盾的,不同民族有着不同的文化传统,也就有着不同特征的教育,教育的国际性不排除各国教育的民族性。③ 世界多民族林立,不同民族国家有着各自不同的历史文化和教育传统,这一时期的教育国际化进程在民族国家不断崛起的历史背景中呈现出了鲜明的民族性,以与国际化相对立的民族性视角,丰富了教育国际化重视多样性和民族间的交流与合作这一价值维度。

2. 竞争性:教育国际化的内涵延伸

著名的教育社会学家马丁·特罗(Martin Trow)曾说:"竞争是为不可预言的将来做打算的最有效的办法。"教育竞争不仅是鞭策教育不断向

① 陈时见:《比较教育学》,29 页,重庆,西南师范大学出版社,2012。
② 单中惠、贺国庆:《19 世纪的教育思想(下)》,见《外国教育思想通史》第 8 卷,17 页,长沙,湖南出版社,2005。
③ 顾明远、薛理银:《比较教育导论——教育与国家发展》,37 页,北京,人民教育出版社,1998。

前发展的外在动力，也是保障教育质量的有效工具。竞争行为在教育中十分普遍，从学生之间的竞争、学校之间的竞争，到不同国家之间的竞争，都是教育竞争的表现形式。教育竞争有深刻的内涵，国际性的教育竞争承载了增强国力、争取国际竞争优势、获取国际地位等作用。随着教育日益发展成为一种技术能力，教育中的竞争不再是简单的开放式的竞争，而是融合了经济、文化、政治等多重因素的复杂性竞争。19 世纪以来，随着近现代科学的发展，科学知识的世界普遍性得到了越来越广泛的认可。第二次世界大战之后，尤其是东、西方"冷战"状态的结束，各国普遍开始意识到新的国际化时代的到来，国际竞争已从主要是军事对峙转向了经济，包括技术、知识、人才的竞争，要想在竞争中取得优势，就必须培养面向国际市场、能够参与国际竞争的人才。因此，西方各国普遍把推行教育国际化看作迎接未来挑战的关键性战略目标。第二次世界大战后的国际化范围是全球性的，不论是学生或者学者的国际交流，还是科研上的国际合作，目的往往都是为了国家的政治和经济利益，① 呈现出了教育的竞争性。

早期为本国教育改革而展开的对教育事业发达国家的教育游历，也是不同教育系统之间相互竞争这一因素使然。随着近代民族国家的形成，教育开始带有区域、民族和竞争的特点。教育部门不再以统一的模式设置课程，无论在课程结构还是教学内容等方面，都关注各自国家或区域的利益，积极着手课程内容的改革。不仅如此，各国的教育理论家还根据本国的实际情况，提出了不少颇有见地的教育理论和思想。从 17 世纪开始，以牛津和剑桥为代表的英国传统大学的课程重心转移到了造就未来学者和绅士阶层的"自由教育"（Liberal Education）上；德国增添大量实用教育与骑士教育的相关内容，成功地使濒临困境的德国大学获得生机。这一阶段，法、英、德等各国重视教育改革，以本民族的利益为出发点变革课程内容，建立新大学，更好地实现满足新的培养目标的需要。② 20世纪以来，一体化的世界生活在影响着所有的国家和每一个公民，国家

---

① 陈学飞：《美国、德国、法国、日本当代高等教育思想研究》，16～17 页，上海，上海教育出版社，1998。

② 李振亭：《教育竞争论》，89 页，北京，中央文献出版社，2005。

之间的竞争不仅包括人力、资源、军事之间的竞争，也包括以教育、科技为基础的综合国力的较量，教育竞争成了所有竞争中最重要的竞争，甚至被提升到了关系一个国家的生死存亡的重要地位。英国的威灵顿公爵曾经这样评价滑铁卢战役："滑铁卢的胜利只不过是伊顿公学操场上的胜利"。也有人把普鲁士赢得普法战争的原因归结于普鲁士一流的教育成果，"普鲁士的教员们赢得了1870年的普法战争，缔造了德意志帝国"。"冷战"期间，1957年苏联人造卫星升空，美国朝野为之震动，教育的国际竞争性被提升到了前所未有的高度，有了剑拔弩张之势。美国教育改革以增强科技实力、军事实力和综合国际竞争力为出发点，于1958年实施了重视基础教育、职业技术教育、天才教育和加大教育经费投入的《国防教育法》，把教育改革与国家的安危和命运相连。

（三）交互性与现代化：教育国际化的发展（第二次世界大战到20世纪80年代）

第二次世界大战之后，科学技术有了突飞猛进的发展，交通工具和通信工具日益便捷，国际组织和区域组织日益活跃，不同民族之间呈现出更为开放、包容的时代特点，国家间的联系不断增强，教育国际化的发展迎来了前所未有的新机遇。教育国际化在新的时代背景中呈现出了发展过程与内容的交互性，以及在第三次科技革命推动下的现代化特征。教育国际化的交互性是指国际化的任何一个过程都不是独立存在的和独立发生的，是相互依存的，是发生在间性中并在间性中实现的。交互性建立在相互理解和高效沟通的基础之上，尤其是在教育技术突飞猛进的时代，不同国家之间教育间的远程交互有了更多的可能，逐渐成了教育中的一个系统性的过程。随着世界范围内教育事业的相互交流和相互影响，教育国际化步调一致地迈向了全球性的目标，尤其是在新科学技术的引领与影响下，教育国际化也充分紧跟时代步伐，呈现出了新的时间观和时代精神，教育现代性也成了一个特定历史时期内教育世界的普遍现象，与教育传统型相对，更具开放性与包容性，是对新的教育现象和教育精神的概括。

1. 交互性：教育国际化的旨趣呈现

交互性存在于一切社会活动中，在不同的事物发展过程中有不同的表现形式，在人与社会的交往中以社会交际的形式表现出了人的活动能力，在教育国际化的过程中则表现出交往主体双方共同交流、共同理解、共同鼓励并相互影响的发展形式。一定的国际交流的目的就需要一定的交流手段，国际交流本身就具有交互性，交互即对等和普遍有效，这种交互性不仅是某一国家为寻求国际交流而采取的单方措施，更重要的是教育国际化过程中主体国家通过互动的形式达到利益的共赢。

为增进各国之间的理解从而减少战争和冲突，促进世界和平，1945年，联合国宪章提出要把教育看作促进不同文化和种族之间相互理解的主要工具。1964 年，联合国教科文组织第 12 届大会通过了广泛开展国际教育交流与合作的建议。此后，在联合国教科文组织的积极倡导与推动下，各国之间的教育交流与合作活动便日益活跃。一些地区性组织开展了许多教育跨国合作活动，学生和教师的跨国交流发展迅速，发展中国家的许多精英都是在欧洲和北美的大学中接受教育的。国际劳工市场的出现影响了教育项目和课程的设置。发达国家和国际组织的教育援助，对发展中国家的教育体制、规划、决策和研究等诸多方面都有深远的影响。[1]“冷战”结束以来，国际竞争日益激烈，教育现代化程度较高的国家，在教育目标上都普遍提出了“国际化”的具体要求以适应激烈的国际竞争，如美国提出要培养“有国际眼光的人”，使大学生“会讲一门外语并通晓别国文化”；[2] 日本把培养“国际社会所需要的日本人”作为国内教育的课题，并强调在社会上广泛进行“国际化”教育；其他一些国家，如德、法、泰等国也都将教育国际化作为一项重要的政策，选择并制定了加速本国教育国际化的具体措施。[3]

2. 现代化：教育国际化的模式嬗变

正如安东尼·吉登斯所言：“在某种意义上，现代性所导致的社会活动的全球化，就是真正的世界性联系的发展过程，这些联系包含全球民

---

① 卓挺亚、程志龙、谭永春：《当代世界教育思潮及教育改革动态》，81 页，海口，南海出版公司，2003。

② 彭未名：《大学的边界》，234 页，广州，华南理工大学出版社，2013。

③ 顾海良：《教育体制改革攻坚》，161～162 页，北京，中国水利水电出版社，2006。

族——国家体系中或国际的劳动分工之中。"①全球化与国际化的本质就是流动的现代性，流动是指物质产品、人口、符号以及信息的跨时空的流动，在教育国际化的进程中，不同国家之间的人员、知识、信息以及教育资源的互相流动，也是教育国际化建立在民族性基础之上、促进民族多样性发展与民族融合的双重价值重构过程。随着国际竞争日趋激烈，在竞争中寻求合作，在对立中寻找统一，已成为不可阻挡的历史发展趋势。在这种形势下，相对封闭的传统教育体制已不能满足现代社会对教育必须面向世界、走向世界、立足于世界的要求。教育只有以世界为坐标，立足于世界经济、科技、文化最新成果来培育人才，让各种人才汲取人类文明的优秀成果，才能真正实现自己的教育目标，为人类文明进步做出贡献。随着经济全球化趋势和国际竞争的进一步加剧，以民族国家为基本单位的教育体系的跨国界、跨民族、跨文化的多边交流以及合作与援助活动，已经成为一个国家教育健康发展的不可或缺的条件。

20 世纪 40 年代之后的教育国际化，交互性与现代性并存，也促成了真正意义上的教育国际化的发端，尤其是第二次世界大战以后，教育国际化逐渐成为教育系统的重要维度。所有国家都开始注重教育国际化的发展，教师和学生之间的国际流动的范围和频率显著增多，国际教育交流与学术沟通日益朝向常态化发展；各国在教育目标的制定上都十分重视国际化人才的培养，教育内容和课程设置也做了相应的更新与调整；尤其是随着教育技术的发展，计算机与网络的大面积覆盖与深度普及，幻灯、投影、广播、电视在教学中广泛应用，学习活动受到地域、课程、经济、文化、师资的限制越来越小，远程教育的实现扩展了新的教育内容、教育思想的影响范围，也给更多人提供了新的学习机会。新的教学技术充分彰显了教育的现代性特征，也为教育国际化的跨地域发展提供了丰富的教育资源和传播工具，成为教育国际化必不可少的发展环境。教育国际化的现代化不同于传统性，从不同的角度和范围重新定义了教育国际化在新的历史时期的发展路径，完成了教育国际化的模式嬗变。

---

① [英]安东尼·吉登斯：《现代性与自我认同》，赵旭东等译，23 页，北京，生活·读书·新知三联书店，1998。

（四）常态化与系统性：教育国际化的现状（20 世纪 80 年代之后）

20 世纪 80 年代以来，国际竞争已从军事对峙转向了技术、知识、人才的竞争，世界各国都共同面临着如环境、能源、贫困、民族、妇女、和平等国际问题的挑战。教育作为传播先进知识、促进国际理解与世界和平的有效工具，教育国际化对世界各国都产生了不可磨灭的影响。进入 21 世纪之后，由于信息技术的发展，知识的传输受国界限制的影响越来越小，教育国际化的影响已渗透到世界的各个角落及教育事业的方方面面，形成了教育常态化的运行机制，这是世界各国教育发展的必然趋势。教育国际化的常态化发展需要教育国际化形成稳定的发展体系和发展系统，常态化与系统性是教育国际化面向 21 世纪发展不可回避的趋势和最为显著的特点。

1. 常态化：教育国际化的发展契机

教育国际化的常态化意味着要形成"长期、长效"的运行机制，教育国际化的常态化发展也是教育国际化在新的历史时期迎来的崭新发展机遇，能够自上而下、由内而外地形塑教育国际化的发展之路。从 20 世纪 70 年代中后期到 80 年代，国家之间相互依赖的新意识增强，推动了国际教育的发展。所有国家的相互依赖关系不断增强，世界政治经济体制的多极化发展致使国际舞台上出现了一些新的角色，跨文化联系日益增强，不同的国家之间仍然需要不断加强相互交流与学习。教育国际化的常态性发展主要表现为教育的国际交流不断加强、国际合作日益紧密、跨国交流逐渐增多。

美国和中国作为最大的留学生输入国和输出国，代表了当今国际化发展的现状和程度。数据显示，从 1978 年到 2007 年年底，我国各类出国留学人员总数达 121.17 万人，留学回国人员总数为 31.97 万人。[①] 2006 年和 2007 年我国各类出国留学人员分别为 13.4 万人和 14.4 万人。美国国际教育研究院（Institute of International Education）发布的《在美国的留学生和海外的美国学生数量》年度报告显示，2007—2008 学年，亚洲作为美国的留学生输入地，2008 年的留美学生人数增长了 10%。亚洲学生数

---

① 苗丹国：《出国留学六十年——当代中国的出国留学政策与引导在外留学人员回国政策的形成、变革与发展》，614 页，北京，中央文献出版社，2010。

量占美国留学生总数的 61%，其中，中国学生占留美学生总数的 13%。[①]
与前几个阶段不同，这一时期教育国际化已经延伸至教育的各个领域，
以往主要以高等教育为主，近年来，尤其是进入 21 世纪以来，出国留学
呈现出低龄化的特征，很多家庭选择在中学甚至是小学阶段送孩子去国
外留学。20 世纪 90 年代，欧盟推行的"苏格拉底教育计划"中，就包括了
成员国之间几千所中学和几百所小学数以万计中小学生的国际交流。美
国教育受国际化思潮影响深远，20 世纪末出台的"国家安全教育计划"就
提出要培养世界公民的目标，即在平时的教育教学中，创造多元文化的
气氛与国际交流的环境，扩大学生的国际视野，保证在平时教育中获得
的能力不仅仅在本国能够有良好的发展前景，更重要的是走到世界各处
都能够生存下去。美国还要使接受过最好的美国教育的学生能够很好地
为当地人服务，改变当地人的生活。[②] 2009 年美国制定了《21 世纪技能框
架》，面向国际化的生存环境提出了学生在 21 世纪所应具备的能力，其
中包括生活与职业技能、学习与创新技能和信息、媒体与技术技能。21
世纪技能的提出迅速得到世界范围内人们的认可，引发了人们对教育国
际化培养目标的共鸣。英国面向 21 世纪的技能发展，重新定位职业技术
教育与培训，促进了教育的可持续发展。跨文化素养、全球意识、世界
公民等不断出现在各国的人才培养目标中，并作为指挥棒指导教育在国
际化的时代朝向常态化发展。

　　2. 系统性：教育国际化的时代特征

　　教育国际化的常态化的发展需要与之相对应的国际化的教育系统做
支撑和保障。教育国际化的系统性主要表现在以下五个方面：第一，随
着世界经济全球化的发展，国际的教育交流日益频繁，教育的交流不仅
包括教师和学生的国际流动，还包括教育思想的传播、新知识的共享、
教育技术的革新、致力于解决全球性问题的学术会议的召开等。第二，
高等教育成为整个教育国际化的先导。高等教育是教育领域国际化程度
最高的，也是教育领域国际交流开展最早、最活跃的一部分，始终走在
教育国际化的前列，并引导和影响着其他层次教育的国际化进程和发展。

---

① 李兴业、王淼：《中欧教育交流的发展》，304 页，济南，山东教育出版社，2010。
② 史静寰等：《当代美国教育（修订版）》，155 页，北京，社会科学文献出版社，2012。

国际化被当作认定世界一流大学的重要指标。很多大学排名就把大学的国际化程度作为入选排行榜的一个重要指标。因此，各国教育既要满足本国和本土化的要求，也应考虑如何适应教育国际化发展的需求。第三，各类人员的相互交流不断扩大。以往，国际教育交流的对象主要是各国留学生，其中又以发展中国家的学生到发达国家留学为主。如今这种现象发生了明显改变，为增强学生的国际理解力和多文化学习背景，发展中国家也接收了越来越多来自发达国家的留学生。第四，国际的教育援助已成为教育国际交流合作的重要内容，包括国际机构和国与国之间的合作交流。20世纪80年代以来，世界银行在帮助发展中国家发放教育贷款、援助项目和提供咨询方面做了许多工作，对于推动教育国际化发展发挥了积极作用。第五，合作办学成为教育国际交流的重要内容。合作项目、双学位项目、高校联合共建学院或系、跨国开办独立院校、开办海外分校五种形式的合作办学被广泛运用到国际化的教育变革之中。

三、教育国际化的发展动因

教育国际化有着悠久的发展历史，当人类社会步入全球化日益扩张的20世纪之后，尤其是第二次世界大战之后，随着国际组织如雨后春笋般的兴盛与国际交往活动的活跃，教育国际化有了实质性的进展并迅速扩张。教育国际化历经了农业经济、工业经济并迈入知识经济时代，知识经济时代同时也是一个世界经济大开放、文化大融合的信息时代，传统的教育也经历了前所未有的变革，并不断呈现出新的时代特征。教育的发展从来就不是孤立的，它主要是由经济和社会的发展需要决定的，必然要受到社会的政治、经济、文化发展的制约和驱动，是世界教育发展不可逆转的客观趋势。此外，教育国际化的发展还受到全球化进程、科学技术变革、教育自身的发展规律、学术因素及社会发展和个人学习需求等教育内外部因素的驱动，展现出了一幅波澜壮阔的时代图景。

教育国际化的发展动因，因国家、地区和文化的差异而有所不同。简·奈特(Jane Knight)在1999年就提出了理解国际化发展动因的框架，指出政治、经济、学术、社会文化是促进教育国际化的四大动因。政治动因指外交政策、国家安全、技术援助、互相理解和世界和平、国际认同和地区认同；经济动因主要指经济增长和国际竞争、劳动力市场的需求、财政激励；学术动因包括扩展学术视野、加强学科建设、提高学术声誉、提升学术质量和国际化的学术标准、教学和科研的国际化发展；社会文化动因包括国家文化认同、跨文化理解、公民发展、社会和社区发展。① 综上，本研究认为教育国际化受到内部和外部双重因素的影响而形成一个不断发展的动力体系，具体的影响因素如下。

（一）外部拉力：教育国际化的时代驱动

1. 全球化进程的影响

全球化是一种时空转变，全球体系和全球关系网的建立使不同的国家之间的交往成为可能，同时又构建起新的跨国力量，全球化弱化民族国家的界限，通过全球参与建构国际网络，不断促进社会生活各个方面的变革。全球化的进程正在促使教育发生转型，并且成了影响教育国际化进程的主要力量。全球化的进程可分成以 1492 年哥伦布远航为标志的地理大发现，以 19 世纪初期第一次工业革命为标志的全球市场的形成，以及 21 世纪信息化社会的形成三个阶段。纵观教育国际化的发展历程不难发现，教育国际化与全球化进程相生相伴，教育国际化在全球化进程的推动下也经历了缓慢发展的起步阶段、有实质性进展的发展阶段以及突飞猛进的突破阶段。与国际化强调多样性不同，全球化强调同质性，同质性与多样性的差异决定着国际合作伙伴之间在发展、维护合作项目中共同利益的方式和途径。② 在这样的历史背景中，教育者需要审视全球化的力量，全球化推动了人力、资金、商品、服务、知识、技术和信息等跨国界的流动，也促进了教育资源的跨国配置和教育要素的跨国流动，使得教育的办学模式呈现多样化、多元化特征，教育的国际交流与合作愈加频繁，形式更多样、范围更广、水平更高、层次更深。

全球化的进程正在逐渐改变着教育中不同学科领域间巨大的差距、极少的科研成果、素质低下的学术队伍、学校狭小的发展空间与匮乏的基础建设等教育发展过程中出现的教育不平等现象。全球化也带动了信

---

① Jane Knight, "Internationalization: Concepts, Complexities and Challenges," *International Handbook of Higher Education*, 2007(volume 18), p. 216.

② ［英］皮特·斯科特：《高等教育全球化理论与政策》，周倩、高耀丽译，98 页，北京，北京大学出版社，2009。

息和数据的全球性流动，有利于知识生产和研究的全球化发展与传播，并对教育产生了直接的影响。然而，全球化也并非包罗万象，全球化贸易的剪刀差也在不断地拉大国家之间的经济差异，进而影响到教育资源的分配。在重视多样性并以其为主要出发点的教育国际化过程中，要意识到全球化给教育带来的弊端，调动各方力量积极解决具体问题，从而推动人员与知识的国际交流。

全球化进程促进了教育由区域性的本土化走向国际性的交融化。民族文化是一个国家和民族在长期的历史发展过程中积淀形成的，文化是教育的主要内容，教育是文化传递的重要方式。经济全球化，一方面使得世界各民族的文化不断地碰撞、冲突、交融与相互提升，使世界文化多元共存、繁荣发展；另一方面也促使各国的民族文化自觉日益高涨。因此，在全球化的进程中，作为具有传承、创新和发展文化功能的教育要处理好民族文化与世界文化的关系，把在继承、创新的过程中发展民族文化和在沟通、交融的过程中繁荣世界文化紧密地联系起来。①

2. 政治因素及国际组织的推动

从历史的角度看，教育国际化被看作外交政策的有益工具，尤其是在国家安全和国家之间的和平等方面。高等教育常常被看作对未来政治和经济关系的一种外交投资形式。正如阿拉丁所言："教育被看作'外交政策的第四维度'，有助于改善一个国家的'印象'，给其外交政策投上一束温柔的光彩。"②

教育一直为政治服务，尤其是 20 世纪之后，在全球化和国际化步伐加快的阶段，教育在政治中所占的比重也在不断增加，教育与政治之间的影响和联系主要表现在以下三个方面。

第一，教育是国家竞争的手段。教育不仅是国家软实力的重要组成部分，还直接影响了一个国家的公民素质和劳动力人口工作能力，因此，开展教育竞争也是综合国力之间的竞争。20 世纪 70 年代美国为增强教育

---

① 赵存生：《世界文化走向与大学的使命》，载《中国教育报》，2007-11-12。
② Jane Knight, "Asia Pacific Countries in Comparison to Those in Europe and North America: Concluding Remarks," In Jane. Knight and Hans de Wit (eds.), *Internationalization of Higher Education in Asia Pacific Countries*, Amsterdam, EAIE, 1997, p. 9.

的国际竞争力发起了"返回基础"教育改革运动，从小重视儿童能力的培养。经济合作与发展组织 2006 年发起的国际学生评估项目(PISA)测试也体现了教育的国际竞争。第二，教育是国际援助的主要方式。教育国际援助主要是国际组织和经济发达的国家对经济落后的国家展开的教育帮扶政策，有多边教育援助、双边教育援助、非政府组织教育援助三种类型。教育国际援助对贫困落后的国家教育的改善和教育质量的提升以及增加适龄儿童的入学机会起到了积极作用，也是援助国加强与受援助国的联系及发展友好关系的重要途径。第三，教育是传播政治理念、推行政治改革的工具。尤其是在教育差异不断显著的今天，大量学生的国际流动是留学目的国开展文化渗透、传播政治理念的载体。美国著名的比较教育学家阿特巴赫直言："第三世界的大学是殖民机构，因为它们几乎毫无例外地建立在某种西方模式上，反映着西方体制下的多种价值观念和组织形式。"①历史上重大的政治改革也都离不开教育的变革，如普鲁士通过普及义务教育增强国家的综合实力，日本的明治维新也把大刀阔斧的教育变革作为成功开展政治改革的重要保证。

战争是政治活动的极端形式，影响整个人类发展的历史事件莫过于 20 世纪发生的两次世界大战。20 世纪 60—70 年代，紧随第二次世界大战之后的"冷战"同样给世界人民带来了巨大的灾难，美、苏两个超级大国的对峙和争霸造成了世界局势的紧张以及民族隔阂的加深。而随着经济全球化、教育国际化的发展，世界各国普遍意识到，人类的生存与发展有赖于和平、安定的国际环境，而实现这种和平与安定的基本前提就在于国家和人民之间的交流、了解与相互理解。教育则是达到这种交流、了解与相互理解的最主要的途径和手段。第一次世界大战之后，世界范围内的国际组织开始形成，第二次世界大战也在客观上加深了世界各国的联系，世界出现了大量以促进政治、经济、文化、贸易等事务发展的国际性或区域性的组织，其中对教育国际化产生深远影响的组织包括联合国教科文组织、经济合作与发展组织、世界银行、国际教育局、世界贸易组织、欧盟等官方组织，此外还有诸如世界大学联合会、知识合作

---

① Philip G. Altbach, "The International Academic Profession: Portraits of Fourteen Countries," *Higher Education*, 1998(4), pp. 364-366.

委员会、国际远距离教育协会、联合国儿童基金会、国际成人教育理事会、欧洲继续教育中心等。从 20 世纪 60 年代起，在联合国教科文组织的带动下，世界银行、各大洲的开发银行以及其他综合性国际组织、国际经济组织、慈善组织、基金会和各种专业组织，也纷纷投入世界教育发展事业。[①] 国际组织一方面是教育国际化的重要组成要素，另一方面也对教育国际化的迅猛发展和深度扩展起到了巨大的推动作用。

3. 经济因素

教育与经济之间历来就存在着一种相互依存、相互制约的密切关系。经济是社会存在的基础，也是教育赖以生存和发展的基础。经济的增长可以为教育提供更好的物质条件，经济结构制约着教育的结构，经济体制改革可以带动教育体制的相应变革。经济全球化必然导致教育国际化，教育国际化是经济全球化的必然结果。

第一，经济一体化的驱动。随着跨国公司的蓬勃发展和跨国经济组织的推波助澜，世界经济的发展正跨越民族、国家的边界而连成一体。世界经济一体化已经成为当今世界经济的时代特征和主要发展趋势。经济一体化是包括人才、资本、科技在内的生产要素在共同的市场规则下，在全球范围内的自由流动和组合。经济全球化的一个重要特征是人才、资金、知识、技术和信息等资源在世界范围内的自由流动，以此实现生产要素和资源在世界范围内的最佳配置。随着经济的发展，全球力量不断增强，地域之间、国家之间、民族之间的许多屏障将逐步减弱或消除，由此必然带动教育在世界范围内的相互交流和合作更加频繁、密切，使各国的教育资源融入全球这一大市场，使一国的教育市场向他国甚至全世界开放。

第二，经济发展对人才的要求。经济全球化必然带来人才竞争、人才需求和人才标准的全球化，促使社会人才需求结构的变化。科学技术是经济全球化时代的第一生产力，推动了国际分工的出现和世界市场的形成。随着科技革命的深入发展，国际分工规模不断扩大，程度不断加深，世界产业结构也发生了相应的变化，产生了许多新兴产业，如信息

---

① 张民选：《国际组织与教育发展》，51 页，上海，上海教育出版社，2010。

技术产业、第三产业等。产业结构的变化影响着社会人才需求结构的变化。在经济全球化时代，约 1/3 的贸易是在不同跨国公司之间进行的，这就要求企业不仅要在全球范围内招募人才并选派到世界各地，人们将更经常地在国与国之间、行业与行业之间流动，因而人才的全球性流动是必然的，同时也要求教育结构做出相应的调整。教育国际化能为国家参与国际竞争培养更多熟练的人力资源，即在宏观上调整人才培养的水平层次构成、专业比例结构，以及人才培养在不同经济发展地区的区域分布结构，在微观上调整专门人才的素质、知识和能力结构，以适应经济全球化带来的教育的社会结构基础的变化。

第三，教育是谋求经济利益的途径。随着"冷战"的结束，教育国际化的发展主要动因开始由政治转向经济。各国政府大力促进教育国际化的进程，不仅是为了培养出能够参与世界经济市场竞争的合格人才，更希望通过教育的国际交流，谋求良好的国际关系，为国家带来直接或间接、短期或长期的经济效益。留学生教育日益成为国家贸易关系的重要组成部分；从直接的经济效益来看，留学生教育不但拓宽了学校的经费来源渠道，带来了经济收入，同时也缓解了政府对教育经费投入的压力。经济全球化是教育国际化的物质基础，而教育，特别是高等教育对经济发展的巨大助力，更是有目共睹的。

4. 社会文化因素

文化是人类生产和社会生活的产物，也是人类生存和发展不可或缺的必要条件，教育是传递、保存、发展文化的重要载体。文化的全球传播使不同国家的人们越来越意识到加强互相了解、学习和交流的重要性，人们比之前更乐于接受异域文化，跨文化交流也加速了教育的国际化进程。社会文化因素对教育国际化的影响主要体现在以下三个方面。

第一，培养全球视野。世界是一个多元文化的世界，不同的国家都有各自不同的文化特色，不同的国家之间也存在文化差异。因此，要在和平与稳定的世界中实现全人类的共同发展，就必须加强国家、民族间文化的交流、认识及相互理解。文化的传播需要教育的传递、保存、创新和发展，尤其需要借助教育在促进民族优秀文化与世界先进文明成果交流过程中所发挥的桥梁与纽带作用。因此，教育要培养学生具备全球意识、国际交流能力、开放的心态和海纳百川的胸襟，加深对不同国家民族文化的认识，积极主动地学习和借鉴各国在相关领域的长处，使自己具备国际化眼光，并善于利用国际优势资源，在异质文化的交流中培养全球视野，寻求发展机会。

第二，吸收先进文化。教育是选择和整理人类文化的工具，不仅要传递本民族的先进文化，还要不断地吸收、借鉴、融合外来的先进文化。知识经济、经济一体化时代，尤其是多元文化的交融以及信息技术的快速发展等因素的推动，教育不断加深的国际化程度有助于缩小国家之间、地区之间的文化差异，促进不同国家、民族之间的相互了解，同时教育国际化也是促进教育国际竞争、保障教育质量不可缺少的条件。知识不分国界，知识的探求、发展与传播需要通过国际学术界的集体努力而得到极大的推动，国际学术界的共同努力就是整合全球优势资源，积极发挥优秀文化和相关科研成果的优势，不断吸收先进文化，并加强文化之间的交流与共享。

第三，克服文化偏见。教育的民族性强调教育要立足本国实际，以促进自身教育现代化发展为目标。教育国际化与民族性使各国人民受到不同文化的熏陶和感染，不仅促进了其对世界不同国家、不同民族价值观念、文化理念的认识，而且可以通过它们的辐射作用，使这种思想、情感扩散到其他文化圈，逐渐使其克服对本土及外来文化模式的偏见，进而转化为全人类的一种自觉行为。文化的传承是教育的基本功能之一，文化传承的过程也是促使本土文化与其他文化进行有益碰撞与交流的过程。

文化交流是世界各个国家和民族之间相互了解、理解和合作的重要基础，教育国际化的文化动因与社会动因相辅相成，互为依托（如图 1-1 所示）。加强文化交流能够促进异质文化之间的相互认识，进而培养全球视野；传播文明和知识，宣传价值观是发挥文化功能、吸收先进文明的重要途径；基于本土境脉，注重多元融合并追求和而不同的文化胸怀能够帮助人们克服文化偏见。以上三个方面的动力都指向促进个人发展，构建社会性学习，最终引领社会文化发展的目的。

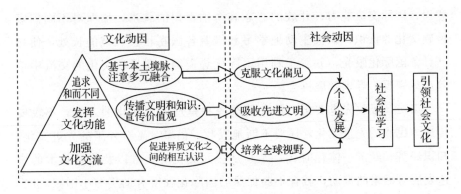

图 1-1　教育国际化的社会文化动因

资料来源：席酉民、郭菊娥、李怀祖：《中国大学国际化发展特色与策略研究》，73 页，北京，中国人民大学出版社，2010。

5. 技术因素

教育历来是世界文化交流的一个重要通道，传统教育是相对封闭的教育体系和培养模式，而开放时代的信息社会则要求一个国家的教育具有面向世界、走向世界的特质。随着全球经济一体化和信息化社会的到来，以及国际交流与合作的不断增多，知识的传输已超越了国界的限制。科学技术的变革推动教育国际化发展，主要体现为科学技术的变革推动教育技术的革新，以互联网和信息技术为主导的教育技术为不同地域国家之间的交流和学习提供了便利，远程教育拓宽了跨国教育的可能性渠道，技术的发展也促进了教育的国际化进程。①

广泛的科技、文化和教育的交流与合作能够促进本国教育向国际社会开放，并进一步促进本国教育未来适应能力和竞争能力的提高。教育国际化不可能在传统的教育模式中自我转变和实现，必须有一定的现代化教育技术，要依赖国际的彼此交流和相互推动，并在开放的环境与条件下，在与经济、科技、文化、社会发展互动过程中渐趋变革。目前教育现代化程度较高的国家，在教育目标上都普遍提出了要培养具有国际视野和全球意识，能够对国际交流、合作与竞争有正确理解的开放型人

---

① Wenzhong Zhu, Dan Liu and Yi Wang, *Analysis of Current Strategic Modes of Chinese Higher Education Internationalization*, Springer-Verlag Berlin Heidelberg, 2011, pp. 880-882.

才。教育国际化既是社会经济、政治、科技和文化发展对教育提出的客观要求，也是在世界各国经济、信息、科技和市场日趋国际化的历史潮流中应当和能够扮演的重要角色。教育技术的充分应用必然会摧毁封闭的国别教育，向教育国际化大步迈进。[①] 在教育技术不断发展的影响下，多媒体教学、远程教育、翻转课堂和慕课等新型教育方式和学习方式的出现改变了人们对教育的传统认知，使得优质的教育资源在全球范围内广泛传播，为全民教育和终身教育的实现提供了技术支持。推进教育国际化要重视技术因素对教育的影响，加强对外开放、面向世界是实现教育现代化的必由之路。

（二）内部推力：教育国际化的发展动力

内部推力是指教育为实现发展而形成的内部调整力量。教育国际化的发展除了受到外部动力的驱动，也受到教育自身发展规律和教育科学的内在逻辑的影响，教育的内在发展规律是指教育制度中的一种不受人的限制的自发机制。教育国际化的现代性教育变革是教育内在逻辑发展与教育外在良性发展的应然诉求，也是教育民主化、人性化、科学化、现代化进程中的应然选择。当代社会，人类社会面临着越来越多的共同性的国际性难题，如环境问题、能源问题、贫困问题、种族问题、妇女问题、和平问题等。以上问题都在客观上要求教育开展深层次的变革，这种变革不仅包括教育内容的改革，也包括教育方式的创新。现代社会越来越依靠知识与信息技术的广泛应用，越来越多的学生相信，要在未来的就业市场获得成功，就必须具有国际的视野和经验。因此，要适应时代的要求，教育必须克服知识的分割零碎和过度专门化，面向国际发展。

1. 教育的使命

教育是培养人的社会活动，一个人成长的全过程，都与教育活动相生相伴。教育有多种形式，但无论是家庭教育、学校教育、社会教育，还是自我教育，都应该把人作为教育活动的核心要素。教育最高的使命是挖掘人性，给人提供争取人权的能力。没有教育，人类面前一片黑暗，找不到前进的道路，只能返回到动物世界。[②] 现代教育不仅要培养能够适

---

① 张有录：《大学现代教育技术教程》，17～18 页，北京，中国铁道出版社，2007。

② 傅治平、曹成杰：《教育与人》，1 页，北京，知识产权出版社，2013。

应社会的人，更应该培养能够主动改造社会的人。知识经济时代要求当代教育的本体功能由"塑造人才"向"设计未来"转变。全球化时代要求教育培养民族的世界人，即教育要为现代民族国家服务，还要培养具有世界能力和全球胜任力的国际性人才。[①]

在传统社会中，教育的主要任务是传承本民族的优秀文化，以保障民族社会的延续和发展。随着科学技术在生产和生活中应用的不断增加，教育在传承文明的过程中所发挥的作用越来越大。随着现代社会对人才能力要求的相似性越来越高，学校教育中增设了很多新技术和全球胜任力的教育内容，教育内容的一致性以及教育对象认知过程共性的特征又进一步导致教育方式的一致性，各国教育内容和教育方式的一致性一方面是增强教育国际化的内在要求，另一方面又是教育国际化对教育产生影响的外在表现。[②] 培养掌握先进科学技术、具有国际胜任力的专业化人才是教育本身应该承载的使命，教育国际化能够使教育跟得上国际发展的步伐，能够站在时代前沿，促进技术和经济的变革与发展。与此同时，全球化时代，世界各国所面临的教育问题也出现了一致性，例如教育内容的更新、教育方式的改进、对提升教育结果的普遍要求等问题都在不同的国家里以某种相似的方式存在，解决好这些世界性的教育问题需要各国的教育相互吸收和借鉴。

此外，教育还承担着文明的传递和再生的使命。文明的传递和再生是文明得以延续的主要途径，也是社会文明得以不断丰富的生长点。全球化时代是一个知识共享的时代，人类的知识经验正在逐渐成为一个开放的系统，在不断更新的同时也在无限地积累。作为传播人类知识经验的主要载体，教育要促进思想观念、科学技术、行为规范、创新知识的全球流动与世界共享，同时注重不同民族之间、不同国家之间的思想交流与融合。教育的使命还包括促进人类自身的延续和优化。教育能够促使人成为特定社会的适应者和促进者，能够使个体的发展与社会实践的发展相统一，社会环境的变化必然导致教育内部发生适应环境变化的变

---

① 陈玉琨：《教育：从自发走向自觉》，3页，上海，华东师范大学出版社，2012。
② 王少东、朱军文：《教育国际化的内涵、动因与路径设计》，载《苏州大学学报（哲学社会科学版）》，2002(4)。

革，教育培养人、塑造人以及传递文明、更新文明的使命也在不断加快教育国际化发展的步伐。

2. 学术因素

国家间的经济文化交流日益频繁，现代交通工具的发达与信息传输技术的革新，使世界变得越来越小；人口问题、环境问题、生态问题、能源问题、空间问题等日益受到人们的关注，这些问题的解决绝非一个国家可以胜任，需要整个学术界的通力合作。[1] 学术因素包括有关教育目的和功能的学术活动，促进教育国际化发展的一个主导性因素是要取得教学和科研的国际化学术标准。教学、科研和社会服务国际化程度的提高有助于教育质量的提高。教育国际化的学术因素主要表现在以下三个方面。[2]

第一，扩展教育与研究的领域。学术的宗旨就是创造知识、传播知识，知识具有普世价值，知识的普世性促进了教育的国际化发展。当今社会，国际化大趋势要求增强教学和科研的国际维度，加强同一研究领域内的国际沟通，不断促进知识共享，拓展学术视野。一方面，学术视野的拓展依托教学和科研的国际交流；另一方面，在全球化背景下，教学和科研的国际交流又促进并在客观上要求学术领域中教育与研究领域的扩展。科学研究需要学术人员的跨国交流，同时也需要知识共享，科学、文化、教育、技术的探索与研究是人类共同的事业，只有通过知识的全面开放和自身的快速发展，才能不断地获取信息，进而不断扩展新的研究领域，协力攻克共同难题。教育只有面向世界，才能有效地履行科研与服务社会的职能，并得到社会的承认和认可，从而得到自身的发展与壮大。

第二，提升教学与研究水平。越来越多的学校和科研机构希望通过与国外同行的交流与合作相互借鉴有益的经验，共享知识成果，从而缩小在办学、教师质量提升、教育教学、学术创新、学校管理和服务等方

---

① 陈学飞：《高等教育国际化：跨世纪的大趋势》，147 页，福州，福建教育出版社，2002。

② 丁仕潮：《中国研究型大学国际化动因、模式与绩效研究》，博士学位论文，中国科学技术大学，2014。

面的差距，通过提升教学与研究水平而提升自身生存发展的国际竞争力。教学研究水平的提升要求教师和科研人员具备国际视野和国际能力，因此要加强教师和科研人员的国际流动，一方面要积极引进具有海外学习经历的人才和优秀的外籍教师加入教学和科研的队伍，另一方面要增加教师和科研人员的国际交流、海外培训、出国访学的人数和频率，拓展教师和科研人员的国际视野。当今学术界的主导力量还是以英语为主导的西方发达国家，加强外语教学与国际交流是提升教学科研水平的必经之路。

第三，提高国际学术声誉。美国斯坦福大学名誉校长理查德·莱曼认为，在大学发展战略规划中，国际化已成为一个关键性因素，他甚至把创办"全球性大学"作为适应变化着的国际教育环境和发展趋势的有效战略和未来目标。[①] 全球化时代，世界各国同处在一个通用的竞争平台上，声誉和地位是学校赢得竞争的立身之本，国际学术标准是衡量所有学校质量高低的重要指标，要提升学校尤其是大学的学术标准，必须以国际通用的学术标准为衡量学术能力的指标，不断加强与国外同行的交流，学习并借鉴世界优秀大学的办学经验，及时获取信息，不断提高自身的竞争优势，改造学科结构，振兴学术水平，借助国际交流与合作提高办学水平和国际声誉。

3. 教育自身发展的动因

从教育自身发展规律的角度而言，国际化是教育发展的内在要求，因为任何国家的教育都具有本土性和国际性，教育原本关注的是整个世界，而不是其中的某一部分。学校作为传播知识的场所和知识的殿堂，从诞生起就天然具有开放的品格和世界精神，知识无国界，各国知识分子都有助于扩展人类的知识和人类相互理解的广度。在全球化的今天，教育的国际性变得越来越突出，任何国家或地区都不可能只依靠自身力量求得高等教育高质量地发展，只有依托良好的国际环境，相互学习、合作，取长补短，才能适应时代变迁，紧跟时代潮流，迈出时代步伐。[②]为在激烈的国际竞争中求得生存，教育面临着诸多挑战，为了不被市场

---

① 韩延明：《大学理念论纲》，497页，北京，人民教育出版社，2003。
② 杨小平：《高等教育学》，354～356页，重庆，重庆出版社，2006。

淘汰，必须走教育国际化道路，才有可能达到赢得竞争与挑战的目的。学者们要不断进行学术创新，必须了解本学科国际上最新动态和成果，因此，出国与国外同行进行交流与合作越来越频繁；学校为了提高办学水平和声誉，需要不断学习和借鉴他国在教学管理等方面的经验，对与国外高校的交流越来越重视。同时，教育还出现了商业化的趋势，学生们渴望了解其他国家的愿望日益迫切，出国留学的学生逐年递增，已经形成了一个庞大的国际留学生市场，很多学校把吸引外国留学生作为拓宽教育收入的重要渠道，教育国际化道路也是为学校筹集更多资金的选择。政府在制定高等教育政策时，也往往需要反复进行国际比较，参照他国的经验与模式，因此，对国外高等教育改革与发展的情况越来越关注。① 国际的竞争、人类在解决各种共性问题上的相互依赖、国际区域集团的合作，以及世界性的移民浪潮等，都促进了教育的国际化进程，所以，自身发展的需要是高等教育国际化的内在动力。

四、教育国际化的主要特征

教育国际化是顺应时代潮流的教育领域的大变革，日益成为全球范围内教育发展的新生长点和前进动力，影响了世界各国的教育改革和教育实践，教育国际化逐渐成为一种教育战略，为各国教育的未来发展方向和教育政策的制定产生了不可磨灭的影响，这也是教育未来发展不能回避的大趋势。纵观教育国际化的发展进程，不难看出，教育国际化呈现出了如下几个主要特征。

（一）多元与包容：教育国际化的应有之义

教育国际化的多元性包含了丰富的内涵，主要表现为文化多元、目标多元、形式多元、内容多元等。

第一，世界包含了多种文化体系，人类文化的产生和发展受到自然环境、社会环境和实践方式的影响，形成了各具特色的多元文化。在多种文化的长期交流与互动中，历史中的诸多文化也已逐渐融汇成了一些大的文化体系，联合国教科文组织在《世界文化报告——文化的多样性、冲突与多元共存》中将现代世界文明划分为亚洲太平洋文化体系、南亚文

---

① 胡卫、张继玺：《新观察：中国教育热点透视 2007》，416 页，上海，上海人民出版社，2008。

化体系、地中海大西洋文化体系、中东阿拉伯文化体系、北美大洋洲文化体系、拉丁美洲文化体系、非洲文化体系和犹太文化体系八大体系。[1]不同的文化体系有着不同的生活方式、宗教信仰和价值理念，不同的文化体系之间也会因观念和利益的差异产生冲突。教育国际化起始于文化多元的背景之下，尊重文化多样性是教育国际化的必然选择。

第二，教育国际化有多种不同的发展目标。基于不同的发展起点和现实需求，各个国家的教育国际化目标不尽相同，存在着追求教育卓越、提高经济收益、寻求教育援助、提高国际声誉、开展文化渗透、加强国际交流等指向多样的目的。瑞典高等教育国际化的目标是发达国家教育国际化目标的缩影：①意识到全球相互依赖性和国际理解的重要性；②在为发展中国家提供资金和其他援助的努力中促进国际团结；③接受两方的多元价值取向，对各种模糊观点持宽容态度。[2] 由于大部分发展中国家在很长的历史时期内都处于被殖民的地位，教育国际化起步较慢，在现代化进程中，教育国际化主要以提升教育质量、培养国际性人才、融入世界体系为教育国际化的主要目标。

第三，教育国际化是在世界相互依赖不断加强的背景下，以民族国家为基点，以具体多样的高等教育互动为载体，面向世界，并将"国际的纬度"整合到教育教学、科研和服务社会的各项职能之中，促进本国教育的国际化发展。教育国际化的形式也从传统的互派留学生发展到学者互访、学生流动、教学员工的流动、合作办学（建立海外分校）、大学合作协议、互相承认协议、开设国际化课程、创办国际性大学、实行学分互认制度、建立跨国大学网以及利用信息技术进行信息交流等多种形式。

第四，教育国际化的内容从单纯的传播知识扩展到人才培养、师资培训、学术研究、外语教学、国际交流与合作。基于以上内容，教育国际化需要建立长期合作的战略规划和具体的实施细则，从学分互认到人员的制度性互访以及资源共享和市场的共同开发，都形成了深度的国际合作。培养国际化的人才是教育国际化的先决条件，这就要求加大外语

---

① 方汉文：《西方文化概论》，3 页，北京，中国人民大学出版社，2006。
② ［美］D. 亚当斯：《比较教育与国际教育》，朱旭东译，54 页，重庆，西南师范大学出版社，2011。

教学和教师培养的力度，扩展海外学习背景，提高学术研究的质量，全方位支持教育国际化的结构化发展。

秉持和而不同的价值理念，包含着理解、欣赏与悦纳，在教育国际化进程中尽量做到"道并行不相悖，万物并育不相害"。教育国际化要寻求全球认同，而认同最大的特点就是整合性和同一性，教育国际化的诸多事实已经证明，教育国际化必须强调对不同文化、不同体制、不同文化价值的兼容并包。新的时代背景下，教育主体的多样性更加鲜明，同一个教育场域内会有来自不同的文化、种族、国家且生活背景和教育背景各不相同并日趋复杂的人，宗教信仰、生活习惯、传统风俗和价值理念各不相同。国际交流中的学校课堂、国际会议、国际学校、留学生班等教育形式中总会出现不同文化之间的差异与分歧，在国际教育交流中求同存异，要以理解和包容的态度重视彼此的相似性，淡化冲突和分歧，预防分裂与对立。国际化的教育使得各国越来越注重世界公民的培养，在多元文化视域中应坚持文化多元化的立场，顺应全球文化多元共生的趋势，培养具有全球多元文化包容的普世性品格的人才。① 多元文化是教育国际化得以生长的必备条件和必须面临的复杂现实，教育国际化也为文化发展、传播和交流提供了自由的学术空间和包容的文化土壤。

（二）质量与创新：教育国际化的必然选择

教育质量意味着在教育实践的过程中要以人为本，尊重差异，开发潜能并促进教育主体的多元发展。随着教育全球性联系的日益密切，教育已经突破早期的家庭、社区以及国家的界限，成为国际性的活动。提高教育质量是各国融入教育国际化发展进程中的重要推动力，教育领域的国际交流与合作也能够促进参与国教育质量的提升。教育质量竞争是综合国力竞争的重要维度，关系到人才质量和教育的可持续发展。一个国家教育质量标准的设置和调整不仅要根据自身的需求及期望，还需要放置于世界体系内去评价和讨论教育质量标准的适切性，以国际标准严格监控教育的实践过程，并将之作为教育质量提升的外部督促，减少不同国家教育体系之间的差距。质量并非存在于真空中，而是源于被事物

---

① 周鸿：《论培养世界公民的文化包容与自信品格》，载《大学教育科学》，2008(6)。

和进程所包围的关系纽带中,当相互契合的成分相互作用时就形成了教育质量。因此,教育质量就必须置于社会背景下,教育越是与社会所规定的目标或者理念相一致,其质量也就越高。① 社会的需要和愿望是影响教育质量的关键因素,在国际化社会中,应充分考虑如何提高教育质量,并将教育质量的提高上升到与国际社会理解相兼容的高度,并使教育遵守世界通用的共同准则。

作为教育国际化的重要推动者和最大的组织力量,近年来,联合国教科文组织为全球教育质量的提升做出了不懈努力。为确保全球质量保证、认证和资格承认,联合国教科文组织发起了国际教育质量保证、认证与资格承认全球论坛(Global Forum on International Quality Assurance, Accreditation and the Recognition of Qualifications),该论坛 2004年的年会主题为"扩大优质高等教育机会"和"能力建设",② 进一步重申了提高教育质量的必要性和紧迫性。联合国教科文组织于 2005 年发布了《全民教育全球监测报告 2005:提高教育质量迫在眉睫》,该报告提出了教育质量改善的评定标准、强调教育质量标准的提升应注意教育与当前现实密切相关、捍卫教育公平并保障个人权利等内容。国际社会对教育质量的关注也引发了世界各国在教育全球化背景下致力于提升本国教育质量的教育变革,如法国的"优先教育行动区"、英国的薄弱校改革等都是为提升教育质量所做出的努力。在当前和今后的时期中,提升教育质量仍是教育全球化应重点关注的领域。

教育创新源于文化创新,文化创新需要经历对文化的选择、传承、内化、融合的过程才能实现。教育创新是指教育系统的一切创新活动,包括教育观念创新、教育制度创新、教育服务创新、教育管理创新、教育教学过程创新、教育评价创新等内容,在学校教育中指的是培养受教育者的教育教学过程的创新活动。教育国际化背景下的教育创新是融合教育观念、制度、服务、管理、教学过程的系统创新,并通过教育对整个人类文明的选择、传承和超越的过程。著名的教育家陶行知先生说:

---

① 秦行音、王力:《公平与质量——全民教育追求的目标》,87 页,北京,北京师范大学出版社,2012。

② 冯国平:《跨国教育的国际比较研究》,248 页,上海,上海人民出版社,2010。

"处处是创造之地，天天是创造之时，人人是创造之人。"每个人都具备创造的潜质，这种潜质需要学习和教育才能不断地激发出来。使受教育者成为一个勇于探索和创新的人是教育的使命，培养具有创新精神和创新能力的人是教育的最终目的，教育的任务是为人的发展和创新能力打基础。教育创新的所有内容和目标都应该围绕此任务展开。

第二次世界大战以后，教育创新在国际上取得了实质性发展，无论在理论上还是在实践上，都取得了很大进步。美国芝加哥大学率先制定了关于创造力的测验办法。20世纪60年代之后，几乎所有的大学都开设了创新性思维课，每个学生都熟悉创新原理。日本中小学广泛开展了创造教育活动，并把创造教育目标定位在培养学生的现代科学知识、创新能力和良好的身心素质几个方面。[①] 英国的《1944年教育法》和《1988年教育改革法》的颁布和实施是教育为适应新的国际形势而开展的创新改革，前者构成了第二次世界大战后英国教育制度的法律基础，对20世纪50年代以后英国教育的发展产生了重要影响，后者成为英国教育制度的立法依据。但是，第三次工业革命即科技革命后期，英国的教育创新革命性式微，许多教育创新只是作用在很小的范围之内或者旁枝末节的位置，与社会发展联系不紧密，很难产生长期的重大的作用。历史上，德国在耶拿战争失败后大力普及义务教育，创办柏林大学和工业学校教育网，促进了综合国力的极大提升。教育创新水平的高低决定或反映了国家的发展的速度或国力的强弱，反映了国家创新水平，也决定了国家创新水平的发展。教育国际化加强了世界各国之间的沟通和交流，建立起了资源共享、思想碰撞、互通有无、相互竞争的平台，促使世界各国不同的教育体系之间开展对比，找出差距和不足。为赢得教育竞争，各国必须不断地通过教育创新获得世界教育竞争的优势。

（三）开放与竞争：教育国际化的实然路径

教育国际化是一个开放的系统，教育开放是教育走向国际化的前提和先决条件，是世界各国发展教育、增进了解和交流的一项策略。新的历史背景，有组织、有明确的指导思想，规模前所未有，不平衡性，学

---

① 吴恒山：《治教方法与策略——教育名家探索学校管理（上）》，8页，桂林，漓江出版社，2010。

生的多国籍化等推动了教育本身的国际化和开放性。在全球化的视野中，国家要主动加强与世界各国、各地区的教育交往，积极增强本国的发展实力和国际竞争力，积极参与到教育国际化的进程中。早期的教育开放主要指学校教育面向社会，面向经济发展和市场需求，在管理上弱化行政权力，使学校和社会联合，促进教育全球化发展。随着远程教育和教育全球化的日益深入，教育只有在各个环节中都加强开放、创新，才能跨越技术鸿沟，并适应国家的发展需求。20世纪中期之后兴起的克服传统封闭教育局限性的"开放学习"也是教育国际化背景下教育开放性的主要表现，"开放学习"包括远程（与教师分离）学习和开放、灵活的学习形式（学习的自主权）。① 教育开放有诸多形式，其中最主要的方式包括提供远程教育服务和开放教育、鼓励出国留学、提倡海外办学、支持专业人才流动。20世纪90年代，随着国际教育服务贸易的出现，尤其是WTO下的《服务贸易总协定》的通过，教育开放与教育全球化直接联系了起来。《服务贸易总协定》规定："除了政府控制提供的公共服务领域，任何领域的任何服务都应该对外国开放，使国际贸易成为可能"，规定"除了由各国政府彻底资助的教学活动外（核定例外领域），凡收取学费、带有商业性质的教学活动均属于教育贸易服务范畴"，规定了教育服务贸易有四种基本供应方式：跨境交付、境外消费、商业存在和自然人流动。因此，没有教育的开放，就没有教育的国际贸易，也就没有教育的全球化。在教育国际化与全球化的背景下，教育开放不只是少数教育强国的主动行为，世界各个地区和国家都应积极努力。本国优质教育资源供给能力的不足、高水平大学国际化的运行、对经济利益的追求以及学习化社会的到来，都不断推动着各国教育的对外开放。②

教育竞争是教育全球化和知识经济时代所有竞争中最重要的竞争。自从17世纪培根提出"知识就是力量"以后，人们就开始把知识摆在一个越来越重要的地位。从某种角度上来看，人类所拥有的一切财富都源于知识的创造，而人类所具有的知识又往往来自教育。当世界进入20世

---

① 李亚婉编译：《开放学习的新技术在学习社会中的发展与应用》，载《中国电化教育》，1999(7)。

② 和学新：《教育全球化进程中的教育开放战略》，载《教育理论与实践》，2007(12)。

以后，一体化的世界生活在影响着所有的国家和每一个公民。而当世界又迈进 21 世纪时，知识经济的浪潮开始涌动，并在这个一体化的世界中扮演着关键的角色。因此，国家之间的竞争也由过去的人力、资源、军事之间的竞争变为以教育、科技为基础的综合国力的较量。而教育处于竞争的中心，教育竞争也将在知识经济时代成为所有竞争中最重要的竞争。① 教育竞争贯穿于教育投入、生产和产出的整个过程，最终以教育产出的形式表现出来。教育竞争可以改变教育垄断的局面，使得办学模式和投资方式多样化，缓解教育资源的不平衡性和紧张性，使更多的学习者选择并获得更多宝贵的学习机会。教育竞争是一个由外到内的过程，在此过程中，要树立竞争意识，建立竞争机制，形成教育主动适应国际化发展需求的良性循环系统。

（四）交流与合作：教育国际化的实践体系

教育全球化意味着教育资源、信息、知识、技术、人才、资本等的全球流动与配置，意味着世界各国、各地区教育发展的相互交流、相互依存和密切联系。教育国际化建立在相互交流的基础上，交流性是教育国际化进程当中最显著的特征之一。纵观教育国际化的整个历史过程，不难发现这一过程的实质就是教育领域内教育体制、教育观念、教学内容、信息资料以及教育者和受教育者在世界范围内的交流过程，这种交流扩大了教育研究的视野，丰富了文化内容，使得不同国家在认同自己文化的基础上，对异国文化的认同也在扩大。随着社会的进步和生产力的发展，交流的手段和范围不断更新和扩大。因此，交流使教育国际化最终成为可能。国际教育交流建立在平等性的前提下，完全意义上的教育国际化应当是建立在平等原则基础上的国际化。严格来讲，平等性应当被视为一个目标。世界上不同国家之间的教育国际化运动从某种意义上来讲，是在争取平等与反对不平等的斗争过程中发展前进的。在交流与合作的过程中，交流的方式与手段、内容与形式均要求平等。对外来文化的吸收，应是在不丧失本土文化的前提下进行的，而对本土文化的认识和国际范围内的传播也应坚持独立和平等的原则。没有平等性的国

---

① 程方平：《中国教育问题报告》，466 页，北京，中国社会科学出版社，2002。

际化，便会沦为"殖民化"或"大国化"，成为新的国际沙文主义。事实证明，没有建立在平等基础上的国际化必将给高等教育的发展带来损失。[①]加强有组织依托的国际合作是教育国际化发展中最具有生命力的实践方式，是真正意义上的国际交流。各国文化教育交流日益频繁，教师、研究人员交往增多，留学生增加，教材交流与合作增强。合作不仅体现为教育理念的引进与共享，同时还包括教育工作人员的共同管理、国际教师之间的交流等教育管理方式和教学方法的相互渗透和融合。教育国际化的实践中，一种彼此尊重、彼此理解、相互促进、共同发展的新气象在很多合作过程中体现出来，一种团结合作、奋发进取的文化精神业已形成。

国际教育交流有多种形式，其中国际教育合作是国际教育交流的重要形式，包括互派留学生、专家学者互访、参与国际学术会议和科研合作项目等，概而言之，即建立国际教育组织、设立国际性教育机构、开展校际合作。国际合作教育要求学校加强同世界的联系，关心和研究全球性的问题，培养学生具有国际社会生活的能力；要改善外国语教学，加强人文、社会科学课程；聘请外国教师任教和选派教师到国外进修；扩大国际学术交流，加强科学研究项目合作。以欧盟为例，欧盟委员会接连发布了一系列促进欧盟各成员国教育文化合作的文件，如《欧洲教育绿皮书》《普通教育和职业教育教学与学习白皮书：通往认知社会的道路》《普通教育和职业教育绿皮书：跨国流动障碍的考察》《为了一个知识的欧洲》等，而且启动了一系列内容丰富、形式多样的教育实施计划，如"彗星计划""欧洲技术网计划""坦帕斯计划""伊拉斯谟计划""佩特拉计划""林瓜语言计划""达·芬奇计划""苏格拉底计划""欧洲学分转换体系"等。[②]欧盟是区域性组织中最为成功的实践典范，自 1991 年成立以来，经过不懈的努力，其一体化进程不断深入，欧盟教育成员国之间的深度教育合作经验值得借鉴和推广。

（五）本土与融合：教育国际化的未来走向

教育本土化也指教育民族化，从更广泛的意义上讲是国家化，指一

---

① 成文章、唐滢、田静：《云南省高等教育国际化战略研究》，75 页，北京，科学出版社，2008。

② 杨珊珊：《欧盟教育合作机制及其启示》，载《高教发展与评估》，2005(6)。

国在发展过程中要体现、保留和形成自己独特的特色和优势。本土化要求在教育过程中培养人们的国家、民族观念，爱国主义精神和民族自豪感，要弘扬国家、民族的优秀文化传统；在吸收外来文化时找到其现实的生长点和合理的切入点。全球教育的交融整合带来了"异质"，给固有的教育体系增添了新的成分和新的活力，产生新的教育内容和教育形式。这就要求各国在保存自己优秀传统的基础上，使每一种文化因为自身的独特性和优越性而成为世界多元文化的一分子。教育的本土化要求在发展教育时，考虑一个国家的现实情况和独特经历，寻找到理想与现实的结合点，在大力提倡和推动教育国际化的同时，有意识地注意和保护教育的本土化。[①] 教育是文化的一部分，又是一个特殊的高级文化体，教育也是人类一项重要的实践活动，是一个国家经济发展和社会稳定的依托。教育国际化要正视不同国家和地区教育发展不均衡的现实，承认文化差异，并维持不同国家之间相互依赖、利益攸关、合作共赢的关系。

　　教育中的融合是指不同的教育体系之间求同存异、共享一致的价值观念和教育指导思想，有着共同或相似的发展目标，在交流过程中不断促进共同教育理念的认可与普及，正确处理教育实践中的差异与冲突，以包容和理解的态度对待不同的教育体系。教育的产生与发展始终与人类社会的经济生活联系在一起，教育与社会政治文化的融合是教育国际化的重要表现。20 世纪 90 年代兴起的全纳教育促进了教育融合进程的加速，全纳教育强调教育是人的基本权利，每一个人都应该获得旨在满足其基本学习需要的受教育机会，普及入学机会并促进平等。全纳教育涉及教育内容、教育途径、教育结构和教育战略的变革和调整。[②] 全纳教育相互融合的影响是双向的，从融合中学习，以学习促进融合，从融合到共同收益和进步，就要通过方方面面的合作，实现共同管理、共同教育。此外，各国还要打破教育的封闭与孤立状况，使本国教育与国际教育接轨，未来各国教育在对象、制度、内容、形式、方法等方面的共同点将日益增多，教育国际化趋势日益加强，范围更加广泛。教育融合并不是

---

　　① 成文章、唐滢、田静：《云南省高等教育国际化战略研究》，7 页，北京，科学出版社，2008。

　　② 顾明远：《中国教育科学》，175 页，北京，人民教育出版社，2010。

一蹴而就的，融合的过程中一定会有冲突，冲突就意味着进步，冲突与融合交织在一起，逐步由融合通向创新。①

教育国际化已经成为教育研究的一股强大推力，朝着比较教育与国际教育、高等教育国际化、国际学校、教学和教师教育的国际研究、基础教育国际化和教育全球化六个方向发展。历史背景与全球政治、经济、社会、文化等诸多因素的变迁也影响了教育研究路径。② 随着教育国际化进程的加速，关于教育国际交流的观念也发生了变化，教育国际化发展的一个基本出发点是平等的交流和互相取长补短，教育国际交流逐渐脱离对外文化政策的范畴，成为教育政策中的一项重要内容；学术交流在肯定其传统的对外文化交流功能的同时，也要强调其在科研政策中的作用；世界意识或全球意识大大加强，国际学术交流的二元观念有所淡化，从过去单纯援助和被援助的观念和关系转变为援助与合作相结合的新观念。

然而，人们对教育国际化也存在一些误读：国际化就是用英语教学，就是有很多国际学生或者在国外学习；国际化等同于国际主体；班级中有国际学生就意味着国际化已经获得了成功；更多的国际合作就意味着国际化程度更深；高等教育是国际化自然的产物；国际化本身就是目的。③ 教育国际化作为国家教育政策的重要维度，要纠正对高等教育国际化的误读，并在形成政策的过程中避免对国际化的误读造成的政策偏离。对于教育国际化问题，学界还有很多争论，但作为现代教育的重要特征其全球化的发展趋势已越来越明显。教育的国际化必将持久地影响 21 世纪世界教育的变革走向，影响各国教育改革和发展的战略选择。

五、教育国际化领域的进展与趋势——基于 WoS 期刊文献的可视化分析

随着经济信息化、网络化、全球化的加速，越来越多的学者开始关

---

① 王剑波：《跨国高等教育与中外合作办学》，181～182 页，济南，山东教育出版社，2012。

② Dolby Nadine and Rahman Aliya. "Research in International Education," *Review of Educational Research* 78. 3 2008(9)，pp. 676-726.

③ Alma Maldonado-Maldonado Roberta Malee Bassett，*The Forefront of International Higher Education*，New York and London，Springer Dordrecht Heidelberg，2014，p. 94.

注教育国际化这一重要领域。教育国际化逐渐成为世界各国和国际组织关注的焦点和热议的主题。那么全球范围内教育国际化研究领域的热点和前沿到底是什么呢？本文试图利用文献计量学方法和信息可视化工具对全球范围内教育国际化领域的期刊分布、核心作者、核心文献以及研究热点等进行定量研究和可视化分析，以期发现世界范围内教育国际化研究的热点和前沿，可为国内学者更好地开展教育国际化相关研究提供参考。

（一）数据来源与研究方法

1. 数据来源

本文以汤森·路透（Thomson Retuters）公司开发的 Web of Science 核心合集（WoS）①为检索源，按主题词为"Educational ＊ Internationalization"在默认年份的状况下进行检索，将文献类型精简为论文、会议论文和综述文章三类，共得到1 414篇文献（检索时间为 2016-05-27，年度分布参见表 1-1）。将这 1 414 篇文献的题目信息以全记录格式（包含引用的参考文献）和纯文本的文件格式进行保存。

表 1-1　所收集的论文的年度分布

年份	数量（篇）	百分比（％）	年份	数量（篇）	百分比（％）
1977	1	0.07	2002	15	1.06
1979	1	0.07	2003	17	1.20
1981	1	0.07	2004	23	1.63
1986	1	0.07	2005	21	1.49
1990	1	0.07	2006	40	2.83
1991	2	0.14	2007	41	2.90
1993	3	0.21	2008	50	3.54
1994	7	0.50	2009	85	6.01

---

① 这个数据库是由汤森·路透公司基于 Web 开发的产品，是大型综合性、多学科、核心期刊引文索引数据库，包括三大引文库（SCI、SSCI 和 A&HCI）和两个化学数据库（CCR、IC），以及科学引文检索版（SCIE）、科技会议文献引文索引（CPCI-S）等。WoS 数据库收录了 12 000 多种世界权威的、高影响力的学术期刊，内容涵盖自然科学、工程技术、生物科学、社会科学、艺术与人文等领域。参见陈悦等：《引文空间分析原理与应用》，46 页，北京，科学出版社，2014。

续表

年份	数量(篇)	百分比(%)	年份	数量(篇)	百分比(%)
1995	2	0.14	2010	100	7.07
1996	13	0.92	2011	132	9.34
1997	12	0.85	2012	148	10.47
1998	14	0.99	2013	193	13.65
1999	12	0.85	2014	209	14.78
2000	11	0.78	2015	192	13.58
2001	17	1.20	2016	50	3.54

2. 研究方法

本研究对收集的期刊文献进行了文献计量学分析。文献计量学方法是以本研究领域文献的外部特征为研究对象，采用数学与统计方法探索学科文献的各种特征及量变规律，以此来描述、评价和预测本领域的研究现状和未来的发展趋势。本研究采用的分析工具是由美国费城德雷赛尔大学陈超美博士开发的信息可视化应用软件(CiteSpace)，对收集到的1 414篇文献进行知识图谱可视化分析，分析数据来自 Web of Science 数据库。

本研究的研究设计主要包括三个方面：一是对论文基本特征的分析，包括期刊分布、核心作者、研究机构、学科分布等方面；二是对教育国际化领域的研究热点和前沿的分析；三是对教育国际化研究领域知识基础的分析。通过对 1 414 篇文献的作者、关键词、摘要以及引文等进行分析，绘制出相应的知识图谱。[①] 除此之外，本文也运用了 Web of Science 的在线统计功能获得了部分数据。

---

① 将数据导入 CiteSpace，选择时间跨度为 1977—2016 年，时间分区为 2 年，然后分别选择 Keyword、Institute、Author、Category、Cited Reference 作为分析对象，CiteSpace 就可以开始对分析对象进行关键词共现分析、学科共现分析、机构合作分析、作者合作分析、文献共引分析等，并绘制出相应的科学知识图谱。

（二）数据统计与分析

1. 核心期刊分布

将收集到的论文按照出版物进行分类，发现 1 414 篇论文一共有 743 个来源出版物，表 1-2 呈现了发行量大于 14 篇的来源出版物的相关信息。从中可以发现，发行量大于 14 篇的来源出版物有 13 份，其中有 7 份是会议论文集，6 份是 SSCI 核心期刊。在 6 本期刊中，发文量最多的是《国际教育研究》（*Journal of Studies in International Education*），发文量为 105 篇，占总量的 7.43％，被引频次为 569 次，该期刊在 2015 年的影响因子为 1.413；被引频次最高的是《高等教育》（*Higher Education*），发文量为 80 篇，占总量的 5.66％，被引频次为 1 192 次，该期刊在 2015 年的影响因子为 1.518。目前在教育国际化研究领域还没有形成集中体现教育国际化研究成果的核心期刊，大多分布在其他研究领域的期刊之中。在教育国际化研究领域中，国际会议上所发表的论文扮演着比较重要的角色。

表 1-2 教育国际化研究的主要来源期刊分布（发文量＞14）

出版物名称	影响因子①	发文量（篇）	百分比（％）	被引频次
国际教育研究（*Journal of Studies in International Education*）	1.413	105	7.43	569
高等教育（*Higher Education*）	1.518	80	5.66	1192
社会和行为科学进展（*Procedia-Social and Behavior Sciences*）	—	39	2.76	37
国际技术、教育和发展会议论文集（*INTED Proceedings*）	—	30	2.12	0
教育研究进展（*Advances in Education Research*）	—	26	1.84	1
社会科学教育与人类学研究进展（*Advances in Social Science Education and Humanities Research*）	—	26	1.84	0

① 部分标注"—"的出版物为会议发表的论文合集，故没有影响因子。

续表

出版物名称	影响因子	发文量（篇）	百分比（%）	被引频次
教育和新的学习工具国际会议论文集（*EDULEARN Proceedings*）	—	26	1.84	0
高等教育研究（*Studies in Higher Education*）	1.613	24	1.70	103
莫纳什工程教育系列论文集（*Monash Engineering Education Series*）	—	17	1.20	0
比较与国际教育（*Journal of Comparative and International Education*）	0.456	15	1.06	87
第四届教育和新的学习工具国际会议论文集（*EDULEARN 2012: 4th International Conference on Education and New Learning Technologies*）	—	15	1.06	0
高等教育研究发展（*Higher Education Research Development*）	1.103	15	1.06	46
高等教育地理（*Journal of Geography in Higher Education*）	0.845	15	1.06	185

2. 核心作者分布

在一个学科的发展过程中，作者与论文数量分布具有不均衡性，表现为不同作者在一定时期内撰写的论文数量不一致，即不同作者对学科的贡献率不同，其中对学科发展贡献率大的作者被认为是核心作者，核心作者集聚成群从而形成核心作者群。① 核心作者群是学科研究的中坚力量，既引领着学科未来的发展方向，又对非核心学术研究人员产生非常重要的指导性意义。② 为了更好地了解教育国际化领域研究者的科研能力和集群分布，本文对从事教育国际化研究的代表性作者进行了统计，详见表 1-3。

---

① 邱均平、楼雯：《近二十年来我国索引研究论文的作者分析》，载《情报科学》，2013（31）。

② 张敏、沈雪乐：《国际知识发现研究领域核心作者群成熟度分析》，载《情报杂志》，2014（8）。

表 1-3　教育国际化研究领域的主要作者(发文量＞4)

姓名	所在机构	篇数	比例(%)	H指数①	最大引用频次
雨果·奥尔塔(Hugo Horta)	香港大学(中国)	8	0.57	4	26
米里·耶米尼(Miri Yemini)	特拉维夫大学(以色列)	8	0.57	2	3
王毅(Wang Yi)	维斯敏斯特大学(英国)	7	0.50	2	7
大卫·拉萨吉巴特(David Lasagabaster)	巴斯克地区大学(西班牙)	6	0.42	2	15
艾米丽·摩尔(Emilee Moore)	巴塞罗那自治大学(西班牙)	5	0.35	2	8
普多斯基(Pudlowski Z. J.)	莫纳什大学(澳大利亚)	5	0.35	0	0
乌里奇·泰希勒(Ulrich Teichler)	卡塞尔大学(德国)	5	0.35	3	117
西蒙·沃来(Simone Volet)	默多克大学(澳大利亚)	5	0.35	1	9
王莉(Wang Li)	上海理工大学(中国)	5	0.35	0	0
杨锐(Yang Rui)	香港大学(中国)	5	0.35	4	18
米泽彰纯(Yonezawa Akiyoshi)	日本名古屋大学(日本)	5	0.35	1	7
张宏(Zhang Hong)	暨南大学(中国)	5	0.35	0	0

表 1-3 显示了发文量排在前 12 位的作者,分别来自 11 所大学,合计 69 篇。发表文章最多的是来自中国香港大学的雨果·奥尔塔和以色列特拉维夫大学的米里·耶米尼,分别发表了 8 篇文章;被引频次最高的是德国卡塞尔大学的乌里奇·泰希勒,其发表的文章被引用了 117 次。

---

① H指数:一个科学家的分值为 H,当且仅当在他发表的 Np 篇论文中有 h 篇论文每篇获得了不少于 h 次的引文数,科学家剩下的(Np－h)篇论文中每篇论文的引文数都少于 h 次。根据 H 指数的定义,假如一个研究人员的 H 指数为 9,则意味着他发表了至少 9 篇论文,并且仅有 9 篇论文的被引次数不少于 9 次。参见赵新亮、张彦通:《近十年国际高等教育研究的现状及发展态势——基于〈英国高等教育研究〉期刊的载文分析》,载《高教探索》,2015(8)。

    图 1-2 呈现了教育国际化研究领域作者的合作情况，从中可以发现，在教育国际化研究领域并没有形成非常核心的作者群体。一方面形成了以高产作者为核心的研究团队，如特拉维夫大学以米里·耶米尼为核心的研究团队、暨南大学以张宏为核心的研究团队等；另一方面教育国际化研究领域的作者各自为战，如香港大学的雨果·奥尔塔和卡塞尔大学的乌里奇·泰希勒等。

图 1-2　作者合作的知识图谱

    3. 核心研究机构分布

    本文收集到的 1 414 篇文献共涉及 1 077 所研究机构，其中 758 所研究机构仅发表过 1 篇文献，58 所研究机构发表过 5 篇及以上文献。虽然教育国际化研究领域还没有形成核心的研究机构群，但是仍有少数研究机构发文量相对较大。表 1-4 为目前教育国际化研究领域的主要研究机构的分布。结果显示，在前十名中有六所研究机构来自澳大利亚，分别是莫纳什大学、南澳大学、悉尼大学、西悉尼大学、默多克大学和昆士兰大学；来自中国的香港大学排名第二；排在第八、九、十位的分别是以色列的特拉维夫大学、英国的诺丁汉大学和加拿大的多伦多大学。这十所研究机构是教育国际化研究领域的主要研究阵地。

表 1-4 教育国际化研究领域的主要研究机构(前十位)

研究机构	国家	篇数	占比(%)	H指数	最大引用频次
莫纳什大学(Monash University)	澳大利亚	18	1.27	4	170
香港大学(Hong Kong University)	中国	15	1.06	5	81
南澳大学(University of South Australia)	澳大利亚	14	0.99	6	26
悉尼大学(Sydney University)	澳大利亚	12	0.85	5	48
西悉尼大学(University of Western Sydney)	澳大利亚	12	0.85	6	15
默多克大学(Murdoch University)	澳大利亚	11	0.78	3	9
昆士兰大学(Queensland University)	澳大利亚	11	0.78	3	25
特拉维夫大学(Tel Aviv University)	以色列	10	0.71	3	16
诺丁汉大学(Nottingham University)	英国	10	0.71	4	41
多伦多大学(Toronto University)	加拿大	10	0.71	4	38

图 1-3 显示的是教育国际化研究领域研究机构的合作情况,可以发现在教育国际化研究领域中研究机构之间的合作并不是十分广泛。一方面,形成了以某几所大学为核心的凝聚子群,如以香港大学为核心的凝聚子群、以西悉尼大学为核心的凝聚子群、以南澳大学为核心的凝聚子群、以宾夕法尼亚州立大学为核心的凝聚子群等;另一方面,一些大学有其

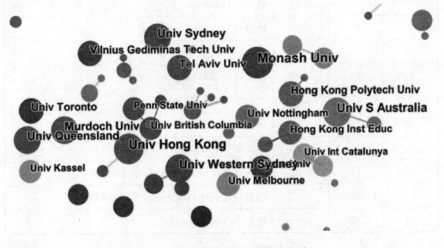

图 1-3 研究机构合作的知识图谱

单独的研究团队，如莫纳什大学、悉尼大学、默多克大学、昆士兰大学、特拉维夫大学和诺丁汉大学等。

4. 主要学科分布

进行学科分布情况的分析，可以从学科层面对教育国际化研究领域进行研究，以便了解教育国际化领域起着重要作用的学科。表 1-5 呈现的是按照 Web of Science 的学科分类划分，发文量最多的前 14 个学科，教育国际化研究主要分布在教育与教育研究、商业与经济学、管理学、社会科学、计算机科学、工程学、语言学等多个学科。图 1-4 是运用可视化软件 CiteSpace 绘制的学科共现知识图谱，从中可以发现学科之间的交叉是非常频繁和复杂的，由此可以推断教育国际化领域是一个跨学科的研究领域，只有研究者具备多个学科的相关知识，才能够更好地开展教育国际化领域的研究，以便更好地理解教育国际化的内涵。

表 1-5　教育国际化研究领域的主要学科分布(发文量＞34)

序号	篇数	中心性	学科
1	876	0.45	教育与教育研究(Education & Education Research)
2	188	0.22	商业与经济学(Business & Economics)
3	130	0.09	管理学(Management)
4	126	0.09	社会科学—其他主题(Social Sciences-Other Topics)
5	103	0.09	教育学(Education)
6	96	0.2	社会科学(Social Sciences)
7	93	0.02	商业(Business)
8	74	0.09	计算机科学(Computer Science)
9	68	0.24	工程学(Engineering)
10	46	0	语言学(Linguistics)
11	46	0.05	经济学(Economics)
12	43	0.02	公共管理学(Public Administration)
13	38	0	语言及语言学(Language & Linguistics)
14	35	0.05	地理学(Geography)

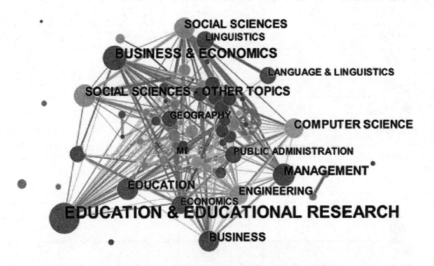

图 1-4　教育国际化研究领域学科共现的知识图谱

5. 作者所属国家或地区分布

本文所收集的 1 414 篇文献分别来自 78 个国家/地区，数据统计结果呈现出向少数几个国家集中的趋势，详细数据见表 1-6。

由表 1-6 可知，目前在教育国际化研究领域，中国、美国、英国和澳大利亚的文章居多，占全部论文的 51.84%。排名前十位的国家发文量为 1 013 篇，占总量的 71.64%。其中，来自中国的文章有 253 篇，分布在中国内地和香港的 181 所研究机构中，排在前三的分别是香港大学、香港理工大学和香港教育学院。[①] 从不同国家的 H 指数来看，英国排名第一，其 H 指数为 18，意味着有 18 篇文章的被引用频次达到或超过 18 次。其次是美国、澳大利亚、加拿大和中国。从最大引用频次来看，澳大利亚排名第一，美国排名第二，德国排名第三。

---

① 由于 Web of Science 主要收录的是英文的核心期刊，英语作为官方第一语言或者第二语言的国家和地区具有天然的优势。因此，中国发表的文章数最多，主要是因为香港地区的高校发表文章数比较多。

表 1-6 教育国际化研究领域的主要国家分布(前十位)

国家	篇数	占比(%)	H 指数	最大引用频次
中国	253	17.89	9	81
美国	182	12.87	15	160
英国	160	11.32	18	79
澳大利亚	138	9.76	15	170
西班牙	73	5.16	7	20
德国	62	4.39	6	117
加拿大	51	3.61	11	73
荷兰	32	2.26	7	62
意大利	31	2.19	3	20
罗马尼亚	31	2.19	1	2

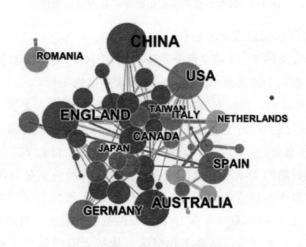

图 1-5 国家/地区合作的知识图谱

图 1-5 呈现的是教育国际化研究领域中国家/地区间合作的知识图谱,可以发现中国、英国、澳大利亚是教育国际化研究领域最主要的研究国家。从国家合作的情况看,各个国家之间的合作比较广泛,相互之间的合作关系错综复杂。但是也有例外,从目前呈现的合作知识图谱来看,罗马尼亚很少同其他国家开展合作。

6. 研究主题和研究热点分析

通过对教育国际化研究领域的研究热点进行定量考察和可视化分析，可使教育国际化领域研究人员尽快把握国际范围内这一领域的主要研究内容以及研究现状。而期刊文献的关键词能够揭示研究主题，是其核心和精髓所在。通常通过对高频关键词进行统计，以此来分析某一研究领域的总体特征和研究热点。图 1-6 为教育国际化研究领域高频关键词的局部分布，图中圆形面积的大小表示频次，越大表示出现的频次越多。结合图 1-6 和表 1-7，从关键词的频次和中心性①来看，国际化（internationalization）、高等教育（higher education）、教育（education）、全球化（globalization）、大学（university）、学生（student）、国际学生（international student）、高等教育国际化（internationalization of higher education）、视角（perspective）、经历（experience）等关键词的排序比较靠前。

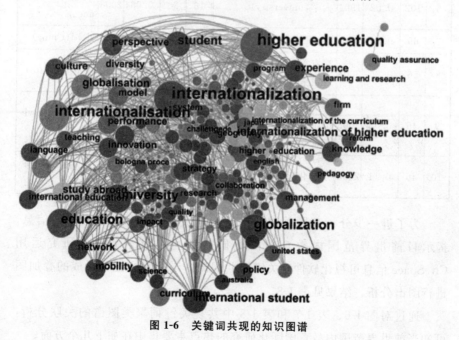

图 1-6　关键词共现的知识图谱

---

① 高频关键词是当前某研究领域被研究者集中研究的主题内容，通过词频分析得出的高频关键词可揭示相关研究领域的研究热点；知识网络中具备高中心性的关键词易成为关键词网络图谱演进的拐点，具有重要的知识链接作用，可在一定程度上反映出某学科领域的研究热点。参见邱均平、吕红：《基于知识图谱的知识网络研究可视化分析》，载《情报科学》，2013(12)。

表 1-7 教育国际化研究领域高频关键词中心性和频次统计

序号	频次	中心性	年度	关键词	序号	频次	中心性	年度	关键词
1	345	0.34	1994	国际化（internationali-zation）	11	36	0.02	2008	视角（perspec-tive）
2	298	0.23	2000	高等教育（higher edu-cation）	12	36	0.09	2004	经历（experi-ence）
3	184	0.12	2000	国际化（internation-isation）	13	35	0.02	2008	海外学习（study abroad）
4	117	0.28	1995	教育（education）	14	31	0.06	2001	模型（model）
5	104	0.14	1998	全球化（globalization）	15	31	0.02	2009	流动性（mobil-ity）
6	102	0.02	1994	大学（university）	16	30	0.06	2008	表现（perform-ance）
7	69	0.04	1993	学生（student）	17	29	0.02	2000	中国（China）
8	56	0.06	2008	国际学生（international student）	18	29	0.07	2010	文化（culture）
9	49	0.03	2008	高等教育国际化（inter-nationalization of higher education）	19	28	0.01	2002	知识（knowl-edge）
10	46	0.11	2000	全球化（globalization）	20	28	0.1	1991	课程（curricu-lum）

为了进一步分析高频关键词间的亲疏关系，有效挖掘潜在的信息，揭示目前世界范围内教育国际化研究的主题和热点，本研究运用CiteSpace 信息可视化软件对关键词共现聚类与凸显主题词形成的叠加图进行图谱分析，结果见表 1-8。

通过对图 1-6、表 1-7 和表 1-8 中共现关键词聚类图谱的关联分析，可知当前世界范围内教育国际化研究的热点主要集中在如下几个方面。

表 1-8　教育国际化研究领域高频关键词共现聚类分布

聚类	大小	轮廓值	平均发表年份	标签词(TF * IDF)①	标签词(LLR)	标签词(MI)
0	45	0.788	2002	跨国公司、区域经济发展、区域、发展	区域经济发展、跨国公司、合作语言	保证质量
1	43	0.594	2007	学生、国际学生、澳大利亚、跨学科	澳大利亚、国际学生、教学	贡献
2	31	0.822	2003	综述、现代日本、教育改革、日本、职业生涯	综述、现代日本、教育改革	经济发展
3	30	0.919	2002	工程教育、资格认证、创新实践、创新方法、数量	工程教育、质量、数量	需求
4	26	0.772	2004	教育制度、制度、教育、比较验证	中国、教育制度、比较验证	学习成果
5	23	0.87	2003	业务视角、商业、视角、新的、教育	业务视角、教育、国际化	类型学
6	18	0.996	2001	高层管理团队、国际多样性、组成、高层管理团队异质性	国际多样性、公司、组成	影响力
7	18	0.886	2003	基础、护理专业研究生、弹性学习、研究生、可选择性	基础、护理专业研究生、弹性学习	需求
8	11	0.87	2012	历史、巴西、学生意图、区域、审查	历史、学生意图、审查	贡献
9	5	1	2004	远程教育、全球化时代、印度、社会、远距离	远程教育、社会、全球化时代	挑战

（1）高等教育国际化。简·奈特和范·德·威特认为，高等教育国际化是指："将国际维度整合到高等学校的教学、科研和社会服务等使命和功能之中的过程。不仅包括课程、学者和学生的国际交流、与社区的各

---

① TF * IDF 是一种用于信息检索与数据挖掘的常用加权技术，用以评估字词对于一个文件集或一个语料库中的其中一份文件的重要程度。在 CiteSpace 中，TF * IDF 提取出的词语强调的是研究主流。LLR 是对数似然比算法，MI 是互信息算法。在 CiteSpace 中，后两者算法提取出来的词语强调研究特点。

种合作计划、培训及广泛的管理服务，还应包括明确的认同、积极的态度、全球的意识、超越本土的发展方向，并内化为学校的精神气质。"①高等教育国际化是很多国家在建设和发展高等教育体系中非常重要的一个方面。教育国际化领域的研究者们比较关注高等教育国际化的相关问题，如大学、高等教育、高等教育教育国际化等关键词都有所体现。

（2）教育质量。不管是高等教育还是基础教育，教育质量都是一个非常重要的课题。不少国家为保证教育质量设立了很多内部质量监管体系和外部质量监管体系。随着经济全球化的加速，教育国际化对于基础教育和高等教育的质量保障都提出了新的要求和挑战。从某种程度上来说，教育国际化的开展为各个国家的师生之间的交流提供了便利，可以进一步促进教育质量的提高。教育国际化研究的学者们对教育质量这个热点议题也十分关注，保证质量、学习成果、资格认证等关键词都有所体现。

（3）远程教育。信息科学和通信技术的革命推动了海外远程教育项目的迅猛发展。② 并且让教育国际化的内涵也不断发生变化。在教育国际化的最初发展时期，更多地偏向于教师和学生等人员的交流，后来逐渐发展到课程以及校园服务等方方面面的国际化。在远程教育进一步发展之后，可以通过网络课堂等方式在很多不同的国家和地区进行知识和信息的输出。目前教育国际化研究领域的学者们比较关注在教育国际化的发展过程中，远程教育所扮演的角色以及发挥的作用，这在全球化时代、远程教育、课程等关键词方面都有所体现。

（4）教育服务。世界贸易组织在《服务贸易总协定》（*General Agreement on Trade in Services*）中将教育列入了服务行业的范围。教育服务通过跨境支付（Cross-border）、境外消费（Consumption Abroad）、商业存在（Commercial Presence）以及自然人流动（Presence of Natural Persons）等

---

① De Wit, H., *Internationalization of Higher Education in the United States of America and Europe: A Historical, Comparative, and Conceptual Analysis*, Westport CT, Greenwood Press, 2002, p.117.

② ［印度］詹德赫亚拉·B.G.提拉克：《高等教育国际化的经济分析（续）》，刘丽芳、邓定译．载《教育与经济》，2013（2）。

四种方式对高等教育国际化的发展产生了非常重大的影响。[①] 有些国家十分推崇教育服务，并将其作为拉动国内经济增长和发展的重要动力，如澳大利亚、新西兰。教育国际化领域的研究者们也在持续关注着这个问题，如区域经济发展、国际学生、澳大利亚、发展等关键词都有所体现。

7. 研究前沿和知识基础分析

在 CiteSpace 软件中，研究热点和研究前沿是针对不同的信息而进行的分析。研究热点主要是对施引文献[②]中的关键词(Key Word)进行分析；而研究前沿是对被引文献[③](Cited Reference)进行分析。

表 1-9　教育国际化研究领域高频凸显主题词共现聚类分布

聚类	大小	轮廓值	平均发表年份	标签词(TF * IDF)	标签词(LLR)	标签词(MI)
0	35	0.97	2003	知识、经历、国际学生、大学、南非	国际化、国际学生、教育	有用的洞察力
1	10	1	1984	国内政策议题、公共事业管理的教育回应、政策、议题、教育	国内政策议题、公共事业管理的教育回应、国际化	国际化
2	10	1	1983	方法、学习创新、创新、学习、教育	方法、学习创新、教育	教育
3	10	1	1970	比较教育、教育、国际化	比较教育、国际化、教育	教育
4	10	1	1971	资本、教育、国际化	资本、国际化、教育	教育
5	8	1	1996	国际教育、学习、经历、国际化、国际化学习	国际化学习、微观世界、欧洲经验	韩国

---

①　Altbach，P. G.，Knight，J.，"The internationalization of higher education：Motivations and realities," *Journal of Studies in International Education*，2007(11)，pp. 290-305.

②　也称为原文献，通常在 Web of Science 中检索的数据都是施引文献，其中包含了文章作者、机构、国家、标题、关键词、学科类别、基金等信息。参见陈悦、陈超美等：《引用空间分析原理与运用：CiteSpace 实用指南》，64 页，北京，科学出版社，2014。

③　即为别人所引用的文献，这些文献通常具有较高的质量才能被人多次引用，文献中包含作者、标题、期刊和年份等内容。

续表

聚类	大小	轮廓值	平均发表年份	标签词(TF * IDF)	标签词(LLR)	标签词(MI)
6	7	0.992	1995	自治、国家、大学、改造意义	改造意义、质量保证、问责	新西兰环境
7	6	1	1974	日本教育、教育、国际化	日本教育、国际化、教育	国际化
8	6	1	1985	商业、年龄、国内商业管理、连续性、人力资源管理过程	国内商业管理、连续性、人力资源管理程序	有用的洞察力
9	5	1	1994	智利、教学机构、委托、专业人员、案例	专业人员、智利、教学机构	案例

笔者运用 CiteSpace 软件对被引文献进行分析，绘制了共被引图谱，其中图谱分析的模块值为 Q＝0.855＞0.3，意味着划分的模块结构是显著的；平均轮廓值 S＝0.653 1＞0.5，说明各个聚类是有效的、令人信服的。① 根据聚类的大小及轮廓值，可以判断教育国际化领域的主要研究前沿分别是聚类 0、聚类 1 和聚类 5，即国际学生、知识、大学，国内政策议题、国际化公共事业管理的教育回应，国际教育、欧洲经验、微观世界等。

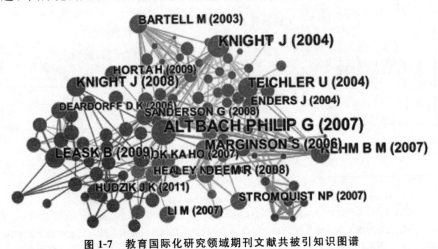

图 1-7　教育国际化研究领域期刊文献共被引知识图谱

_____

① 陈悦等：《引文空间分析原理与应用》，24 页，北京，科学出版社，2014。

表 1-10 教育国际化研究领域高被引文献信息

序号	被引频次	中心性	年份	文献名称
1	64	0.06	2007	ALTBACH PHILIP G，2007，J STUD INT EDUC，V11，P290
2	41	0.02	2004	KNIGHT J，2004，J STUD INT EDUC，V8，P5，DOI 10.1177/1028315303260832]
3	32	0.01	2004	TEICHLER U，2004，HIGH EDUC，V48，P5，DOI 10.1023/B：HIGH.0000033771.69078.41
4	30	0	2009	LEASK B，2009，J STUD INT EDUC，V13，P205，DOI 10.1177/1028315308329786
5	27	0	2008	KNIGHT J，2008，HIGHER ED TURMOIL CH，V，P
6	26	0.01	2006	MARGINSON S，2006，HIGH EDUC，V52，P1，DOI 10.1007/S10734-004-7649-X
7	25	0.01	2007	KEHM B M，2007，J STUD INT EDUC，V11，P260
8	21	0.02	2003	BARTELL M，2003，HIGH EDUC，V45，P43，DOI 10.1023/A：1021225514599
9	19	0.01	2008	DEEM R，2008，HIGH EDUC POLICY，V21，P83
10	18	0	2008	HEALEY NM，2008，HIGH EDUC，V55，P333，DOI 10.1007/S10734-007-9058-4
11	18	0	2007	MOK KA HO，2007，J STUD INT EDUC，V11，P433
12	16	0.03	2004	ENDERS J，2004，HIGH EDUC，V47，P361，DOI 10.1023/B：HIGH.0000016461.98676.30
13	16	0	2011	HUDZIK J K，2011，COMPREHENSIVE INT CO，V，P
14	15	0	2009	HORTA H，2009，HIGH EDUC，V58，P387，DOI 10.1007/S10734-009-9201-5

　　由图 1-7 和表 1-10 可知，最大的节点是美国波士顿学院国际高等教育研究中心主任菲利普·G. 阿特巴赫与多伦多大学安大略教育研究所国际与发展教育中心的简·奈特教授于 2007 年共同发表在《国际教育研究》杂志上的一篇题为《高等教育国际化：动力与实践》(The Internationaliza-

tion of Higher Education：Motivations and Realities)的文章。该文章主要在WTO《服务贸易总协定》的背景下来分析高等教育国际化的动力和现实。文章认为，在高等教育国际化的进程中主要是利益(Profits)、教育供给(Access Provision)、对需求的满足(Demand Absorption)、传统的国际化(Traditional Internationalization)。之后，阿特巴赫和奈特进一步按照地区分布，分别探讨了中东、亚洲环太平洋地区、非洲、欧洲、北美洲、拉丁美洲等地区的高等教育国际化的具体实践。[1]

第二篇经典文献是多伦多大学安大略教育研究所国际与发展教育中心的简·奈特教授2004年发表在《国际教育研究》上的一篇题为《国际化再造：定义、方法和原理》(Internationalization Remodeled：Definition，Approaches，and Rationales)[2]的论文。该文章指出由于世界政治经济环境的变化，全球的高等教育不断地发生变化，高等教育在全球政治经济环境中所扮演的角色也在不断发生变化。在这种变化之下，应该重新审视教育国际化的框架以及重新定义教育国际化。该文章主要研究了国家层面以及院校层面的国际化，一方面探讨了从院校层面到国家层面的国际化路径的定义和理论；另一方面探讨了从国家层面到院校层面的国际化路径的定义和理论；在此基础之上进一步检视了这两种路径之间的动态关系。

第三篇经典文献是德国卡塞尔大学的乌里奇·泰希勒教授2004年发表在《高等教育》(*Higher Education*)上的一篇题为《高等教育国际化争论的演变》(The Changing Debate on Internationalisation of Higher Education)[3]的论文。在该论文中，泰希勒教授论述了国际化逐渐从国家层面走向了全球范围，各个国家在面临全球化的浪潮中逐渐失去了对其自身教育体系的主导权，他们也面临着不同程度的高等教育多样性和学生流动性之间关系紧张的问题。最后，文章质疑，高等教育全球化到底会演变

---

① Altbach，P. G. and Knight，J.，"The Internationalization of Higher Education：Motivations and Realities," *Journal of Studies in International Education*，2007(11)，pp. 290-305.

② Knight，J.，"Internationalisation Remodeled：Definition，Approaches and Rationales," *Journal of Studies in International Education*，2004(8)，pp. 5-31.

③ Teichler，U.，"The Changing Debate on Internationalization of Higher Education," *Higher Education*，2004(48)，pp. 5-26.

成一个"资本主义的旋涡"还是不断走向"全球共识"。

除此之外，还有南澳大学贝蒂·里斯克（Betty Leask）2004 年发表在《国际教育研究》杂志上的《采用正式及非正式的课程来促进本国学生和国际学生之间交流》（Using Formal and Informal Curricula to Improve Interactions Between Home and International Students）[①]一文；多伦多大学的简·奈特（Jane Knight）教授的专著《动荡不安的高等教育：风云变幻的国际化》（Higher Education in Turmoil: The Changing World of Internationalization）；莫纳什大学国际教育研究中心的西蒙·马金森（Simon Marginson）教授 2006 年发表在《高等教育》杂志上的《高等教育领域国家与全球竞争的动力》（Dynamics of National and Global Competition in Higher Education）[②]等经典文献。

（三）研究结论

本研究收集了教育国际化领域的期刊文献共 1 414 篇，通过对文献的关键词、研究机构、作者、所属学科、被引文献等方面进行分析，得到了教育国际化领域的主要期刊分布、主要作者、主要学科、主要国家、主要研究机构、研究热点和研究前沿、研究的知识基础方面的结论。

1. 主要期刊分布

目前在教育国际化领域发文量比较大的有《国际教育研究》《高等教育》等 6 份 SSCI 核心期刊，还没有形成集中体现教育国际化研究成果的核心期刊。除此之外，在教育国际化研究领域中，通过国际会议结集出版的论文集也占据着十分重要的地位。

2. 主要作者方面

从发文量来说，雨果·奥尔塔、米里·耶米尼、大卫·拉萨吉巴特、艾米丽·摩尔、乌里奇·泰希勒等学者是教育国际化研究领域发文量比较多的学者；从学者之间的合作网络来看，发文量较多的几个学者之间很少开展合作，而是形成了以各个学者为核心的研究团队。

---

① Leask, B., "Using Formal and Informal Curricula to Improve Interactions between Home and International Students," *Journal of Studies in International Education*, 2009(13), pp. 205-221.

② Marginson, S., "Dynamics of National and Global Competition in Higher Education," *Higher Education*, 2006(52), pp. 1-39.

3. 核心研究机构方面

从发文量来说，澳大利亚的莫纳什大学、南澳大学、悉尼大学、西悉尼大学、默多克大学、昆士兰大学，加拿大的多伦多大学，中国的香港大学，英国的诺丁汉大学，以色列的特拉维夫大学等排在前十位。从研究机构之间的合作网络来看，主要分别以香港大学、西悉尼大学、南澳大学、宾夕法尼亚州立大学等大学为核心的研究机构凝聚子群。莫纳什大学、悉尼大学、默多克大学、昆士兰大学、特拉维夫大学和诺丁汉大学等有其单独的研究团队。

4. 主要学科分布方面

从发文量来看，教育国际化的研究主要分布在教育与教育研究、商业与经济学、管理学、社会科学、计算机科学、工程学、语言学等多个学科；从学科共现网络来看，在教育国际化研究领域学科之间的交叉非常频繁和复杂。

5. 主要国家分布方面

从发文量来看，中国、美国、英国、澳大利亚、西班牙、德国、加拿大、荷兰、意大利以及罗马尼亚排在前十位，占发文总量的 71.64%；从国家之间的合作网络来看，各个国家之间的合作比较广泛，但也有极个别的国家很少同其他国家合作，如罗马尼亚。

6. 研究热点和研究前沿方面

通过教育国际化研究领域的关键聚类图谱的关联分析，可以发现当前世界范围内比较教育研究的热点主要集中在高等教育国际化、教育质量、远程教育和教育服务等方面。通过对教育国际化研究领域的高频凸显主题词共现聚类进行分析，发现其研究前沿主要包括国际学生、知识、大学，国内政策议题、国际化、公共事业管理的教育回应，国际教育、欧洲经验、微观世界等方面。

7. 知识基础方面

菲利普·G. 阿特巴赫和简·奈特的《高等教育国际化：动力与实践》、简·奈特的《国际化再造：定义、方法和原理》、乌里奇·泰希勒的《高等教育国际化争论的演变》等文献构成了重要的知识基础。

六、高等教育国际化的主要特征：基于高等教育经济属性和文化属性的分析

作为经济全球化和世界一体化的直接产物，国际化是高等教育发展进程中不可逆转的历史潮流，成了形塑高等教育变革的关键力量，被擢升为高等教育的第四种职能。[①] 21 世纪，世界各国政府、高等院校纷纷采取措施提升国际化水平，高等教育国际化达到了前所未有的高度，并成为国际竞争的重要战略。[②] 高等教育国际化实质是不同国家高等教育机构的动态互动。然而，任何事物都具有两面性，高等教育国际化在发展进程中出现了高等教育商业化、不同国家之间人员和知识流动不均衡、国际的技术壁垒、学术殖民主义、文化冲突层出不穷、国际交流与合作不够深入等一系列问题。在高等教育国际化纵深发展的过程中不禁要思考，造成上述问题的根本原因是什么？

对上述问题的合理解答需要从对国际化本身的表层认识深入对高等教育本质属性的认识，进而探求高等教育国际化互动的层次结构和主要特征。文化属性和经济属性是高等教育的根本属性，从经济属性与文化属性两个角度管窥高等教育国际化，准确把握高等教育国际化的本质，探究其背后的机理是认识并破解上述难题的根本策略。本文从高等教育自身所具有的经济和文化双重本质属性及其形成的"周边"和"中心"的结构关系出发，旨在建构高等教育国际化的理论框架，从总体上分析高等教育国际化的特征，借此全面审视并深刻认识高等教育国际化在当前发展中出现的问题。提纲而众目张，从根源上洞悉高等教育国际化发展的未来向度，不仅是完善高等教育国际化的理论诉求，也是迎接高等教育国际化发展带来的挑战、制定高等教育国际化发展策略的现实需要。

（一）高等教育双重属性及其结构关系

属性是对一件事物的性质的定型概述，高等教育具有政治、经济、

---

① 联合国教科文组织在德洛尔报告中明确指出，"大学聚集了与知识的发展和传播相结合的所有传统职能：研究、革新、教学、培训以及继续教育，近几年变得越来越重要的另一项只能即国际合作，亦应增加到这职能中。"参见联合国教科文组织 21 世纪教育委员会：《教育——财富蕴藏其中》，124 页，北京，教育科学出版社，1996。

② ［美］弗兰克·纽曼、莱拉·科特瑞亚、杰米·斯葛瑞：《高等教育的未来：浮言、现实与市场风险》，李沁译，27 页，北京，北京大学出版社，2012。

文化、产业、人力资本等多重属性,① 其中,决定高等教育产生、发展和变革的根本属性是高等教育的经济属性和文化属性。

1. 高等教育的经济属性

高等教育的经济属性指高等教育属于"准公共产品",具有竞争性、排他性和营利性②。高等教育不仅能够产生提高生产力、促进社会稳定的公共利益,还能够增强个体的工作技能和竞争力,使受教育者获得个人收益。经济全球化带动了高等教育国际化,世界贸易组织成员方于 1995 年签订的《服务贸易总协定》指出高等教育是国际服务贸易的一部分,高等教育成了在全世界范围内可贸易的商品和服务,③ 同时这也是高等教育经济属性在全球化时代的彰显。在现代社会中,高等教育作为服务成为一种可以贸易的经济行为,在根本上决定了其经济属性。

高等教育的经济属性表现为高等教育是生产、服务和消费三位一体的经济行为。④ 首先,高等教育中的基础设施、课程、信息、网络、教师等是高等教育经济生产的有机组成部分,是高等教育经济属性的基础要素和基本表现形式。20 世纪后半叶以来,受新自由主义思潮的影响,高等教育机构最先开启了教育领域内的私营化和商品化改革,一定程度上变为商业服务的场所,在此过程中,高等教育成为被市场化分配和售卖的产品,并在国际市场中自由流动。⑤ 其次,高等教育具备服务的特性,并且包括硬服务和软服务两种类型,⑥ 其中,硬服务指由高等教育领域内的基础设施(例如教室、桌椅、多媒体设施、图书等)为有需求的人员提供的硬件设施服务;软服务指高等教育领域的人员(如教师、职工、管理者等)为高等教育消费者提供的即时、灵活、个性的人为服务。高等教育在提供服务的过程中同时也产出产品,具体包括劳动力、知识、技能等。

---

① 王洪才:《论高等教育的本质属性及其使命》,载《高等教育研究》,2014(6)。

② 张岩丰、王孙禺:《谈教育的经济属性》,载《清华大学教育研究》,2002(2)。

③ Simon McGrath and Qing Gu. *Routledge Handbook of International Education and Development*, New York, Routledge, 2015, p. 333.

④ [美]M. 卡诺伊、H. M. 莱文:《教育大百科全书·教育经济学》,杜育红、曹淑江、孙志军译,326 页,重庆,西南师范大学出版社,2011。

⑤ Ron Scapp, *The Product: Education*, New York, Palgrave Macmillan US, 2016, p. 54.

⑥ Terry Wu and Vik Naidoo, *International Marketing of Higher Education*, New York: Palgrave Macmillan, 2016, p. 50.

高等教育机构为经济市场提供的服务和产出的产品构成了高等教育经济属性的主体，是经济属性最为显著的表现形式。再次，高等教育消费指学生、家庭或组织团体等消费者为满足自身的学习需求或新技能需求而购买高等教育服务或产品的行为。由于高等教育消费具有形成人力资本的个体收益以及增强一个组织或国家科技竞争力的增值作用，因此，高等教育消费兼具消费和投资的双重价值。①　综上所述，高等教育不仅具备经济体的基本要素，且符合经济贸易行为的市场规则，二者共同形塑了高等教育的经济属性。

2. 高等教育的文化属性

高等教育的文化属性指高等教育是人类文化发展到一定历史阶段的产物，其主要职能是培养具有专门知识和技能的人才。高等教育是"为了文化而文化"，"为了学术而学术"，并以知识为本身的教育教学活动。②

文化是意义的生成，是社会组织发展的自我生产的过程，包括器物、制度和观念形态三个基本要素，③　其中，器物反映了人类的认识、改造自然的能力和技术水平；制度是包括组织、制度等在内的制度文化或行为文化；观念形态指人的价值观、心理状态、思维方式、审美情趣、道德情操、宗教信念、民族精神等深层文化。④　首先，作为知识的集散地，高等教育是知识生产和传播的主要场所，在器物、制度和观念形态三个层面中表现出了鲜明的文化属性。在高等教育领域，器物指高等教育在教学和科研活动中产生的知识、科技和技能。科学研究是高等教育最重要的职能之一，通过科学的学术探索，不断产生新知识、新技术，解决社会发展中的难题，推动知识更新和社会进步。高等教育以传播高深知识、生产新知识、保存传统知识为载体，不仅为社会培养具有高级专门知识和特殊技能的人才，同时也是科技创新的培育基地和高新技术的孵化器。其次，高等教育机构有相对稳定的运行机制、办学模式和治理模式，是高等教育文化属性在制度层面的表现。随着高等教育形态和高等教育治

① 周海涛、李虔、张墨涵：《论激发教育服务的消费潜力》，载《教育研究》，2016(5)。
② 付八军：《文化属性：高等教育的永恒主题》，载《教育学术月刊》，2009(10)。
③ 张世英：《哲学导论》，303 页，北京，北京大学出版社，2002。
④ 冯钢：《社会学》，129 页，杭州，浙江大学出版社，2013。

理理念的不断深化，高等教育机构在发展过程中形成的现代大学制度成为世界各国共享的高等教育组织文化的内核，并在世界范围内广泛传播。再次，高等教育机构根植于一个国家的文化之中，其规章、制度、办学特色等都遵循民族文化和政治制度的传统，是文化属性中观念形态的核心要义。高等教育机构不仅是某个民族的组成部分，同时又将目光专注于民族性之上的目标，[①] 形成了独特的价值体系和思想理念。文化属性具有属我性和区隔性，是决定高等教育发展方向改革力度的隐形力量。

3. 高等教育双重属性的相互关系

经济属性和文化属性是高等教育机构的一体两面，共同构成了高等教育的双重本质属性。其中，经济发展是高等教育产生的条件，也是推动高等教育变革的直接动力。高等教育面向社会又直接服务于社会，不仅为社会输送大量劳动力，在经济全球化时代，高等教育承载着促进国家经济繁荣的使命，为经济发展提供知识基础、技能支持和科学指导。文化属性是高等教育得以存在和发展的根基，高等教育的结构、理念、培养目标和办学方式在不同的历史发展时期伴随着文化的变化而变化，呈现出了鲜明的地方特色和民族性。

在高等教育的场域中，经济属性和文化属性可以概括为一个由"中心"和不同层次"周边"组成的圆圈，经济属性相对活跃，易于变化，散于"周边"，文化属性居于"中心"地位，变化缓慢，具有较强的稳定性，[②] 如图 1-8 所示。经济属性中的基本要素——生产、服务和消费构成了不同层次的"周边"，其中，服务和消费最为活跃，也是最容易发生互动的因素，位于经济属性的最外围。观念形态是文化的内核，位于高等教育机构的"中心"，同时被文化属性中的制度和器物两层要素所环绕。此外，文化属性是无穷无尽的经济因素的聚焦点；经济属性是形成文化属性的因素和力量，并不断受到文化属性的作用和影响。文化属性和经济属性相辅相成，互为依托。文化属性的永恒在场与经济属性的不断演绎是推动高等教育发展的基本模式，内外交互的经济属性和文化属性之间的相互作

---

① ［德］卡尔·雅斯贝尔斯：《大学之理念》，邱立波译，190 页，上海，上海世纪出版集团，2007。

② 张世英：《哲学导论》，297～298 页，北京，北京大学出版社，2002。

用是高等教育变迁的根本动力。

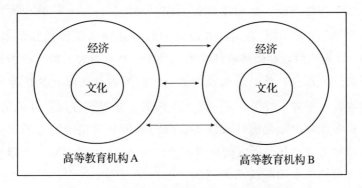

图 1-8　高等教育经济属性和文化属性的关系

（二）经济属性的互动：开放性、多样性与敏感性

经济全球化是高等教育国际化的物质基础，[①] 全球化带来了高等教育机构人员、思想、资本的国际流动。高等教育国际化是高等教育对经济全球化所做出的适时调整，一定程度上是经济全球化的产物。[②] 高等教育服务和产品是高等教育在世界范围内贸易的主要载体，在全球化时代，无时无刻不受现代市场规律和经济发展形势的影响。高等教育国际化在经济属性要素的互动中表现出了开放性、敏感性和多样性的特征。

1. 高等教育国际化的开放性

高等教育国际化的开放性指高等教育中的经济要素在全球市场上自由流动，具体而言，是高等教育机构在教学资源的获取、产品和服务的流通与贸易、学习者对高等教育的消费等方面面向全世界开放。高等教育的开放性不仅是构成高等教育国际化贸易市场的先决条件，而且是增强高等教育机构多样性、确保高等教育可持续发展的基础。

高等教育国际化的开放性是高等教育经济属性在全球化经济市场中的主要表征。首先，全球范围的消费市场要求高等教育经济要素自由流动以实现其产品或服务的价值，主要表现为高等教育领域人员往来日益

①　［美］菲利普·G. 阿特巴赫：《比较高等教育：知识、大学与发展》，人民教育出版社教育室译，2 页，北京，人民教育出版社，2001。

②　Altbach，P. G.，& Knight，J.，"The Internationalization of Higher Education：Motivations and realities," *Journal of Studies in International Education*，2007(11)，pp.290-305.

频繁，国际化交流形式更为多样，全球范围内的校企合作、院校国际化程度不断加深等现象。在高等教育国际化早期，国际交往的主要形式仅限于教师和学生的国际流动，并以此为载体开展知识传播和学术交流。20 世纪 80 年代后，在经济全球化的推动下，高等教育国际化成为国际贸易的重要组成部分，受经济利益的驱动，高等教育国际化又衍生出海外分校和海外讲学等多种类型，① 进一步拓展了高等教育国际开放的维度。其次，高等教育国际化的开放性还表现为教师和学生为特定的学习、科研或经济目的在全球范围内的自由流动。进入 21 世纪以来，全球范围内高等教育机构学生国际流动的范围、层次都在逐年扩大，区域性高等教育国际化进程不断加快。如"伊拉斯谟计划"旨在促进欧盟成员国内部高校学生流动，为多达 200 万名学生的国际流动提供了平台。基于学术交流和经济利益的教师和科研人员的国际流动日益频繁。为了更优质的科研条件和待遇，欧洲许多国家高等教育机构的一流学者和研究人员源源不断地流向美国。② 再次，高等教育国际化的开放程度不断深化。作为高等教育国际化最大的受益者，美国高校开启了全面国际化进程，推动美国高校在高校战略规划、行政结构和职员配备、课程、合作课程、学习成果、教师政策与实践、学生流动和合作与伙伴关系等③多个领域面向全球市场全面开放。此外，创业型大学理念的盛行加速了高等教育国际化中全球合作的进程，多学科、跨区域、全球性的高等教育合作项目成为推动高等教育国际化发展的重要动力，增强了高等教育机构的活力，促进了优质资源的全球流动。

高等教育国际化中的开放性一方面源于人们对寻求高质量教育的主动选择，另一方面是对西方国家主导的教育国际化的被动卷入。为了应对经济全球化对本国经济的冲击，发展中国家要通过提高教育质量和劳动力素质带动产业升级和科技创新，不断派遣大量人员前往发达国家学

---

① Christina Tay, *International Marketing of Education Services: Trends, Obstacles and Issues*, Berlin, Springer Berlin Heidelberg, 2013, p. 50.

② ［美］安东尼·吉登斯：《全球时代的欧洲》，潘华凌译，167 页，上海，上海译文出版社，2015。

③ "CIGE Model for Comprehensive Internationalization," http://www.acenet.edu /newsroom/Pages /CIGEModelfor-ComprehensiveInternationalization. aspx，2017-10-17。

习先进的知识和科技。发达国家通过较为完备的高等教育服务体系和较高水平的学术研究吸引大量发展中国家的学生跨境求学，规模迅速扩张的留学生教育为发达国家带来了巨大的经济效益、学术收益和人力资源效益。此外，大型国际组织在高等教育国际化的开放中产生了重要影响。世界银行等国际组织以促进国际发展教育为主要目标，重点为发展中国家高等教育的市场化改革提供资金支持，[1] 以促进发展中国家高等教育的市场化改革，要求优先实施国际组织倡导的教育项目的改革以获得教育投资，推动了市场机制在全球高校内部的实施，市场化改革扩大了高等教育的开放程度。然而，高等教育国际化的开放性是一把双刃剑，在促进不同地区高等教育之间人员往来、知识共享的同时也带来了诸如过度商业化以及资源及学术依附等问题，产生了如"出国热"、崇拜海外文凭、学术造假、过度教育等阻碍国际化良性发展的问题。

2. 高等教育国际化的敏感性

高等教育国际化的敏感性指高等教育国际化进程很容易受到经济制度、形势和政策等因素的影响，外在环境的变化对高等教育国际化的方式、内容、规模、速度产生直接影响，高等教育机构会对外部环境的变化做出及时的适应性的调整。

高等教育国际化的敏感性主要表现在三个方面：第一，高等教育国际化受到经济发展水平和经济形势的直接影响。很多国家的高等教育机构都开启了市场化和私有化改革，强化了高等教育的经济属性。例如，世界范围内国际学生主要来源国是经济发展稳定的中高收入国家。以亚洲国家为例，2000—2012 年，中国、泰国等亚洲中高收入国家派出的国际学生数量从 54 万人增加到 142 万人，而印度尼西亚、菲律宾等中低收入国家派遣的国际学生总量为 75 万人，远远低于中高收入国家。[2] 与此同时，经济形势的变化导致国际教育市场发生相应的变化。受 2009 年全

---

① S. P. Heyneman, "The History and Problems in the Making of Education Policy at the World Bank 1960—2000," *International Journal of Educational Development*，2003(3)，pp. 315-337.

② 《中国留学发展报告 2015》，http：//www. 360doc. com/content/15/1022/23/11269421_507687746. shtml，2015-10-22。

球经济危机的影响，美国接收国际学生数量的涨幅由 7.7% 下降到 2.9%，[①] 且全球范围内国际学生总量大幅减少。第二，高等教育国际化改革受经济全球化过程中资本逐利的影响。面对高等教育国际化带来的巨大经济效益，高等教育出口成为发达国家国民经济的主要产业，且所占比例不断攀升。例如，通过招收国际学生收取高额学费成为财政紧缩时代高等教育机构的重要创收渠道。美国公立大学国际学生的学费是本土学生学费的 3 倍甚至更多。澳大利亚将高等教育作为最重要的出口产业，出口总额从 1999 年的 40 亿美元增长到 2015 年的 176 亿美元，[②] 成为国民经济的支柱产业。可观的经济收益促进以美国为首的发达国家不断扩大教育出口，并将高等教育国际化上升到事关国家经济命脉的战略高度。第三，经济政策影响高等教育的国际化变革。以我国为例，中华人民共和国成立后，在计划经济体制内，高等教育的国际交流处于相对封闭的状态，仅有少量的官方的、政策性的国际交流；实施改革开放政策后，为满足对高质量高等教育的需求，增强自己在劳动力市场中的竞争力，越来越多的中国学生选择出国留学，且出现了更为丰富的国际交流形式，高等教育国际交往的规模得到极大提升。

高等教育国际化中产生的高等教育服务出口占全球服务出口总数的 3%，每年产生 600 亿美元的利润，[③] 高等教育国际化最初的动力是学术交流，在当代已经被追求高额的经济利益的目的所取代。然而，高等教育还具有公共教育的特性，高等教育国际化的敏感性同时也释放出要预防高等教育国际化中过度商业化的信号，国际大学协会(IUA)在 2005 年开展的高校国际化战略的调查显示，多达 70% 的受访者认为国际化将高等教育置于人才外流和质量下降的危险境地。在高等教育国际化过程中，

---

① "Open Doors Data International Students: Enrollment Trends," http://www.iie.org/Research-and-Publications/Open-Doors/Data/International-Students/Enrollment-Trends/1948—2015，2017-10-08.

② "Education Exports hit a Record $17.6 Billion," https://ministers.education.gov.au/pyne/education-exports-hit-record-176-billion，2017-10-22.

③ Chadee, D., & Naidoo, V., "Higher Education Services Exports: Sources of Growth of Asian Students in US and UK," *Service Business*，2009(3)，p.173.

商业关系如果也能成为主导性的，将会腐蚀产生良好结果的那些品质。① 高等教育国际化已经不再是消费者的盛宴，而变成了资本家的狂欢。高等教育作为 21 世纪的重要发展战略，高等教育国际化要时刻警惕成为招财的捷径和扬名的手段。

3. 高等教育国际化的多样性

高等教育国际化的多样性指为迎接全球范围内高等教育领域的激烈竞争，满足市场对高等教育的需求，高等教育机构不断拓展其服务的领域，以市场为导向的高等教育为满足国际学生的学习需求增设大量个性化的教学、生活等硬件设施以及种类丰富的课程，进而提升高等教育产品和服务的质量。② 面对日益多元的高等教育国际市场，保持多样性是增强高等教育机构国际竞争力的重要突破口。

首先，高等教育国际化的类型不断丰富。数据显示，到 2025 年，世界范围内在高等教育阶段选择出国学习的学生总数将会达到 1 500 万人，大量学生的海外流动为高等教育开辟了巨大的国际市场，很多高等教育机构出于对国际化带来的巨大经济效益的追逐，不断推出种类繁多的国际交流和合作项目。随着社会发展以及高等教育国际化进程的不断加快，学生有了更多的学习要求和选择的空间，高等教育国际化的形式也随之变得更为丰富。以我国为例，2001 年加入世界贸易组织以来，我国高等教育市场全面对外开放，不再局限于人员流动和学术交流，出现了学分互认、中外合作办学、双学位制度、国际和地区研究等丰富的高等教育国际化形式，高等教育国际化得到长足发展。其次，新科技革命引领高等教育变革。信息技术的迅猛发展为高等教育国际化提供了可能，以信息传播为载体促进知识传播，人员和物质流动更加便捷，促进和高等教育合作深度发展。在互联网时代，远程教育成为高等教育的重要组成部分，慕课的兴起引发了高等教育国际化的新一轮变革，学习者足不出户便可以获取一流的高等教育资源，不仅拓展了高等教育国际化的渠道，

① ［美］罗杰·盖格：《大学与市场的悖论》，郭建如、马林霞译，256 页，北京，北京大学出版社，2003。

② Mark Durkin, Barry Howcroft, and Craig Fairless, "Product Development in Higher Education Marketing," *International Journal of Educational Management*, 2016(8), p. 354.

同时也节约了高等教育国际化的成本。最后，高等教育机构开展面向国际教育市场的服务改革。高等教育国际化要求高等教育机构满足来自世界各地、具有不同文化背景的学习者的学习需求，在提高教育教学质量的同时不断完善对国际学生的学习和生活指导。例如，为争夺国际化市场，很多官方语言为非英语的国家也开设了大量英文授课的课程，以吸引国际学生前来就读。美国是高等教育出口大国，美国高等教育机构在国际学生服务方面做出了很多变革，如为国际学生专门开设英文写作课程，组织大量社团活动促进国际学生更快融入新的学习环境，改善国际学生的住宿环境，不断强化多元价值理念，营造良好的校园人文环境等。

（三）文化属性的互动：渗透性、惰性与排斥性

文化是一个民族、国家的思想内核和身份认同，是最为牢固的部分，一个国家独特的历史、本土文化、资源、战略优先权、民族认同和文化传统是决定其高等教育国际化发展的方向和变革深度的内隐要素。高等教育作为一种社会活动，其属性随着社会历史进程的演变而发生变化，虽然经济属性呈强化趋势，但并没有改变其为文化建设服务的本质属性。高等教育国际化在文化属性不同层次要素的互动中表现出了渗透性、惰性和排斥性。

1. 高等教育国际化的渗透性

高等教育国际化的渗透性指在国际化互动中，高等教育文化的交流和沟通是循序渐进、潜移默化的进程，文化要素很难被直接替换，不同国家高等教育机构之间缓慢的互相影响、互相改变。其中，在现行高等教育国际化格局中主要表现为弱势高等教育机构在文化领域受到强势高等教育机构的冲击而做出相应的调整和变革。

首先，知识的共享性和无边界性决定了高等教育国际化的渗透性。高等教育是生产知识的场所，也是科技创新的培育基地和高新技术的孵化器。全世界范围内校企合作的逐步深入和创业型大学的崛起加速了高等教育知识生产和社会服务的步伐，同时也增强了高等教育的全球合作。现代技术和新知识是复杂性和综合性的统一体，国际化加速了其传播的速度和范围，高等教育作为传播知识和技术的载体，在国际化互动中互相影响。其次，发达国家高等教育机构在发展中国家的海外分校直接冲

击了发展中国家的高等教育体系。为迎接发达国家海外分校对本国高等教育带来的挑战，发展中国家须对高等教育制度开展适应性变革，采取西方高等教育的知识和话语体系，借此融入高等教育国际体系。高等教育国际化的渗透性还表现在具有学术权力的高等教育机构对在学术领域居于弱势地位的高等教育机构开展学术领域的干涉、压迫和同化，助长了学术殖民主义。高等教育国际化是西方国家构建的话语体系和社会规则，日渐成为西方国家通过文化输出维护自身在世界体系中主导地位的手段。然而，高等教育国际化的渗透性并不包括核心技能和知识的传播，技术壁垒应运而生。尖端科技的稀缺性和独有性决定了国际交流中的排他性和保密性，技术壁垒成了阻碍文化交流的屏障，一定程度上阻隔了物质文化交流的渠道，降低了文化交往的速度，是文化互动滞后于具有即时效益的经济互动的原因之一。

文化的渗透性，一方面，有利于高等教育机构之间的学术交流、知识共享、技能传播以及文化的互相了解和融合；另一方面，西方国家主导的文化霸权和学术殖民主义也会给发展中国家的文化带来衰败甚至湮灭的危险，使发展中国家处于“被国际化”的境地，长期面临高等教育出口赤字、人才流失等诸多严峻的问题。单纯地模仿和复制外国的知识体系是文化依附，会成为未来发展的障碍和束缚。因此，在制定高等教育国际化政策时，不同国家，尤其是发展中国家要充分考虑本国的文化传统、现实条件、经济发展程度和政策环境。

2. 高等教育国际化的惰性

高等教育国际化的惰性指由于文化的稳定性、独特性和属我性造成高等教育国际交往的缓慢和滞后，文化之间的互动和合作大多停留在表层，较为迟钝，很难深入融合。文化的惰性是经济利益驱动下高等教育国际化开放的阻力，是深化高等教育国际化过程中必须逾越的文化樊篱。

文化是历史的凝结和稳定的生活方式，文化积累本身是漫长的历史过程，一旦形成很难被改变，文化之间的交往要经过长期的适应和调试才能被吸收和内化。因此，在国际化进程中，很难达到深度的文化交流。高等教育国际化的惰性主要表现在三个方面：第一，相似文化体系的高等教育机构之间交流更为频繁，合作更为密切。高等教育国际化的历史起源于学生的国际流动，学生国际流动的数量、频率、方向是判断国际化水平最重要的指标，就发达国家而言，学生国际流动的首选目的地仍是共享相同文化体系的国家。例如，20 世纪 90 年代之后，美国不断加强本土学生海外学习或实习的支持力度，2015 年，72％的美国学生选择英语为母语的国家学习，英国和加拿大是美国学生的首选目的国，且去英国留学的美国学生的人数占美国学生留学人数总量的近 1/2。[1] 同质文明之间具有较强的吸引力，相同的文化体系和语言体系大大减少了学生留学中遇到的文化冲突和适应障碍，表现出了文化交往中的惰性。第二，不同文化体系之间高等教育的交流很难深入。高等教育要素，如知识、人员、信息的国际流动促进不同文化之间相互接触、理解和交流，然而，深层次的文化交往和变化一定是长期的、迟缓的。异质文明之间的文化交流会遭遇语言体系、价值传统、意识形态、社会制度等方面的制约，难以展开深度融合。例如，大量国际学生的交友和住宿偏好仍然是本国学生，且国际学生容易被留学目的国的本土学生孤立，造成心理上的孤独和压抑。[2] 第三，本土文化的价值得到彰显。在国际化过程中，由于文化本身具有较强的惰性，文化体系很难发生改变，在不同文化的交往中本土文化的价值得到彰显。例如，南非[3]、日本[4]等国是高等教育国际化水平较高的国家之一，长久以来在高等教育领域的改革师法英、美。近年来，高等教育体制的全面美国化带来的弊端日渐凸显，产生了贫富差距拉大、社会阶层固化等一系列问题，基于此，两国开始探索适合本土历史文化传统和政治制度的高等教育改革措施，在此过程中重新发现本土文化价值，文化传统得到重视。

---

① "U. S. Students in Overseas Degree Programs: Key Destinations and Fields of Study," http://www. iie. org /en /Research-and -Publications /Project -Atlas /Mobility-Publications. 2017-11-22

② Andrea G. Trice, "Faculty Perspectives Regarding Graduate International Students' Isolation from Host National Students," *International Education Journal*, 2007(8), pp. 108-117.

③ McLellan and Carlton E, "Speaking of Internationalisation: An Analysis Policy of Discourses on Internationalisation of Higher Education in Post-Apartheid South Africa," *Journal of Studies in International Education*, 2008(2), p. 132.

④ Akiyoshi Yonezawa, Yukiko Shimmi, "Transformation of University Governance through Internationalization: Challenges for Top Universities and Government Policies in Japan," *Higher Education*, 2015(1), p. 184.

　　高等教育在各国、各民族之间的交往中的变革和超越是建立在历史传统、现实条件和文化保护基础上的超越。[①] 因此，在国际化进程中，要立足本国教育实践，同时保持国际视野。高等教育国际化不能抹杀本土文化，尊重地方特色和文化差异是国际化健康发展的必然路径，坚持文化相对主义，构建多元文化体系是不同文化之间和谐共处的现实选择。

　　3. 高等教育国际化的排斥性

　　高等教育国际化的排斥性指受到根深蒂固的文化观念形态的影响，不同文化体系之间在交往过程中发生冲突和抵制，在现行世界体系中，较多的表现为非西方文明对西方文明文化扩张和文化霸权的反抗。高等教育机构是分布最广的学术组织，具有包容性和开放性，同时兼具保守性与民族性。而国际化是一个将文化异质性变为文化同一性的过程，是让国际学生和本土学生在意识不到文化差异的情况下接受同一种文化和价值观的教育。[②] 高等教育在文化保护基础上的超越与国际化的文化输出之间的矛盾造成了高等教育国际化的排斥性。

　　观念形态是一个国家和民族的文化内核，根植于国家或民族的历史传统和政治制度之中，是文化中最核心的部分，具有较强的民族性、保守性和排他性。在当今经济、政治和社会激烈变革的时代，文化冲突大多发生在文化内核交流中，观念形态的排他性导致对外来文化的警惕甚至对抗。高等教育国际化的排斥性，在微观层面表现为国际化进程中文化冲突层出不穷、高等教育合作浅尝辄止、文化融合任重道远；在宏观层面表现为特定民族的文化对异域文化的排斥和抗拒。首先，随着大批学生选择到海外高校学习，不同文化体系之间的生活习惯、语言体系、思维方式、学术研究范式、学习风气、课堂文化、人际交往模式等方面的差异为国际学生的跨国学习产生了极大的阻力，很多国际学生在此过程中经历了强烈的身份认同危机。与此同时，文化的排斥性增加了高等教育机构之间资源、人员流动的障碍，作为高等教育枢纽的新加坡和

---

　　① 张楚廷：《院校论》，11页，重庆，西南大学出版社，2015。

　　② Jacky Lumby and Nick Foskett, "Internationalization and Culture in Higher Education," *Educational Management Administration & Leadership*, 2016, Vol. 44(1), pp. 95-111.

中国香港也由于自身独特的政治文化而降低了对国际人才的吸引力。[1] 其次，西方国家在高等教育国际化过程中不断输出民主和中产阶级的价值理念，"美国化"在一定程度上成为国际化的代名词。西方国家利用语言优势通过高等教育向世界传播西方文化，其实质是文化扩张以及西方文化的文化霸权。[2] 然而，广大发展中国家的高等教育承担着文化传播、价值塑造、民族认同等国家构建的重要使命，教育制度是为了保持、维护和促进民族主义的目的而组织起来的，[3] 面对发达国家的文化扩张，发展中国家在高等教育国际化过程中显现出对西方文化的抵制。一项对高等教育国际化危害的调查显示，与西方文化异质性较强的中东国家、拉丁美洲国家普遍认为失去文化认同是最大的危害，而文化同质性较高的欧洲和北美的国家认为失去文化认同在所有危害中排名最后。[4] 事实表明，面对纷繁复杂的非西方文明，西方国家通过高等教育的文化输出面临诸多挑战，不同文化体系表现出较强的抗拒性，很难从根本上开展深度的文化交流，并被不同的文化所同化。

在全球化时代，出于自身利益的需求，跨国资本需要大量具有全球流动能力的劳动力，在国际化过程中不断消解国家意识和民族意识，弱化民族性和公民教育，一定程度上造成发展中国家民族意识的空心化。基于此，在高等教育国际化进程中警惕西方中心的高等教育国际化，广大发展中国家要始终保持文化自觉和民族意识，发挥自身的力量以拓展高等教育国家化的维度，促使国际化由单向维度向多极维度转变，促使国际化走向平等、互利、互相尊重、多元融合的良性发展道路。

在高等教育国际化进程中，经济属性和文化属性既有区分，又紧密相连，实质可以概括为由一个中心和不同层次的周边构成的同心圆。[5] 经济互动是高等教育机构与外界接触最先触发的领域，是周边的互动，在

---

① Jack T. Lee, "Education Hubs and Talent Development: Policy Making and Implementation Challenges," Higher Education, 2014(3), pp. 807-823.

② Jaishree K. and Peter T. Manicas, *Globalization and Higher Education*, Honolulu, University of Hawai'i Press, 2003, p. 8.

③ 王承绪:《比较教育学史》，79页，北京，人民教育出版社，1999。

④ Jane Knight, *Higher Education in Turmoil: the Changing World of Internationalization*. Rotterdam, Sense Publishers, 2008, p. 222.

⑤ 张世英:《哲学导论》，303，北京，北京大学出版社，2002。

高等教育国际化过程中呈现出明显的开放性、敏感性和多样性。经济属性的互动引起居于中心地位的文化的变化，但由于文化本身的包容性和稳定性，高等教育国际化呈现出渗透性、惰性和排斥性特征。高等教育国际化由最初的经济的互动，逐步深入合作研究、推广优秀教育制度、传播价值理念中。高等教育国际化本身不是目的，而是提高教育质量、开展教育改革、保持国际对话的有效路径。高等教育国际化不是孤立存在的，而是建立在文化多样性、互动性与包容性基础之上。国与国之间秉持相互尊重、平等对话和互相包容的原则，将教育事业与国际维度有机结合，保持开放与融合是维持国际化可持续发展的必由之路。和实生物，同则不继，人类文明的进步从来都是在文化相互交流、思想相互碰撞、文明相互启发的情况下发生的，高等教育国际化在未来的发展中需要明晰高等教育国际化自身的经济属性和文化属性，处理好经济利益与文化交往、民族性与多样性、本土化与国际化之间的关系，不断迈向更为开放、合作、多元与融合的高等教育国际化。

第二部分

第三编

第二章　美国教育国际化政策及其实施效果

知识像水银一样具有渗透性，教育是对知识的继承、传播和发展，因而教育交流有其存在的天然理由。美国教育系统的建立和发展本身就是一个不断学习和借鉴的过程。正是由于它本身有善于借鉴和开放的传统，使得许多国家的先进教育理念在美国的土壤得以生根发芽。

一、美国教育国际化的发展历程

美国自建国起便是多民族的大熔炉，其教育更是各国教育思想和实践的熔炉。"的确，它对英、法、德、俄、瑞士等国的先进教育无不勤于学习，终至冶为一体，集其大成。"①在经济全球化的推动下，全球教育市场日渐形成并在不断发展壮大，美国在其中便是最大的玩家。② 美国教育的国际化是贯穿于本土教育建立发展的一条明线，在不同历史时期根据其不同的推动主体、背后动因而呈现出不同的发展形势。

（一）第二次世界大战前美国教育国际化的起步

作为一个新兴的移民国家，美国人口及文化的多样化与国际化催生了其教育发展的国际化需求。追溯到殖民地时期，美国教育的最初发展也烙下了国际化的印记。1636 年，英国殖民者在马萨诸塞州创办哈佛学院，标志着美国高等教育的开端。之后在殖民地时期先后成立了 8 所学院，包括威廉·玛丽学院、耶鲁学院、新泽西学院、国王学院、费城学

---

① 滕大春：《今日美国教育》，10 页，北京，人民教育出版社，1980。

② 据英国"无国界高等教育观察组织"发布的报告显示，美国是国际学生市场的"主要玩家"，德、法为"中等强国"，日、加、新西兰为"发展中的目的地"，而马来西亚、新加坡和中国为"日益显现的竞争者"。这份报告很形象地从一个侧面展示了部分国家高等教育国际化的开展情况。

院、罗德岛学院、女王学院以及达特茅斯学院。①这些文理学院的建立主要仿制了英国的牛津、剑桥模式。教授的课程也移植了 17 世纪英国学院课程，包括中世纪的文科、文艺复兴时期的希腊文和希伯来文、宗教改革时期的神学三者的混合。课程国际化是对英国古典课程的模仿与套用。到美国建国初期，哈佛学院、威廉·玛丽学院、哥伦比亚大学等设立了法语学科，开创了外语教学的先河。②

　　早期来到美国的移民大多都是清教徒，他们的子女前往英国、德国等接收良好的高等教育之后，学成回国，将英国和德国的教育模式移植到美国，深深影响了美国早期教育的建设。③最初（18 世纪前后），美国学生的国际流动属于个人和家族性质，处于无序的状态。欧洲大学的教育、学术研究与文化品位深深地吸引了美国精英阶层，他们为提高个人学术修养、增添多元文化经验而留学国外。到了 19 世纪，随着德国柏林大学改革及其影响力的扩大，1814—1914 年的百年间，美国出现了大批学生横跨大西洋远赴德国留学的现象。该现象成为"高等教育史上文化相互影响最不寻常的例子之一"④。1815 年，美国第一批留德学生仅 4 人，而在之后的一个世纪里，留学人数增长到 1 万人之多，仅柏林大学就接纳了5 000余人，其他还有莱比锡大学、海德堡大学等。⑤当时不少留德的学生返回美国后成为著名的高校校长，同时也有 100 多名德国学者来美国任教。⑥ 此后，美国教育人员的国际流动开始趋于有序，一些民间机构、基金会和大学开始建立合作关系，成立奖学金项目，制度性地推动教育资源及人员的国际交流。如 1890 年美国女子大学学会创设了首个奖励学院学者到国外从事研究的基金；1912 年设立罗德奖学金，以促进英语国家人员的相互理解。1905—1912 年，哈佛大学、芝加哥大学、哥伦比亚大

---

① 陈学飞：《高等教育国际化：跨世纪的大趋势》，31 页，福州，福建教育出版社，2002。

② 滕大春：《今日美国教育》，167 页，北京，人民教育出版社，1994。

③ L. J. Daly, *The Medieval University : 1200—1400* , New York, Heed and Ward, Inc. , 1961, p. 24.

④ 贺国庆：《德国和美国大学发达史》，116 页，北京，人民教育出版社，1998。

⑤ S. W. Rudy, "The 'Revolution' in American Higher Education 1865—1900," *Harvard Education Review*, 1951(21), p. 165.

⑥ 杨启光：《教育国际化进程与发展模式》，196 页，北京，社会科学文献出版社，2011。

学和威斯康星大学与德国和法国的大学建立了交流协议（Halpern 1969）。①

　　教育人员的国际往来进一步推动了美国教育的国际化发展。美国在主动借鉴与创新改造的过程中，熔欧洲各国教育经验于一炉，具有美国本土特色的教育体系日渐成形。在大学建制方面，约翰·霍普金斯大学研究生院效仿柏林大学开创了研究生院制，并影响哈佛大学、耶鲁大学、哥伦比亚大学等传统的文理学院也开始建立研究生院。此外，1862 年林肯总统以战时措施的名义通过了《莫里尔法案》（Morrill Land Grant Act），赠地学院就在该法案的推动下生机勃勃地发展起来了。② 这类具有本土特色的高等教育机构为美国各州的发展提供了农业和应用工程培训，并给了除精英外的其他人以进入高等教育的机会。在现代课程方面，大批学者和学生的跨国流动将欧洲大学课程设置和学科内容带回到美国，使得科学教育思潮和学科课程在美国本土得到了推广与发展，成就了当时的"学科普遍化运动"。例如，1879—1880 年就学于德国莱比锡大学的著名心理学家 G. S. 霍尔将心理分析学科引入，并与美国社会实际相结合，创建了教育心理学、生物心理学等。③

　　第一次世界大战后，美国一些社会活动家开始宣传并推行以"国际和平"为宗旨的国际教育。1919 年，美国国际教育协会（Institute of International Education，IIE）成立。美国国际教育协会作为一个非政府组织，其活动基本不受政府政治意图的影响，最初目的就是协调、促进国际教育，促进国际学术交流，通过教育文化交流增进国家间的理解与互信。此后，美国教育国际化活动有了更强大的社会公用平台和更加专业的民间服务组织，教育国际化的规模、深度及目的都呈现出与以往不同的发展特征。1919 年美国国际教育协会刚成立时，便与几个欧洲政府合作组织学生、职员和教师的交换。为了方便交流活动的进行，主席史蒂芬·杜根建议

---

　　① 　S. Halpern, "The Institute of International Education: A History," Ph. D. Dissertation, Columbia University, 1969.

　　② 　陈文干：《美国大学与政府的权力关系变迁史研究》，58 页，杭州，浙江大学出版社，2015。

　　③ 　杨启光：《教育国际化进程与发展模式》，198～199 页，北京，社会科学文献出版社，2011。

设立非移民学生类签证。到 20 世纪 30 年代，国际政治环境的改变促使协会成立了"应急委员会"来帮助流离失所的德国学者。在这一时期，美国国际教育协会与极权主义抗争，帮助受迫害学者继续从事教学研究工作。美国国际教育协会从 1919 年成立以来，秉持促进美国与其他国家间的教育关系的宗旨，在学生、专家交流以及国际教育研究方面做出了巨大的人员贡献。

第二次世界大战前，美国教育的国际化发展经历了殖民地时期及建国初期的移植借鉴，南北战争时期的因地制宜以及第一次世界大战之后以"国际和平"为宗旨的专业化民间发展。整个过程中，教育国际化的实现主体由个体（社会少数移民精英及家族）逐步发展为学院及民间专业组织的合作与制度性推动。可以说，美国的教育天生带着国际化烙印，并且在早期发展中善于吸收和借鉴他国之长，开放人员的国际流动，这些均是它在第二次世界大战前迅速成长的原因。

（二）第二次世界大战后（"冷战"时期）美国教育国际化的发展

第二次世界大战前，美国教育的国际化主要是个人及民间组织行为，鲜有政府的干涉或参与。第二次世界大战后，随着经济政治实力的增长与国际地位的提升，美国政府"有形的手"开始直接参与并主导了大量的教育国际化项目。此后，教育国际化成为美国政府维护国家利益和安全的战略外交武器，其表现形式也随着不同时期的法案出台而呈现出不同特点。美国著名高等教育研究专家阿特巴赫曾经一针见血地指出，在所有发达国家接收外国留学生都与该国基本的政治外交政策联系在一起。[1]

在教育国际化的实施主体方面，第二次世界大战后最大的变化即政府代表国家意志的积极介入。在第二次世界大战后很长一段的"冷战"时期，为了应对与苏联的意识形态争夺以及争取更多新独立的民族国家，美国联邦政府在外交上采取了"对外援助"的策略并视教育为"外交政策的第四方面"和"对未来政治关系的投资"。20 世纪五六十年代，联邦政府推

---

[1] 陈宪、程大中、殷凤：《中国服务经济报告 2006》，114 页，北京，经济管理出版社，2007。

行了一系列重要的教育国际化法案①，其中三项法案具有典型意义，分别标志着第二次世界大战后美国教育国际化的正式形成、转折及成熟。

1946 年《富布赖特法》（Fullbright Act，1946）出台，该法案开启了美国大规模开展文化外交的先河，标志着美国教育的国际化发展正式成形。美国利用西欧和第三世界国家需要外来资金重建本国经济的有利时机，通过富布赖特项目输出自身的意识形态和价值观，树立了良好的国际形象和强大的影响力。

1958 年受到苏联卫星发射成功的威胁，美国颁布了《国防教育法》，该法案决定让国防部拨款资助各大学开展包括中文在内的关键语言的教学，以及对社会主义的研究。国际化教育的发展第一次鲜明地上升到国家意识层面。整个 20 世纪五六十年代，随着"冷战"、苏联卫星上天、种族隔离抗争、民权运动、校园革命以及越南战争等重要事件的发生，美国更加注重在教育中提高学生的跨文化、多元文化理解意识，并提倡增加美国人民对世界其他国家、地区知识的获得。因此，以《国防教育法》的颁布为标志，美国的教育国际化政策走向第二次世界大战后的一个转折期，由"冷战"早期技术、文化援助形式转向出于国家安全考虑的国际比较与借鉴模式。该时期教育国际化的核心目的是培养能够为维护国家安全和利益而献身的国际专家，助推了美国的国际研究、区域研究中心以及外语研究的发展。

1966 年，美国政府通过了第一个以国际教育命名的法案《国际教育法》，该法案的基本目标是增进国际理解。法案中宣称："在促进国家间的相互理解和合作中，有关其他国家的知识是最重要的；应确保这一代和未来几代的美国人有充分的机会、在最大可能的程度上发展他们有关其他国家、人民和文化的所有知识领域的智力；协调在国际教育方面联邦政府现有的和本来的各种计划。"②法案规定要求美国国内各高校建立现代外语教学和国外地区研究中心，并且还明确表示要对国际交流活动进

---

① 除了本文中提到的《富布赖特法》《国防教育法》和《国际教育法》之外，与教育国际化相关的法案还有：《海外遗产法》(1944)、《史密斯—蒙特法》(Smith-Mundt Act, 1948)、《双边教育和文化交流法》(1961)、《高等教育法第六款》(1960)等。

② 陈学飞：《高等教育国际化：跨世纪的大趋势》，54 页，福州，福建教育出版社，2002。

行支持。该法案标志着美国的教育国际化项目正式有了制度上的保障，也标志着美国教育国际化走向成熟期。政府对国际教育的发展有了全新的认识，明晰了学校（高等教育与基础教育）应承担的国际教育发展责任，进而促进学校出现了不同的国际教育发展模式。随着政府的一系列法案出台，美国的国际教育交流事业日益兴盛，美国教育的对外影响力也不断扩大，不论是赴美学习人数还是美国对外援助人数都有了大幅增长。

第二次世界大战后，在联邦政府陆续出台法案的积极助推下，教育国际化出现了蓬勃发展的态势。这样的政策环境促使更多的民间专业组织如雨后春笋般发展起来。其中最具代表性的分别是：国际教育交流协会（Council for International Exchange of Scholars，CIES）和国际教育者组织（Association of International Educators ，NAFSA）①。这两个国际教育交流组织均是美国国际教育协会协助成立的。20 世纪上半期，这些国际教育交流组织在扩大美国教育国际化交流的规模、修补战争破坏的社会关系方面发挥了极其重要的作用。在战后初期，美国国际教育协会安排了 4 000 多名美国学生前往欧洲大学学习，其中有许多人参与了战后欧洲大学的重建工作。到 20 世纪 60 年代，美国的国际教育交流组织开始深入与亚洲、非洲以及拉丁美洲等发展中国家的交流，设立了海外办公室，同时拓展了由捐赠支持的教育服务。这段时期，赴美国学习的国际学生人数增长了一倍，同时这些国际交流组织在全美各地建立了办公网络，通过对全国的学校、相关组织、团体进行管理，提升了美国国际教育服务质量，为数量持续增长的留学生提供帮助。1997 年，国际教育交流协会并入了美国国际教育协会。美国国际教育协会继续与美国国务院保持着密切的合作发展关系，使得富布赖特项目取得了客观的成就。

第二次世界大战以后，美国教育的国际化正式步入制度化轨道，联邦政府与民间专业组织成为最重要的两大推动者。联邦政府将教育国际化从教育自身发展层面上升到了国家安全的战略高度，出台法律保障支持教育国际化发展，使美国教育国际化日趋制度化和正规化。随着美国

---

① "国际教育者组织"的前身为"国家外国学生顾问协会"（National Association of Foreign Student Advisers），因此缩写为 NAFSA。变更名字为 Association of International Educators 之后保留了原来的缩写名称。

本国教育和政治文化实力的全面提升，国际化交流也开始由第二次世界大战以前的"输入"为主，转向以"输出"为主的文化外交和援助模式。而第二次世界大战后蓬勃发展的国际教育交流协会为国际学者、学生提供交流的渠道和途径，既吸引国外学者、教师、学生去美国从事科研、工作、学习等，也鼓励美国学者、学生去国外进行科研学习，体验不同的文化。此外，这些机构还对教育全球化、国际教育活动、世界教育的发展、国际学生的流动等热点进行研究，为美国政府提供建议，并且受政府委托管理一些教育项目等。专业协会作为第三方社会力量，实现了政府政策的执行与落地，是美国教育国际化发展过程中不可忽视的一股力量。

（三）21世纪以来美国教育国际化的新进展

如果说"冷战"时期美国教育国际化是由政府主导的"国家利益"事业，那么到了经济全球化的21世纪，教育国际化则日渐转向以民间团体为纽带的"三方（政府、民间团体和学校）协作"活动。21世纪以来，经济、科技及劳动力的全球市场日益形成，全球教育的融合、交流也成为不可阻挡的潮流。在这一时期，联邦政府对教育的介入减弱，官方支持的国际化项目削减，而民间团体受市场力量的推动不断增设、联合、扩大，学校的办学主体地位也逐步抬升。这一时期，美国教育国际化的目标由第二次世界大战后的"政治外交"转向培养"全球公民"，以适应知识社会与经济全球化的挑战。

2001年，福特基金会设立了福特国际奖学金项目，帮助20多个国家、边缘地区扩展接收高等教育的机会。同年，本杰明·吉尔曼国际奖学金开始运作，使国外留学生类型和留学地区呈现出多样化的发展趋势。特别是针对出国留学人数较少的国家，本杰明·吉尔曼给这些国家的学生提供奖学金。①

2002年，美国教育理事会向联邦政府提交了《跨越9·11：国际教育的综合国家政策》(Beyond September 11: A Comprehensive National Policy of International Education)。这份报告着重强调了21世纪对人才的紧

① IIE, "IIE 2001 Annual Report," 2002.

迫需求，阐述了美国国际教育所要达到的三个目标、策略以及联邦政府在其中的角色等内容。① 2004 年 1 月，美国国会拨款 25 万元协助成立了亚伯拉罕·林肯海外留学委员会（Commission on the Abraham Lincoln Study Abroad Fellowship Program），由委员会来负责制定关于美国学生去海外留学的国家发展战略。该委员会于 2005 年 11 月发布了《全球竞争力与国家需要：100 万人留学》（Global Competence and National Needs：One Million American Studying Abroad）报告，简称"林肯计划"。该报告提出到 2017 年，美国将每年派出 100 万大学生到海外学习。

2009 年，美国国际教育协会庆祝成立 90 周年，协会在庆祝活动中表示将继续努力去培养 21 世纪的领导人才，教育全球公民，促进社会公平发展。2010 年，美国国际教育协会开始与纽约大学合作，为纽约大学阿布扎比校区的一年级本科生提供奖学金，为中东地区带去一流的文科教育。美国国际教育协会成立以来的 90 多年历史是美国教育国际化发展的一个缩影。美国国际教育协会不断在扩展国际教育的学科领域和服务领域，增加国际奖金项目，为处于困境的避难学者、学生提供援助。美国国际教育协会与其他国家的教育机构、国际组织展开合作，建立起国际办公网络，扩大了服务范围，为培养世界未来的领导力、教育全球公民在持续努力着。

2007 年，国际教育者组织发布《美国领导力、竞争力和安全的国际教育政策》（Enhancing U. S. Leadership，Security，and Competitiveness Through International Education）报告，从全球化和国家安全的角度解释美国为什么需要国际教育政策。其中提供的有效政策实践包括：促进国际化、外语、区域研究；建立全面的战略措施以恢复美国的形象，吸引国际学生和学者；建立完善策略使出国留学成为本科教育的固定部分；加强以公民和社区为基础的交流项目。②

2008 年，美国国会两院通过了《提高国际开放程度以提高美国竞争力

---

① American Council on Education，"Beyond September11：A Comprehansive National Policy on International Education，" Washington，D. C.，2002.

② Association of International Education，"Enhancing U. S. Leadership，Security，and Competitiveness Through International Education，" https：//www.nafsa.org/_/File/_/agenda_110th_b-w.pdf. 2017-09-01.

法案》(American Competitiveness Through International Openness Now Act of 2008)，通过保持并提高美国吸引国际学生、科学研究者和交流访问学者的能力及吸引赴美商务旅行的能力，进一步增加美国的国家安全。① 2009 年，奥巴马总统访华期间提出"十万强计划"，预计在未来四年内派遣 10 万名美国学生来中国学习，同时将接受更多中国留学人员去美国学习并为他们提供签证便利。

2008 年发布的《国际教育：公共外交被忽视的一面》(International Education：the Neglected Dimension of Public Diplomacy)是国际教育者组织专门为当时的奥巴马总统撰写的建议。报告中写道，新总统的上任面临的外交策略和国家安全的挑战几乎与"冷战"时期一样，呼吁奥巴马总统颁布国际教育倡议，让更多美国人去国外学习，同时吸引国际学生到美国来，促进世界教师、学生的流动性，使美国人民和世界人民能够相互联系、相互作用、相互理解。报告为美国教育国际政策提出了建议，提出设定国际教育的目标，使其成为美国本科教育的固定组成部分，这样至少在 10 年时间内，学生毕业能够熟练掌握一门外语，对至少一个国家或地区有所了解。同时还强调小学、中学阶段加强文化和外语学习。此外还要加强交流以及志愿服务项目，重塑美国的形象，吸引更多学生、学者，促进未来世界领导力的发展和创新。②

国际教育者组织提倡全面移民改革和国际教育，并十分关注美国政府的签证政策。2009 年 12 月，国际教育者组织发布了《智力循环时代的签证和移民政策》(A Visa and Immigration Policy for the Brain-Circulation Era)，这份文件概述了签证和移民改革对促进国际教育的重要性，强调美国政府应更好地欢迎来自世界各地最优秀的学生、研究人员和教师来到美国。③

---

① 李梅：《美国高等教育的国际化政策：强国兴邦的工具》，载《比较教育研究》，2010 (10)。

② "To the Next President：To Get Public Diplomacy Right，Focus on International Education," http：//www. redorbit. com/news/education/1519362/to _ the _ next _ president _ to _ get _ public _ diplomacy _ right _ focus/#4lZ2vQYfwMYZ0jcl. 99，2017-09-02.

③ "Association of International Education. A Visa and Immigration Policy for the Brain-Circulation Era," https：//www. nafsa. org/ _ /File/ _ /visa _ immigration _ for _ brain _ circulation. pdf，2017-09-02.

美国教育的国际化发展在多年的发展更新中已逐步成熟，并形成了健全的体系。在国家政策的影响下，美国成为世界的科研中心、技术发展中心、全球人才的聚集地，吸引了大量的国际学生。美国的学校、研究机构、非政府组织展开了大规模、多样化的国际教育交流活动。

二、富布赖特项目及其影响力

富布赖特项目是第二次世界大战以来美国最具世界影响力及历史标志性的教育国际化项目。英国历史学家阿诺德·汤因比曾如此称赞富布赖特项目："第二次世界大战以来，世界上最慷慨、最具想象力的事物之一。"[①]我们认为富布赖特项目是美国教育国际化的旗帜性范例，因此，分析美国教育国际化的特征必须先从富布赖特项目入手。

(一)富布赖特项目诞生的历史背景

富布赖特项目源于《富布赖特法》的通过，并且以其发起者詹姆斯·威廉·富布赖特(J. William Fullbright，1905—1995)的名字命名。富布赖特是"冷战"时期美国最有影响力的政治家和社会活动家之一。富布赖特项目的诞生是其提出者个人理念与当时国家利益相结合的产物。

富布赖特本人就是国际教育交流项目的受益者。1925 年，他从阿肯色大学毕业后获得了罗斯奖学金(Rhodes Scholarships)[②]的资格而前往牛津大学深造。[③] 海外求学的经历开阔了富布赖特的视野，也为他日后提出倡导国际教育交流的法案和计划埋下了种子。他曾这样描述在牛津大学留学时的感受：

我来自欧扎克斯一个萨姆纳的小村子，这是一个只有 5 000 人的小镇，离大世界相当遥远。进出的唯一通道就是铁路，它很可爱，我也很喜欢它，但外界的一切我就一无所知了。我没有去过纽约或者旧金山。我在阿肯色大学踢过足球，也想去得克萨斯州，这就是全部。我还没有

---

① William Fulbright Foreign Scholarship Board，"Fulbright 1955：the 32nd Annual Report of William Fulbright Foreign Scholarship Board"．

② 罗斯奖学金是根据塞西尔·罗斯的遗嘱设立的，罗斯先生留下了大约 300 万英镑的遗产，在牛津大学设立该项奖学金，奖励来自英国殖民地、美国和德国等地的学生。罗斯奖学金获得者必须是才智、体育或领导才能杰出的人才，门槛非常高。

③ 沈学善：《二十世纪国际问题词典》，247 页，南京，江苏人民出版社，1994。

看到整个世界，但是我并没有感受到排斥。我们一开始生活在农场，后来我搬到一个小镇子上，除了这个镇子我对其他地方的历史一无所知。罗斯奖学金使我的世界发生了翻天覆地的变化，它几乎像梦一样。一切都那么美好，那年我 20 岁，喜欢踢足球和打网球，所以保持了很好的身材，牛津给了我机会，但并不是世界任何地方都会给运动员同样的尊重，在英国社会的信条中，一个人要想成为运动员的前提就是必须是一个绅士，但在美国却不是这样。①

在富布赖特撰写的著作《帝国的代价》一书中，他曾这么述说提出富布赖特项目的初衷："从赴牛津开始，多年的国外旅行对我也有一定的影响……我相信所有这一切都对我后来关于富布赖特交流计划的想法有影响……想到了一件能够给我带来希望的事情，那就是通过教育交流培养一种社会风尚……只有他们有了教育交流的亲身经历之后，才会对其他国家的民族文化有所感受和了解，也才会懂得其他国家为何要那样去工作、那样去想事、遇事为什么会有那样的反应，进而明白这些文化之间的差异。如此一来，国际关系就可以得到改善，战争危险就可以大幅度减少。人们就可能找到和睦相处的办法和途径。"②

此时美国已在第二次世界大战后迅速成长为世界上政治、经济和军事实力最强的国家。为了维持霸权，美国不仅要维持和扩大其政治、经济、军事力量，更需要扩大其文化影响力，在文化上增强与其他国家和民族的交流往来。对于来自苏联及社会主义阵营的意识形态竞争，美国政府急需开展文化外交。美国需要联合世界上的其他国家和人民对抗共产主义意识形态对西方自由民主的侵蚀。在这场对抗中，获得世界各国的支持对美国至关重要，所以美国需要摒弃以往孤立主义的外交政策，充分发挥自己的优势，向世界各国介绍美国，展示美国自由、民主、平等的理念与文化，从而赢得世界人民的认同与支持。

---

① Lenoard R. Sussman, *The Culture of Freedom*: *The Small World of Fulbright Scholars*, Lanham Maryland: Rowman & Little field Pub Inc., 1992, p. 53.

② ［美］威廉·富布赖特：《帝国的代价》，简新芽等译，144 页，北京，世界知识出版社，1991。

在此背景下，富布赖特于 1945 年 9 月向参议院提出了一项由美国政府出资并管理的国际教育和文化交流的议案，该议案是作为 1944 年通过的《剩余物资法》的修正案提出的。该项目以教育和文化交流的名义加强了美国与其他国家的联系，有助于促进美国输出自身的意识形态和价值观，树立良好的国际形象和影响力，因此受到了国会的大力支持。在富布赖特看来，通过加强美国与其他国家的教育交流是让世界认识、了解美国的有效途径。富布赖特评估了美国政府所拥有的第二次世界大战时的海外资产以及因《租借法案》而遗留在国外的战争物资，建议美国政府将这些资产和物资转化为资助美国开展与其他国家教育交流的资金。通过向不发达国家和地区实施教育援助、为其他国家的学者来美国访学提供资助等形式，发展美国与其他国家的教育交流，从而减轻其他国家对美国的误解，塑造美国的良好形象，加强其他国家对美国的认同，扩大美国在海外的影响力，最终在与苏联的竞争中取得优势。[1] 就美国国家安全利益而言，富布赖特项目有着明确的政治烙印。它是美国第二次世界大战后初期外交战略的组成部分，是美国教育国际化的最佳代表。

（二）富布赖特系列法案的演进

《富布赖特法》是美国历史上第一个将国际教育作为政府外交政策的法案[2]。该法案是美国教育国际化正式形成时期的一部重要法案，标志着美国教育国际化在制度化与正规化道路上的起步，也标志着被称为"美国教育国际化发展历史上史无前例最大规模和最大范围的交流项目"——富布赖特项目的开始。此后，在富布赖特项目发展的历程中，美国国会又陆续通过《史密斯—蒙特法》(Smith-Mundt Act，1948)[3] 及《富布赖特—海斯法》(Fullbright-Hays Act，1961)[4] 对《富布赖特法》进行了补充，从内容、范围和经费等方面增强了富布赖特项目的影响力，并且确保了富布赖特项目持续、顺利地实施。

---

① Randall Bennett Woods, "Fulbright Internationalism," *Annals of the American Academy of Political and Social Science*, 1987(5), p. 32.

② ［美］威廉·富布赖特：《帝国的代价》，简新芽等译，154 页，北京，世界知识出版社，1991。

③ 又称《信息与教育交流法案》。

④ 又称《1961 年教育与文化相互交流法》。

1.《富布赖特法》

《富布赖特法》的主要内容是：授权美国国务院与相关外国政府签署行政协议，要求这些国家用各自的货币折算购买第二次世界大战后美国在其境内的剩余供应品，美国国务院利用出售所得的海外资金资助：①美国人到美国大陆、夏威夷岛、阿拉斯加州（包括阿留申群岛）、波多黎各、维尔京群岛之外的高校和高等教育科研机构进行学习、研究、教学和其他教育活动，其中包括了交通费、学费、生活费以及部分学术研究费用；②外国人到美国大陆、夏威夷岛、阿拉斯加州（包括阿留申群岛）、波多黎各、维尔京群岛的高校和高等教育科研机构进行学习、研究、教学和其他教育活动的交通费，他们的到来不会剥夺本国公民到这些地方学习的机会。每个国家定额 2 000 万美元，每个外国政府每年定额 100 万的官方兑换率的支出，除非国务院授权，否则自行解决。① 1948 年，富布赖特项目正式启动，35 名来自缅甸、菲律宾及中国的外国学生和 1 名学者作为首批接受富布赖特项目的资助者，踏上了美利坚合众国的土地，同时 65 名美国人前往其他国家从事学习、研究和教学工作。② 1949 年，根据《富布赖特法》的规定，向 831 名美国人和 1 002 名欧洲人发放了补助金，831 名美国人包括 61 名教授、100 名研究人员、123 名教师和 547 名学生。③《富布赖特法》授权成立国外奖学金委员会，委员包括文化、教育、学生和退伍军人组织的代表，而且优先考虑那些参与过战争且想要到国外学习的申请者。④该法案于 1946 年 8 月 1 日由杜鲁门总统正式签署成为法律，命名为《富布赖特法》。⑤

《富布赖特法》颁布实施后，以富布赖特命名制订了著名的国际教育交流项目——富布赖特项目，成为美国第二次世界大战后教育国际化的代表性实践形式。此外，《富布赖特法》的颁布正式将教育的国际化交流以法律形式固定下来。该法案成为之后美国开展和实施教育国际化的依据，对美国教育国际化的法制化和正规化进程具有开创性的历史意义。

---

① 肖丽：《富布赖特项目创建到兴盛的研究》，硕士学位论文，北京师范大学，2007。
②④ 同上。
③ 杨军：《美国社会历史百科全书》，154 页，西安，陕西人民出版社，1992。
⑤ 米庆余、王晓德：《近现代亚太地区国际关系研究》，天津，天津人民出版社，2001。

2.《史密斯—蒙特法》

在《富布赖特法》颁布之后若干年的实施过程中，它的局限性日益凸显。第一，辐射范围较窄。它仅限于学者、研究员的学术交流，并且仅面向美国在海外拥有战争剩余物资的国家。第二，资金供给不足。富布赖特基金会早期认为该项目不会花费太多的钱，后期随着参与国的增加，美国在海外的剩余物资最终枯竭；国会每年给予的拨款并没有涉及该项目的行政管理和项目经费拨款，致使该项目的管理运作到后期出现了极大的困难。

参议员亚历山大·史密斯（H. Alexzander Smith）和众议员卡尔·蒙特（Carl Mundt）较早地意识到《富布赖特法》的以上缺陷，他们认为如何维护富布赖特项目的长久发展是一个亟待解决的重要问题。因此，他们于1948年联合提出《史密斯—蒙特法》，要求国会为富布赖特项目中的广泛教育交流项目提供经费补充。这项提案受到国会的大力支持，并于1950年经总统杜鲁门签署，作为美国公共法第80—402号（Public Law 80-402）正式生效。《史密斯—蒙特法案》又称《信息与教育交流法案》。它批准了拨款，规定了幅度较大的条款，增加了美元外汇，为富布赖特项目解决了资金不足的问题，该法案的通过使得富布赖特项目的开展有了资金上的法律保障；并且扩大了美国对外宣传和文化教育交流活动的内容和范围，适用于世界其他国家而不仅仅是那些已经购买美国剩余物资的国家，以便"同其他国家在人员、学识、和技术的交流方面，在技术和其他服务的提供方面，以及在教育、艺术和科学发展的交流方面，进行合作"[1]。

自此，《史密斯—蒙特法》成为《富布赖特法》的补充，扩大了富布赖特项目资助的范围和内容，对富布赖特项目的延续起到了至关重要的作用，"虽然用于美国国际教育交流的资金是来源于战后美国在国外的剩余财产，实际上它的财政支持更多的得益于《史密斯—蒙特法》。"[2]根据《史密斯—蒙特法》，美国国务院设立了两个部门，国际新闻处和教育交流

---

[1] 肖丽：《富布赖特项目创建到兴盛的研究》，硕士学位论文，北京师范大学，2007。

[2] Department of State, "Fact Sheet on the International Educational Exchange Program 1946-1966," http://files.eric.ed.gov/fulltext/ED019027.pdf, 2017-10-14.

处，均由负责公共事务的助理国务卿管辖。作为《富布赖特法》的补充，《史密斯—蒙特法》从内容和范围上增强了美国国际教育交流和外交政策的宣传力度，使其不仅适用于与美国签订了租赁法案的国家，也适用于租赁法案之外的各国，以便"彼此间能够从人员、学识和技术上开展交流，从技术和其他服务方面提供更多的方便，以及从教育、艺术和科学发展等方面进行有效的合作"①。

3.《富布赖特—海斯法》

1948 年的《史密斯—蒙特法》对富布赖特项目给予了更多资金上的支持，保证了富布赖特项目没有因资金不足而停滞。随着富布赖特项目的蓬勃发展，1961 年，参议员富布赖特与众议员韦恩·海斯（Wayne Hays）进一步联合提出了《富布赖特—海斯法》（又称《1961 年教育与文化相互交流法》）。该法案出台的目的是"通过教育和文化交流增进世界人民更好地相互理解，从而改善和加强美国的国际关系"②。主要内容包括："通过国际合作学习、培训和研究，促进美国与其他国家的文化及高科技技术方面的交流；支持学校和海外教育中心的建立和扩大；培养和支持在国外的美国研究；通过教授、讲师、社会团体、研讨班开展如美国历史、政府、经济、语言和文学方面等关于美国文明和文化课程的学习，包括资助外国学者参与其中；促进现代外语教学和地区研究；资助美国代表参与国际非政府组织的教育、科技等方面的会议；鼓励独立开展关于教育与文化交流方面问题的研究；鼓励其他国家人们来美国学校学习等。"③

1961 年的《富布赖特—海斯法》进一步强调了富布赖特项目的重要意义和作用，并认为应当将富布赖特项目的经验进一步推广到美国政府的其他国际教育和文化交流中去，明确规定国会每年都要为富布赖特项目提供稳定的资金。因此，可以说《富布赖特—海斯法》在之前两项法案的基础上扩大了美国对外宣传和文化教育交流活动的范围，进一步丰富了美国国际教育交流的内容。

---

① 孙际：《美国国际教育与文化外交战略》，硕士学位论文，厦门大学，2009。

② 肖丽：《富布赖特项目创建到兴盛的研究》，硕士学位论文，北京师范大学，2007。

③ Department of State, "Fact Sheet on the International Educational Exchange Program 1946-1966,"http：//files. eric. ed. gov/fulltext/ED019027. pdf，2017-10-14.

《富布赖特—海斯法》特别增加了"设立外语与地区研究项目"的授权，并且将该项目交予美国教育部负责管理。美国一位负责管理国际教育的官员曾说："我们所有活动的重点是那些在美国不被普遍学习的语言和在美国课程中所没有受到充分重视的世界上的一些地区"，"其中多数为亚非拉国家"。[①]如仅1977年度，根据该法案而实施的项目共资助了118个博士学位论文的研究、23个小组项目、20个课程咨询项目和52位教学人员研究。支持该项目的拨款从1971年的83万美元增加到1978年的300万美元。[②]

(三)富布赖特项目的构成

富布赖特项目发展至今，其囊括的子项目已有十余个。其中，由美国国务院主管的项目有：① 富布赖特学生项目(The Fulbright Student Program)，该项目主要针对美国及海外研究生及高年级研究生设计。以2011年度为例，有1 852名美国研究生及3 623名海外研究生获得富布赖特学生项目的资助展开学习，这个数据中包含了该年度富布赖特外语教学助理项目(The Fulbright Foreign Language Teaching Assistant)的人数。② 富布赖特学者项目(The Fulbright Scholar Program)，该项目资助美国学者到海外或外国学者来到美国做演讲或从事其他科研学术活动。该项目涉及的学术领域十分宽广，涉及新闻学、哲学以及美国研究等。[③] ③ 富布赖特教师交流项目(The Fulbright Teacher Exchange Program)，该项目提供了一个让美国与海外中小学一对一结对、直接实现教师交流与互换的机会。该交流项目为期一学期或一学年。在此项目之下，2009年诞生了富布赖特顶尖教学奖项目(The Fulbright Distinguished Awards in Teaching Program)，该项目包含了更多大学进修、教学研究项目开展等任务，为教师交换教学经验、研发全球性教学内容以及建立互信提供了帮助。[④] ④ 哈伯特·汉弗莱奖学金项目(The Hubert H. Humphrey

---

① Leonard R. Sussman, *The Culture of freedom：The Small World of Fullbright Scholars*, Rowman & Littlefield, 1992, p. 47

② 肖丽：《富布赖特项目创建到兴盛的研究》，硕士学位论文，北京师范大学，2007。

③ "Fulbright Scholar Program," https：//www. cies. org, 2017-09-02.

④ "Fulbright Distinguished Awards in Teaching Program," https：//www.iie.org/Programs/Fulbright-Awards-In-Teaching, 2017-09-02.

Fellowship Program),该项目是富布赖特交换项目的一种,其设立是为了推进美国与发展中国家关系领域的相关领导力发展工作。该项目资助指定国的年轻及骨干研究者到美国进行非学历深造或研究。从 1979 年到 2016 年,共有来自 162 个国家的 5 567 名学者前往美国进行非学历深造或研究。[①]

由美国教育部主管的项目如下:①富布赖特—海斯海外研究团队项目(The Fulbright-Hays Group Projects Abroad Program,GPA)。该项目面向高等教育研究机构、教育部、非营利性私立教育组织及海外研究团队提供奖金,资助那些致力于发展现代语言以及改进美国教育的相关研究。重点资助的活动类型有:教师开展的研讨班(需针对当代问题提供非西方化的视角);由教师、学生及学术团体组成的团队研究项目(侧重与学校课程、大学及社区学院以及高阶语言项目的相关社会与文化领域的研究)。2011 年有 42 个团队项目受到资助。② 富布赖特—海斯海外研讨班项目(The Fulbright-Hays Seminar Abroad Program),该项目为美国 K-12 学段的教师、管理人员、课程专家以及当地教育机构、大学相应领域的专家提供资金开展为期 4~6 周的海外暑期研讨活动。要求参与者回国后提交一项课程设计,向他们所在的社区、学校或课堂的学生分享他们的所得。该项目在 2011 年资助了 134 位参与者。[②]

此外还有诸如富布赖特—希拉里奖学金(The Fulbright Fellow-ship)[③]、富布赖特 NEXUS 项目(The Fulbright NEXUS Program)[④]、富布赖特北极创新项目(The Fulbright Arctic Initiative)[⑤]、富布赖特—国家

---

① "THE HUBERT H. HUMPHREY FELLOWSHIP PROGRAM," https://www.humphreyfellowship.org,2017-09-02.

② "J. William Fulbright Foreign Scholarship Board. Annual Report 2011—2012," https://eca.state.gov/files/bureau/2011—2012 _ ffsb _ annual _ report.pdf,2017-10-14.

③ "富布赖特—希拉里奖学金"资助美国学习公共政策领域的年轻学者或博士生作为交换生到海外政府工作部门任特殊助理等职位。

④ "富布赖特 NEXUS 项目"为来自美国及其他西半球海外年轻学者、中年骨干学者构建研究网络,组织三次研讨会议并为其提供境外学习的交换机会。

⑤ "富布赖特北极创新项目"主要支持多元化跨学科的学术研究团队针对北极气候变化问题开展合作研究。

地理数码故事演绎奖金项目①(The Fulbright-National Geograpic Digital Storytelling Fellowship)等。②

(四)富布赖特项目的实施

富布赖特项目是美国教育国际化历史上首个正式以法律保障、联邦政府直接出资管理的全球性的教育交流项目,它象征着第二次世界大战后美国的教育国际交流已逐渐从个人、家族行为或民间基金介入转向以国家意志为主导的文化外交策略。因此,研究其管理结构与组织实施方式能够进一步揭开富布赖特项目的本质属性,以及背后利益相关者之间的合作参与方式。

富布赖特项目的主导机构均是联邦机构或其授权成立的委员会。在《富布赖特法》出台后,杜鲁门总统于1947年7月10日委任了第一届"富布赖特海外奖学金委员会"(The J. Williams Fulbright Foreign Scholarship Board)。该委员会是根据《富布赖特—海斯法案》授权成立的,由12人组成。其目的是为了在尊重和保护学术合作方面有一个独立和公正的机构,负责制定富布赖特项目的政策与程序,拥有对富布赖特项目申请者的最终遴选和通过权。这12名成员主要来自学术界和文化界的知名人士,由时任美国总统提名,且没有薪水。该委员会拥有制定富布赖特项目具体政策的权力,决定美国和海外富布赖特项目受资助者的最终名单。由于它被置于美国国务院教育文化事务局的领导之下,所以它的权力受到了很大的限制。曾经的委员会主席查尔斯顿曾直言不讳地说过:"委员会对富布赖特项目并没有控制权。我们并没有法定权限控制着项目的几个关键因素:资金、人事、信息。委员会只是一个缓冲地带,一个平衡轮;我们无法直接发布命令,必须和提供帮助的其他机构合作。委员会应该具有更大的权力和独立性,富布赖特项目应该是一种思想,但因为官僚化机构的影响,它只能是一个项目,而不能成功的转化成思想。"③

① "富布赖特—国家地理数码故事演绎奖金项目"针对重要的全球议题为来自美国的参与者提供最多三个国家的海外旅行的经费,要求参与者运用数码记录方式完成相关议题的故事纪录片。

② "Fulbright Engaging with the world," https://eca.state.gov/files/bureau/fulbright_one-pager_2014.pdf, 2017-10-14.

③ Leonard R. Sussman, *the Culture of Freedom: the Small World of Fullbright Scholars*, Rowman & Littlefield, 1992, p. 40.

　　富布赖特项目在 1999 年之前原本是由美国新闻署来管理。美国新闻署的主要工作是负责对外文化交流和对外宣传。到 20 世纪 80 年代，美国新闻署就已在世界 100 多个国家和地区设立了 200 余所新闻工作处和2 000余个宣传点，并且在其中 80 多个国家建立了图书馆。新闻署要为富布赖特项目提供行政管理人员、负责与外国政府的协商、保持与美国大使馆和领事馆在交流事务上的联络，以及在国内寻求政府和私人组织给予富布赖特项目必要的合作与支持。在《富布赖特—海斯法》通过后，富布赖特项目转交至国务院下设的教育与文化事务署（Bureau of Educational and Cultural Affairs，ECA）管辖。1999 年，美国新闻署并入了国务院，富布赖特项目的管理权转移到了国务院的教育与文化事务署。它是富布赖特项目最主要的行政管理机构，其最主要的职责之一是管理项目的财政资金，并要向国会提交年度财务预算报告及分配资金，最终经费的分配方案由国会通过决定。在富布赖特海外奖学金委员会的监督与审查之下，教育与文化事务署及相应的非营利性专业机构拥有对富布赖特项目的基本管理权。因此，国务院的教育与文化事务署是富布赖特项目的最高执行及管理机构。

　　该局还要与其他非营利机构共同负责富布赖特项目的行政管理工作，其具体政策要符合富布赖特海外学术委员会政策的宗旨和原则。对于海外项目，教育与文化事务署主要是通过富布赖特项目的双边委员会或者美国驻外使馆来管理。美国驻海外的大使馆一般都会设有文化或者公共事务的官员来负责富布赖特项目的交流工作，其中至少一人是富布赖特双边委员会的委员。此人充当双边委员会和教育文化事务局联络员，具体负责项目的各项事宜。如果某个国家没有双边委员会，那么则由使馆负责文化或公共事务的官员来负责富布赖特项目的交流事宜。

　　富布赖特项目涉及跨国合作，因此设立了富布赖特双边委员会（Bi-nationla Fulbright Commissions）。该委员会由对等数量的美方代表和项目合作国代表构成。目前已成立了 50 个富布赖特合作国委员会，其中比利时和卢森堡共用在布鲁塞尔的委员会。委员会的职责是推动、促进富布赖特项目在双边的计划与实施，其中包括遴选参与者、筹款、项目老成员的联络以及信息宣传服务。基本上会有一位美国大使馆公共事务署的官员或文化事务署的官员作为富布赖特双边委员会的成员。在没有成立双边委员会的情况下，美国大使馆将承担管理交换项目的职责，其公共事务署和文化事务署将具体执行各项事务。

双边合作源于《富布赖特法》，它授权国务卿与外国政府达成协议，通过基金会来共同管理战争剩余物资。虽然当时的法案并没有要求成立什么样的双边基金会，但当时项目的管理人员认为，为了美国和合作国的共同利益，两国人员在项目的计划、决策、管理方面应该共同合作，这就为双边委员会的建立奠定了初步基础。同时，尊重合作国的利益也使得富布赖特项目在海外获得了广泛的认同。双边委员会的经费绝大部分来源于美国政府，它的主要职责就是促进教育交流的实施，其具体的工作有：遴选和提名富布赖特奖学金获得者；代表所在国的教育机构招待富布赖特学者；促进校友之间的互动；为去美国的富布赖特学者提供支持；为去美国学习的人提供信息服务。例如美国和菲律宾的双边委员会——美菲教育基金会，美国和菲律宾公民在基金会的人数各占一半，美国的学生、学者和研究人员如果要去菲律宾的大学，双边委员会提供大学的名单以及在指定地点提供专业化服务；委员会也要负责遴选愿意去美国学习的学生和做研究的学者。

美国教育部主要是负责富布赖特—海斯项目，富布赖特—海斯项目属于美国教育部下辖的国际和外国语言教育部分，它是由《富布赖特—海斯法》授权成立的。它不同于其他的富布赖特项目，此项目主要针对那些与美国没有直接教育交流的国家。此项目促进了现代外国语言在美国的进步和发展。

以上的行政管理机构奠定了富布赖特项目"联邦政府主导"的管理格局（还可以从富布赖特项目的资金来源上得到印证，参见图2-1）。在此基础上，政府注重发挥民间力量，委托授权一些民间的非营利、营利组织对富布赖特项目进行管理，弥补了行政部门的不足，促进了项目真正落实、推行到地方层面。

美国国际教育协会负责实施遴选富布赖特项目申请者的活动、材料以及场所布置，对大部分来美交流人员的日常监管与服务，对刚入境的外国学生开展入学教育及咨询服务。美国国际教育协会是一个非营利的非政府组织，创建于 1919 年，目的是为了支持第一次世界大战后欧洲大学的重建。富布赖特项目实施以后，它介入该项目的运行。该协会主要负责学生项目，不涉及项目中的学者和研究者项目。每年的 3 月以后是美国学生开始申请国外大学的时间，美国国际教育协会会及时把项目公告发给美国学生，以便他们申请国外大学。同时，它也要为外国学生获得双边委员会和富布赖特海外学术委员会的认可提供帮助。

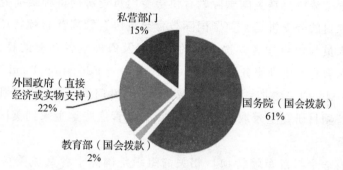

图 2-1　2011—2012 年度富布赖特资金来源①

为了确定美国候选人的名单，美国国际教育协会在全美大大小小的校园里组织了大约 1 600 个遴选委员会。所有的委员会成员都是志愿者，其中很多是富布赖特学者。候选人之间的竞争从 6 月初一直持续到当年10 月底，遴选委员会要在校园里会见他们，然后帮助他们递交申请。委员会要根据学生提供的信息内容汇编成档案以便评估，优秀者的档案将会被发往美国国际教育协会，协会审核过后把适合某些学术科目的申请人的档案重新发给遴选委员会。人数在 12～150 人，委员会根据国外大学所要求学科的具体情况确定最终的名单。20 世纪 90 年代，美国国际教育协会的富布赖特项目负责人说：“整个过程看起来非常复杂，比如说，全国遴选委员会的所有成员必须要有适合去菲律宾的学生的档案，这令人望而却步。”②申请成功的学生将在初次申请的一年半后开始海外学习。1991 年，富布赖特项目资助了 520 名美国人去海外接受研究生教育，约 1

①　"J. William Fulbright Foreign Scholarship Board Annual Report 2011—2012," https：//eca. state. gov/files/bureau/2011—2012 _ ffsb _ annual _ report. pdf，2017-10-14.

②　Leonard R. Sussman, *the Culture of Freedom*：*the Small World of Fullbright Scholars*, Rowman & Littlefield, 1992, p. 41.

100名国外学生来美国学习。美国国际教育协会为美国本土的学生去国外学习提供遴选工作，以及为其他国家的学生来美国提供安置及日常生活的帮助和监管。该协会是运行富布赖特项目的非政府组织中最为重要的，其烦琐和复杂的工作程序是政府官僚机构所无法胜任的，它保证了富布赖特项目的公正和运行效率。

美国国际教育协会也承办汉弗莱奖学金项目及教师交换项目。美国国际教育交流协会是美国国际教育协会专门负责协助讲师级研究学者交流访学项目的分支机构。美国国际教育交流协会管理富布赖特项目中美方研究人员与青年学者候选人员的面试以及海外学者在美的日常管理。美—中东教育与培训服务公司(America-Mideast Educational and Training Services, Inc.)关注北美及中东领域的事务，专门负责来自北美和中东的富布赖特项目研究生录取与事务安排，并监管这些学生来到美国之后的日常事务。

还有一个与富布赖特项目相关的组织是国际学者交流委员会(The Council of International Exchange of Scholars)。该委员会成立于1947年，是美国国际教育协会的一个分支机构。自富布赖特项目实施以来，国际学者交流委员会就一直在帮助它运行，它共有60名正式员工和约300名志愿者，主要负责学者和研究者项目。最近几年，每学年大概有800名受富布赖特奖学金资助的美国学者到世界各个大学讲学和做研究，奖学金几乎覆盖了所有的学术科目；同时，几乎相同数量的富布赖特访问学者到美国来讲学或做研究。国际学者交流委员会主要负责他们的筛选以及来美学者和研究者的日常生活监管。美国国际教育协会和国际学者交流委员会虽然都是为富布赖特项目服务的非政府组织，但两者有着非常明确的职责划分。前者主要是为外国学生在美国生活学习提供必要的帮助，以及对申请去国外学习的美国学生进行面试；后者主要是负责讲学和研究的学者，具体就是处理美国候选人的申请和初选，此外还要指导国外来美国的研究者和讲学学者之间的人员配置。

（五）富布赖特项目的实施效果与影响力

富布赖特项目被称为"世界史上规模最大、影响最大、最为成功的国际文化教育交流项目"①。这一句话包含了对富布赖特项目影响力的"量"和"质"两方面的评价。应该说，富布赖特项目对美国、对世界都起到了无可估量的作用，是美国历史上最为成功的国际交流平台，为包括美国在内的世界各国的学术研究和交流注入了活力。

第一，富布赖特项目的成功体现于其教育国际化理念的先进性。该项目的提出者富布赖特认为"人们只有通过文化的交融，才能更好地理解自身的世界观、价值观、看待问题的角度以及态度之中存在的局限性"②。另外，富布赖特还认为教育交流能够将国家间的交流转化为人与人之间的交流，没有任何交流方式能像教育交流一样为人性化的国际关系做贡献。这种以人与人之间的交流为载体进而促进国与国之间关系的方式为"冷战"时期的美国文化政治外交增添了一抹柔光。正如国务院美洲司的理查德·帕蒂所言："政治渗透带有强制接受的烙印，经济渗透被谴责为自私和强制，唯有文化交流才意味着思想交流和无拘无束。"③

第二，富布赖特项目成功地实现了美国在"冷战"时期的国家利益与外交战略，开启了美国大规模展开文化外交的先河，为美国在第二次世界大战后缓解紧张氛围、应对意识形态挑战、树立国际权威、扩大文化及教育影响力做出了极大的贡献。富布赖特项目覆盖了全世界广泛的地区（见图 2-2）。富布赖特曾在《跛足巨人：美国对外政策及其国内影响》中写道："真正强大而自信的国家不会满世界地区鼓吹自身的美德和强硬。如果他具备这些素质，那么就会淋漓尽致地在他所采取的行动和奉行的政策中体现出来。"④

肯尼迪总统在 1961 年 8 月 1 日的《富布赖特法》颁布 15 周年庆典上曾说："在现代历史上，所有致力于反对战争、希望和平的活动中，我认为富布赖特计划和它的结果是最有意义的，它已经成为促进美国和其他国

---

① 胡文涛：《美国文化外交及其在中国的运用》，186 页，北京，世界知识出版社，2008。

② Coffin Tristram, *Senator Fulbright*：*Portrait of a Public Philosopher*. New York, E. P. Dutton and Co., 1966, p. 40.

③ Nikovich, Frank A, *The Diplomacy of Ideas*：*U. S. Foreign Policy and Cultural Relations 1938−1950*. New York, Cambridge University Press, 1981, p. 27.

④ ［美］威廉·富布赖特：《跛足巨人：美国对外政策及其国内影响》，伍力协译，97 页，上海，上海人民出版社，1972。

家之间和平友好关系的最重要一步。"①

第三,富布赖特项目有效地促进了学者和学生的国际交流,增进了美国与其他国家之间的相互理解。第二次世界大战前,美国与国外的学术机构并没有正式的学术交流计划。随着富布赖特奖学金计划的推进,美国的高校逐渐开始了与其他国家的双向交流计划,教师与学生的国际流动呈现出快速发展的趋势,美国成为世界各国学者汇集之地和国际学生教育中心。据统计,1948年,富布赖特项目资助了35名外国学生和一名外国教授得到美国提供的奖学金而赴美留学。1948—1962年,共有21 300名美国人和超过30 000名其他国家的人参与到这个计划中,超过4 300名来自其他国家的年轻人在美国资助的国外学校里学习。② 这些迅速增长的数字证实了富布赖特项目的成功性。通过富布赖特项目,更多其他地区的人深入地了解了美国社会。美国学者也在国外的活动中了解了世界其他国家的状况。

中国早在1947年11月就签署了参与富布赖特项目的协议。当时中国国民政府外长王世杰与美国驻中国大使司徒雷登在南京签订了《美国在华教育基金协定》。该协定的签署标志着中国成为首个与美国签订富布赖特计划双边合作协议的国家。第一位富布赖特访问学者是来自宾夕法尼亚大学的汉学家德克·鲍得(Derk Bodde),他于1948年来到中国。在一年之内,美国签署了与新西兰、英国、比利时、法国、意大利、荷兰和挪威的双边协议。在1947年、1948年,即项目开展的头两年,共有27名来自美国的学者来到中国,24名中国学者跨越太平洋到美国求学。1949年中华人民共和国成立后,富布赖特项目暂停,直至2004年秋天项目才恢复运行。目前(截至2012年数据),62名美国研究者受富布赖特项目资助来到中国开展研究学习。富布赖特计划极大地增进了美国与其他国家之间的相互理解。对外国学者来说,"富布赖特经历"是一段难忘的经历。

第四,富布赖特项目为美国及世界其他国家培养了大批学者及在某一领域的专家,促进了学术之间的交流。现在全世界受益于富布赖特项

---

① Walter Johnson and Franscis J. Colligan, *The Fulbright program: A History*, Chicago, the university of Chicago press, 1965, p. 4.

② *Ibid*. p. 3.

目的国家有 160 个，全球每年约有 8 000 名受资助者。自富布赖特项目
1946 年实行以来，共有近 360 000 名"富布赖特人"（Fulbrighter）参与其
中。① 在富布赖特奖的获得者中，有 53 位诺贝尔奖获得者，85 位普利兹
奖获得者，29 位麦克阿瑟天才会奖获得者以及 16 位美国总统自由勋章奖
获得者。②

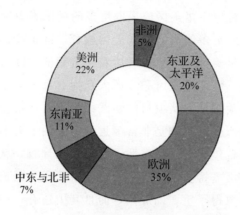

图 2-2　2011—2012 年度富布赖特奖金获得者的地域来源

资料来源："J. William Fulbright Foreign Scholarship Board2012 ANNUAL RE-
PORT," https：//eca. state. gov/files/bureau/160909 ＿ ffsb-report-2015. pdf，2017-
10-14.

富布赖特项目还有以下若干特点及存在的问题：第一，以人文学科
的交流为主。在富布赖特项目运行过程中，美国始终掌握着主导权，其
他国家只是规则的被动接受者，它可以限定交流者的年龄、学术领域、
国籍等诸多方面。而学术领域的交流目前以人文学科为主，自然科学和
其他科目为辅。1961 年的《富布赖特—海斯法》规定文化教育交流仅限于
"方向性课程"，比如说语言课程或者其他与此相关的。这事实上是对参
加交流的富布赖特学者进行有目的的甄别，从而符合美国的外交利益。
这种人文学科为主的交流特点致使交流出现了一定程度上的错位。合作
国特别是发展中国家希望能够学习美国先进的科学技术，但美国却提供

———————

① "Fulbright Engaging with the world," https：//eca. state. gov/files/bureau/fulbright ＿
one-pager ＿ 2014. pdf，2017-10-14.

② *Ibid.*

给他们政治、历史等社会人文学科。单就中国来说，"中国项目的学科领域受到限制最多，仅可选社会科学和人文科学。"①

第二，精英主义倾向。接受富布赖特项目资助的大部分人是国内外知名高校有所成就的学者。美国深知这部分人在社会生活中扮演着重要的角色，他们能够影响自己国家的政治领袖和普通的人们，引导他们思想的转变。富布赖特也主张美国应采取更多的措施吸引发展中国家的高级知识分子，给他们更多的机会接受美国教育。富布赖特项目重点培养知识精英的做法也是美国外交决策者所希望看到的，因为知识分子所处的特殊位置，他们不但能对政府和普通大众拥有巨大的影响力，而且还是潜在的社会和政治领袖。从项目的实践结果来看，重点资助其他国家的知识精英的做法产生的影响是非常深远的，有利于美国确立在世界上的文化霸权。美国希望他们一旦掌握了国家的领导权，就会更加亲近美国，在外交政策方面支持美国，事实上也取得了很大的成功，富布赖特学者不仅在知识界取得了重要的成果，而且其中还有一些人活跃于世界的政治舞台上，发挥着巨大的影响力。他们在外交政策上与美国保持着紧密的联系以及某种程度的配合。

第三，鲜明的政治化倾向。1978 年以后，富布赖特项目和其他文化工作从国务院转移到美国新闻署后，其政治宣传的倾向更加明显，因为新闻署的主要职责就是通过各种方式向全球传播美国的政治政策以及邀请国外的政治和社会领袖访问美国。不可否认的是，富布赖特项目在促进国际教育交流方面发挥了重要作用，特别是美国学者把先进的教育理念和文化知识传播到世界各地，有利于世界各国教育的进步和发展。前往全球各地参与交流的美国学者也经常帮助交流地的学生去美国留学，促进与美国学术界的关系，推荐同事到交流国家任教，从他们从事的这些活动可看出富布赖特学者在世界学术交流中的桥梁作用。在富布赖特项目开始运行的时候，很多人包括参议员富布赖特为了其免受政治方面的影响做出了很大的努力。1961 年 6 月，富布赖特在参议院的一项声明中宣称："我强烈反对把教育文化交流项目当作斗争武器或工具的建

---

① 陈学飞：《高等教育国家化：跨世纪的大趋势》，206 页，福州，福建教育出版社，2002。

议……这儿没有宣传掺杂在项目中，即使他们是有价值的和值得尊重的活动。"①但随着美国国内外环境的变化，项目不可能不受政治影响。因为项目是由美国政府负责运行，而且是花纳税人的钱，它必须要维护美国的国家利益，这是无法避免的。在选择候选人时，不应该考虑其政治观点和文化背景，学术水平才是第一位的。

在实际运行过程中，相较于项目的教育文化交流作用，其用于意识形态的政治宣传意图则更加的明显，在"冷战"时期尤为突出。富布赖特项目成为美国进行意识形态渗透的有力工具，通过比较隐蔽的方式影响了许多人。当苏东国家发生巨变的时候，富布赖特学者、戈尔巴乔夫的顾问雅科夫列夫就成为攻击马克思主义的先锋，鼓吹美国民主思想。东欧剧变、苏联解体后，美国学术界和政治家们认为，美国是依靠思想意识和文化价值观的传播、渗透打赢了这场战争，实现了和平演变的胜利。美国的文化外交在今后一段相当长的时间里会呈现如下特点：为了使文化外交更具隐蔽性和欺骗性，继续推行全民参与办文化外交的方法，美国政府一贯强调民间机构在文化外交中的作用，在对外关系中加大使用文化外交手段的力度。②

（六）富布赖特项目在中国

中国是第一个与美国签订富布赖特项目协议的国家，该项目在我国的实施分两个阶段：第一个阶段是1948—1949年，第二个阶段是1979年至今。第二次世界大战中，中国的教育和文化事业因战争遭到了巨大的破坏，中东部著名的高等学府也被迫内迁，高校数量也大幅减少，在校学生人数和战前相比更是不可同日而语，中国的教育尤其高等教育已经大大不如战前。特别是在战争期间，中国的对外教育文化交流受到了严重的干扰，一方面由于集中大部分名校的华北和东部地区很快沦陷，留学教育无法正常有序开展；另一方面战争时期军费的巨额支出使得国民政府没有更多的经费来支持留学教育。少数的留学项目也只集中在和军

---

① Joe L Spring, *The Sorting Machine：National Education Policy Since 1945*, New York, David McKey, 1976, p. 89.

② Morrell Held and Lawrence S. Lachlan, *Culture and Diplomacy：The American Experience*, Westport, Connecticut, Greenwood Press, 1977, p. 4.

事及医学有关的几个科目，从而服务于战争需要。因此，战后恢复遭到破坏的高等教育和几近中断的对外文化教育交流是当时国民政府的必然选择；而富布赖特项目作为战后恢复中美之间教育文化交流的重要举措很快得到了国民政府的认可和接受。美国政府之所以选择中国作为富布赖特项目的第一个合作的国家还有其特殊的政治考量。第二次世界大战期间，美国政府参战以后，其重点也主要集中在欧洲地区。中国作为美国在亚洲最重要的盟国承担着牵制日本主要军事力量的作用，从而使得美国能够集中主要军事力量打败德国，结束欧洲战事。事实上中国确实起到了这样的作用，所以富布赖特项目首先落户中国在某程度上是美国政府对中国在反法西斯战争中的作用的肯定和鼓励。

1947 年 11 月，美国驻华大使司徒雷登与中国国民政府的外交部部长签订了《教育交流项目筹资协议》，又称《富布赖特协议》。中国成为第一个与美国政府签订实施富布赖特项目协议的国家，项目的资金来源主要是出售第二次世界大战期间美国援助中国的战争剩余物资。在富布赖特协议签订之前，1946 年中美两国就在上海签订了《美中两国政府关于出售一部分剩余战争物资的协议》，其中一条就规定必须要有 2000 万美元的专款用于教育。该协议强调希望通过教育、知识和人才的交流来推动两国人民的相互了解。根据富布赖特协议，中美两国在南京成立了"美国在华教育基金会"，基金会成员共包括 1 名主席、2 名大使馆人员、2 名非美国官方人员，其中 1 人代表美国的商业利益，另 1 人代表美国的教育利益。中国政府任命了 3 名教育界的专家组成顾问小组，顾问小组组长就是当时的北京大学校长胡适。顾问小组可以参加基金会的会议，但只能提建议，没有决策权和投票权。基金会和顾问小组提供无偿服务，并没有报酬。当时的国民政府本来计划利用基金会成立两所英语学院和 3 所图书馆学院，但是随着国共战争形势的发展，该计划没有完全付诸实施。1948—1950 年，共有 41 名美国学生学者和 24 名中国学生学者接受富布赖特项目的资助到对方国家从事研究学习。自 1948 年 8 月到 1949 年 8 月，共有 41 名美国人通过富布赖特项目资助获得了来华的资格，其中只有 27 人最终来到中国，包括 4 名专家教授、7 名学者和 16 名研究生。①
当时的美国驻华大使馆专门主管富布赖特项目的文化专员乔治·哈里斯
曾指出富布赖特项目使受资助者能够通过项目的支持到中国学习和研究，
在大多数情况下能通过学习汉语知识获得关于中国的第一手资料，进而
能够帮助美国人以专业水平处理关于中国的事务，这些事务涉及政府交
往、商业和教育。目前最大的障碍就是缺乏熟悉中国的专家，中国目前
的发展预示着其在未来对美国的安全和利益至关重要，所以美国需要了
解中国的高水平专家。

　　1979 年 1 月，中美两国建立正式外交关系，随后邓小平历史性访问
美国并与美国总统卡特签订了中美文化协定，恢复了教育文化的相互交
流，其中就包括富布赖特项目。1979—1989 年，中美富布赖特项目在两
国政府的推动下取得了丰硕的成果，1989 年因中国国内发生政治风波，
项目被迫中断，但在 1991 年又恢复了交流，并一直持续到现在。从 1980
年开始，中美就开始互派第一批富布赖特学者。根据中美两国政府达成
的协议，美国管理项目的机构是美国驻华使馆的新闻文化处和美国新闻
署在北京设立的美国教育交流中心。中方的机构先后经历了变化：
1980—1984 年是中国社会科学院，1985 年以后是教育部。具体负责的机
构是教育部下辖的中国学术委员会，它主要承担三个方面的任务：富布
赖特项目中方交流者的遴选；中国候选人的离前培训；接待和培训美国
学者。中美富布赖特项目恢复运行以来，中国参与的项目主要有：①访
问学者项目。主要是从事人文科学和社会科学的研究。②研究生项目。
2007 年改为博士论文研究项目，为博士候选人在美国大学从事其论文研
究而设立，时间一般为 1 年。③外国语言助教项目。此项目在 2005—
2006 学年开始实施，主要是为提高年轻英语教师的英语教学技巧。④高
级专家项目。交流时间一般为 2～6 个月。⑤美国富布赖特客座教授项
目。此项目可在交流所在的大学讲授美国的外交政策、历史和文学等。

① William Fairbank，"America's Cultural Experience in China 1942—1949"，Cultural Rela-
tions Program of the U. S. Department of State：Historical Studies：No. 1，Bureau of Educational
and Cultural Affairs of U. S. Department of State，Washington，D. C.，1976，p. 179.

三、"十万强计划"及实施效果

与"冷战"时期国家主导的教育国际化项目(以富布赖特项目为代表)不同,21世纪美国的教育国际化项目更加倾向于借助民间的、市场的力量,以民间团体为纽带的"三方(政府、民间团体和学校)协作"特征更加突出。下文选取2009年奥巴马总统提出的"十万强计划"(100 Thousand Strong Initiatives)为例①,分析美国在21世纪教育国际化发展的新特征与未来趋势。另外,由于"十万强计划"是专门为促进中美教育交流而设计,下文将详述美国国际化政策对中美教育交流的影响。

(一)"十万强计划"的背景

21世纪是网络、信息、经济全球化的时代,世界各国及各地区的学生、教师将迅速被卷入这个日渐成形的全球劳动力及教育流动市场之中。同时,随着"9·11恐怖袭击"对美国国家安全造成的威胁以及世界其他经济体的迅速崛起,世界政治、经济多极化的格局形成,美国要维护其世界领导者的地位必须更多地了解世界其他国家,调整教育国际化的发展战略。第二次世界大战以来,美国国会通过立法和资金鼓励了大量国际学生来美学习,虽然不乏支持本地学生到海外留学的项目,但本地学生、教师赴海外学习数量远远少于外国学者来美的数量。为了改变教育国际流动不平衡的现象,美国政府开始重点关注向海外派遣学生,以转变原有的"单向"交流为更加均衡的"双向"交流。此外,美国教育国际化的驱动目标也由"冷战"时期的"政治外交"导向转向培养"全球公民"以适应知识社会与经济全球化的挑战。2006年美国第一届"海外学习年"(Year of Study Abroad)上,参议员约瑟夫·R.比顿(Joseph R. Biden)指出:"海外学习不只是提供一种个人意义上的使生活得以转变的经历;由于世界越来越小,海外学习成了我们培养公民的必需品。为了保持我们的全球领导力,务必要向我们的学生提供更多的接受国际教育的机会。"美国政府及教育界均意识到了为了使每一位美国学生将来更好地适应全球化社会及其带来的竞争与挑战,海外学习应当成为每一位美国学生教育的一部分,应当让每位学生为成为世界公民而做好准备。

---

① "100k strong,"http://www.100kstrong.org/initiatives/100k-strong/,2017-10-14.

1. "9·11"后"安全"与"开放"的两难局面

"9·11"事件是美国21世纪开篇一个重要的、悲剧性的、不可回避的转折点。它致使联邦政府重新拾起20世纪的"冷战"思维，在强化军事手段来构筑国家安全的同时，将教育的政治利益和意识形态功能强调起来，以教育国际化为维护国家安全、国际地位、谋取政治利益的有效途径。与此同时，在对外交流与签证政策方面呈现出强化安全考虑的紧缩与保守态势。从布什政府到奥巴马政府，围绕"越开放就越危险"和"越开放就越安全"，各界在议论与政策实践中始终处于来回的拉锯状态。

"9·11"事件直接推动了美国重返联合国教科文组织。2002年的联合国大会上，布什宣布了美国重返联合国教科文组织的决定。2003年，当时的第一夫人劳拉·布什带队出席了重返仪式并发言强调："美国对于世界各国一起推进价值观的分享充满信心……没有一个国家可以免疫恐怖主义……教育是美国当前最紧急的工作重点。"哈佛大学的国际教育研究者对此评论道："重返联合国教科文组织无疑是一个正确的决定。它有助于美国教育界充分参与教科文事务，传播国际容忍和国际理解。"[1]时任国务卿的赖斯(Condoleezza Rice)也表示，美国对于教育和文化的政策如果还处在"独白"的阶段，那么势必不会走得太远，只有彼此了解深刻，才会形成与世界的"对话"。[2] 重返联合国教科文组织表明美国将以更加积极、主动、开放、合作的姿态参与教育国际事务，并将其作为保障国家安全的战略工具。

然而，《爱国者法案》的颁布、《高等教育法》的修订使得学生国际流动、敏感学科研究、国际教育活动内容均受到愈加严格的国家控制。《爱国者法案》的第四条款"保护边境"加强了对跨境学生、教师及学者流动的审查。不仅签证紧缩，凡在美国大学或重点学科实验室的国际研究生都将受到严格的背景审查，国际学者、学生进入实验室的时间、次数、言论、出版等相应的自由权利也被限制。2003年国会对《高等教育法》进行

① Joetta Sack，"House Allocates Money for Rejoining UNESCO," http：//www. edweek/ ewstory. cffm. 2017-10-14.

② "Secretary Spellings Delivered Remarks at US University Presidents Summit on International Education," http：//www. ed. gov/news/speechs/2006/01/0162006. html, 2017-10-14.

了重新修订，其中最重要的一项即成立了"国际高等教育顾问委员会"，该委员会实则是对大学教育国际化活动的监控与评价组织。它的诞生引发了政界与学界之间激烈的争论。对于习惯了学术自治与言论自由的教授们而言，新修订的法案授权顾问委员会对受资助学校的教学资料、课程设计及聘用者进行评价和监督，严重威胁到区域研究和国际教育活动的自由。在这种审查之下，"国家安全"实质上已成为"不说话、不传播"的同义词。

可以说，在 21 世纪开篇小布什执政的很长一段时间内，新保守主义（Neo-Conservatism）成为政治的主要倾向。联邦政府对外奉行"先发制人""主动出击""向世界传播美国式民主"的外交政策，对内实行"绝对安全""限制自由"的国家主义、民族主义策略。

2. 教育国际化战略的调整与"重心东移"

随着美国安全形势的逐步好转，政府智库与社会各界积极推动，极端保守的签证政策与一系列紧缩国际教育的政策开始松动，新的教育国际化战略调整初露端倪。2003 年，美国国际教育者组织发布了题为《符合美国利益：欢迎国际学生》的报告。2005 年，美国大学联合会（AAU）、美国教育理事会（ACE）等著名学术团体的主席联名向美国国务院递交了《为了提升美国科学、经济竞争力和国家安全利益而改善美国签证制度的建议书》。2008 年，美国国会众参两院通过了《提高国际开放程度以提高美国国家竞争力法案》。该法案强调要继续保持并提高美国对国际学生、教师、科学研究者等人士的吸引能力，并以此来强化美国的国家安全。

奥巴马政府逐渐摒弃新保守主义的单边政策与紧缩政策，扩大教育国际交流的呼声与实践在 2009 年以后日益频繁。2009 年 6 月，奥巴马在演讲中指出要扩大教育的国际交流项目，增设奖学金。[①] 同年 11 月，奥巴马在访问中国期间表示欢迎更多的中国留学人员赴美学习，并承诺为之提供更加便利的签证政策。2011 年 8 月，奥巴马政府开始实行更加简单、便利的新签证政策。

此外，奥巴马政府的教育国际化战略呈现出两个鲜明特点：第一，

① 汪霞、钱小龙：《美国高等教育国际化的现状、经验及我国的对策》，载《全球教育展望》，2010(11)。

开始重点关注向海外派遣学生，转变了"冷战"以来强硬、单一的意识形态输出与援助的形象；第二，政策导向的学生跨境流动呈现出"重心东移"的趋势，更加注重与亚洲（尤其是与中国）的战略合作。"十万强计划"便是这一时期反映这两大特征的典型项目。

在这样的政策大环境下，美国国会于 2004 年成立了跨党派委员会"亚伯拉罕·林肯海外留学委员会"（Commission on the Abraham Lincoln Study Abroad Fellowship Program），由委员会来负责制定关于美国学生去海外留学的国家发展战略。2005 年，该委员会提出了著名的《全球竞争力与国家需要：100 万人留学》（Global Competence and National Needs：One Million Americans Studying Abroad）报告，该报告所倡议的 100 万人留学计划后来被称为林肯计划。林肯计划的目标主要有三个方面：第一，在未来十年内每年协助 100 万美国大学生赴海外留学；第二，鼓励更多来自社区学院及少数族裔的美国学生到海外留学，即保证留学人口构成更加均衡的分布于各类大学与各类人群中；第三，重点支持美国学生、学者前往发展中国家留学，提高留学目的地分布的均衡性与多元性。从该计划的着重点上我们可以看到美国政府未来在扩大教育国际交流规模、提高跨文化交流的均衡性与多元性方面的努力方向。

(二)"十万强计划"的诞生

2009 年，奥巴马总统成立了"十万强计划"并将其定位为以通过青年人的海外学习与交流促进中美战略伙伴关系建立为使命。该计划提出的目标是，通过四年的时间（2010—2014）使美国到中国留学的学生总数提升到 10 万人。因此，"十万强计划"与上文提到的林肯计划实际上是一脉相承的，是进一步针对"中美教育交流"的林肯计划的缩影。

2010 年 5 月，美国国务院秘书长希拉里在访华时与中国国务院副总理刘延东共同正式开启了"十万强计划"。希拉里表示："'十万强计划'旨在培养新一代未来将在中美政治、经济、文化联系中起到重要作用的中国专家。'十万强计划'将为鼓励美国学生来华留学而筹集资金、寻求机会。"[1] 2013 年 1 月 24 日，"十万强基金会"正式成立，它是一个非营利性

---

[1]　http：//www. state. gov/p/eap/regional/100000 _ strong/index. htm，2017-10-14.

民间组织，同时由美国国务院秘书长希拉里直接管理。同年 11 月，中国国务院副总理刘延东在"十万强基金会"的年度会议上致辞。"十万强基金会"致力于扩大、增强美国学生到中国留学以及学习汉语的机会，目前设立于美国大学(华盛顿)的国际服务学院之中。

2014 年 1 月，"十万强计划"中的学生大使项目诞生。每年，"十万强基金会"挑选出 100 位美国学生到中国留学访问，并作为一名草根形象大使。这些学生代表了美国的多样性以及文化面貌。他们将在中国的学习期间增进对中国文化和历史的理解。作为学生大使，他们不仅要回国分享在中国留学期间的见闻，还将在"十万强基金会"的进一步发展中起到至关重要的作用。2014 年 3 月，米歇尔·奥巴马访华，在清华大学发表演讲，号召美国学生积极加入"十万强计划"。2014 年 5 月，首届全球中美学生峰会在北京召开，聚集了来自 30 所美国大学的近 200 名美国大学生以及 200 名左右的中国大学生。

中国政府也对"十万强计划"表示了重视和支持，2010—2012 年，中国政府针对"十万强计划"向美国学生专门提供了 20 000 个奖学金名额资助其到中国留学。同年度，"十万强计划"筹集了 150 万美元资金资助美国学生留学中国。"十万强计划"与中国政府近几年旨在发展教育国际化的政策方针十分吻合，教育部指定计划目标在 2020 年接收来华学习的国际学生的数量达到 50 万人。

(三)"十万强计划"的目标及内容

"十万强计划"的根本目标是推动中美教育文化交流，通过民间交往和青年人的交流提升国家间的相互理解和信任。而最明确的量化目标是在 2010 年至 2014 年将来华留学的美国学生的人数增加到 10 万人以上，鼓励美国学生来中国学习交流。

"十万强计划"对海外学习采用了广义定义，认为美国学生来华留学活动包含了以下九种类型：中美学校联合培养及双重学位证书的教育项目；正式的中国大学学士、硕士或博士教育项目；中国开设的汉语学习课程；为期一学年的访学或交换项目(如富布赖特奖学金项目)；学习旅行(由大学或专业机构组织的)；在中国的实习或工作；参与中国的志愿者工作或服务—学习项目；在中国的教学项目；由专业机构支持的或独立研究者开展的中国教育研究；其他在中国的教育活动（如教育旅行、独立学习项目等）。

在以上九种活动类型中，大部分美国学生参与的项目是"学分互认的联合培养"及"旅行学习"。根据美国国际教育协会报告中的统计数据，高于58％的美国学生来华参与的是正规的、包含学分的教育项目。由大学学院或专业机构组织的旅行学习成为仅次于含学分的教育项目的热门选择。2011年，有4 019位学生参与旅行学习项目。旅行学习项目的参与者中，71％的最高学历水平是本科生，接下来是研究生（占27％）。而组织旅行学校的中国校方大多（67％）为具有授予博士学位资格的研究型大学。①

（四）"十万强计划"的支持者与实施者

"十万强计划"的运行方式与富布赖特项目不同，虽然仍由政治领导人牵头成立，但在实际的组织运行和项目实施中主要是通过民间筹资和专业机构管理。以"十万强基金会"为纽带，中美双边政府、跨国公司、中美学校及教育机构相互支持与协作推进该项目。

"十万强基金会"于2013年1月成立，基金会总部设在美国首都华盛顿，美国政府任命曾在美国国务院担任高级国务卿顾问助理并负责东亚和太平洋事务的卡罗拉·麦吉夫特（Carola McGiffert）女士为基金会首任主席。"十万强基金会"是由中美双方学者及热心人士主导的一项以民间为主要推动力的公众运动，基金会的款项来源主要是企业、美国部分高校以及民间机构及慈善家。在创立初期就受到了来自私营企业、大学基金会以及政府部门的高达140万美元以上的捐款。这些支持"十万强计划"的跨国企业有可口可乐公司、德勤（Deloitee）、微软（Microsoft）②、摩托罗拉③、万向集团、福特基金会④等。

---

① "U. S. Students in China: Meeting the Goals of the 100 000 Strong Initiative," https://www. iie. org/publications, 2017-10-14.

② 微软专门成立基金资助在华盛顿和西雅图的美国公立高中生到中国开展海外留学活动。

③ 摩托罗拉基金在2011年暑假资助数十位芝加哥公立学校系统的学生到中国开展海外学习活动。当时的胡锦涛主席接见了这几位中学生。

④ 2012年，福特基金会为"十万强计划"捐赠了100万美元的种子基金。

"十万强基金会"主要通过如下筹款路径获取资助。①

第一，美国企业的商业投资。已有一系列美国知名公司与"十万强基金会"达成了融洽的合作关系，对基金会各项目的开展提供大额的资助。例如，可口可乐公司出资 100 万美元捐助美国六所高等院校的学生赴华留学；德勤审计公司为美国城区公立学校提供 200 万美元以资助学生赴华暑期游学；微软公司资助西雅图、华盛顿两个城市中的公立高中选拔高中生赴华留学；摩托罗拉公司计划从芝加哥选送公立学校学生到中国留学。美国伊利诺伊州的建筑企业巨头万向集团（Wanxiang America Corporation）、环识国际（World Strides Corporation）、美国信通（American Express）、花旗银行（Citibank）、宝洁公司（P&G）、高盛集团（Goldman Sachs Group）也纷纷与"十万强基金会"签约，提供大量资金支持。这些签约伙伴的资助金额大多在 100 万至 500 万美元，资助事业的开展均在"十万强计划"框架之下，既便于享有"十万强计划"所带来的声誉，又能够充分融资，同时享有一定的独立性。

第二，美国旗舰大学的资助据美国慈善中心 2011 年高等教育项目管理机构分析，近年来美国基金会的绝大部分资金投入了教育与人文领域，用于与发展中国家建立合作项目的经费则占到了 76%，而这些费用正是各美国旗舰大学所管辖的基金会提供的。因此，"十万强计划"作为联邦政府推行与中国教育交流的重要计划，自然得到了美国各大旗舰大学的资助与支持。美国部分大学内部出资开设了语言旗舰项目，这一项目分布在全美的 12 所高等院校中，修读这一课程的学生所缴纳的费用，大学将会以提供"十万强基金会"资助的方式将学费的一部分缴纳给基金会，供其管理，以便统筹为这部分学生提供赴中国留学的基金。

例如，纽约市亨特学院作为"十万强计划"语言旗舰计划所选定的中文旗舰中心，为学生提供为期四年的强化中文课程，这一课程供学生随另一个非语言类专业同步学习，所招募的学生缴纳的学习费用中，包含有两次到中国学习访问的费用：一次是夏令旅行，另一次是课程收尾前到一所中国大学学习并在一家中国单位实习，这笔费用由"十万强基金

---

① 张睦楚：《美国十万强基金会的筹款路径》，载《高教发展与评估》，2016(3)。

会"进行管理。美国劳瑞拉国家大学联盟已经与基金会签订了相关项目，并提供了学生赴华资金保障，拟计划选送 1 000 名在校生赴华留学。很显然，美国旗舰大学已经逐步意识到未来世界的舞台必定有中国的身影，而现实中的中美两国交流却是有局限性的，需要更深刻地推动美国学生对中国的理解。

"十万强基金会"的筹款方式存在如下新特点。

第一，经费来源多样而均衡。美国基金会从社会方面获得的捐赠总量巨大、发展历史长，因此基金会的发展在美国具有牢固的根基，并由此得以顺利开展相关事业。"十万强基金会"的财政来源，分别来自美国各大知名企业、美国各大旗舰高校以及美国对中美交流保持热忱信心的慈善家，这三方财款来源的结构与数量较为均衡，即从各个渠道所获得资金量之间的差异较小。据"十万强基金会"的财政公布，每一方的慷慨资助几乎都占到基金会财政收入的 1/3，但是从数量上来看又同时具有一定的规模效应，这得益于基金会财务运作幅度大，使得基金会能够更好地推动美国学生来华留学浪潮。自 2010 年以来，前往中国留学的美国学生人数年均增长 30%，对美国学生而言，中国现今已成为亚洲地区留学的首要目的地，在全世界范围的留学目的地排行榜中跃升至了第五名，排名前四名的留学国家都与美国有着相同的教育模式与文化语言。作为与美国具有极大文化异质性的国度，中国依然能够成为非英语国家的美国学生大规模赴外留学的目的地，很大程度上与"十万强基金会"雄厚的财款资助及事业的开展与推动力分不开。据"十万强基金会"公布，仅2013 年，所获得的各项资助金额就超过 1 500 万美元，这笔巨额款项对这一年度赴华留学生数量的增长有着极大的推动作用。"十万强基金会"所运作的不仅仅是经济层面上的教育款项，基金会通过恰当利用款项，产生了其他方面的积极作用，例如，促进双边关系的良好发展。一方面，对教育基金的有效利用及对中美文化交流的教育投资，使留学生作为受益人更具有成就感，更具有未来全球中美互动的主人翁参与意识，更能理解全球化学习的重要性以及中美双边关系交流对于时代的急迫性，从而在世界范围内将教育影响辐射到外交或政治领域。

第二，经费的可持续性。美国社会的各方面也几乎都有基金会活跃的影子，尽管各基金会在宗旨和目标方面存在差异，但是都将"可持续发展"这一重要宗旨放在第一位。早期，"十万强基金会"在美国奥巴马政府的领导之下，作为落实十万强相关计划的一个重要实体及推动力量，已经完成了历史的使命。然而这个基金会的更远的目标在于打造一个更为长期的交流计划，并依靠政府、企业家、海外力量的和谐互动，使这一个永久性的、持续性的、独立的非营利组织加强未来中美学生在教育领域的交流，从而实现双边教育交流的可持续性发展。数以十万的美国学生留学中国的再延续，依赖于"十万强基金会"的财政资助与推动，而"十万强基金会"的存在与可持续，又必然有赖于各方筹资、投资事业的发展，同时各方筹资与投资对于"十万强基金会"的推动，又能够充分调动各方积极性并增强中美双方教育领域的互信互赖基础，再通过教育领域的辐射作用进而"积极撬动"到双方外交、政治、军事、贸易等方面的关系，从而得以形成一种良性的、可持续的循环。虽然社会各方对"十万强基金会"的捐赠是特殊的概率事件，但是基金会与各方良好关系的维系却是长久之道，投资中美之间的教育文化交流也是必然选择。

"十万强基金会"通过开展捐赠仪式与对捐款方的积极宣传，每年选拔 100 名留学生大使通过各媒介渠道发布学习心得，隐形扩展了捐赠方的声誉，宣扬了其良好的社会责任感，从而起到了示范性作用，对筹款事业也具有正向的加速和推进作用。"十万强基金会"的运作在一定程度上满足了这一部分捐款方的根本诉求，使得他们在为中美文化交流做出贡献的过程中也获得一定的安慰。"十万强基金会"的运作者认为及时且恰当的慈善感恩是谋求款项的"推进器"，更是中美双边良好关系的"平衡器"，因而在实践中应力图满足慈善捐赠方的心理期待及主观要求。"十万强基金会"承载着中美双边教育文化交流最美好的理想，也是新时期内推动双边关系渐进发展的重要力量，因此该基金会力图在筹得款项与支配款项两个基本诉求之间取得平衡，使中美文化交流稳定地向前推进。回望"十万强基金会"运作的成功之道：正是由于妥当又特别的筹款战略，使得该基金会得以成功而从容地完成了中美教育文化交流重要的历史使命。①

（五）中美教育交流现状与"十万强计划"的实施效果

1. 中美教育交流的历史与现状

自 19 世纪末就陆续有中国学生（者）到美国学习，并且在 1949 年中华人民共和国成立前达到了顶峰（3 549 人）。1995 年，随着教育法的颁布实施，中国两所大学开始试水与海外大学建立相互认证的教育项目。到 2012 年 8 月，大约 720 个中外合作办学项目成立，其中 122 个是中美合作项目。②

中美的教育交流在改革开放以后日益密切起来，但是美国政府真正明确的、公开的承诺要推进美国学生来华学习是奥巴马总统在 2009 年访问上海时提出的。他在上海关于未来将鼓励更多美国人来华学习的发言为后来希拉里正式提出"十万强计划"做了强有力的铺垫。

目前，来自中国的国际学生在美国国际学生群体中占压倒性的数量优势。据 2011—2012 学年数据统计，在美留学的外国学生群体中数量占最大比例的是中国学生（占总体的 1/4），已连续三年超越印度。美国学生来华留学的数量也在逐步攀升，已由 2000 年的 3 291 人上升到 2011 年的 15 647 人。③中国现在位列美国留学生最希望前往的五大目的国之一。虽然如此，中美教育交流仍存在巨大的不均衡性，在美国学习的中国学生数量比在中国学习的美国学生数量多出 12 倍。④图 2-3 和图 2-4 展示了中美间学生流动的趋势变化。虽然二者的数量都呈现出不断增长的趋势，但美国学生来华数量还是远远低于中国学生赴美学习的数量。

① 张睦楚：《美国十万强基金会的筹款路径》，载《高教发展与评估》，2016（3）。
② "List of China-Foreign Joint Higher Educational Programs," http：//www.crs.jsj.edu.cn/index.php/default/index/sort/1006，2017-10-14。
③ "十万强计划"包括了我国香港和澳门，因此，15 647 人是门户开放报告中我国大陆、香港和澳门的美国学生人数的总和。
④ "100k strong,"http：//www.100kstrong.org/initiatives/100k-strong/，2017-10-14.

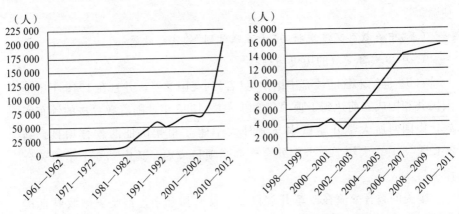

图 2-3　在美国留学的中国学生数量变化　　图 2-4　在中国留学的美国学生数量变化

数据来源：U. S. Students in China：Meeting the Goals of the 100 000 Strong Initiative. ①

2."十万强计划"的实施效果

2011 年，至少有 26 686 名美国学生参与来华留学项目。其中，高于 58% 的学生参与的是在美方大学获得学分的海外学习项目。在非学分项目中，旅行学习和语言课程是最受欢迎的项目。美国学生来中国大学正式完成学位项目的人数占总数的 8.3%（详见表 2-1）。

表 2-1　2011 年度美国学生参与的来华留学项目构成②　（单位：人）

来华留学项目	副学士③	学士	研究生	尚无学历的学生	其他	总数	百分比
学分制海外学习项目	336	11 789	3 321	201	—	15 647	58.6%
旅行学习	23	2 507	947	33	509	4 019	15.1%
攻读中国大学学位	21	1 007	1 156	—	—	2 184	8.3%
中文课程	78	1 182	34	10	214	1 518	5.7%
交换生项目	0	616	36	0	106	758	2.8%
实习或海外工作	1	408	122	1	138	670	2.5%
高中生交换项目	—	—	—	—	—	430	1.6%

---

① "U. S. Students in China：Meeting the Goals of the 100 000 Strong Initiative,"https：// www. iie. org/publications，2017-10-14.

② Ibid.

③ Associate Degree，副学士学位，通常是社区学院或两年制专科学校颁发的毕业生文凭。

续表

来华留学项目	副学士	学士	研究生	尚无学历的学生	其他	总数	百分比
志愿服务项目	3	153	24	1	15	196	0.7%
双重或联合培养，研究项目以及教学项目	2	470	218	31	285	1 006	0.9%
未被正规课程录取的个人	—	—	—	1	—	258	3.8%
综合	443	17 125	4 702	277	1 267	26 686	100%

据 2011 年数据统计，大部分参与"十万强计划"的美国学生是正在攻读学士学位的大学本科生，这部分占据总数的 76%。21% 是研究生群体。而大部分接收美国学生的中国大学均是有博士学位授予资格的研究型大学。2011 年，高于 67% 的美国来华学生被中国研究型大学录取，尽管大部分美方参与者为本科生(详见图 2-5)。

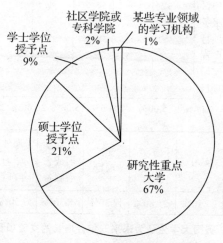

图 2-5　接收美国留学生的中国教育机构类型构成①

3. 未来趋势

"十万强计划"的受资助者未来将贡献一己之力在与中国和中文相关

---

①　"U. S. Students in China：Meeting the Goals of the 100 000 Strong Initiative,"https：//www.iie.org/publications，2017-10-14.

的领域建设上，如将中文学习融入美国中小学及大学课程中；介绍亚洲研究，并使之融入主修或辅修课程中；建立更多中美高等教育机构的合作和交流关系；在中国建立海外分校；将来华留学作为美国教育机构的制度性战略计划首选。这些动向均预示着未来中美教育交流和联系的日益增强。

2011年，美国国际教育协会针对"十万强计划"对美国大学生实施了问卷调查，其中54%的受访者表示能够遇见未来几年内参与中美教育交流的人数将大幅度增长。许多大学生表示出对中国很有兴趣，同时在中等及高等教育阶段学习中文课程的学生数量增加。可以预示，这些学生未来参与、有兴趣申请"十万强计划"来华学习项目的可能性都非常大。30%的受访者表示未来的"十万强计划"中，短期留学项目、海外实习及语言项目是最可能大幅度增长的项目（详见图2-6）。

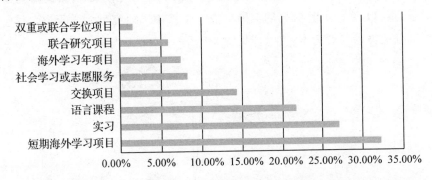

	短期海外学习项目	实习	语言课程	交换项目	社会学习或志愿服务	海外学习年项目	联合研究项目	双重或联合学位项目
百分比	32.30%	27.10%	21.80%	14.30%	8.30%	7.50%	6.00%	1.50%

图2-6　美国大学生认为未来五年会增长的交流项目类型①

（数据以百分比形式呈现，样本总数为133）

（六）管窥美国21世纪教育国际化发展的策略转向

刚迈入21世纪的门槛，"9·11"恐怖袭击将历史的钟摆击回到20世

---

① "U. S. Students in China：Meeting the Goals of the 100 000 Strong Initiative,"https：//www. iie. org/publications，2017-10-14.

纪的苏联卫星上天时期。2007 年金融危机爆发后，美国社会的危机感进一步加剧。奥巴马曾多次宣称美国面临着 21 世纪的"斯普尼克危机"，越来越多的跨国公司选择在中国和印度而不是美国设立新的研发基地，因为中国和印度更加重视数学和科学教育；为了保持美国全球竞争力，教育急需改革，需要进一步加强数学教育和科学、技术教育。学校要培养更多的工程师，而不是律师。

《国际教育：公共外交被忽视的一面》（International Education：the Neglected Dimension of Public Diplomacy）是美国国际教育者组织专门为奥巴马总统撰写的建议报告。报告中写道，新总统的上任面临的外交策略和国家安全的挑战几乎与"冷战"时期一样，呼吁奥巴马总统颁布国际教育倡议，让更多美国人去国外学习，同时吸引国际学生到美国来，促进世界教师、学生的流动性，使美国人民和世界人民能够相互联系、相互作用、相互理解。[1] 报告为美国教育国际政策提出了建议，提出设定国际教育的目标，使其成为美国本科教育的固定组成部分，这样至少在十年时间内，学生毕业能够熟练掌握一门外语，对至少一个国家或地区有所了解。同时还强调小学、中学阶段加强文化和外语学习。此外，还要加强交流以及志愿服务项目，重塑美国的形象，吸引更多学生、学者，促进未来世界领导力发展和创新。提高前往发展中国家（尤其是中国）留学的比例，使"海外研习"成为美国当前高等教育国际战略的一块重要基石。

实际上，"教育国际化"一直以来被美国视为谋取政治、经济和文化利益的有效途径，更充当着维护美国国家安全、世界领导地位、强国兴邦的利器。从宏观战略方面，美国此时教育国际化发展对政治及国家安全需求的考量，远远超过对学术及教育自身发展的考量。然而，落实到具体的实践策略上，小布什政府与奥巴马政府表现出了不同的特点与倾向。小布什政府采取了"守紧门户"的保守态势，通过签证政策限制了教育人员的国际流动；同时重返联合国教科文组织，以相当强势的姿态通

---

① "To the Next President：To Get Public Diplomacy Right，Focus on International Education," http：//www. redorbit. com/news/education/1519362/to ＿ next ＿ president ＿ to ＿ get ＿ public ＿ diplomacy ＿ right ＿ focus/＃4lZ2vQYfwMYZ0jcl. 99 2017-09-02.

过教育推行美式价值观与民主理念。到奥巴马执政时期，"开放门户"被视为保证国家安全的必要措施，教育交流被视作一种"软实力"。在中美教育国际化政策与推进实践中，突出表现为由"个别的人员走动"发展到"国家层面的强势推进"，由"单向的优势资源输出与吸引"转向"双边合作与交流"。这种政策中微妙态势的转变，从侧面体现了我国综合国力、经济实力以及在教育、科技、文化方面的国际地位及竞争力正在日益增强。

以"十万强计划"管窥奥巴马政府的教育国际化战略，可以总结出如下特点和趋势。

第一，由"单向教育流动"转向"双向互动"，敦促美国的青年学生、教师、学者走出去，向世界学习。第二次世界大战后美国教育国际化政策长期以东道主、援助者的姿态，向海外派遣学生，往往不受到重视。长期以来，美国学生到海外学习的总体数量和人数比例都非常低，美国许多青年人实际上对外部世界处于出乎意料的闭塞和无知状态。正如美国国际教育者组织在《确保美国未来：全球时代的全球教育》中所言："我们正处在另一个人造卫星时刻，我们对于外部世界与我们对恐怖袭击的无知一模一样。恐怖分子在那个严酷的上午突然袭击了我们，因为我们对周围的外部世界闭上了眼睛和耳朵，听不到也不理解敌人在说什么。我们必须把这种局面扭转过来，方法就是为年轻人理解和处理当今的世界问题做好准备。这种努力将花费许多年，并且需要得到国家的支持，它与在太空方面达到卓越的努力是一样的。"[1]

第二，在美国的全球战略视野中，亚洲（尤其是中国）的区域地位日益重要。中国将是未来美国教育国际化中举足轻重的合作伙伴。国际学生流动的数量变化实际上是反应相应国家教育国际化政策导向的"晴雨表"。随着中国政治、经济、教育、文化等综合实力的迅猛增长，美国开始调整教育国际化的发展战略，日益重视与中国的双向交流。美国学生的跨境流动日益呈现出"重心东移"的趋势，中国成为热点地区。

第三，从项目实施策略方面说，"十万强计划"相较于"冷战"时期国家主导的教育国际化项目（如富布赖特项目）呈现出十分不同的组织与实

---

[1] Paul Simon, "Securing America's Future: Global Education in a Global Age," http://www.nafsa.org/_/Document/_/securing_america_s_future.pdf, 2017-10-14.

施策略。虽然同样是国家领导人牵头的国际化项目，但"十万强计划"更加侧重借助民间的、市场的力量，并以民间团体为纽带实现"三方(政府、民间团体和学校)协作"。美国教育的国际化发展在多年的发展更新中已逐步成熟并形成了健全的体系。在未来，美国的学校、研究机构、非政府组织等多方主体合作推进的国际教育交流活动将越来越多。

第四，美国教育国际化的目标由第二次世界大战后的"政治外交"转向培养"全球公民"以适应知识社会与经济全球化的挑战。美国政府及教育界均意识到为了使每一个美国学生将来更好地适应全球化社会及其带来的竞争与挑战，海外学习应当成为每一位美国学生教育的一部分，应当让每位学生为成为世界公民而做好准备。

第三章　英国教育国际化政策及其实施效果

英国是当今世界上教育国际化程度较高的国家之一，国际化所带来的巨大收益不但推动了英国经济的发展，师生国际流动的日益频繁还开阔了英国学生的教育视野，丰富了英国社会的文化元素。面对教育国际化给英国社会的方方面面带来的巨大影响，英国政府对该项事业相当重视，并出台了多项政策来促进教育国际化的发展，并不断扩大政策关注点所涉及的范围。在这场世界教育国际化的浪潮中，我国政府也在积极推动教育的国际化，了解英国相关政策的内容及其实施效果对于我国政府制定和实施相关的教育国际化政策也有极大的借鉴意义。

一、英国教育国际化的进程

教育国际化的根本属性是交流性，即一方面存在着一国自身教育因素的输出，另一方面也存在着国外教育因素向该国教育系统的输入。在英国教育国际化的不同发展阶段，教育因素在英国与外国之间的输入、输出状态是不同的，因此研究者根据教育因素流动方面的主要趋势的不同，将英国教育国际化的进程划分为以下几个阶段。

（一）中世纪大学时期的"游学""游教"阶段

英国教育国际化的进程最早起源于高等教育。中世纪大学时期，"游学""游教"之风盛行，一所大学的师生往往来自欧洲各地，大学之间也相互承认所授予的文凭，大学天然具备着浓厚的国际性色彩。英国的大学也不例外，其最古老的大学——牛津大学的建立就源于从巴黎大学回归的英国学者。因此，牛津大学又被称为"巴黎之女"。然而，这时英国大学的外国留学生并不多，自 1190 年牛津大学迎来来自荷兰佛里斯兰省的第一位外国留学生以来，① 在整个中世纪，牛津大学和剑桥大学的外国留学生数量总共也只占到 2％。②

（二）14 世纪末至 19 世纪的教育输出阶段

从 14 世纪末开始，随着现代国家的形成和民族情感的崛起，人们不再热衷于将孩子送到国外去读大学，而是倾向于让他们就读于本土的大学。因此这一时期的英国大学几乎不再有来自外国的留学生，而是以英国本土的学生为主，英国高等教育的国际化处于停滞状态。这一状况直到 17、18 世纪英国建立起遍布世界的殖民体系之后才有所改变。1636 年，英国位于北美的殖民地模仿英国大学的模式成立了哈佛学院，即哈佛大学的前身。该大学不但在课程设置、教学内容和教学方法上照搬英国大学，而且其管理者也与英国大学有着千丝万缕的联系。1640—1701 年，哈佛学院的 6 任院长中有 3 位来自牛津大学，董事会的 12 名董事中有 7 名毕业于牛津大学，1 名毕业于剑桥大学。自哈佛学院之后，北美殖民地又相继建立了 9 所高校，它们无一例外都是模仿英国大学的办学模式，③ 正如美国教育家阿特巴赫所说，"不到一个世纪以前，美国的学院和大学还毫无疑问是欧洲特别是英国的知识殖民地"④。可见，英国在该历史时期的教育国际化形式发生了一个转变，即由早期的外国学者和学生的输入转变为学者、毕业生和教育模式的输出，英国高等教育开始将触角深入全球各地，使其大学的学术体系获得了世界范围的影响力。

（三）19 世纪至 20 世纪 80 年代的双向流动阶段

从 19 世纪开始一直到 20 世纪 80 年代，英国教育的国际化从单向输入或单向输出转变为一种输出和输入并重的模式。在输出方面，由于英国大学学术声誉的不断提高，它的许多学术成果引起了世界各国的广泛关注。如在 19 世纪末，牛津大学学者编撰的《牛津全国传记词典》和《牛

①　http：//www.ox.ac.uk/about_the_university/introducing_oxford/a_brief_history_of_the_university/index.html，2017-03-30.

②　Ridder-Symoens and Hilde De，*A History of University in Europe*，Vol. I，in *Universities in the Middle Ages*，Cambridge，Cambridge University Press，1992，pp. 296-297.

③　张建新：《英国高校学生的国际流动》，载《比较教育研究》，2003(5)。

④　[美]菲利普·G. 阿特巴赫：《比较高等教育：知识、大学与发展》，人民教育出版社教育室译，44 页，北京，人民教育出版社，2001。

津英语词典》成为世界上较权威的工具书。自 19 世纪末到 1914 年，牛津大学出版社陆续在印度、美国、加拿大和澳大利亚建立了分支机构，牛津大学的很多学术著作借此得到了更加广泛的传播。① 随着英国高等教育"输出"一轨的繁荣，英国高等教育的"输入"一轨也兴盛起来，国外的许多学者和学生慕名来到英国访问和学习。为了推进学生和学者之间的交流，英国在 20 世纪 30 年代成立了英国文化委员会（British Council），专门负责推动这些国际交流和合作活动。第二次世界大战之后，英国迎来了一次留学高潮，这固然是因为英国大学有着较高的学术水平，但更重要的是这一时期英国政府的大力推动。首先，第二次世界大战之后，世界出现了"冷战"格局，处于资本主义阵营的英国为了在冷战中取得胜利，积极通过教育援助的形式在亚、非、拉国家拉拢支持者，其中一个重要的形式就是给予海外留学生福利待遇，允许他们赴英国接受免费的高等教育。其次，英国过去的"日不落"殖民体系虽然解体了，但仍存在着一些英联邦国家，为了加强这些联邦国家之间的纽带关系，英国也主动吸引联邦国家学生的流入。最后，欧盟开始注重加强欧洲国家之间的教育交流和合作，从而促使英国与其他欧洲国家签署了一些教育和研究协议，这也导致了英国与其他欧洲国家学生交流的频繁。基于以上几个原因，这一时期来英国学习的外国留学生人数大量增加，到 20 世纪 70 年代末，在英国的外国留学生达到了 8.8 万人，仅次于美国和法国，英国的留学生教育蓬勃发展。②

(四)20 世纪 80 年代末的发展深化阶段

可以说，20 世纪 80 年代之前英国教育的国际化更多受到政治因素的推动，而 20 世纪 80 年代之后的国际化则更多受到经济因素的推动。由于英国高等教育从精英教育向大众教育的转变，英国大学的招生规模不断扩大，而政府对大学投资的增长却难以跟上学生规模扩大的速度，大学的办学经费捉襟见肘。在这种情况下，英国各高校开始将扩招海外留学生作为弥补教育经费的重要途径，这是因为海外留学生的学费是本国学生的 5～6 倍，不但可以丰富学校的财源，而且留学生在英生活期间的消

---

① 王晓宇：《牛津大学国际化之路探析》，载《比较教育研究》，2013(7)。
② 谷海玲：《英国高等教育国际化的策略研究》，硕士学位论文，华南师范大学，2005。

费对于推动当地经济的发展也有巨大好处。为此，英国高等教育的国际化不但受到了各大高校的重视，也受到了英国政府的重视，如时任首相布莱尔在政府工作报告中就指出，到 2004 年要使英国在国际留学生市场中所占的份额由当前的 17％提高到 35％，年创汇 70 亿英镑以上。①

如果说大力吸引海外留学生是英国高等教育国际化在输入一轨的表现，那么其在输出一轨的表现就是英国大学主动与国外大学共同开展合作办学活动，具体又可以划分为举办合作办学项目和建立合作办学机构两种形式。近 20 年来，英国大学的海外合作办学活动蓬勃发展，据统计在 2006—2007 年，有 65％的英国高校都与海外高校建立了合作办学项目，项目总数达到了 1 758 个。② 英国大力开展海外办学活动一方面固然是为了扩大自身在教育和学术方面的国际影响力，另一方面也是受到经济驱动的影响，旨在扩大招收外国学生的途径，抢占国际高等教育市场。

除了受到经济因素的推动之外，20 世纪 80 年代之后英国教育的国际化也受到了发展科技和培养国际化人才等需要的推动。随着科学技术的发展，一些大型的高端科研项目已经难以由单个国家自行完成，而是需要寻求世界各国科研机构的通力合作。而这种国际科研合作不但能共同推动科研活动的发展，而且还可以丰富英国的科研人力资源，不断提高英国大学的科研水平。因此，英国的许多大学都采取各种措施推动国际科研合作，如剑桥大学在科研的各个领域都引入了全球维度，不但努力促成从学者个人层面到院系层面的国际科研合作关系或协议，还建立了针对国际问题的研究中心或研究所，并与世界各国的大学、政府和非政府组织合作，利用其科研成果为社会造福。此外，剑桥大学还加入了国际研究型大学联盟(International Alliance of Research Universities)和欧洲研究型大学联盟(League of European Research Universities)等国际性组织，旨在与世界最顶尖的研究型大学分享自己的研究行为和成果。③

在人才培养方面，随着世界各国的交流日益频繁，英国意识到需要

① 崔庆玲：《在高等教育国际化中美、英两国留学生教育思考》，载《理工高教研究》，2004(5)。

② 聂名华：《英国高等教育国际化发展特征与启示》，载《学术论坛》，2011(11)。

③ http：//www.cam.ac.uk/global-cambridge/global-research，2017-08-06.

培养大批具有较高国际素养的国际化人才,使他们能够更好地处理各种国际事务,应对日益激烈的人才竞争的挑战。因此,这一时期英国高等教育的国际化已经不仅仅停留在师生的国际流动,而是深入课程教学领域的改革方面,人们开始注重通过课程的国际化来培养学生的国际素养。为此,英国大学不但增加了大量外语课程和外国文化课程,而且还在课程中引入了"欧洲维度"或"国际维度",开设了许多关于国际问题或区域性研究的课程,使学生能够更好地了解欧洲和世界的变化,具备国际竞争力。

英国教育中培养学生国际素养的诉求不但表现在高等教育阶段,而且还向下延伸到基础教育阶段。这一时期在联合国教科文组织的推动下,英国政府开始要求中小学注重培养学生的国际理解和全球视野,赋予儿童和年轻人在全球社会背景下生活和在全球经济环境中工作的能力,具体措施是要在课程设置中引入国际维度,即 8 个核心概念:公民权、社会正义、可持续发展、多元性、价值和观念、相互依赖、冲突解决和人权。为了更好地实现这一目标,英国还推出了许多旨在提高教师和校长国际化素养的交流教育计划,包括"教师国际专业发展计划""国际校长安置计划""英美教师交流计划""学校伙伴关系支持计划""欧盟 e 姐妹校计划"等,① 不但为教师和校长提高自身的国际性提供了机会,还为中小学提高自身的国际化水平创造了良好的环境和平台。

二、《国际视野下的世界一流教育——教育、技能和儿童服务国际战略》及其实施效果

进入 21 世纪,英国教育的国际化进程进一步向深度和广度两个方向发展,国际性因素不但渗透在教育活动的各个环节,而且还覆盖了各级各类的教育。为了更好地培养学生的国际素养,使他们能够有效地适应全球化时代的生活,英国教育与技能部在 2004 年发布了《国际视野下的世界一流教育——教育、技能和儿童服务国际战略》(Putting the World into World-Class Education: An International Strategy for Education, Skills and Children's Services)(以下简称《国际视野下的世界一流教育》),

---

① 赵萱:《基础教育国际化:美、英、日的经验》,载《中小学管理》,2012(2)。

将国际化与教育质量联系起来，系统部署和指导英国教育体系的国际化行动。

(一)《国际视野下的世界一流教育》的背景

21世纪之后，国际化的诉求已经体现在社会的方方面面。人们开始意识到，他们生活在一个紧密联系的世界中。一个国家出现的问题可能会影响到其他国家，许多国际性问题的解决也不能仅靠一个国家，而是要多国联手共同应对国际性的挑战。作为在国际上具有重要影响力的国家，英国为继续保持其在世界经济中的领先地位，将目光投向了教育。一方面，希望通过教育的力量武装学生的头脑，使他们能够为未来在全球社会中的生活做好准备。另一方面，英国在与世界各国的比较中也看到了自身教育系统的不足：教育输出结果落后于许多其他国家；大批成年人缺乏必要的阅读和计算能力；培训系统经常不能为雇主提供适合其企业的课程和资格证。

为了在世界教育竞争中迎头赶上，英国教育与技能部在2004年出台了《儿童和学习者五年战略》(Five Year Strategy for Children and Learners)，提出了英国教育行政部门在未来五年的改革方案，以推动儿童服务、教育和终身学习方面的发展。为指导教育改革，该战略提出了五条关键原则，包括：①更加个性化和更具选择性，将儿童、家长和学习者的意愿和需要放在中心地位；②允许新的和不同的主体参与办学，丰富教育服务的方式；③为在一线的校长、校董和管理者提供自由和独立地位，实施简单明了的问责制度和更加可靠合理的经费制度；④大力推动教师专业发展，为其提供优质的支持和培训，以促进其评估、照管和教学工作；⑤与家长、雇主、志愿者和志愿性组织合作，丰富儿童、青年和成人的人生机会。[1]

在上述改革原则的指引下，英国教育与技能部于同年制定了《国际视野下的世界一流教育》，旨在从国际化的视角来考虑英国教育的发展问题，从而促进《儿童和学习者五年战略》的落实。该战略认为，想要使英

---

[1] "Five Year Strategy for Children and Learners," http：//webarchive. nationalarchives. gov. uk/20070108132242/http：//www. dfes. gov. uk/publications/5yearstrategy/docs/DfES5Year strategy. pdf，2017-07-11.

国教育具有世界一流水平就必须了解这个世界，认识到不同社会存在不同的价值观和文化，人们之间的相互依赖程度越来越高，作为全球公民，人们能够影响和推动全球经济、环境和社会的变化。了解了这个社会之后才能够通过国际比较了解世界一流教育的标准是怎样的，并且能够用该标准来衡量本国的教育。此外，要促进英国教育的发展还要积极参与全球社会，与其他国家互惠互利，从而不仅使英国公民，还能使全世界的人都能够获得更多的教育机会、家庭援助和技能发展，从而使之更好地融入全球社会。

（二）《国际视野下的世界一流教育》的内容

该战略的基本愿景就是让英国人具有相应的知识、技能和理解，从而能够满足自己的需要，使之能够生活在全球社会中并做出有效的贡献，并且能够在全球竞争经济环境中很好地工作。为了实现这个愿景，该战略提出了三个到 2010 年要实现的目标，这三个目标以及实现每个目标的措施如下①。

1. 目标 1：武装英国儿童、青年和成人的头脑，使之能够在全球社会中生活，在全球经济环境中工作

为实现这个目标，相关教育部门要采取的措施包括以下几个方面。

（1）在儿童和青年的学习经验中渗透全球维度

所谓全球维度主要指八个核心概念，包括：①公民权，要求学生获得必要的知识、技能以及对某些概念和机构的理解，从而成为见多识广的、积极的和负责任的全球公民；②社会正义，要求学生理解社会正义，能够认识到它对于可持续发展和全民福利的增进都是一个重要因素；③可持续发展，要求学生理解人们需要保持和提高生活水平，但是不能损害后代人的生活环境；④多样性，要求学生理解和尊重不同，并且能将其与人权联系起来；⑤价值观，要求学生批判地评价对世界其他地区的印象，并且能够认识到这种批判性对人们态度和价值观的影响；⑥相互依赖，要求学生理解不同人、地区、经济体和环境是如何紧密联系在

①　"Putting the World into World-Class Education：An International Strategy for Education，Skills and Children's Services，" http：//webarchive. nationalarchives. gov. uk/20070706084335/http：//www. teachernet. gov. uk/＿doc/8261/World-class％20education. pdf，2017-07-11.

一起的，并且能够认识到这种情况对全球交往规模的影响；⑦冲突解决，要求学生理解冲突是如何成为发展的障碍的，以及为什么需要解决冲突并促进社会和谐；⑧人权，要求学生了解人权，特别是联合国《儿童权利公约》(Convention on the Rights of the Child)。在儿童和青年的学习经验中渗透全球维度首先要在学生所学的课程中包含上述概念，如对于5～16岁的儿童，需要在他们所学的国家课程的所有学科中渗透上述概念，为此教育与技能部已经开发出了相关的指导性文件以及辅导性材料，帮助学校开设相关的课程。此外，英国政府还将设立国际学校奖(International School Award)，奖励那些将全球问题和国际意识整合进学校课程的学校。除此之外，英国教育与技能部还将利用体育运动作为渗透全球维度的重要途径，将追求卓越、公平竞争、社会和谐和全球交流等奥林匹克精神贯彻到各个层面的教育和运动政策及实践中去。

（2）提高人们说外语和使用外语的能力

早在2002年，英国教育与技能部就已经在另一份政策文件中提出了提高人们外语水平的目标，该文件的名称是《全民学外语：为了生活的外语》(Languages for All：Languages for Life)（以下简称《全民学外语》）。在该文件中，教育与技能部提出了一些目标和措施，它们对于实现《国际视野下的世界一流教育》中的相关目标也有重要作用。在《全民学外语》中，教育与技能部要求在2010年实现所有的小学都开设某种形式的外语课程，而该目标也是《国际视野下的世界一流教育》要实现的目标。另外，《全民学外语》要求在2005年推出语言阶梯计划(The Languages Ladder)，最终该计划提供了20多门外语，极大地推动了《国际视野下的世界一流教育》目标的实现。

（3）使雇主和雇员具有全球经济所需要的技能

英国教育与技能部在借鉴国际先进经验的基础上概括出了全球经济发展所需要的通用技能，包括：①在跨国组织中有效工作的能力；②关于不同运营方法、立法规则和工作方式的知识；③对不同文化的理解和认同；④对在其他国家工作以及与其他国家合作的信心。英国的一些高等院校已经在培养学生的上述技能。另外，欧盟的"莱昂纳多计划"也在为学生提供去国外实习和交换的机会，而欧盟的平等计划(EQUAL)则在推进具有创业性、适应性和创新性的教学方式，以帮助教师更好地培养学生具备上述技能。

(4)推动国际互认，提高资格证的透明度

这一项主要是为了让英国公民有更高的能力和更多的机会在国外工作，从而需要使它们所持的资格证能够在他们想去的地方被认可。在1999年6月，英国和欧洲其他国家的教育部部长签署了《博洛尼亚宣言》，旨在使欧洲国家的资格证更具有可比性，更加有效地实施欧洲学分转换系统和欧洲质量保证制度，并且推动高等教育的人员流动。为了促进《国际视野下的世界一流教育》战略目标的实现，英国将进一步推动"博洛尼亚进程"，为此将就高等教育领域的关键问题与其他欧洲国家分享经验，鼓励教师、学生和研究者在欧洲范围内流动，并借此机会增进与欧洲其他国家的联系与合作。在欧盟之外，英国还将致力于认可来自其他国家的教师资格证，只要获取这些资格证所经历的培训过程具有与英国等同的质量，并且这些资格证符合英国的相关标准。在英联邦国家中，英国已经与其他国家签署了一项关于教师招聘的协议，并将根据协议采取措施，使教师进口国和出口国都能获益。

2. 目标2：与国际合作者互动以实现他们和本国的目标

为了实现这个目标，相关教育部门要采取的措施包括以下几个方面。

(1)根据世界一流的标准来评估教育工作，借鉴世界各地的先进经验

英国一直在经合组织和欧盟评价发达国家教育质量的工作中扮演着重要角色，并用评价的结果作为发展本国教育的借鉴。为了实现《国际视野下的世界一流教育》战略的相关目标，英国将继续与欧盟、经合组织和世界其他国家合作，学习借鉴它们的先进经验，来促进本国教育相关领域的发展，其中重点关注的领域包括：①拓展早期儿童保育工作，根据儿童年龄的增长将其与儿童服务整合起来，以便尽早发现儿童发展中的障碍，并进行有效的解决；②制定全国性的识字和计算战略，以及学校的发展政策；③制定技能战略，该战略通过与世界一流标准比较发现了英国技能教育方面的不足，包括16岁后年轻人在校率落后，以及大批青年和成人缺乏基本技能和中等技术技能；④高等教育的改革和经费投入；⑤英国科学研究与探索政策。

（2）提高与世界各地的合作者进行战略互动的能力

英国旨在与所有有意愿的国家发展战略合作关系，以共同提高终身学习和儿童服务的标准。为推动这项工作，英国将采取多种措施，如在2004 年英国推出了全球门户网（Global Gateway），使世界各国的人都能很方便地登录，从而使之成为交流和分享教育和儿童服务信息的重要途径，帮助世界各地的人们建立教育合作关系和其他联系。对于学校来说，全球门户网将所有关于国际教育计划的信息整合在一起，包括欧盟的"夸美纽斯计划"（Comenius Programme）、英国国际发展部（Departmentfor International Development，DFID）的"全球学校伙伴计划"（Global School Partnerships Programme）、青年体育信托基金会（Youth Sports Trust）和英国文化协会（British Council）的"梦想团队合作计划"（Dreamsand Teams Partnerships）。相关的信息还有针对校长和教师的交流计划等。

（3）与欧洲合作者共同实现里斯本目标，即欧盟应该成为"世界上最具竞争力和活力的知识经济体"

英国为实现战略目标而采取的一项重要措施就是要与欧洲合作者共同努力使欧盟成为"世界上最具竞争力和活力的知识经济体"。为此，英国和他的欧洲合作者确立了五项到 2010 年要实现的教育和技能发展目标，包括：①至少 85％的 22 岁青年应该完成高中教育。在 2002 年，欧盟的平均水平是 79％，离目标还差 6％。②较早离开学校的青年应不超过10％（所谓较早离开学校的青年是指 18～24 岁没有高中毕业证的青年），在 2002 年，欧盟的平均水平是 16.5％，英国是 17.7％。③15 岁阅读能力较差的学生比例应比 2000 年减少至少 20％。④数学、科学和技术专业的毕业生数量应提高至少 15％。根据英国当前的趋势推算，若到 2010 年18～30 岁青年的高等教育入学率能达到 50％，英国就能达到这个目标。⑤至少 12.5％的成年劳动人口应该参与终身学习。目前，英国在这个指标上的比例是 22.9％，已经大大超过了所要求的数值。实现上述目标需要欧盟所有成员国都尽快推动本国相关领域的发展。英国也不例外，其正在积极通过知识和经验的交流来推动这种发展，此外还要利用 2005 年欧盟轮值主席的身份聚焦"里斯本议程"，尤其关注与欧盟新成员国的密切合作。

（4）与他人分享知识和资源以推动世界各地教育和儿童服务的发展，尤其是要推动非洲的教育和儿童服务的发展

为了实现这一目标，英国将继续对多边机构，如联合国的机构和世界银行的工作进行支持。通过英国国际发展部，英国政府自 1997 年开始已经为基础教育直接投资 7 亿英镑，2008 年继续投入 10 亿英镑。此外，通过与国际发展部、发展中国家政府和其他机构的合作，英国教育与技能部推出了一系列能够适应发展中国家具体情况的支持措施，包括：① 在政府层面寻找制定相关政策和信息交流的机会；② 成立一个能够协助发展工作的专家团，包括政策和实践领域的专家；③ 调动英国国内能够适应发展中国家需要的资源。

3. 目标 3：使教育与培训部门以及大学研究的贡献最大化，使之能够推动海外贸易和外来投资

为了实现这个目标，相关教育部门要采取的措施包括以下几个方面。

（1）推动继续教育机构和高等教育机构中国际学生规模的持续扩展，包括增加去国外优质教育机构留学的人数

在该战略出台之前，英国就已经制定了扩大国际学生规模的目标，包括要成为国际学生心目中优质高等教育的首选，并且到 2005 年要增加 50 000 名非欧盟学生；要成为接纳国际学生接受继续教育的领军型国家，并且到 2005 年接受继续教育的国际学生要增长 25 000 人。这两个目标都得到了体现和实现，同时随着留学生市场的压力、新技术的影响和英国教育系统容量的限制，英国开始丰富留学生教育的途径，除了继续吸引外国学生来英国留学之外，还积极在国外建立分校或与别国建立合作办学项目等。这些新的国际教育形式不但有助于提高合作国的教育质量，而且有助于帮助英国国内外的相关机构建立长期的战略合作关系。在国外教授英国课程需要采取措施保证在国外实施的教育与在英国实施的教育具有相同的质量。为此，英国高等教育质量保证署（Quality Assurance Agency）和成人学习督导团（Adult Learning Inspectorate）正在检查一些海外课程的质量。而英国教育与技能部则会鼓励相关部门采用更加系统的方法支持教育机构吸引更多的海外学生，发展更多的海外联系。

（2）使英国成为在教育中使用信息与通信技术的国际领导者，并在使用中体现出创造性和支持性

世界教育需求的急速扩张必将对教育和培训的实施形式造成影响，而信息与交流技术（Information and Communication Technology，ICT）的引入则加速了教育实施形式的变革，不但丰富了人们的学习内容，还能够使人们在最方便的时间、最方便的地点、以最方便的方式获得学习材料和教学支持。英国的中小学校和高等院校在利用信息与通信技术方面处于领导地位，未来的目标是在原有的基础上进一步发展，使英国在信息与通信技术教育软件研发和在线学习服务上继续处于领导地位。目前，伦敦的贝特年度大会（BETT Conference）已经成为世界最大的教育技术展览会，吸引着许多国际游客。举行于 2004 年 1 月的"让你的思想动起来"（Moving Young Minds）国际研讨会吸引了来自 30 个国家的代表。今后，英国教育与技能部将会继续推动相关会议的举办，此外还将与其他机构合作开发信息与通信技术的使用方法，例如将与学习联邦（Common-wealth of Learning）一起发展英联邦小国虚拟大学（Virtual University for Small States of the Commonwealth），从而共享教学资源，合作开发在线课程等。

（3）加强英国的大学作为国际学习和科研中心的角色

英国大学教学和科研国际化的问题已被许多政策文本所论述，如《2004—2014 年科学和创新投资框架》（Science and Innovation Investment Framework 2004-2014）旨在使英国在科学、研究和发展方面成为世界上最有竞争力的国家，进而为科研提供了大量的额外投资。该框架为英国的科研和创新活动设立了一个愿景，希望英国具有世界一流和经济实力强大的科研基础。另外，英国具有高质量的和容易利用的科研基础，这对于吸引企业对英国进行更多的研发投资也将越来越重要。框架还敦促英国政府制定科研和技术方面的国际战略，该战略的开发具体将由新的跨政府部门的全球科学和创新论坛（Global Science and Innovation Fo-rum）领导。该战略将试图确保英国的相关活动尽可能利用国际机会，发展重要的合作关系，并且建立一个具有一致性和可进入性的界面，方便科研领域和企业相关人员的利用。另外，英国的相关部门还要继续促进

联合学术网(Joint Academic Network，JANET)发挥作用，该网是世界上涵盖面最广的网络之一，英国所有的研究委员会、高等教育和继续教育机构都与该网络进行了联网，并且该网还与世界上越来越多的其他类似网站联网，从而打造一个世界范围的学者和研究的虚拟社区。在该网络的支持下，英国的大学正在与其他国家的大学建立起直接的战略合作关系，从而创造了许许多多学习和研究的国际聚落。

(4)鼓励教育和培训机构与企业进行国际合作

当前英国经济的一个特点是大学和企业或大学的衍生公司联合行动，而大学则缺乏提供互补性培训的能力，从而不能很好地支持两者达成的有关提供商品和服务的协议，而这里面恰恰蕴藏着竞争日益激烈的出口市场。做好这项工作不但可以为大学提供额外的收入，还可以带来其他好处，如使大学与当地企业密切联系，提高企业的出口潜力，更好地了解企业的需要和市场规律，获得最新的商业经验和案例研究，从而回馈给学生丰富的学习经验。现在，相关机构正在执行技能战略中关于地区和部门发展的部分，而教育与技能部则要求这些机构提供相应的机会帮助大学弥补上述不足。

这些目标都是相互联系的，因此为实现每个目标所要采取的措施也要有助于其他两个目标的实现。根据《儿童和学习者五年战略》中提出的改革原则，英国教育行政部门将会尊重和推进中小学和高等院校的自由和独立性，对教师专业发展活动进行投入，并与英国国内外的所有利益相关者合作。在这方面，英国政府将做出表率，不仅仅是通过英国2005年在欧盟和八国集团(G8)的轮值主席身份，还要通过与英联邦国家以及联合国合作者的共同努力(尤其在支持非洲的努力中)。英国政府要在中小学和高等院校的各个层面建立国际合作关系，并且还要通过全球门户网(Global Gateway)、国际学校奖和其他资源来支持这种关系的建立。此外，英国政府还要每年举行国际教育周(International Education Week)活动，以庆祝已取得的成就并推动进一步发展，以实现截至2010年的愿景目标。

(三)《国际视野下的世界一流教育》的实施效果

考察一项政策的实施效果主要是考察该政策提出的目标在政策实施

后的实现情况，具体可考察该政策为实现其目标而采取的措施的落实情况，及其推动目标实现的程度。《国际视野下的世界一流教育》提出了三个基本目标，由于基本目标的表述较为笼统，每个目标之下都提出了若干个为实现目标要采取的措施，因此为判断其目标的实现情况可从判断其具体措施的实施情况入手来考察目标的实现程度。

　　1."在全球背景下学习"的实施效果

　　《国际视野下的世界一流教育》提出的第一个目标是"武装英国儿童、青年和成人的头脑，使之能够在全球社会中生活，在全球经济环境中工作"，简言之就是要让学生"在全球背景下学习"，由此获得将来在全球环境中生活和工作的必要素养。为了实现该目标，该战略提出的第一个措施是"在儿童和青年的学习经验中渗透全球维度"，实际上就是要在学校课程中渗透公民权、社会正义、可持续发展、多样性、价值观、相互依赖、冲突解决和人权八个与全球维度息息相关的概念。现在，英国的学校课程已广泛渗透全球维度，在其国家课程中，全球维度不但在整个课程的价值观、总体目标和具体目标中得到了表述，而且在具体学科中也得到了表述。国家课程的价值观和总体目标指出："教育……能够促使所有人获得平等机会，促使实现健康和正义的民主体制，促使经济的繁荣和社会的可持续发展。教育应该反映能够促使实现上述目标的价值观，包括尊重……我们所属的各类群体，我们社会的多样性以及我们生存于其中的环境……我们生活和工作在一个急剧变化的世界中，教育必须使我们能够积极应对该世界中的机会和挑战。作为个人、父母、职员和公民，我们需要做好准备应对经济、社会和文化方面的变化，包括经济和社会的持续全球化，新工作和休闲方式的不断涌现，以及通信技术覆盖面的迅速扩大。"[①]

　　除了英国国家课程的总体目标之外，具体目标也提到了全球维度的相关内容，如目标1指出，"学校课程应该通过发展学生的知识和理解来提高其认同感，这些知识和理解既蕴藏在英国多样化社会的精神、道德、社会和文化遗产中，又蕴藏在人们生活的地方、国家、欧洲、英联邦和

---

　　① "Developing the Global Dimension in the School Curriculum," https：//www.education. gov. uk/publications/eOrderingDownload/1409－2005DOC-EN-02. doc，2017-08-27.

全球维度中"。目标 2 指出，"学校课程……应该发展学生对他们自己以及不同信仰和文化的知识、理解和认识，并且告诉他们上述知识是如何影响个人和社会的"。此外，国家课程中的具体学科，如地理、历史、艺术和设计、设计与技术、音乐和公民等也都明确提到了全球维度，并提供了在课程实施中传播全球维度相关内容的机会。①

为了进一步加强学校课程国际化的能力，英国政府还通过英国文化协会设立了国际学校奖，鼓励学校与国外学校建立合作伙伴关系，从而促进全球公民的培养。自该奖项推出以来，每年有大约 1 000 所学校针对该奖项提出了申请，95％的学校都能够获得该奖。到目前为止，英国已有 10 000 所学校获得了该奖，且该奖的覆盖范围已经扩展到了世界各地，国外的学校在满足了相关条件的基础上也可以申请该奖项。该奖项的推出对于促进学生在全球背景下的学习起到了积极的作用，根据英国教育标准办公室（Office for Standards in Education，Children's Services and Skills，Ofsted）的报告，获得该奖的学校普遍对该奖持肯定态度，认为其"对发展儿童对他国文化的认识发挥了积极影响，与此同时也能够促进儿童对本国文化的理解"②。

该战略为实现该目标提出的第二项措施是"提高人们说外语和使用外语的能力"，为此英国教育与技能部要求提高外语课程的普及率，尤其要求小学为学生提供各种学习外语的机会。为了了解该项措施的实施效果，英国国家教育研究基金会（National Foundation for Educational Research）做了一项从 2006 年到 2008 年为期三年的追踪研究，研究结果表明，到 2008 年英国有 92％的小学在上课时间为学生提供学习外语的机会，比 2007 年提高了 7 个百分点，比 2006 年提高了 22 个百分点；到 2008 年，69％的小学能够完全满足各年龄段小学生学习外语的需求，比 2007 年提高了 15 个百分点，比 2006 年提高了 35 个百分点；对于在 2006 年不能满足学生学外语需求的小学来说，到 2008 年它们中超过一半能够部分或全

---

① "Developing the Global Dimension in the School Curriculum," https：//www. education. gov. uk/publications/eOrderingDownload/1409－2005DOC-EN-02. doc，2017-08-27.

② "International School Award," http：//webarchive. nationalarchives. gov. uk/20090506074521/http：//schoolsonline. britishcouncil. org/International-School-Award，2017-08-27.

部满足学生学习外语的需求；对于在 2008 年能够在上课时间提供外语教学的小学来说，它们中大约有 90％认为他们今后将继续提供这种外语教学；在所有能够提供外语教学的小学中，有 90％能够提供法语教学，25％能够提供西班牙语教学，10％能够提供德语教学；外语教学的常见形式是每周上外语课，一般是每周上一节 40 分钟的课程。[①] 可见，该措施在增加英国小学生的外语学习机会方面起到了较大的作用，为学生在全球背景下学习打下了基础。

该战略为实现该目标提出的第三项措施是"使雇主和雇员具有全球经济所需要的技能"，而实施该项措施就是要让公立教育和培训机构在教学中传授这些技能。英国学习和技能改进服务中心（Learning and Skills Improvement Service）在 2010 年做了一项调查，对一些继续教育学院进行了访谈以了解其应对全球化挑战的情况。一些被调查的学院反映，它们比五年前更加重视课程中有关全球问题和可持续发展的领域，这方面的例子在旅游、健康、工程和建筑等领域更加突出。[②] 此外，英国政府还通过推动学生的跨国流动来增进学生对国际性技能的掌握，具体表现在通过与英国文化协会、英国高等教育机构以及各种拨款和咨询机构合作，向学生宣传相关的学生流动计划，鼓励学生参与流动计划。以欧盟的"伊拉斯谟计划"为例，该计划自推出以来已经为 14 万英国学生提供了出国留学机会，且近年来参与的学生数量在不断增加。根据 2011—2012 年的统计数字，英国在该学年参与"伊拉斯谟计划"的学生数为 13 668 人，比上一年增长了 6.5％，达到了该计划自 1987 年推出以来参与人数的最高峰，[③] 而能够取得这样的成绩与英国政府及相关部门的推动是分不开的。

该战略为实现该目标提出的第四项措施是"推动国际互认，提高资格

---

① "Primary Modern Foreign Languages," http：//webarchive. nationalarchives. gov. uk/20111122063311/http：//education. gov. uk/publications/eorderingdownload/dcsf-rr127. pdf，2017- 07-11.

② "Learning and Skills for a Global Economy," http：//webarchive. nationalarchives. gov. uk/20130802101903/http：//www. lsis. org. uk/sites/www. lsis. org. uk/files/migrated-files/Globalisation-Research-Report. pdf，2017-08-28.

③ "Record Number of UK Students Study or Work Abroad in Europe with Erasmus," http：//webarchive. nationalarchives. gov. uk/20130904034007/http：//www. britishcouncil. org/press/record-number-uk-students-study-work-abroad-erasmus，2017-08-28.

证的透明度"。该项措施的提出不仅是为了实现《国际视野下的世界一流教育》战略的目标，同时也是为了实现更加宏大的"博洛尼亚进程"的目标。"博洛尼亚进程"要求到 2010 年建成欧洲高等教育区，在欧洲的大学中普遍引入"3—5—8"的三级学位制度，其中前两个层次的学位制度又是当前关注的重点。自英国加入"博洛尼亚进程"以来，英国推出了包括《国际视野下的世界一流教育》战略的各项政策来努力实现"博洛尼亚进程"的目标，至今为止已取得一定成就。根据欧盟 2012 年的统计数字，英国已有将近 80％的学生在"博洛尼亚进程"提出了的前两个层次的学位体制中学习，这说明英国大多数学位已经能够与欧洲其他国家相通，能够获得国际认可。另外，就欧盟为推动大学学位国际互认而推出的欧洲学分转化和积累系统（ECTS）来说，到目前为止，英国大学所有教育计划中的所有部分都已被赋予了 ECTS 学分，且能够根据欧盟的要求将 ECTS 学分与学生的学习结果联系起来。对于提高资格证的透明度来说，参与"博洛尼亚进程"的欧洲各国教育部部长在波尔根会议上承诺到 2010 年修订本国的资格证框架，使其与欧洲高等教育区资格证框架（Qualifications Framework for the European for Higher Education Area）兼容。到目前为止，英国已经全面完成了这一任务，其颁发的所有资格证都可以自动转换成欧盟层面相应的资格证，这在欧洲各国中处于领先地位。[①]

2."与国际合作者互动"的实施效果

《国际视野下的世界一流教育》的第二个目标是"与国际合作者互动以实现他们和本国的目标"。为了实现该目标，该战略提出的第一项措施是"根据世界一流标准来评估教育工作，借鉴世界各地的先进经验"。实际上，英国在制定各项重大教育政策和措施时都会借鉴国际公认的标准和国外先进经验，在充分进行国际比较的基础上开展教育工作。例如，在该战略出台的第二年即 2005 年，英国教育与技能部发布了一个白皮书《14～19 岁教育与技能》。这个白皮书通过国际比较指出，英国小学和中学的教育质量是世界一流的，但 16 岁以后的教育存在问题，主要表现之

---

① "The EuropeanHigher Education Areain 2012：Bologna Process Implementation Report," http：//www. ehea. info/Uploads/％281％29/Bologna％20Process％20Implementation％20Report. pdf，2017-08-28.

一是 16 岁以后儿童的入学率在世界各国的排名中较为靠后。为此，该白皮书要求对 14～19 岁教育进行改革，使之关注高标准，更能满足学生的个人需要，并且在学生的学习内容、地点和毕业时间上有更大的灵活性。[①] 可见，借鉴国际先进经验这个措施在英国的教育实践领域一直能够得到较好的贯彻。

该战略为实现该目标提出的第二项措施是"提高与世界各地的合作者进行战略互动的能力"，而想要提高这种能力实际上就是要为英国的相关组织和个人提供与国外合作者互动的机会。为此，英国建立了一个名为全球门户网的国际性网站，帮助世界各地的相关教育机构建立创造性的合作伙伴关系，使年轻人能够成为真正的全球公民。该网站自建立以来一直运作得很成功，现在它已经完成了升级，改版为英国文化协会的"学校在线"网（Schools Online），为所有在网上注册的学校提供参与国际项目和国际活动的机会。该网站除了为学校提供国际性的服务，还为教师提供相关服务，包括帮助教师带领自己的班级参与国外学校的活动，为他们提供国际性的培训和认证机会等。该网站设有博客专区，允许参与相关活动的人发表自己的看法，人们普遍认为该网站十分有价值，参与的人能够亲身体验更加广阔的世界。[②]

该战略为实现该目标提出的第三项措施是"与欧洲合作者共同实现里斯本目标，即欧盟应该成为'世界上最具竞争力和活力的知识经济体'"。为了实现里斯本目标，欧盟在教育和技能发展领域又设定了五个到 2010 年要完成的目标，包括：①至少 85％的 22 岁青年应该完成高中教育；②较早离开学校的青年应不超过 10％（所谓较早离开学校的青年是指 18～24 岁没有高中毕业证的青年）；③15 岁阅读能力较差的学生比例应比 2000 年减少至少 20％；④数学、科学和技术专业的毕业生数量应提高至少 15％；⑤至少 12.5％的成年劳动人口应该参与终身学习。时至今日，英国已完成里斯本战略在教育和技能发展方面的大多数目标，具体包括：

①　"14～19 Education and Skills," http：//webarchive. nationalarchives. gov. uk/20130418100916/https：//www. education. gov. uk/publications/eOrderingDownload/CM％206476. pdf，2017-08-28.

②　"British Council Schools Online Blog," http：//webarchive. nationalarchives. gov. uk/20130302044140/http：//schoolsonline. britishcouncil. org/british-council-schools-online-blog，2017-09-01.

①到 2010 年，英国 16～17 岁接受教育的儿童（英国 16 岁后就进入高中阶段）比例为 91.1％，[①] 已超过欧盟所定的 85％的目标；②到 2012 年，英国较早离开学校的青年比例为 13％，[②] 虽未达到欧盟所定的 10％的目标，但与 2002 的 17.7％相比大大下降；③根据欧盟 2008 年发布的年度报告，欧盟已经实现了数学、科学和技术专业毕业生数量至少提高 15％的目标，[③] 英国也不例外；④英国在《国际视野下的世界一流教育》战略制定之时就已完成成年人参加终身学习的目标，其比例为 22.9％，大大超过了欧盟的 12.5％的目标。可见，英国至今虽未完成里斯本战略提出的全部目标，但大多数目标已实现。有些目标虽未实现，但也取得了很大的进展，离里斯本目标的要求越来越近。

该战略为实现该目标提出的第四项措施是"与他人分享知识和资源以推动世界各地教育和儿童服务的发展，尤其是要推动非洲的教育和儿童服务的发展"。为了有效地实施该项措施，英国的相关部门针对多个发展中国家推出了种类繁多的教育项目和计划，至今取得了显著成效。例如，英国通过推出社区支持计划帮助尼泊尔重建和改进了许多学校，至 2013 年已经为 2 800 个社区改进了学校设施；自 2005 年巴基斯坦发生里氏 7.6 级地震后，英国政府就开始在当地投资重建学校和桥梁，到 2012 年已经重建了 37 所学校和 49 座桥梁；英国积极帮助发展中国家的女童上学，到 2010 年，英国所提供的一系列援助已经使加纳的 12 300 名女童受惠；英国的援助计划在津巴布韦的邻国南非为津巴布韦的难民儿童提供了避难所和相关支持，到 2010 年已帮助 2 889 名女童和 1 139 名男童获得了优质的教育，并在两国边境的农场上帮助改进了 10 个幼儿发展中心，为农场上的 500 多个学龄前儿童提供了照顾、保护和教育；英国通过女童教育挑战计划（Girls' Education Challenge）帮助塞拉利昂的女童免遭学校暴力，

---

① http：//webarchive. nationalarchives. gov. uk/20130401151655/http：//www. education. gov. uk/researchandstatistics/statistics/keystatistics/b00221160/outcome-of-education，2017-09-04.

② http：//epp. eurostat. ec. europa. eu/statistics _ explained/index. php/File：Early _ leavers _ from _ education _ and _ training，_ 2012 _％281％29 _％28％25 _ of _ population _ aged _ 18-24％29 _ YB14 _ I. png，2017-09-04.

③ "Annual Report on Education Systems in the EU Confirms Slow but Steady Progress," http：//europa. eu/rapid/press-release _ IP-08-1127 _ en. htm，2017-09-11.

目前已使基础教育节点的 37 000 多名女童获得了帮助。①

3. "为贸易和投资做贡献"的实施效果

《国际视野下的世界一流教育》的第三个目标是"使教育与培训部门以及大学研究的贡献最大化,使之能够推动海外贸易和外来投资"。为了实现该目标,该战略提出的第一项措施是"推动继续教育机构和高等教育机构中国际学生规模的持续扩展,包括增加去国外优质教育机构留学的人数"。实践证明,这一措施得以成功地实施。根据 2011—2012 年的统计资料,英国高等教育阶段共有国际生 488 000 名,与 2004—2005 年的318 400 名②相比增长了 169 600 名。英国国际生在全球市场上的份额也有所增加,其比例从 2006 年的 12.8% 增长到了 13%。③

该战略为实现该目标提出的第二项措施是"使英国成为在教育中使用信息与通信技术的国际领导者,并在使用中体现出创造性和支持性"。时至今日,英国在教育中对信息与通信技术的使用确已达到国际领先地位。如英国的 TSL 教育公司以出版教师用书闻名,在过去的十年中它已成长为欧洲最大的教育技术公司之一,其在线平台"TES 连线"(TES Connect)现在正掌控着世界上最大的教师网络,将来自 197 个国家的 5 800 万名教师和学生联系在了一起,拥有超过 71 万个由教师开发的教学资源,平均每秒钟被下载 10 次。④ 英国学校教室里的技术应用程度已达到欧盟国家中的最高水平,该国的大多数儿童都有自己的在线学习专区,每一所学校都安装了宽带,并在大多数情况下可以获得充分使用。⑤

---

① "Making Sure Children in Developing Countries Get a Good Education," https：//www. gov. uk/government/policies/making-sure-children-in-developing-countries-get-a-good-education, 2017-09-12.

② "Higher Education Statistics for the UK 2004/05," https：//www. hesa. ac. uk/index. php? option＝com _ content&view＝article&id＝2484, 2017-09-04.

③ "International Education：Global Growth and Prosperity,"https：//www. gov. uk/government/publications/international-education-strategy-global-growth-and-prosperity, 2017-09-15.

④ Michael Gove, "Education Secretary Michael Gove Speaks to the BETT Conference about How Technology and Computing are Changing Education," https：//www. gov. uk/government/speeches/michael-gove-speaks-about-computing-and-education-technology, 2017-09-15.

⑤ Tim Loughton, "The Parliamentary Under-Secretary of State for Children and Families Stresses the Importance of Technology in Education at the BETT Education Leaders' Conference and exhibition at Olympia," https：//www. gov. uk/government/speeches/tim-loughton-to-the-bett-education-leaders-conference, 2017-09-16.

　　该战略为实现该目标提出的第三项措施是"加强英国的大学作为国际学习和科研中心的角色"。在这方面，英国的高等教育部门在近年来也有着良好的表现。根据相关统计数字，英国高等教育部门单位研发投入所获得的生产力在 2008—2012 年每年增长 3.2%，高校单位研发投入所产生成果的被引用次数在这期间每年增长 3.5%，到 2012 年排名世界第一。[①] 另外，英国高等教育出口对英国经济的贡献也有所提高，从 2003—2004 年的 64.84 亿英镑增长到了 2008—2009 年的 78.74 亿英镑，[②] 可见英国的大学越来越成为世界各地学习者和研究者的向往之地。而根据英国商业、创新与技能部发布的相关数据，英国 95% 的非欧盟国际学生都表示将来会推荐其他人在英国或自己所上的大学学习，[③] 可见英国大学作为国际学习和研究中心的地位会进一步加强。

　　该战略为实现该目标提出的第四项措施是"鼓励教育和培训机构与企业进行国际合作"，实际上是以这种方式使大学和其他教育机构为英国的经济发展做出更大的贡献。事实上，英国的高等教育部门不但与国内的企业建立起了广泛的合作关系，而且与国外的企业建立起了很多联系，并吸引了很多由高校主导的境外投资。根据厄恩斯特（Ernst）和杨（Young）所做的"2011 年欧洲吸引力调查"，英国是欧洲对境外投资项目和相关就业岗位最具吸引力的国家，[④] 而这其中不乏英国的高校做出的贡献。

　　《国际视野下的世界一流教育》是一个涵盖内容较为全面的教育国际化政策，涉及基础教育、高等教育、继续教育等各级各类教育的国际化

---

① "International Comparative Performance of the UK Research Base-2013," https：//www. gov. uk/government/publications/performance-of-the-uk-research-base-international-compar-ison-2013，2017-09-16.

② "Estimating the Value to the UK of Education Exports," http：//webarchive. nationalar-chives. gov. uk/20110704165856/https：//bis. gov. uk/assets/biscore/higher-education/docs/e/11-980-estimating-value-of-education-exports. pdf，2017-09-16.

③ "The Wider Benefits of International Higher Education in the UK," https：//www. gov. uk/government/uploads/system/uploads/attachment ＿ data/file/240407/bis-13-1172-the-wi-der-benefits-of-international-higher-education-in-the-uk. pdf，2017-09-16.

④ "Following Up the Wilson Review of Business-University Engagement Contents," ht-tps：//www. gov. uk/government/uploads/system/uploads/attachment ＿ data/file/32399/12-903-following-up-wilson-business-university-collaboration-next-steps. pdf，2017-09-16.

工作，因此政策为实现国际化的目标提出的措施以及措施中包含的具体目标也是十分丰富的。时至今日，该战略提出的大多数目标都已实现了，个别没有完全实现的具体目标也都有了很大的进展，这对于推动英国教育的国际化发挥了积极的作用。

三、《全球化：迎接挑战——英国继续教育国际战略》及其实施效果

继续教育是整个教育系统的重要组成部分，在英国，它主要包括一般的继续教育学院、第六学级学院、专业学院、成人和社区学习管理者、工读教育的提供者、行业技能委员会、国家继续教育机构、继续教育机构的代表机构、文凭授予机构所提供的教育和服务。随着近年来英国对建立全纳社会的关注，为全体公民创造学习机会的愿望与教育国际化的趋势相重合，使得英国对继续教育的国际化也重视起来，从而在 2008 年出台了《全球化：迎接挑战——英国继续教育国际战略》(Globalisation：Meeting the Challenge：An International Strategy for Further Education in England)(以下简称《全球化：迎接挑战》)，进一步促进英国继续教育的国际化发展。

(一)《全球化：迎接挑战》的背景

随着经济全球化趋势的日益深化，社会上的大多数工作都需要员工能够与来自不同文化背景的人建立良好的关系。这样的工作不仅存在于跨国性的组织中，国内组织中的相关工作也经常会涉及许多来自不同种族背景的人，据统计，英国有 1/4 的工作都与国外企业相关。在这一背景下，英国的创新、大学和技能部(Department for Innovation，Universities and Skills)在 2008 年制定了一个新的继续教育国际化战略《全球化：迎接挑战——英国继续教育国际战略》。制定该战略的最终目的与《国际视野下的世界一流教育》类似，都是要帮助学习者做好准备，以便更好地为这个国际化的社会做出贡献。但继续教育与其他类型的教育相比有着自己的特殊性，它具有更大的灵活性和终身性，更多地与人们平时的工作联系起来，因此，需要单独制定一套国际化政策，对其国际化发展进行促进和规范。

在制定该战略时，创新、大学和技能部积极征求在继续教育领域工作的人员的建议，以了解继续教育国际化的益处和机会。该战略为继续

教育领域的相关机构提供了行动的基础，它提出了继续教育部门面临的主要挑战和需要关注的战略重点，指出了政府和国家继续教育机构正在采取的行动，并且指明了继续教育提供者在推进该战略的过程中能够发挥的作用。总的来说，该战略主要是为继续教育机构提供参考依据，具体继续教育机构可以参考该战略开发自己的战略，使之适合自己的组织结构，符合自己所面对的社区和客户的需要。

（二）《全球化：迎接挑战》的内容

《全球化：迎接挑战》的内容主要包括两个方面，一是四个战略目标，二是为实现战略目标而要求相关部门采取的行动和措施，具体如下。①

1.《全球化：迎接挑战》的目标

该战略提出的四个主要的目标涵盖了继续教育对于推进全球技能发展和国际议程实现能够发挥的四项作用，具体如下。

目标 1：推进社会凝聚力和全球公民身份的建设

该目标可以具体分解为以下几个方面。

• 通过将强烈的全球维度渗透到继续教育的学习经验中，武装学习者的头脑，使其能适应在全球社会中生活和在全球经济中工作。

• 使学习者有机会参与高质量的交换生计划、获得在国外工作或学习的经验，以及与其他国家的学习者和受训者充分互动，增进学习者对其他国家及其工作方式、文化和信仰的认识和理解。

• 将有意义的国际维度和语言要求整合进英国的课程中，包括提供机会使学习者能够与其他国家的学习者和受训者一起学习。

• 为继续教育的学习者、雇主和其雇员提供机会，使其学习或继续发展外语和跨文化能力。

• 促进人们创造性地使用新技术，从而推动继续教育机构所教授的全球技能的发展。

• 为学习者提供机会，使其能够理解"千年发展目标"（Millennium Development Goals）及其与学习者的生活和职业的关系。

---

① "Globalisation: Meeting the Challenge ：An International Strategy for Further Education in England," http://webarchive.nationalarchives.gov.uk/20130802101005/，http://www.lsis.org.uk/sites/www.lsis.org.uk/files/migrated-files/InternationalStrategyFinal.pdf，2017-09-16.

目标 2：支持人们与国际合作者互动以实现对方的目标和自己的目标

该目标可以具体分解为以下几个方面。

·发展可持续的、战略性的国际合作关系以促进互惠互利，包括联合开发课程以及为教师提供持续专业发展服务。

·充分利用欧洲的项目和合作关系，推动里斯本目标的实现，使欧盟成为"世界上最具竞争力和活力的知识经济体"。

·评估英国的教育工作，与其他国家分享经验并学习其他国家的先进经验，包括积极支持和参与"世界技能大赛"（World Skills Competitions）。

·通过职业教育和培训机构的能力建设和合作关系的建立来推进"千年发展目标"，尤其是与非洲有关的目标。

目标 3：努力增大继续教育服务对增加海外贸易和外来投资的贡献

·推进英国的海外教育，进一步增加英国相关教育机构中国际学习者的数量，包括英国高质量的海外校区的国际学习者的数量。

·保证国际学习者获得最适宜的经验。

·使英国在创造性地使用教育和培训技术方面成为国际领导者。

·与英国的雇主合作促进技能发展和教育出口，包括推进在国际联合项目中的合作关系。

目标 4：为国际活动奠定基础

·将国际观点融入继续教育服务的相关政策和实践中去，包括与质量改进、员工专业发展、课程和资格证有关的政策和实践。

·鼓励通过联盟和跨组织的方式来推进国际合作和流动，包括与中小学和高等教育部门合作。

·增进继续教育部门关于国际活动的知识，包括更好地协调和发布关于战略和资助来源的信息。

·促进资格证和学习结果的国际互认。

·随着教育和培训能力的提高，与适宜的国际机构合作，保证为实现"千年发展目标"提供适当的相关支持。

2.《全球化：迎接挑战》的行动措施

该战略的行动措施主要是为实现其所提出的战略目标而需要采取的

行动和措施，具体包括继续教育机构所需采取的行动和措施、继续教育机构需与政府及其他国家机构合作采取的行动和措施、政府及其他国家机构需共同采取的行动和措施，以及政府各部门及其他国家机构需分别采取的行动和措施四部分，具体内容如下。

(1)继续教育机构所需采取的行动和措施

继续教育学院和其他教育提供者能够发挥十分有价值的作用，可以将来自不同种族、信仰和社会背景的青年和成人集中在一起，使他们能够相互尊重和理解。为了发挥这种作用，继续教育机构并不是一定要去海外工作，也不是一定要招收海外学习者。事实上，很多继续教育的提供者已经因具有文化和种族多样性的学生和教师群体而受惠，这为继续教育机构推进国际化工作奠定了良好的开端。

每个继续教育提供者在国际化道路上所处的阶段都不同，因此，他们需要根据自己的工作重点和当地的环境做出自己的战略选择。对于其中的一些机构来说，他们只需要召集教师、学习者和当地的利益相关者进行第一次讨论，明确全球化对于他们实际上意味着什么，以及朝着这个方向的第一步应该怎么走。对于其他机构来说，他们也许已经采取了很多行动了，如招收国际学生、推出交换生项目、进行文化考察、构建学习合作关系、开设海外课程或提供海外咨询等。在这种情况下，该机构可能需要批判性地审视这些活动，思考如何在全校范围内更具策略地安排这些活动，以促进更广泛的学习社区的发展以及自身的发展计划的实施。

在过去的几年中，英国的继续教育部门在这方面已经做了大量的创新性的工作，其中的许多做法都可资借鉴并成为进一步行动的基础。与国际化的相关的活动没有统一的标准，但其中的有些活动已经被具有国际性经验的学院和教育提供者认为是有效的，具体包括以下几点。

• 制定一个国际化战略，使之与学校的战略总目标和发展规划相契合，或可以将之整合进学校的战略总目标和发展规划中去。

• 留意可以为社区增益的机会，如某个种族融合地区已有的合作关系，或地方政府已经建立起来的合作关系等。

• 关注雇主比较重视的国家的合作关系、海外招生活动和学生交换项目等，包括那些在当地存在经济利益的国外公司的关注点。

·进一步与雇主互动，帮助他们发现自己对员工和受训者进行外语和跨文化培训的需要。

·利用已有的国际合作关系来评估自己的工作，发现和分享处理常规性挑战的机会，使用来自合作组织的国际教师，并且给本国的教师和培训者短期海外借调的机会。

·利用国际学生来丰富本国学生和受训者的文化经验，包括鼓励来自不同国家的学习者的讨论，设计包括多语言和多国小组的项目工作。

·鼓励建设课外国际学生俱乐部和协会，从而在校园里组织跨文化活动，还可以利用网络为学生开发一些虚拟活动，如联合课程或研究项目等。

总之，继续教育机构需要开发最适合自己独特情况的战略，需要根据本校的地点、人口构成和专业特长来开发自己的国际化理念，使学习者、课程、教师专业发展以及学校服务的雇主和社区受益。

(2)继续教育机构需与政府及其他国家机构合作采取的行动和措施

由于继续教育机构所提供的服务具有较高的自主性和需求导向性，继续教育学院及其他教育提供者在面对该战略所指出的机会和挑战时，具有很大的空间自行采取应对措施。但这并不意味着政府及其他国家机构可以撒手不管，而是需要与继续教育机构进行必要的合作。具体来说，该战略要求政府及其他国家机构在需要时对继续教育机构的良好做法进行认证、鼓励和帮助，并提供特别自主或系统性支持。随着继续教育部门在国际化方面日益成熟，政府及其他国家机构需要继续与该部门合作，以确定他们的行动如何才能产生最大的价值。

政府及其他国家机构的共同责任是通力合作，以使继续教育部门、学习者和整个经济的效益最大化，从而确保所提出目标的一致性和明确性，保证继续教育部门的国际声望。在适当的情况下，政府及其他国家机构将与外国政府和教育组织合作，开发一套对于"需求"和"供给"的共同认识，鼓励其在继续教育部门的合作者有效地工作以满足上述需求。

(3)政府及其他国家机构需共同采取的行动和措施

为了实现战略目标，该战略提出了一个需由政府及其他国家机构共同实施的行动计划，其工作重点包括以下几个领域。

①调研。英国的继续教育机构可以从相关的国际活动中学到很多经验，但英国的继续教育机构与国外同行相比还是存在很多差距。因此，政府及其他国家机构准备建立一个继续教育研究机构，研究已有的相关国际活动的类型和范围，并且要协助就相关问题进行调研，其中要研究的重点问题包括：a. 继续教育机构如何通过制定战略来推进全球活动；b. 继续教育机构和其他教育提供者如何调整自己的工作安排以适应全球化的趋势；c. 相关的国际活动如何能够有利于提高标准、改进质量、提高社会凝聚力、实现可持续发展、应对气候变化，以及处理其他风险以确保安全；d. 继续教育机构和其他教育提供者还需要哪些进一步的支持和指导。

②激励。相关的国际活动必须整合到继续教育部门的常规实践中，而政府及其他国家机构则要与继续教育部门合作探讨整合的机制。这一类的机制包括：a. 质量保证机制；b. 国家改进战略；c. 督导与自我管理；d. 汇款与拨款信；e. 政策制定；f. 职业标准与资格证，包括与继续教育机构师资有关的资格证；g. 明确学习者的权利。

③能力建设。政府及其他国家机构的目的是培养继续教育实践工作者，这些人不但专业，而且在教育来自不同背景和国家的学习者方面具有世界认可的能力。人们应该以一种及时和合理的方式来拓展教育者的专业活动，从而给学校、教师和学习者带来益处而不是负担。而政府及其他国家机构则要开发系统的继续教育教师专业发展计划和工具，对继续教育机构的领导者和实践工作者进行培训。具体来说，政府及其他国家机构应关注的事项包括：a. 让人们更多意识到全球性活动的可能性和益处；b. 为课程的全球化提供实质性的支持；c. 鼓励对全球性技能的高水平研讨，并加深其理解；d. 利用移民的技能、知识和经验来加深人们对其他文化的理解和认识，促进对差异的宽容，提高社会凝聚力；e. 让继续教育的学习者和教育者有更多机会参加世界技能大赛和奥运会。

④协调。通过良好的交流和共同的努力，继续教育机构应根据自身能力以最具有效性和建设性的方式加强自身建设，具体活动可包括：a. 鼓励相关组织和机构加强合作并分享信息；b. 进一步建设有效的联盟

以共同应对相关机会；c. 建设继续教育机构先进经验分享团体，使继续教育机构能够互相学习；d. 在国际贸易中鼓励继续教育部门与雇主建立亲密合作关系；e. 建立一个分享经验的单一门户网站。

(4)政府各部门及其他国家机构需分别采取的行动和措施

除了政府及其他国家机构需共同采取的行动之外，政府各有关部门及其他国家机构还需要根据自身的特点，有针对性地采取相应的措施来促进该战略的实现。这些有行动责任的机构或组织包括学习提供者协会(Association of Learning Providers，ALP)、继续教育学院协会(Association of Colleges ，AoC)、英国教育传播与技术署(British Educational Communications and Technology Agency，BECTA)、英国文化协会(British Council)、国家语言中心(Centre for Information on Language Teaching and Research，CILT)、创新、大学和技能部(Department for Innovation，Universities and Skills，DIUS)、学习研究院(Institute for Learning，IfL)、学习和技能委员会(Learning and Skills Council)、学习和技能改进服务中心(Learning and Skills Improvement Service，LSIS)、英国终身学习委员会(Lifelong Learning UK，LLUK)、国家成人继续教育学院(National Institute of Adult Continuing Education)、教育、儿童服务和技能标准办公室(Office for Standards in Education，Children's Services and Skills，Ofsted)、第六学级学院论坛(Sixth Form Colleges' Forum，SFCF)、英国职业与技术教育培训协会(Technical and Vocational Education and Training UK，TVET UK)和 157 集团(157 Group)等，上述的每个组织为实现该战略要采取的措施如下。

①学习提供者协会

学习提供者协会中的"学习提供者"主要是指独立的基于工作的学习提供者，该协会主要代表这些人或组织的观点、知识和经验，并要引导和促进他们参与该战略。为了帮助实现该战略，该协会针对战略中的每个目标都提出要采取的措施，具体如下。

• 为实现目标 1 要采取的措施：要更好地利用该协会所代表的部门对雇主需要的了解，最大限度地影响和激励该部门问全球事务和战略做贡献。

• 为实现目标 2 要采取的措施：在适当的时候鼓励该部门与继续教育或职业教育培训部门的其他组织和国家机构合作，可以采用出国访问、技术精选和国际会议等多种形式保证该部门为国际化做出贡献。

• 为实现目标 3 要采取的措施：要保证该部门国际经验提供者的先进经验能够通过单一声音项目（Single Voice）或其他高质量项目得以传播。

• 为实现目标 4 要采取的措施：发展促进国际互动的基础设施。具体来说要利用该协会的两个年会以及其他交流渠道（如网站、讲习班、战略论坛和地区团体等）来增进该部门的知识，促进该部门参与国际战略。

②继续教育学院协会

继续教育学院协会由该部门自己建立于 20 世纪 90 年代，目的是代表作为成员的继续教育学院、第六学级学院和相关专家的利益，并为其提供专业支持。为了帮助实现该战略，该协会也针对战略中的各个目标提出了要采取的措施，具体如下。

• 为实现目标 1 要采取的措施：促进英国继续教育学院对欧盟和国际项目的参与，尤其是那些为年轻人提供流动机会的项目；鼓励继续教育学院在制定自己的国际战略时利用当地移民社区和海外学生的资源，并要反映他们的需求。

• 为实现目标 2 要采取的措施：代表或支持继续教育学院与海外继续教育学院或相关组织建立合作伙伴关系，与英国政府部门和英国文化协会合作设计和实施相关的资助项目；通过英国和国际的机构和慈善组织为教师和学生创造更多机会参与发展项目，支持他们在适当的时候建立海外合作关系；与英国政府以及英国和欧洲的国家机构（如尼德兰继续教育学院协会等）合作开发欧洲层面的相关标准。

• 为实现目标 3 要采取的措施：在规划和实施首相国际教育计划（PMI2）的过程中发挥积极作用，与英国文化协会合作管理该计划中的继续教育伙伴基金（FE Partnerships Fund）；参与（或推荐部门代表参与）关于英国继续教育学院海外机会的战略对话和研究活动，以及参与（或推荐部门代表参与）与英国文化协会，创新、大学和技能部和英国贸易投资署的合作；增进与其他国家继续教育学院协会的合作活动，并且在国际市场、国际发展和学生流动推进等活动中创造机会，以研究联合行动的方法；与英国文化协会、联合国际部和英国职业与技术教育培训协会合作开展相关活动，旨在提升英国继续教育/职业教育与培训的国际形象；无论对于海外受众还是国内受众来说，都要提升英国继续教育学院自身国际成就的形象，其途径是利用有效的交流战略，包括在继续教育学院协会的网站上创建一个特定区域来展示一些互动的案例；通过相关的研究和继续教育部门关注的活动来提升国际学生的经验，从而协助英国国际学生事务委员会(UKCISA)的工作；与英国国际学生事务委员会合作运行国际继续教育实践者网络(International FE Practitioners' Network)。

• 为实现目标 4 要采取的措施：在为继续教育学院的国际活动开发质量保证机制方面发挥领导作用，在此过程中既要促进学院的自我管理，又要参照新出台的"继续教育学院协会卓越国际教育与培训章程"(AoC Charter for Excellence in International Education and Training)；参与对英国继续教育的评估活动；根据章程鼓励继续教育学院制定全院范围内的国际战略，并帮助他们付诸实践；协助开发自评工具和工具包，帮助继续教育学院或继续教育提供者制定国际战略；参与联合教育工作组(Joint Education Taskforce)和相关团体的工作，设计新的点基移民系统(Points Based Systemfor Immigration，PBS)，并为关涉到该系统的继续教育学院提供建议；扩大在线资源的范围，协助继续教育学院国际部主任、管理者和实践者的工作；每年针对继续教育学院的国际活动实施准确和有针对性的调查，关注每年的关键话题；为继续教育学院协会自己的工作人员创造机会，参与国际导向的专业发展活动。

③英国教育传播与技术署

英国教育传播与技术署是一个政府机构，主要负责引领英国社会保证在学习中有效地、创造性地使用技术。为了帮助实现该战略，该机构要采取的措施如下。

• 为了有效地帮助政府，尤其是儿童、学校和家庭部(Department for Children，Schools and Families，DCSF)和创新、大学和技能部完成国际议程，BECTA 将会与联合国际部(Joint International Unit)合作，保证人们能够理解和改进教育议程中所涉及的技术；参与并支持 DCSF 和DIUS 国际战略的制定和实施；明确其他政府部门，如商业、企业和管理改革部（Department for Business, Enterprise and Regulatory Reform, BERR）、英国贸易投资署、外交部（FCO）、英国文化协会和国际发展部（DfID）的国际活动中与英国教育传播与技术署相关的方面；将学习和技术世界论坛（Learning and Technology World Forum）中各国重要的部长和政策制定者聚集起来，向其展示英国的先进做法。

• 为了将人们对技术的兴趣转变为实质性的影响，并将这种影响最大化，英国教育传播与技术署将与合作组织一起，开发相关资源使英国教育传播与技术署的工作人员可以使用，并且可以在内部访问中进行分享；建立相关程序，保证国际智慧在内部以及合作组织之间能够有效地分享和传播；帮助和支持英国教育供应商协会以及其他相关组织发现和把握国外市场的机会；利用鼓励改进和反馈的版权和许可协议来发布出版物，利用已有的国际顾问来提高人们对英国教育传播与技术署发布的工具和指南的认识，从而支持人们在各国的工作；与经合组织以及其他类似的重要组织合作，协助开发相关的标准，并从主要国家的领先性实践中学习；理解英国的发展轨迹，以及英国有待进一步发展的领域；参与欧盟和欧洲公民计划与特定利益群体有关的工作，比较、参与和学习欧洲的相关实践。

• 为了在相关组织中发挥领导作用，英国教育传播与技术署要在欧盟学校网（EU Schoolnet）中占据显著地位；针对 GENIE 网开发相关的业务以及未来议程，并获取其成员的认可；吸收其他海外组织加入英国教育传播与技术署，使其能够从会员身份中获益，并邀请其参加相关的网络；保证英国教育传播与技术署的研究以及与模范中小学、继续教育和基于工作的学习提供者的合作经验能够共享，并且海外相关机构从事类似工作的经验也能得到有效的借鉴。

• 为了使继续教育部门在网络方面发展成熟，英国教育传播与技术署将与继续教育学院以及其他继续教育提供者合作制定技术战略，以及对技术进行有效的投资；发展在技术使用方面的自信和有能力的工作人员；支持涉及具有适用性和创新性的技术的教学活动；帮助继续教育学院及其他继续教育提供者使自己的商务系统具有较高的效能和效率。

④英国文化协会

英国文化协会是英国的一个国际文化关系组织，它通过提供学习机会以及来自英国的创新观点将世界各地的人们联系起来，并且在英国和其他国家之间建立持久性的联系。该协会为了推进该战略的实施，也针对每一个战略目标分别设置了一些行动措施，具体如下。

• 为了实现目标1要采取的措施：推进针对全球问题的跨文化对话，从而打破文化障碍，发展全球公民；促进和协助建立国际关系，以增进继续教育部门对全球世界、文化多样性和跨文化的理解；为学生和教师提供机会，使他们更好地适应全球社会的生活。

• 为了实现目标2要采取的措施：与国际组织和捐助者协作，制订技能发展的议程，奠定英国在世界上的地位；积极促进和推动关于技术战略的国际政策对话；在英国和世界关于技能发展的机构之间建立国际合作关系，为实现互惠互利协助进行国内和国际的教育改革；推动技能培训创新，通过人员流动和知识转化关系对技术进行应用；促进技术发展以有利于发展中经济体的企业、经济增长和贫困的减少；协助在技能发展方面的国际评估和质量保证。

• 为了实现目标3要采取的措施：与海外政府部门和技能发展机构合作，发现市场需求和差距；促进英国的企业和培训部门进入海外市场；推动英国的全球教育市场和为交流之用的媒体网站的建设，并且在国际技能发展计划中展示英国继续教育的合作成果；推动海外相关国家机构与英国继续教育组织和技能相关组织之间的政策对话，提升英国继续教育行业的形象；通过在国际会议、研讨会和展览上与其他政府部门和机构互动，提升英国在新技术使用方面的创新性和创造性。

• 为了实现目标4要采取的措施：通过联合行动建立国际伙伴关系，包括继续教育部门、高等教育部门、雇主、第三部门和技能发展机构；通过国际评估推动关于国际技能发展的质量保证活动；与英国政府机构、雇主和其他组织密切合作，帮助继续教育部门提升国际形象，增加市场份额；与英国继续教育机构和组织协同增进关于国际机会的信息。

⑤国家语言中心

国家语言中心是英国语言和跨文化技能的标准设立机构。为协助实施该战略，该机构要采取的措施包括以下几个方面。

• 与雇主、继续教育机构提供者、文凭授予机构和该部门的其他机构合作开发英国语言和跨文化技能资格战略（UK Qualification Strategy for Languages and Intercultural Skills）。

• 与国家语言中心的搭档 SSC Goskills 合作开发新的语言文凭，并协助在该文凭中包含语言和跨文化技能。

• 与重要利益相关者合作提供专家持续专业发展培训，并开发相关课程和资源来协助开发继续教育项目（14～19 岁青年和成人）、企业服务、国际项目和商业发展所需要的语言和跨文化技能。

• 与重要利益相关者合作开发继续教育部门中相关政策、实践和课程的卓越模式，以促进跨文化工作技能（Intercultural Working Skills）的发展，其途径是利用在 2008 年 11 月发布的新职业标准，该标准主要为促进人们与来自不同国家或多样文化中的人合作而制定。

• 与部门技能委员会和标准制定机构、雇主、学习提供者和地区语言网络合作，研究和开发语言和跨文化技能方面的培训和服务，包括为奥运会开发的培训和服务。

• 从事相关研究以为正在制定的政策服务，如关于英国职业地图的研究，旨在确定哪些职业需要语言和跨文化技能；国家语言中心的年度语言趋势调查等。

• 提供在工作场所使用语言和跨文化技能的案例，以协助职业生涯指导和课程开发，并且让雇主了解相关的国际交流战略。

• 与高等教育和继续教育领域的合作者合作开辟参与语言项目的路径，从而加强入学途径和扩大参与范围。

• 通过多种途径为针对 14～19 岁青年的优质教育活动提供支持，包括专业化的 14～19 岁青年项目团队、针对 14～19 岁青年的网站、"重塑语言"计划，以及地区和全国性的会议等。

• 通过国家语言中心的职业语言资源银行（Vocational Languages Resource Bank）提供涉及特定部门领域的专门资源。

• 为国际实习或交换提供专家建议和支持工具（如成人欧洲语言文件夹、语言工作实习工具包等）。

•通过多种途径为优质的成人教育活动提供支持，包括国家语言中心的专家团队、网上资源、网络空间，以及地区性和全国性活动等。

⑥创新、大学和技能部

创新、大学和技能部是继续教育的主管部门，并与儿童、学校和家庭部以及联合国际部存在密切的合作关系。该部门主要以继续教育的激励者和支持者的身份存在，关注在国家层面和国际层面具有重要意义的关键活动。为了推进该战略的实施，该部门在每项目标之下都设定了若干行动措施，具体如下。

•为了实现目标1要采取的措施：协助继续教育服务在学生的学习经验中建立强烈的全球维度，使其能够应对当前的全球性挑战，如全球竞争、新兴市场经济体的影响、气候变化、可持续发展，以及对社会凝聚力、和平和安全的需要。

•为了实现目标2要采取的措施：发展和推进与主要国家的教育合作，包括与其政府、教育机构和企业的合作。要做到这一点需要在政府层面发起对话和增进理解；推出相关的教育计划，包括首相计划（第二阶段）、英国/印度教育和研究计划、英外教育合作计划、对非教育合作计划、中东战略、全球奖学金计划和欧盟计划。所有这些计划都是为了鼓励政策交流、合作关系的建立和学生流动，有利于能力建设，并能够使教育和培训部门最大限度地为海外贸易和境外投资做贡献。

•为了实现目标3要采取的措施：改进英国有关继续教育/职业教育培训和成人学习的政策和实践，评估英国的教育成就，并通过案例研究和分析评估其他国家的卓越实践，而这又少不了与国际和多边组织的合作，如欧盟、经合组织、联合国教科文组织、G8组织、欧盟委员会和联合国。

•为了实现目标4要采取的措施：创新、大学和技能部将会与其他政府部门合作推进继续教育战略目标的实现，减少战略实施的障碍。该部门将会推进英国相关合作关系和组织的发展，使继续教育服务能够更有效地参与国际活动。该部门还会通过赞助一些重要组织来继续支持继续教育部门，这些重要组织主要负责资助对继续教育部门的督导和改进，同时也包括鼓励他们协助执行该继续教育国际战略。

⑦学习研究院

学习研究院是以继续教育教师、培训师和培训者为主要成员的专业机构，其主要作用是代表其成员的观点、知识和经验，并为参与相关战略提供支持。该机构针对该战略的实施而采取的行动措施主要针对战略中的目标1、目标2和目标4，具体如下。

• 为了实现目标1要采取的措施：进行案例研究以发现涉及全球观点的持续专业发展的创新性案例；推进学习研究院的行动研究奖学金计划，以引导人们关注全球技能。

• 为了实现目标2要采取的措施：将学习研究院与海外其他专业机构做比较。

• 为了实现目标4要采取的措施：在学习研究院的研讨会和活动中推广创新性合作的实践。

⑧学习和技能委员会

学习和技能委员会的主要任务是让英国有更好的技能素养和更大的竞争力。为了促进该战略的实施，该委员会针对四个战略目标分别推出了相关的行动措施，具体如下。

• 为了实现目标1要采取的措施：保证国家对说其他语种者的英语学习的资助，从而继续帮助人们学习英语，使他们能充分适应社会和工作；关注对基础学习层次、生活技能和第二层级（Level 2）学习的资助，从而使需要优先考虑的学习者受益以提高社会凝聚力；提高继续教育的作用，使之成为当地社区的重要资源，包括鼓励继续教育学院开放其建筑物供社区使用；促进和拓展继续教育部门对学习技术的使用，推进有利于国际合作和交流的技术的发展。

• 为了实现目标2要采取的措施：根据国际标准对继续教育部门的表现进行评估，并学习其他国家的卓越实践；支持国际性的技能竞赛，如世界技能大赛和欧洲技能大赛等；调整技能服务以满足2012年伦敦奥林匹克运动会和残疾人奥林匹克运动会的需要。

• 为了实现目标3要采取的措施：继续对继续教育部门进行改革，使继续教育提供者更好地回应学习者和雇主的需要，无论对于英国的学习者和雇主还是海外的学习者和雇主都是如此；鼓励更多的继续教育学院和继续教育提供者提高从学费和全成本工作中获得的收入；实现继续教育房地产的现代化，从而使这些学院具有世界一流的建筑；对创新性专业设施进行投资，从而使继续教育的提供者能够吸引海外投资，并协助英国的雇主通过发展世界一流的技术来参与全球竞争。

• 为了实现目标 4 要采取的措施：引入卓越框架(Framework for Excellence)作为一个简单和统一的绩效评估工具，使学习者和雇主做出合理的选择；促进资格证和学分框架(Framework for Excellence)的应用，从而使人们因能不费吹灰之力转换学习成就而对学习的需求大增，并且能够提高学习成就在英国和欧洲的互认性和可转换性。

⑨学习和技能改进服务中心

学习和技能改进服务中心的主要任务是通过与继续教育领域的各部门合作为其提供理念、领导力方面的支持，以及清晰和高品质的实践支持，促进其持续自我改进和能力建设，从而使其具有先进性和可持续性。为促进该战略的实施，该机构分别就四个战略目标出台了相关行动措施，具体如下。

• 为了实现目标 1 要采取的措施：将全球观点渗透到该机构的公民和世界技能项目中；从事相关研究以发现创新性继续教育组织的案例，这些案例既能展示继续教育组织能够利用其国际战略促进当地的公平、多样性和社会凝聚力，并且能够提升其对本国学习者和雇主的服务水平；设计和试行相关战略，使学习者能够就全球问题在讨论中发出声音，并且要增进对不同文化和信念的理解。

• 为了实现目标 2 要采取的措施：发现和传播关于有效的国际合作伙伴关系工作的信息；进行关于海外诸国职业教育培训的领导力和质量改进的研究；探索英国继续教育对于发展中国家技能发展的潜在贡献；通过组织继续教育的领导者和实践者的海外访学和工作观摩，设计、试行和推广共享的国际继续教育培训经验和同行评审；继续发展英国与欧洲的合作伙伴关系和联合行动，尤其要关注与欧洲职业培训开发中心(CEDEFOP)、欧洲职业教育和培训质量网络(ENQA-VET)等组织的关系；继续对英国/伊拉克继续教育拉瓦比特项目进行项目管理和推进；依靠该机构的国际合作伙伴关系建设能力在继续教育部门分享信息。

• 为了实现目标 3 要采取的措施：向想要获得该机构服务的海外合作者推出自费的高质量职业教育培训领导力和能力建设项目；协助继续教育提供者更好地与当地社区有共同全球兴趣的雇主合作；提供继续教育部门的卓越实践模式。

• 为了实现目标 4 要采取的措施：在开发国家质量改进战略时渗透全球观点；与继续教育部门的合作者合作，将全球观点渗透进继续教育的领导、管理、教师培训和持续专业发展的标准和计划中，包括那些针对有特殊国际责任的管理者的标准和计划；以卓越门户网（Excellence Gateway）作为中心门户网站，用来分享好的实践、论坛、信息、经验和观点；提供指导、信息和传播服务，包括讲习班、会议、研讨会，以及资源开发和咨询服务；保证该机构的承包商能够意识到国际战略在项目和服务推进过程中的重要性。

⑩英国终身学习委员会

英国终身学习委员会是针对英国终身学习部门的部门技能委员会，主要负责继续教育的人力资源发展和专业标准制定。为了促进该战略的实施，该委员会分别针对四个战略目标设置了行动措施，具体如下。

• 为了实现目标 1 要采取的措施：该委员会将会与部门技能委员会联盟（Alliance of Sector Skills Councils）合作，进一步将国际观点整合进国家职业标准；该委员会将会与其合作者和雇主合作，支持 2011 年世界技能大赛和 2012 年奥林匹克运动会所需技能的确定和发展。

• 为了实现目标 2 要采取的措施：发展国际合作关系，以实现卓越实践的分享；研究欧洲和世界技术和职业教育培训领域人力资源发展的情况；根据英国标准评估国际资格证，反之亦然，从而使劳动力能够自由流动；在继续教育部门传播其发展结果；管理部门技能协会（Sector Skills Agreement）阶段 1、2、3 的运行过程，保证人们能够发现终身学习部门最新的技能需要。

• 为了实现目标 3 要采取的措施：该组织将会作为海外合作的基础支持促进英国技术和职业教育培训的发展，包括作为国际投标和合同链的基础。

• 为了实现目标 4 要采取的措施：该组织将会努力把国际观点整合

进所有的继续教育教师职业标准中。

⑪国家成人继续教育学院

国家成人继续教育学院的存在主要是为了鼓励更多成人进行多种形式的学习。因此，该学院为成人学习者，无论老幼，组织多样的教育活动，并期望人们从中取得成就。为了促进该战略的实施，该学院分别根据四个战略目标设置了相关的行动措施，具体如下。

• 为了实现目标 1 要采取的措施：该学院将会继续与重要政府和非政府组织合作，发现和倡导成人学习机会，以提高、增进和推动当前和未来相关政策的可持续性和影响，从而促进社区凝聚力、文化、信念和全球公民的发展，而做到这一点则需要依靠该学院已有的经验，包括观点多样的工作、社区针对种族的学习和工作、针对移民和难民的工作等；该学院将会与地方、地区、全国和国际网络、机构和组织合作，为成人倡导、研究和开发相关机会，使其能够掌握技能、知识和理解，从而能够在全球社会中共同生活和工作；该学院将会与和可持续发展有关的组织合作，发现开展补充活动和联合活动的机会。

• 为了实现目标 2 要采取的措施：该学院将会支持和发展现有的合作活动，合作对象包括国际成人教育委员会（International Council for Adult Education）、联合国教科文组织、行动援助组织（Action Aid）、国际合作与发展研究所（Institute for International Cooperation and Development）主管成人学习的部门、德国成人教育组织（DVV）、发展教育协会（DEA）、英国文化协会和英国劳工联合会议（TUC）；该学院将会通过与欧洲相关组织的联系支持和发展现有的合作关系，这些组织包括欧洲成人教育协会（European Association for the Education of Adults）、欧洲研究与发展研究所（European Research and Development Institute）、欧盟委员会（European Commission）的相关工作、计划和项目等；该学院将会积极支持联合国教科文组织在巴西组织的第六届国际成人教育会议（第 2 层级）；该学院将会支持和发展在发展中国家的初始计划，主要途径是发现相关的机会和资源以创造互利合作的关系；该学院将在英国和海外寻找新的合作关系，包括与私人部门组织的关系，从而推进该学院的战略目标。

• 为了实现目标 3 要采取的措施：该学院将确认将英国的成功经验更好地转移到其他国家的途径，特别是与成人识字有关的经验；该学院将努力探索推进职业教育和技能培训的途径，从而促进全民教育目标的实现；该学院将在可能的情况下支持来自其他国家专业人士的访学行为；该学院将与合作者一起致力于研究和发展，从而发现英国和海外在成人学习领域的有效做法；该学院将会出版为期两年的英国承认学习的未来研究的研究成果，包括可持续发展教育和国际发展方面的问题。

• 为了实现目标 4 要采取的措施：该学院将会与政府合作并向其建言，保证所有影响成人学习的政策都包含国际维度；该学院将会通过会议和在线交流等活动与海外合作者和网络合作，促进与其他国家成人学习有关的政策的发展；该学院将会协助英国和其他国家进行成人学习工作人员的能力建设，尤其关注与全球技能和国际发展有关的方面；该学院将与现存的和新的网络合作，探索其他国家在成人学习方面的经验，以促进英国相关政策和实践的发展；该学院将探寻在英国开发相关课程的资源，并支持来自其他国家的成人学习专业人士的能力建设。

⑫教育、儿童服务和技能标准办公室

教育、儿童服务和技能标准办公室主要负责督导和规范儿童和青年的照管工作，以及各年龄段学习者的教育和技能培训工作，从而使其获得卓越成效。为了促进该战略的实施，该机构分别就该战略的四个目标提出了相关的行动措施，具体如下。

• 为了实现目标 1 要采取的措施：与国家合作组织合作推进学习者的需要；通过督导活动促进社会公平和凝聚力的发展。

• 为了实现目标 2 要采取的措施：继续与其他国家的督导者合作推进适宜的能力建设活动。该机构最近与卢旺达和阿富汗进行了合作，日后将继续推进与卢旺达的合作关系；继续与国际督导者常务会议（Standing International Conference of Inspectorates，SICI）合作，该会议包括欧洲 25 个国家和地区的教育督导者。

• 为了实现目标 3 要采取的措施：继续与外交部，国际发展部，儿童、学校和家庭部，英国文化协会以及其他部门相互合作，以提升英国的国际形象。

• 为了实现目标 4 要采取的措施：参与国家合作者的战略对话，探讨英国学习者海外机会的问题；举办合适的国际研讨会，提供关于该机构督导方法的信息；增进督察关于继续教育部门国际战略和活动的知识。

⑬第六学级学院论坛

第六学级学院论坛是第六学级学院的代表机构，经常进行相关的游说活动，并为第六学级学院提供支持。作为所提供的支持的一部分，该机构还会提供相关的专家支持，促进第六学级学院之间分享好的实践，发展全球技能战略。此外，该机构还关注在全球技能背景下，如何保持和加强第六学级学院的声音在创新、大学和技能部与儿童、学校和家庭部战略发展中的影响力。为了促进该战略的实施，该机构拟采取以下行动措施，包括以下几个方面。

• 促进该战略的开发和实施。

• 加强人们对该战略的意识，并提高其对第六学级学院学习者的相关性。

• 在第六学级学院中引发讨论，探讨如何更好地引入国际战略。

• 推进第六学级学院之间的合作活动，包括跨学院和学院之间的持续专业发展活动。

• 代表第六学级学院与英国文化协会建立正式联系。

• 为了实施该战略，建立一个网络框架包含国家性和国际性的组织。

• 与成员学院一起进行调查活动，分享信息和培训以加强合作，重点关注国际学生和高质量国际学生交换等领域。

• 协助将国际维度整合进质量保证和同行评审框架中。

⑭英国职业与技术教育培训协会

英国职业与技术教育培训协会是国家继续教育机构、部门技能委员会、继续教育学院、继续教育学习提供者、专业机构、文凭授予机构，以及教育设备和材料提供者的合作机构。它在推进国际导向的联合行动方面占据基础性地位，并且将提升英国职业与技术教育培训作为一个整体在国际市场上的地位。为了促进该战略的实施，该机构要采取的行动措施包括以下几个方面。

• 积极寻求企业在主要全球市场中的机会，具体涉及招生、跨境办学，以及提供培训、咨询、设备和材料的合同，或是由单个组织提供（根据任务范围的要求），或是由多个组织联合提供。

• 通过英国职业与技术教育培训协会的网站和有效的交流战略来提升该部门在国际上的形象。

• 为英国职业与技术教育培训协会的成员提供系列服务，包括领导赴外探访活动、主办外来代表的访问活动、收集和传播市场情报、将英国继续教育学院和培训组织作为高质量服务提供者推销给海外学生，以及全权代理国际招标和投标的活动。

• 将其他符合质量标准的组织吸纳到英国职业与技术教育培训协会中来。

• 与海外组织和英国其他教育部门合作建立战略联盟，以有利于英国职业与技术教育培训部门的发展或使其能够获得专业知识。

⑮157 集团

157 集团是优秀继续教育学院的代表机构，这些学院是英国公认的在领导力和技能发展方面成绩卓著的学院。为促进该战略的实施，该机构针对四个战略目标设置了相应的行动措施，具体如下。

• 为实现目标 1 要采取的措施：领导继续教育学院参与该战略的实施，主要是将全球维度引入继续教育，并促进社会凝聚力的提高。

• 为实现目标 2 要采取的措施：在协助非洲发展继续教育方面发挥领导作用；与世界顶尖职业和技术教育培训组织开展联合行动，这些组织包括澳大利亚技术与继续教育指导组织（TAFE Directors Australia）和RC2000 组织（一个北美顶级继续教育学院组织）。

• 为实现目标 3 要采取的措施：帮助英国的职业教育培训部门招到额外的国际继续教育学生，发展针对国际市场的能够展示英国职业教育培训价值的活动；做一个代表继续教育学院的组织，能够且愿意把握英国政府、英国文化协会和其他组织提供的职业教育培训方面的机会。

• 为实现目标 4 要采取的措施：在国际合作方面为继续教育学院树立榜样。

（三）《全球化：迎接挑战》的实施效果

考察《全球化：迎接挑战》的实施效果主要应该看该战略所提出目标

的实现情况。该战略主要提出了四个目标，为了让人们对每个目标有更详细的了解，每个目标又被分解成了若干小目标，因此，若每一个小目标都能够得以实现，则能够证明整个战略得以有效地实施。

1. "推进社会凝聚力和全球公民身份的建设"的实施效果

该目标又被细化为几个小目标，其中第一个目标是"通过将强烈的全球维度渗透到继续教育的学习经验中，武装学习者的头脑，使其能适应在全球社会中生活和在全球经济中工作"。在这方面，继续教育机构的做法主要是在课程中渗透与全球化相关的理念，如全球公民、可持续发展等。例如，英国南约克郡的工人教育协会（Workers Educational Association）最近推出了一个名为"积极公民"的教育项目，包含了一系列课程，其中一门课名为"食品、时尚、饥饿与恐惧"，主要是从全球的视角来探讨粮食和饥饿等问题。除了整套的教育项目，一些继续教育机构还通过模拟联合国大会（Model United Nationl Assembly）等活动让学生扮演不同国家的代表，借此讨论全球性问题。据调查，许多继续教育学院都热衷组织这种活动，如绍斯波特的乔治五世学院（King George Ⅴ）和伯明翰的约瑟夫·张伯伦第六学级学院（Joseph Chamberlain Sixth Form College）等。还有一些学院通过拓展性项目来渗透全球意识，如克罗伊登学院（Croydon College）的拓展性项目以定期会议的形式举行，这些会议皆与正式的课程相联系，使学生能够运用在课堂上学到的知识来处理全球性议题，从而巩固其在课堂上学到的知识。

第二个目标是"使学习者有机会参与高质量的交换生计划、获得在国外工作或学习的经验，以及与其他国家的学习者和受训者充分互动，增进学习者对其他国家及其工作方式、文化和信仰的认识和理解"。在这方面，英国的许多继续教育机构也采取了很多积极措施，如城市与伊斯灵顿学院和印度合作开展的罗利国际项目（Raleigh International Project）就被认为是为学生提供了多样化的经验。

第三个目标是"将有意义的国际维度和语言要求整合进英国的课程中，包括提供机会使学习者能够与其他国家的学习者和受训者一起学习"。在这方面，英国的继续教育机构除了努力将国际议题整合进课程中，并且为学生提供与其他国家学习者接触的机会等，还为学生提供语言方面的课程，这种课程既有外语课程，也有以英语作为第二语言进行教学的课程。特别是在那些新近有大量移民涌入的地区，当地的继续教育学院都会首当其冲。为了应对新移民带来的影响，这些学院会为这些新移民安排适当的语言和支持性教育项目，以帮助他们迅速融入当地社区。

第四个目标是"为继续教育的学习者、雇主和其雇员提供机会，使其学习或继续发展外语和跨文化能力"。这一点不仅表现在传统的继续教育学院为学生提供国际化的课程方面，其在一些行业协会性组织提供的培训和服务上也有所体现。如英国的工程建筑业培训委员会（Engineering Construction Industry Training Board，ECITB）与其国际客户合作，开发了一系列教育产品和服务，帮助有海外业务的英国公司培训自己的国际员工，使之能够安全、高效和有效地工作。工程建筑业培训委员会不但开发培训材料并颁发相应的资格证，还可以将其教育产品授权给其他培训机构使用，并且还可以为获得认可的教育培训机构提供建议，帮助他们有效地实施工程建筑业培训委员会的培训项目。[①]

第五个目标是"促进人们创造性地使用新技术，从而推动继续教育机构所教授的全球技能的发展"。在这方面，英国政府做了许多工作，如尝试在继续教育领域运用新技术进行英语和数学的培训，并开发其他辅助性的教育技术。另外，为了全面了解继续教育在运用新技术方面的障碍，英国的商业、创新和技能部（Department for Business，Innovation and Skills，BIS）还委托相关机构对此问题进行了专门的研究，并针对研究结果从投资、管理、拨款、学习者、继续教育和技能培训机构自身的能力，以及雇主等多个方面对现有的政策进行了调整，[②] 旨在扫除当前的继续教育在技术运用方面的障碍，进一步促进继续教育机构所教授的技能与国际接轨。

第六个目标是"为学习者提供机会，使其能够理解'千年发展目标'及

---

① http：//www.ecitb.org.uk/Regions/International/，2017-09-25.

② "Government Response to the Recommendations from the Further Education Learning Technology Action Group (FELTAG)，" https：//www.gov.uk/government/up-loads/system/uploads/attachment_data/file/320242/bis-14-841-government-response-to-recommendations-from-the-FELTAG-action-plan.pdf，2017-09-16.

其与学习者的生活和职业的关系"。"千年发展目标"是由联合国提出的，主要涉及八个领域，包括消除极端贫困和饥饿，实现普及初等教育，保障性别平等和妇女权利，降低儿童死亡率，促进母亲健康，对抗艾滋病，疟疾和其他疾病，保证环境可持续性，建立全球发展合作关系。[①] 英国作为一个发达国家，上述的许多目标都已实现，且英国的继续教育在运行过程中的许多方面也体现着"千年发展目标"的精神。例如，英国人认为提高人们的技能本身对于构建可持续发展的社会具有重要意义，因此将继续教育的改革同可持续发展联系起来。与可持续发展有关的是公平理念，该理念与"千年发展目标"中的保障性别平等在本质上是一致的。在该理念的指导下，英国的继续教育在男女生的数量上已大致相当，另外英国还努力保证来自弱势群体的学生能够接受高水平技能的教育对弱势群体接受继续教育给予更多的经费支持，并在就业方面为他们提供更多帮助。[②] 总之，英国的继续教育让学习者理解"千年发展目标"不仅体现在课程设置上，而且还体现在继续教育本身的运行上，以一种潜移默化的形式让学习者理解国际上所推崇的理念，并切实地将理念落实于实践。

2."支持人们与国际合作者互动以实现对方的目标和自己的目标"的实施效果

该目标又被细化为几个小目标，其中第一个目标是"发展可持续的、战略性的国际合作关系以促进互惠互利，包括联合开发课程以及为教师提供持续专业发展服务"。英国的许多继续教育学院都在着手开展相关的活动，如许多学院参与了欧盟资助的项目，其中包括教师和学生交换以及联合课程项目。这些欧盟项目中的一个常见主题是培养跨文化能力并在不同文化背景中理解学习和技能的需要。如圣海伦学院（St. Helens College）所参与的一个"达·芬奇计划"项目就是在六个欧盟国家中进行的，其目的就是在社会、文化和经济需要不断变化的背景中发现职业培

---

① "WHAT IS DELPHE?" http：//webarchive. nationalarchives. gov. uk/20130908125547/http：//www. britishcouncil. org/ar/delphe-what-is-delphe. htm，2017-09-29.

② "SKILLS FOR SUSTAINABLE GROWTH," https：//www. gov. uk/government/uploads/system/uploads/attachment _data/file/140059/bis-10-1274-skills-for-sustainable-growth-strategy. pdf，2017-10-05.

训的需要。①

第二个目标是"充分利用欧洲的项目和合作关系，推动里斯本目标的实现，使欧盟成为'世界上最具竞争力和活力的知识经济体'"。为了推动里斯本目标的实现，英国积极参加欧盟推出的涉及继续教育的项目和计划，包括"夸美纽斯计划""伊拉斯谟计划""莱昂纳多计划""格龙维计划"等。以"夸美纽斯计划"为例，该计划在英国由英国文化协会管理。对于其中有关继续教育的部分，英国文化协会主要通过三种途径鼓励国内继续教育学院的参与：一是鼓励国内继续教育学院与欧洲其他国家的学院建立合作关系，从而使相关人员能够共同活动。合作活动包括访学和建立机构伙伴关系等多种形式，涉及教师和学生等多类人员。作为夸美纽斯计划的一部分，相关部门还建立了"网上姊妹校"(eTwinning)的网络平台，帮助继续教育学院利用这个简便易行的互动式工具来与其他学校共同开发合作项目。二是鼓励国内的继续教育学院吸引其他国家的师范生来校实习，从而使本校人员加深对其他国家和文化的认识。三是鼓励国内继续教育学院的教师参与欧洲其他国家的课程、会议和工作，从而了解不同的教育环境。

第三个目标是"评估英国的教育工作，与其他国家分享经验并学习他们的先进经验，包括积极支持和参与'世界技能大赛'"。事实上，英国较为重视通过国际比较来促进本国继续教育的发展，并取得了良好的成绩。如在2011年伦敦世界技能大赛上，英国队赢得了不下13枚奖牌，在全世界排名第5，而这也是英国有史以来的最好成绩，② 这与继续教育部门相关机构的积极支持和参与是分不开的。

第四个目标是"通过职业教育和培训机构的能力建设和合作关系的建立来推进'千年发展目标'，尤其是与非洲有关的目标"。在这方面，英国的继续教育机构与非洲相关机构所建立起来的合作关系形式多样，如合

① N. Blum, C. Bentall, D. Bourn, "Learning and Skills for a Global Economy: the Response of Further Education College and Raining Providers to the Challenges of Globalisation," Lsis, 2010.

② "Further Education and Skills System Reform Plan: Building a World Class Skills System," http://www.bis.gov.uk/assets/biscore/further-education-skills/docs/f/11-1380-further-education-skills-system-reform-plan.pdf, 2017-09-19.

作研究和教师专业发展等，这些合作关系无论对英方还是非方都非常有利。对于英方来说，与非洲的合作可以为英国教师提供海外工作机会，使他们能在不同环境中获得特殊的技能和新的经验。对于非方来说，与英国的合作可以提高其相关教育机构的教师在教学和科研能力方面的发展，从而能够促进联合国提出的"千年发展目标"的实现，[①] 如消除贫困、普及教育以及建立全球发展合作关系等。

3. "努力增大继续教育服务对增加海外贸易和外来投资的贡献"的实施效果

该目标又被细化为几个小的目标，其中第一个目标是"推进英国的海外教育，进一步增加英国相关教育机构中国际学习者的数量，包括英国高质量的海外校区的国际学习者的数量"。根据商业、创新和技能部发布的调查结果，英国在 2013 年有 66% 的继续教育学院招收国际学生，且从 2012—2014 年，国际生的数量有所增长。国际生数量的增长也导致学校从国际生处获得的收入的增长，而该调查对 2011—2013 年数据的统计也证实了这一点。然而，由于英国自 2011 年 7 月起收紧了对继续教育进行管理的相关政策，如缩小了有资格为学生提供资助的机构的范围，提高了继续教育学生的招生标准，缩短了允许继续教育学生工作的时间等，从而导致一些继续教育学院的招生规模发生波动，但继续教育学院及其他相关机构都积极采取措施应对，如修改本校的教育和营销政策，增加对海外校区的教育输出，增加短期课程的数量，加强与海外雇主和教育机构的联系等[②]，从而保持了英国继续教育的良好发展势头。

第二个目标是"保证国际学习者获得最适宜的经验"。这个目标是否获得了实现可从继续教育机构的国际学生对其在英国学习经验的满意情况探知。根据英国 2011 年的《继续教育国际学生满意水平调查》(Survey of Further Education International Student Satisfaction Levels)，英国这一年继续教育领域的国际学生的整体满意率为 83%，处于较高水平，其

---

① UDFB Innovationskills, "Good Practices in Educational Partnerships Guide: UK-Africa Higher and Further Education Partnerships," Africa Unit Association of Commonwealth Universities, 2010.

② J. Wiseman, E. Davies, "Evaluation of the Value of Tier 4 International Students to FE Colleges and the UK Economy,"Department for Business Innovation & Skills, 2013.

中在教师的英语表达(满意率为 94％)、教师的专业知识(满意率为 92％)和教师的教学态度(满意率为 92％)等方面学生尤为满意。该调查结果说明,继续教育机构及其相关部门为保证国际生获得良好的学习经验做出了很多努力,而且根据该调查,学生尤其对学校为学生提供的财务服务、残疾人服务以及咨询服务很满意。当问及今后是否会推荐其他人到英国来留学时,76％的学生都给出了肯定的回答,说明在英国的学习经历确实给大多数国际生留下了较好的印象。

第三个目标是"使英国在创造性地使用教育和培训技术方面成为国际领导者"。英国在教育技术的应用方面确实处于国际领先地位,它除了有许多世界一流的公司、大学和高水平专业机构提供远程教育之外,还能够成功地将优秀教育经验和传统与技术和研究结合起来,从而创造出许多世界一流的教学法。在各级各类教育中,继续教育是应用技术教育较多的部门,不但提供继续教育的机构多样,实施教育的形式也更加灵活,从而为教育技术的发展提供了广阔的空间。根据英国教育与技能部的报告,英国近年来继续教育部门网络连接和个人电脑的拥有量不断增长,这就意味着在教育中对信息与通信技术的使用更加频繁,从而不断巩固和加强着英国在教育技术方面的国际地位。

第四个目标是"与英国的雇主合作促进技能发展和教育出口,包括推进在国际联合项目中的合作关系"。事实上,英国的很多雇主网络都积极参与继续教育的发展事宜,一些网络的活动甚至产生了国际影响。如英国的原油和成品油工业培训组织(Oil and Petroleum Industry Training Organisation,OPITO)就根据本部门雇主的需要来培训青年,它们所制定的本部门安全培训标准甚至得到了别国政府的采用,① 因此其促进继续教育发展的工作得到了社会的广泛认可。

4."为国际活动奠定基础"的实施效果

该目标又被细化为几个小的目标,其中第一个目标是"将国际观点融入继续教育服务的相关政策和实践中去,包括与质量改进、员工专业发

---

① "Understanding Employer Networks," https：//assets. publishing. service. gov. uk/government/uploads/system/uploads/attachment _ data/file/303510/ER66 _ Understanding _ employer _ networks _ - _ Feb _ 2013. pdf, 2017-10-07.

展、课程和资格证有关的政策和实践"。事实上，要将国际观点融入继续教育的相关政策和实践中去在很多情况下要发挥继续教育学院高层管理者的力量，而在现实中继续教育学院的领导者在这方面也做了许多工作。如英国的格林尼治社区学院（Greenwich Community College）、城市与伊斯灵顿学院、乔治五世学院等继续教育机构的领导者都制定了相关的战略和规划，将全球性议程与学校的许多教育项目联系了起来。格林尼治社区学院在发展规划中写道，"未来在我们的生存环境中会有很多急剧的变化，这些变化的重要性不能被低估"，而该学院的国际化战略就被看成是应对这些变化的重要工具。与此相似，城市与伊斯灵顿学院的 2008—2011 年战略规划也将应对全球化环境作为其首要目标。在其"改进学生在全球化社会中的学习经验"标题下，该规划指出，"我们希望我们的学生成为全球公民，从而在一个不断变化的世界中得以有效地竞争、互动和发展……我们要帮助和支持和我们的学生成为积极和负责任的公民，无论在本国还是在世界都是如此……我们欢迎学生的丰富多样性，并从中获益良多。这种多样性将帮助学生在全球社会中生活和在全球经济中工作做好准备。"[1]

　　第二个目标是"鼓励通过联盟和跨组织的方式来推进国际合作和流动，包括与中小学和高等教育部门合作"。英国的继续教育机构与其他教育领域的相关机构向来保持着紧密的联系，如许多继续教育机构都开设高等教育课程，且课程的设置和实施经常有雇主的参与，而在这些雇主中除了英国国内的企事业单位外也不乏国际性的机构和组织。这些企业不仅会雇用继续教育机构的毕业生，而且其中的许多企业还是和继续教育的师资培训有关的，因此一个国际性的企业可以以影响继续教育机构师资的持续专业发展为途径，对继续教育机构的课程施加更多的影响。[2]

　　第三个目标是"增进继续教育部门关于国际活动的知识，包括更好地协调和发布关于战略和资助来源的信息"。在这方面，英国许多与继续教

　　[1]　"Learning and Skills for a Global Economy," http：//webarchive. nationalarchives. gov. uk/20130802101903/http：//www. lsis. org. uk/sites/www. lsis. org. uk/files/migrated-files/Globalisation-Research-Report. pdf, 2017-10-07.

　　[2]　G. Parry, C. Callender, P. Scott, P. Temple, "Understanding Higher Education in Further Education Colleges,"Perspectives Policy & Practice in Higher Education, 2012, 16(4).

育相关的机构都积极发布相关信息。如专门负责对英国的继续教育技能培训进行投资的技能投资机构（Skills Funding Agency），不仅在其招投标的门户网站上发布英国政府关于继续教育的投资信息，而且还发布欧盟的相关投资信息，如关于劳动力技能发展的欧洲社会基金的信息等。①

第四个目标是"促进资格证和学习结果的国际互认"。欧盟自开启"博洛尼亚进程"以来就一直努力促进其成员国各级各类文凭和资格证的国际互认，并开发了一个欧洲资格证框架（European Qualifications Framework，EQF）作为连接各国的国家资格证框架的工具。欧洲资格证框架涵盖的范围非常广泛，既包括基础教育、高等教育，又包括职业教育，因此继续教育的相关资格证也被其所涵盖。目前，英国国内资格证框架与欧洲资格证框架的对接工作已经完成，另外，相关部门还进一步开发了一些项目来促进欧洲资格证框架在英国的使用，② 从而使继续教育相关资格证和学习结果的国际认可度不断提高。

第五个目标是"随着教育和培训能力的提高，与适宜的国际机构合作，保证为实现'千年发展目标'提供适当的相关支持"。"千年发展目标"涉及消除极端贫困和饥饿，实现普及初等教育，保障性别平等和妇女权利，降低儿童死亡率，促进母亲健康，对抗艾滋病、疟疾和其他疾病，保证环境可持续性，建立全球发展合作关系八个领域，而英国的继续教育部门一直在与其他部门合作，为实现这八个领域的目标付诸努力。如英国社会流动和儿童贫困委员会（Social Mobility & Child Poverty Commission）一直将消除贫困与继续教育联系起来，认为继续教育机构可以增强来自弱势群体的青年的技能，打破贫困的代际传递，同时还可以给年纪较大的成人发展技能的第二次机会，从而跳出低收入的阶层。为此，社会流动和儿童贫困委员会设置了一个继续教育委员，希望其能够对继续教育部门进行干预，关闭不能提高标准的继续教育机构，并且要根据

---

① "SFA：European Social Fund," https：//www. gov. uk/government/publications/sfa-european-social-fund/sfa-european-social-fund，2017-10-14.

② "What is the European Qualifications Framework（EQF）？" http：//webarchive. nationalarchives. gov. uk/20111206224617/http：//www. ofqual. gov. uk/qualifications-assessments/eqf？format＝pdf，2017-10-22.

继续教育机构的表现确定对其拨款的数额。[①]

　　《全球化：迎接挑战》是一个专门针对英国继续教育国际化问题的政策文本。该战略虽没有给出一个实现政策目标的最后期限，但迄今为止其各项目标的落实情况都是较好的，目标所提到的各项工作大都取得了一定的进展。然而，由于其所提出的大多数目标都没有设定具体的衡量标准，多数都用"鼓励""增进""促进""支持"等词汇来表述，使人们在评价该政策实施效果时会觉得模糊不清，但作为一个战略性政策，它对英国继续教育国际化的引领和指导作用还是不可忽视的，能够成为继续教育领域各相关部门的行动指南。

---

　　① "State of the Nation 2014: Social Mobility and Child Poverty in Great Britain," https://www.gov.uk/government/publications/state-of-the-nation-2014-report, 2017-10-07.

第四章　德国教育国际化政策及其实施效果

德国是现代大学的发源地，其高等教育不仅历史悠久，而且在世界上享有盛誉。随着经济全球化、欧洲一体化的发展，德国从 20 世纪末开始积极采取一系列措施加快其教育国际化的进程。这不仅提高了德国教育在世界舞台上的影响力，也使得德国成为对外国学生来说最具吸引力的留学目的地之一。德国教育国际化在不断改革中发展。与此同时，中国各界对教育国际化的关注度也日益升高，了解德国教育国际化相关政策的内容和实施状况对我国教育国际化政策的制定与实施有着重要意义。

一、德国教育国际化的进程

德国教育国际化有着漫长的发展过程，但其总体趋势都是从零散的、无组织的国际化转向有计划的、有组织的国家化战略。纵观德国教育国际化的发展历史和进程，大致可以分为以下几个阶段。

(一)中世纪大学时期的"游学""游教"阶段

德国是现代大学制度的发源地，其教育国际化的进程最早起源于高等教育。可以说大学从建立之日起就已经具备国际性的特点，而德国大学发展的根基是欧洲早期中世纪大学。在大学产生时期，德语中的大学这个机构的术语可以用"Studium General"，它表示一种学校，身处其中的来自不同国家或地区的师生可以自由流动，这也体现了世界性特征。而欧洲各国的师生可以自由迁徙，"游学""游教"，大学之间互相承认所授予的文凭，这种先天的国际性特点也被德国早期的大学所继承，拉丁语是大学中统一的教学语言，而开设的课程也与其他国家的中世纪大学大体相同。

(二)14 世纪末至 19 世纪 20 年代的起步阶段

随着 1810 年洪堡"科研与教学相统一"的理念的提出和柏林大学的建

立，德国高等教育从根本上发生了改变，德国大学逐渐成为世界科学研究中心。而洪堡自创办柏林大学开始，就坚持开放办学，突破了一国一地的限制，面向全欧洲招聘教师。[①] 世界其他各国也开始效仿洪堡理念，并纷纷前往德国学习考察，尤其以美国师生为众。据估算，19 世纪前后，最少有 1 万名美国青年到德国留学，以及近 300 名德国学者赴美执教，这促进了德国高等教育的国际交流，正如柏林大学教授鲍尔生所说："19 世纪开展的德国教育运动，在欧洲各国之中，处于领先地位。德国大学已成为全世界公认的科学研究中心。举世的学者不断到德国走访或留学；各国的大学，特别是美国的大学，力图仿效德国的大学。"[②]但这一时期的高等教育还只是停留在单项输出阶段。

（三）19 世纪 20 年代至 20 世纪 80 年代初的停滞与恢复阶段

1933 年希特勒上台后，德国大学学术自由和追求真理的精神遭到严重的损害，德国高等教育的国际化进程暂时停滞。在此期间，纳粹党对大学传统的全盘否定使德国大学走向衰败，德国大学进入了一段黑暗时期。第二次世界大战后，随着世界形势的变化，德国为了提高国际声誉对外国学生敞开大门。在 20 世纪 80 年代前，德国大学开展了一些单个的国际活动，但并没有形成德国大学国际化"策略"，主要是德国高等教育机构的大多数学院对新知识、外语技能、国际性价值的普遍追求。[③]

（四）20 世纪 80 年代初至 90 年代中期的调整与探索阶段

从 20 世纪 80 年代初开始，德国教育国际化的重点从单向输出转向输出与输入并重，鼓励德国学生到国外学习。除采取一些经济措施外，德意志学术交流中心还发起和实施了海外联合培养项目（Intergrated Study Abroad），这可以算作德国有组织的国外学习的实践探索。随着 20 世纪 80 年代中期欧共体理念的确定，德国和其他欧共体成员国之间的教育交流与合作的力度不断加大。1987 年欧共体提出的"伊拉斯谟计划"更是将过去的单个的交流逐渐发展成为有组织、有目标、有计划的制度化教育

---

① 周江林、房欲飞：《教师国际化的历史回顾及发展趋势》，http://www.edu.cn/zonghe_380/20060323/t20060323_137120.shtml，2017-09-20.

② ［德］弗·鲍尔生：《德国教育史》，滕大春、滕大生译，121 页，北京，人民教育出版社，1986。

③ 袁琳：《德国高等教育国家化发展研究》，博士学位论文，西南大学，2011。

合作与交流，这也促进了教育国际化的发展。1989 年，为了促进欧共体各成员国间的文化交流与理解，欧共体又通过"林瓜语言计划"，提供了涉及 11 种语言的语言课程。① 20 世纪 90 年代之后，由于东欧剧变、两德统一，德国政府要求大学承担更多责任、服务社会，起到提高德国的国际竞争力的作用。德国政府就此实施了一系列高校合作计划，鼓励德国高校师生与学者到西欧和美国交流学习。此外，德国政府在 1990 年实施了一个专门与中欧和东欧高校合作的支持计划。1993 年，另一个在这些国家进行德语教学和学习的支持计划又对此加以补充。② 德意志学术交流中心也实施了许多专门针对中、美、印度尼西亚和南非的支持计划。德国科学审议会也提出"关于科学交往国际化的建议"，这标志着对高等教育及科学国际化的认识及重视程度达到新水平。虽然这一时期的德国教育国际化逐步受到重视，但仍处于调整与探索阶段，德国的教育与科研还需要进一步国际化。

(五)20 世纪 90 年代中期至 2004 年的快速发展时期

20 世纪 90 年代中期以后，德国教育国际化进入了快速发展时期。1995 年，欧盟实施"苏格拉底计划"，进一步强化大学发展中的欧洲维度。1998 年，德国签署了由德、法、意、英四国协商的促进高等教育体系的《索邦宣言》，1999 年，德国加入了由欧洲 29 个国家共同签署的提高欧洲高等教育吸引力的《博洛尼亚宣言》，确定了到 2010 年建立"欧洲高等教育区"的发展目标。《布拉格公告》《柏林公告》都进一步推进了欧洲教育一体化的发展。而德国自身也将提高高等教育的国际竞争力作为教育政策的重点。1997 年，德国联邦教研部部长吕特格尔斯(Jürgen Rüttgers)在《21 世纪的高等教育》一文中强调德国高校应该对其他欧盟成员国或美国更加开放，高校的国际关系在教学和研究中的作用越来越大，因此加强同合作伙伴在教育中的开放性、学位兼容性和透明性是十分重要的。2000 年，为了提升德国高等教育的国际竞争力和吸引力、推动德国高等

---

① 袁琳:《德国高等教育国家化发展研究》，博士学位论文，西南大学，2011。

② Torsten Kaelvemark & Marijk van der Wende. *National Policies for the Internationalization of Higher Education in Europe*, Stockholm, the National Agency for Higher Education (Hoeskoleverket)，1997, p. 100.

教育国际化发展，德国联邦及各州教育计划与研究促进委员会通过了"推广德国教育和研究"框架计划。德国也逐渐将教育国际化从欧洲扩展到全世界范围，国际化的内容也涉及教育的方方面面，包括建立国际兼容的新学制与学位结构，改革考试体系、高等教育管理体制以及教学评估体制，消除流动障碍，加大资金支持力度，鼓励创新等。

据统计，2004 年德国的外国留学生人数达 180 306 人，比 1997 年增长 80.2%。其中 2001—2004 年，增长的人数主要来自欧洲（增长 35.9%）和亚洲（增长 77.6%）。而 2004 年，德国在国外的留学生人数达到 66 500 人，比 1997 年增长了 47.1%，德国留学生的主要目的国为英国、美国、奥地利、荷兰、瑞士、法国、澳大利亚和瑞典。[①]

（六）2004 年至今的深入发展阶段

2004 年以后，德国不仅加快了"博洛尼亚进程"，还开展了创办世界一流大学的"卓越计划"，加强国际科研学术的交流与合作，德国教育国际化发展逐步深入。2005 年，德国联邦政府签署了《关于联邦和各州资助高校学术研究和经营计划的协议》，力图突破高校与科研机构之间的传统界限，在高等教育中引进合作和竞争机制，有重点的资助一批精英大学、研究生院和精英研究机构，打造世界一流的德国大学，提高高校尖端科研人员和高级人才的培养水平。同时德国联邦政府于 2005 年和 2008 年修改《联邦教育促进法》，提高奖学金额度并扩大受益群体。据 2007 年联邦教研部公布的报告，2005 年，德国根据《联邦教育促进法》共投入 24 亿欧元，其中 23% 的受资助大学生到国外学习，包括学习、实习或参加语言培训。[②]

德国联邦政府在吸引国外优秀学者方面也采取了积极的措施，在继续推进 2002 年设立的"索菲亚—科瓦雷夫斯卡亚奖"之外，还委托洪堡基金会设立"洪堡教授教席"奖。该奖旨在帮助德国高校解决在构建科研特色、聘请一流学术人员时遇到的经费困难，构建一流的学术梯队，使大

① "Internationalisierung des Studiums-Ausländische Studierende in Deutschland-Deutsche Studierend im Ausland," https：//www.uni-heidelberg.de/imperia/md/content/jrc/1007/interna-tionalisierung_des_studiums_2008.pdf, 2017-09-08.

② 中国驻德大使馆教育处：《德国高等教育十年改革重要举措》，载《世界教育信息》，2010（2）。

学科研达到国际一流水平，从而提升德国高校作为科研高地在国际上的影响力。① 德国教研部资助德意志学术交流中心在 2000 年和 2004 年开展了两期"德国海外教育项目"(German Study Programmes Abroad)。

2008 年，德国联邦政府推出了《加强德国在全球知识社会的地位：联邦政府关于科学与研究国际化的战略》。该战略加将强科研合作、开发创新潜力、加强与发展中国家间的合作、承担国际责任、应对全球挑战作为其目标。2009 年作为德国学术外交年，德国外交部开展了促进德国国际学术交流的举措：在国外设立学术和创新中心，将当地的德国学术机构联合起来，促进德国和外国研究人员和学者的交流；在国外高校设立"研究和教学卓越中心"，形成国际性的科研学术网络；提高奖学金的数量和质量；向世界各地推广德语，为德语学习者提供更多的支持。

据统计，2011 年德国在国外的大学留学生有 136 000 人，其中27 593人是由欧盟的"伊拉斯谟计划"资助的。2012 年德国在国外的大学留学生有 138 500 人，比 2011 年增加 2 500 人。德国大学生最喜欢的目的地是奥地利、荷兰、瑞士、英国、美国和法国，这六个国家占了德国大学留学生总人数的近 3/4。② 德国的教育国际化不只停留在高等教育阶段，也逐渐扩大到了基础教育阶段和职业教育阶段。

二、《德国高等教育国际化战略》及其实施效果

国际化是德国高校发展的重要基石，是质量保障的重要条件，也是高等教育改革的推动力。它服务于科学合作和文化交流，对高等教育和科学发展都有深刻影响。21 世纪以来，德国教育国际化进入深入发展阶段。德国联邦政府希望德国好的高校能够和世界其他国家的一流高校相比更具吸引力和竞争力，同时希望它们能够积极参与应对全球挑战，在2013 年发布了《德国高等教育国际化战略》(Strategie der Wissen-schaftsminister/innen von Bund und Ländern für die Internationalisierung der Hochschulen in Deutschland)。

---

① 李国强：《"洪堡教席"奖——德国吸引海外尖子人才的新举措》，载《德国研究》，2009 (2)。

② "Deutsche Studierende im Ausland-Statistischer Überblick 2002-2012," https：// www. destatis. de/DE/Publikationen/Thematisch/BildungForschungKultur/Hochschulen/Studier-endeAusland5217101147004. pdf？_ _ blob＝publicationFile，2017-09-08.

（一）《德国高等教育国际化战略》的背景

经济全球化是世界经济发展的客观趋势和显著特征。随着经济全球化的趋势日益显著，各国的国际贸易迅速发展。经济全球化不仅推动了商品、服务、技术、知识、信息、资金和人力等资源要素的跨国界流动和全球范围内的分配，也为高等教育国际化创造了条件，推动着高等教育国际化发展。

欧洲各国为增强国际竞争力开展了从经济、政治到文化、教育领域的合作，促进了欧洲一体化的形成与发展。随着欧洲一体化的深入发展，欧洲教育一体化，尤其是高等教育一体化日益成为欧洲一体化的重要组成部分，欧洲各国高等教育开始加大开放力度，紧密合作，共建"欧洲高等教育区"。① 经济全球化为高等教育国际化奠定了现实基础，在一定程度上促进了高等教育的国际化，但同时也给德国高等教育的国际化带来了新的挑战。在经济全球化的过程中，欧洲各国政府利用欧洲地理、历史、文化的渊源和联系，加快推进欧洲各国高等教育的交流与合作，欧洲高等教育一体化应运而生，这也是随着"博洛尼亚进程"的开展而提出的，欧洲高等教育区也是在欧洲各国的努力探索下建成的。长期以来，德国都将欧洲一体化作为基本国策，对高等教育领域的欧洲一体化也是积极倡导与实践。

高等教育国际化是 21 世纪世界高等教育发展的重要趋势，各国之间政治、经济、文化和教育的联系越来越紧密。为增强国力、实现科学发展，各国都将高等教育国际化作为服务于国家利益的重要途径。

2012 年 4 月 26 日—27 日，来自 47 个"博洛尼亚进程"成员国的教育部部长在罗马尼亚首都布加勒斯特决定了欧洲高等教育区（Europäischer Hochschulraum，EHR）的《2020 国际流动战略》。战略说明了加强学生、学者、教师和其他高校人员的国际迁徙的具体措施。所有高等教育区的成员国都要制定自己的国际化和国际流动目标和战略，并加以实施。德国联邦和各州政府已经意识到了高等教育国际化的重要性，在保持本国高等教育优势的同时，主动调整、积极应对，以"博洛尼亚进程"为契机

---

① 袁琳：《德国高等教育国家化发展研究》，博士学位论文，西南大学，2011。

进行了一系列改革，如构建高等教育三级学位体系、引入欧洲学分转换系统、完善高等教育质量保证体系、促进人员流动、改革博士生培养体系以及"卓越大学计划"的实施等，努力使其高等教育适应经济发展的要求和国际化的要求，一起重塑其国际形象。① 此外，许多科学机构（如高校校长会议、德国科研协会）都在过去几年中制定了国际化战略。在此基础上，《德国高等教育国际化战略》才能够出台。

（二）《德国高等教育国际化战略》的内容

该战略的最高目标是，使德国的高校与其他国家的高校相比具有吸引力和竞争力，同时为应对全球挑战贡献一分力量。为了实现这一目标，该战略设立了九大目标，其九大目标的内容如下。②

目标 1：各高校的国际化战略

德国各高校要制定并实施自己的国际化战略。德国联邦和各州政府要响应 2012 年 4 月的博洛尼亚各国教育部部长会议的要求，支持高等教育国际化战略的发展。高等教育国际化需要高等教育各领域、各部门的共同合作，结合各高校的优势特点制定战略。

目标 2：改善国际化的法律框架

德国联邦和各州政府通过改善国际化的法律框架来改善高等教育国际化的前提条件。

目标 3：建立欢迎文化

德国联邦和各州政府支持尽可能在高等教育的所有层面建立一种欢迎文化，并对外国学生和外国学者发出信号以示欢迎。

目标 4：建立国际化校园

德国联邦和各州政府支持高等教育承担培养全球公民的责任，为学生的职业发展提供国际化道路和跨文化的学习产品，使高等教育课堂能够跟上国际化潮流。

---

① 袁琳：《德国高等教育国家化发展研究》，博士学位论文，西南大学，2011。

② "Strategie der Wissenschaftsminister/innen von Bund und Ländern für die Internationalisierung der Hochschulen in Deutschland," https://www.kmk.org/fileadmin/Dateien/veroeffentlichungen_beschluesse/2013/2013_Strategiepapier_Internationalisierung_Hochschulen.pdf, 2017-09-08.

目标 5：提高大学生的国际流动性

德国联邦和各州政府支持大学生以质量为导向的国际流动，在勒芬召开的博洛尼亚后续会议的目标是，到 2020 年止有 20% 的高校毕业生有过海外学习或实习的经历。不过，鉴于德国约 20% 的高校毕业生已经至少有 3 个月的海外交流经历，德国联邦和各州政府将会致力于更高的目标。所以其现实目标是 1/2 的高校毕业生拥有海外交流经验，至少 1/3 在国外待至少 3 个月或者修满 15 学分。

目标 6：提高高等教育的国际吸引力

德国联邦和各州政府通过提高有吸引力的课程和现代高等教育营销手段将德国发展为国际学生流动性最强的四大科研地之一，此外，帮助高校增加学业成就和改善外国留学生的融入状况也是当务之急。

目标 7：招纳国外优秀青年学者

德国联邦和各州政府要加强引入国外优秀青年学者到德国高校中进行短期或长期的访问或工作。

目标 8：扩大国际科研合作

德国联邦和各州政府支持高等教育的国际科研合作，希望德国高校能够更深层次地参与国际科研项目中，旨在在世界范围内建立优秀的科研网络，和合作伙伴共同应对科学和社会上的挑战。

目标 9：建立跨国高等教育产品

德国联邦和各州政府支持其高校向国外输出课程，与国外高校签署双边协议。这种跨国的高等教育产品是为了提高德国高校的国际声誉和知名度，获得更高质量的学生。

(三)《德国高等教育国际化战略》的实施效果

考察《德国高等教育国际化战略》的实施效果主要是看该政策提出的目标和政策实施后的实现情况。《德国高等教育国际化战略》提出了九大领域的目标，但在目标之下并没有提出具体措施，而且鉴于该政策提出的时间不长，其采取的具体措施并未完全在三年内体现，以下只分析现阶段该战略的实施效果。

1."各高校的国际化战略"的实施效果

《德国高等教育国际化战略》的第一个目标是各高校要制定和实施与

自身特点相适应的国际化战略，推动高等教育国际化的发展。为实现该目标，德国各高校需要关注高等教育各个领域（科研、教师、继续教育、行政、管理层、后勤等）的国际化问题。要持续关注所有领域（科研、教师、继续教育、管理、行政、后勤）的国际化问题。国际化应该始终作为促进高等教育质量发展的重要因素，保证德国的科研与教学能够在全球的竞争中具有吸引力和竞争力。为了使高等教育国际化战略广泛传播，所有参与其中的高校都应该接受如德国高校校长会议（Hochschulrek-torenkonferenz）等的相关发展建议。

为响应该政策，德国的很多高校都结合自身特点先后出台自己的国际化战略，提出了国际化战略的目标和具体措施。以杜塞尔多夫大学2015年12月提出的国际化战略为例，该校从学生、教师和科研的国际化三方面进行了分析。在学生方面，根据2014—2015年的高校数据分析，杜塞尔多夫大学与其他高校相比拥有很高比例的国际学生，所以该校有必要加强对本国毕业生的吸引力以及扩大学生国际输出的需求。在教师方面，杜塞尔多夫大学已经拥有很高比例的外籍教师，并且和全世界的高校、科研机构等建立了广泛的合作关系。由于杜塞尔多夫大学地处欧洲人口最密集的区域之一，有着得天独厚的地理优势，应该进一步提高教师的国际流动性。在科研方面，杜塞尔多夫大学与国外高校的合作应该致力于一些欧洲科研项目和博士合作项目。杜塞尔多夫大学的国际化战略就是以这三方面为核心、以发挥自身的优势为基础提出的具体目标和措施。

2."改善国际化的法律框架"的实施效果

《德国高等教育国际化战略》的第二个目标是通过改善国际化相关的法律框架来改善高等教育国际化发展的前提条件。近几年，德国联邦和各州政府都致力于各自管辖区的法律框架的改善。从移民法到对文凭的认可，再到对学士硕士学位制度的引入的承认，最后到劳动法，无一不取得了些许成就。① 由于德国很多高校和邻国的高校，尤其是法国，努力

---

① "Strategie der Wissenschaftsminister/innen von Bund und Ländern für die Internationalisierung der Hochschulen in Deutschland," https：//www. bmbf. de/files/aaaInternationalisierungsstrategie_GWK-Beschluss_12_04_13. pdf, 2017-11-30.

开展合作课程，虽然已经在不同国家的课程规定间做出了一定努力，但仍面临巨大挑战。但通过布加勒斯特会议的决议，对合作课程的认可程序的要求已经得到简化，这一程序的简化对高等教育国际化有着积极的作用。

3."建立欢迎文化"的实施效果

《德国高等教育国际化战略》的第三个目标是高等教育的各个层面要建立一种对外国学生和外国学者的欢迎文化。高校内部的"欢迎中心"是以此为目的设立的，它负责关心校内外国留学生的学业状况、外籍员工的职业发展等。同时大学内部要保证其行政人员至少会说英语，并且让他们参与到跨文化培训和人员流动中去，这是为了让他们了解其他国家高等教育的实践状况。

除高校内部相关机构建立了欢迎文化外，一些校外机构也建立了欢迎文化。据统计 2015—2016 冬季学期，在柏林和波茨坦大学中就有超过 800 名外国学生是由德意志学术交流中心资助学习的。[①] 德意志学术交流中心很大程度上强化了高等教育欢迎文化的实施效果。领事馆、移民局、职业介绍咨询机构、育儿机构也在此方面做出应对措施。只有当外国留学生和学者在生活的各个领域都感到被接纳时，他们才有可能融入德国社会。也只有当他们想融入德国社会的时候，才有利于德国建立全球合作伙伴网络，才能保证他们愿意继续留在德国，为德国培养高质量的生产力。

4."建立国际化校园"的实施效果

《德国高等教育国际化战略》的第四个目标是建立国际化校园。德国各高校都在努力建设国际化校园。首先，各高校为外国留学生提供各种语言课，保证他们的语言水平能听懂课程的基本内容。其次，高校会为硕士生和博士生的大部分课程提供英语或其他外语授课，这有利于学生习得专业术语，也有利于引进外籍教师。再次，高校会为外国留学生设立国际俱乐部，这是为德国学生和其他国际留学生搭建的交流的平台。

---

① "Strategie der Wissenschaftsminister/innen von Bund und Ländern für die Internationalisierung der Hochschulen in Deutschland," https://www.daad.de/presse/pressemitteilungen/de/39095-willkommenskultur-fuer-auslaendische-studierende-staerken/, 2017-11-30.

一般情况，国际俱乐部会组织很多有意思的活动，例如：短途旅行、聚餐、舞会、博物馆参观等。还有很多学生组织也是为了建设更好的国际化校园，促进各文化的交流和融合。国际化校园在促进本国学生有更多的机会提高跨文化和外语能力的同时，也让外国留学生更了解德国文化，只有在学术、文化、社会生活上都参与到德国社会才能更好地融入其中。

5."提高大学生的国际流动性"的实施效果

《德国高等教育国际化战略》的第五个目标是提高德国大学生的国际流动性，挖掘高等教育国际流动的潜力。为实现这一目标，德国采取了以下措施：德国各高校在课程中增加国际流动的内容，让学生更深入地了解国际流动。各高校积极认可学生在国外交流修得的学分，以汉堡大学为例，在学分规定上就无差别地承认和所学专业相近的国外修习的学分，但前提是必须要先注册所学专业。① 德国高校还继续加强开展和国外合作校的合作项目，如双学位项目、实习项目。

德意志学术交流中心从 2010 年开始一直开展提高德国大学生流动性的项目(Programm zur Steigerung der Mobilität von Studierenden deutscher Hochschulen，PROMOS)，这是由德国教研部资助的项目。根据学生总数、德国"伊拉斯谟计划"参与人数、德意志学术交流中心获奖学金人数和外国学生人数，德意志学术交流中心会获得各高校的最大名额，并向外界应征学生。② 到目前为止，每年有 267 所高校为该项目提供奖学金。德意志学术交流中心还发起了"向东之行"的活动，让更多的德国学生体验在中欧和东欧的交流生活。

6."提高高等教育的国际吸引力"的实施效果

《德国高等教育国际化战略》的第六个目标是通过有吸引力的课程和现代营销手段提高德国高等教育对外国学生的吸引力。德国通过高等教育和科研项目吸引国外优秀人才，同时注重学业、奖学金项目、大学、

---

① "Anerkennung von Studien- und Prüfungleistung," https：//www. ew. uni-hamburg. de/studium/pruefungen/anerkennung-studiengaenge. html，2017-12-01.

② "PROMOS- Programm zur Steigerung der Mobilität von Studierenden deutscher Hochschulen," https：//www. daad. de/hochschulen/programme-weltweit/mobilitaet/promos/de/23661-promos-programm-zur-steigerung-der-mobilitaet-von-studierenden-deutscher-hochschulen/? type = print，2017-12-01.

外籍人员居留和权利等信息的更新，让世界各地的人们能够更方便、快捷地了解德国高等教育以及它的优势所在。2015 年，德国教研部和德意志学术交流中心共同开展"在世界范围内学习—体验"（studieren weltweit-Erlebe es）的活动，德国大学生可以申请国外的交流，同时还有"走出去——在世界范围内学习科研"（go out-Studieren und forschung weltweit）的活动。① 这些国际项目都对吸引外国学生起到了积极的作用。

7."招纳国外优秀青年学者"的实施效果

《德国高等教育国际化战略》的第七个目标是吸引国外优秀的青年学者来德国高校进行短期或长期的访问或工作。为实现此目标，德国政府大力支持各高校开设其他外语的授课课程，这样可以进一步吸引外籍教师应聘。科研机构和基金会也会大力招聘外国优秀的学者。此外一些高校还会开展"客座教授项目"来赢得外籍教授。德国高等教育凭借其自身的魅力确实可以吸引很多外国优秀学者。

8."扩大国际科研合作"的实施效果

《德国高等教育国际化战略》的第八个目标是德国高校能够更深层次地参与欧洲和国际科研项目中去。2014 年欧盟科研框架项目提出了《展望2020》计划，该计划不仅注重科研，而且注重创新。德国积极参与该项目中，并将科学卓越、工厂的主导作用和社会挑战三方面作为项目实行的重点，为欧盟科研事业做贡献。除欧洲范围外，德国与世界很多国家都建立了科研合作。2015 年德国联邦文教部发布了《2015—2020 中国战略》（China-Strategie des BMBF 2015—2020），积极与中国在九大领域建立合作关系，科研合作也位列其中。德意志学术交流中心和其他各基金会也会帮助建立科研项目合作，如德意志学术交流中心和洪堡基金会就促成了德国与韩国的科研项目合作。

9."建立跨国高等教育产品"的实施效果

《德国高等教育国际化战略》的第九个目标是促进高等教育的输出，鼓励德国高校与国外高校建立双边联系。为达成这个目标，德国联邦、各州和高校都积极应对。莱茵兰普法尔茨州在 2014 年就以具有创造性的

---

① "Internationalisierung der Hochschulen，" https：//www. bmbf. de/de/internationalisierung-der-hochschulen-924. html，2017-12-01.

工业潜力为重点提出了德国与中国跨国高等教育的前景展望。在工业 4.0 的背景下，莱茵兰普法尔茨州的高校和中国的北京、上海、青岛、福州、厦门五个城市都有合作关系。这种跨国合作不仅能使参与其中的学生和教师提高跨文化交流等能力，也推动了德国国际化水平的发展、扩大了自身学术的国际影响力。

《德国高等教育国际化战略》是德国最新提出的国际化战略之一，它所包含的九大领域目标至今仍在不断达成中。在今后的时间内，德国联邦、各州和各高校将会持续为完成该战略的目标做出努力。

三、《学校中的欧洲教育战略》及其实施效果

德国的教育国际化战略从高等教育逐渐蔓延到基础教育。德国作为欧盟成员国，又地处欧洲中心位置，它的基础教育国际化首先更偏向欧洲内部。1978 年，德国各州文教部部长联席会议首次提出将"欧洲进课堂"作为德国基础教育中欧洲教育的方针理念。然而后来德国并没有在教育实践上贯彻这一方针。直到 1990 年，随着欧洲整体局势的变化与发展，"欧洲进课堂"的理念又被再次提出。随着欧洲各国合作的增加和欧洲一体化进程的加快，2008 年德国借欧盟日的契机将"欧洲进课堂"发展成"欧洲进学校"，这一理念的转变激发了更多的联邦州加快了在建立与完善公立欧洲学校事务上的步伐。从"欧洲进课堂"到"欧洲进学校"、从只停留在理论层面到贯彻实施教育理念投入实践，《学校中的欧洲教育战略》(Europabiludng in der Schule) 就是在这样的背景下被提出的。

（一）《学校中的欧洲教育战略》的背景

《学校中的欧洲教育战略》的提出有着其政治、经济、文化背景。

首先，《学校中的欧洲教育战略》是欧洲联合思想的产物。从 20 世纪下半叶开始，德、法的多位领导人就积极致力于欧洲联合的进程中。从欧洲煤钢、原子能和经济共同体相统一形成的欧洲共同体，到 1991 年《马斯特里赫特条约》的签订、欧盟的正式诞生，再到欧盟的不断扩张、一体化程度的不断深入，欧洲的国际地位不断提高，像资源、环境、移民等世界问题急需欧洲各国共同参与解决。在《马斯特里赫特条约》中也首次提出了欧洲各国在文化和教育领域的合作，而 2000 年欧盟理事会在里斯本方针中也指出，成为世界上具有竞争性、具有活力的以知识科学为基础的经济区是欧盟的奋斗目标。① 欧盟和欧洲理事会极大地推动了德国学校中欧洲教育的开展。

其次，随着欧盟的诞生和欧洲一体化的发展，欧洲各国的贸易往来日益密切，欧洲范围内的跨国公司日趋增多，这极大地提高了企业对应聘者外语水平的要求。学校中增加欧洲教育的内容可以为跨国企业培养符合条件的人才，这不仅对学生的个人发展有着积极的作用，也对德国乃至整个欧洲的经济发展起着良好的推动作用。不仅如此，两次世界大战对德国的经济打击也很大，德国意识到，想要再次崛起，单靠自己的力量是不够的，必须要借助欧盟、欧洲这个平台，才能再次成为世界经济强国。在学校中加入欧洲教育内容可以使得学生从小拥有欧洲一体化的意识，为将来做个合格的欧洲公民打下基础。

最后，欧洲各国具有相似的历史文化遗产和心理认同，《学校中的欧洲教育》政策也是适应德国移民文化的要求。一方面，古希腊、古罗马的文化对欧洲文化的发展有着源远流长、深远持久的影响。没有希腊文化或罗马帝国所奠定的基础，也就没有现代的欧洲。随着后来宗教一体化，欧洲统一的思想随之出现，它源于对基督教文明的认同感。另一方面，欧洲各国有着相似的价值观念，法国大革命在欧洲范围内传播了民主思想，逐渐形成了民主、自由的内涵，成为后来各民族国家建国的理念。两次世界大战导致东、西欧分裂的经历让欧洲人民深知战争带来的苦难和对文化的打击，欧洲人想要走合作发展的道路，愿意一起为了欧洲的发展而努力。面对如今全球化的发展，欧洲人民感受到了巨大的压力和挑战，他们需要适应风云变化的社会。

第二次世界大战以来，德国逐渐成为一个移民国家。据2016年的数据显示，2015年德国有1 710万左右人口拥有移民背景，比前年增长4.4％。② 除移民外，德国还居住着许多在德国工作的欧洲其他国家公民，而这些公民子女的教育问题也正是该政策需要解决的问题之一。学校中

---

① Kultusministerkonferenz, "Beschluss der Kultusministerkonferenz vom 08. 06. 1978 i. d. F. vom 05. 05. 2008, " https：//www. kmk. org/fileadmin/Dateien/veroeffentlichungen ＿ beschluesse/1978/1978 ＿ 06 ＿ 08 ＿ Europabildung. pdf, 2017-08-17.

② "Bevölkerung mit Migrationshintergrund auf Rekordniveau, "https：//www. destatis. de/DE/PresseService/Presse/Pressemitteilungen/2016/09/PD16 ＿ 327 ＿ 122. html, 2017-12-05.

存在欧洲教育内容可以让学生从小了解欧洲各国的文化、语言和风土人情，培养懂得尊重文化多样性、具有包容心的习惯。

在上述政治、经济、文化的大背景下，《学校中的欧洲教育战略》应运而生。

（二）《学校中的欧洲教育战略》的内容

《学校中的欧洲教育战略》的内容主要包括两个方面：一个是战略目标，另一个是为实现目标所要采取的措施。

1.《学校中的欧洲教育战略》的目标[①]

《学校中的欧洲教育战略》的总体目标是要将欧洲意识和欧洲认同感作为学校教育的任务，唤醒他们作为欧洲公民的意识。

学校有义务让学生了解欧洲各国、各国人民以及他们之间的关系，逐渐培养学生的欧洲意识和欧洲认同感。学校要激发和扩大学生对语言、文化多样性的尊重与兴趣。

学校要教会学生在欧洲范围内生活的能力。学校课堂上倡导的国家、社会和个人生活的价值观应该涉及欧洲共同体和欧洲公民的领域。以下是学生应该掌握的能力。

• 注重理解，消除偏见，承认欧洲多样性。

• 在拥有自身文化认同感的同时接受多元文化。

• 尊重欧洲法律和在欧洲法律框架下的人权。

• 睦邻友好，实现欧洲各国不同利益间的妥协。

• 倡导自由、民主、人权、公平、经济安全、和平，以负责的态度促进欧洲的发展，并积极参与欧洲合作。

以欧洲为导向的能力应该在一些关键领域和欧洲历史及一体化的内容中习得。学生应该关注以下几个重点领域。

• 从自然环境、社会和经济的角度探索欧洲地形的多样性。

• 从欧洲各国的共性和特性方面比较其政治和社会结构。

• 评估欧洲机构在其职能和运作方面的作用。

---

① Kultusministerkonferenz, "Europabildung in der Schule," https: //www. kmk. org/fileadmin/Dateien/veroeffentlichungen _ beschluesse/1978/1978 _ 06 _ 08 _ Europabildung.pdf, 2017-09-08.

• 探索欧洲有影响力的，特别是那些与欧洲法律、国家理念与自由理念相关的历史力量，德国关于当前发展的个人结论。

• 感受欧洲文化多样性的发展方针、特点，保护欧洲文化多样性。

• 承认欧洲的多语文化。

• 评价欧洲联合思想观念和欧洲一体化。

• 意识到平衡欧洲各国利益和联合解决欧洲内外经济、环境、社会、政治问题的必要性。

• 培养对欧洲范围内学业、培训、职业等领域的人口流动的意识。

• 意识到自身对于欧洲民主和世界和平的重要意义。

学校中的欧洲教育内容应该涉及实际生活，只有在文化、旅游、运动、消费等各个领域都消除国界，欧洲教育才能融入生活。

2.《学校中的欧洲教育战略》的措施①

学校的各学科、各领域都应该设计欧洲教育内容。各州应该设定具体的教学计划和教学内容。

措施1：注重欧洲和国际范围内的合作与交流

在欧洲教育项目的框架下，德国和合作校开展合作，扩展学生和教师的专业、教学法等个人能力。德国政府要支持与合作校之间的国际交流，为学生和教师提供交流机会。德国学校要积极参与欧洲竞赛和一些为加深对欧洲理解组织的参观活动等。德国各联邦州会和教育交流中心一起开展一些活动，教育交流中心是欧盟教育项目处理学校事务的国家代理处。这些合作不仅为了拓展学生的欧洲能力，也是为了增强他们的专业能力、方法能力和个人能力。

措施2：在课程中体现欧洲教育

学校的课程中应该体现的欧洲教育内容如下。

• 历史课应该涉及欧洲人民和各国家的历史渊源，政治、社会和宗教运动，文化、观念以及欧洲一体化的历史。

• 政治课应该涉及欧洲政治、经济、社会、制度的变革，他们的价

---

① Kultusministerkonferenz, "Europabildung in der Schule," https：//www. kmk. org/fileadmin/Dateien/veroeffentlichungen _ beschluesse/1978/1978 _ 06 _ 08 _ Europabildung. pdf, 2017-09-08.

值观、规范和现状。

• 经济和法律课应该涉及欧盟的经济和法律基础，以及经济、环境和社会目标的平衡问题。

• 地理课应该涉及欧洲地理位置、地形多样性，欧洲在世界范围内的经济网和在全球化背景下的作用。

• 宗教、伦理、哲学、数学、自然科学、科技、艺术、音乐、体育等学科不会局限于国家范围内，而是共同教育传统的一部分，在欧洲范围内尤其具有共性。这些学科能够促进欧洲意识的形成与发展，也是学校中欧洲共同理念的一部分。

课堂上应该开展围绕欧洲话题的讨论，学校应该重视像欧盟日或者欧洲周等特殊的节日。

措施3：获得双语或多语能力

语言对于一种文化的理解具有至关重要的作用。德国学校的课堂上应该涉及德语和德国文学、外语和外国文学，开设其他外语课程或者双语课程。因为对于外语的习得是了解另一种语言社会的前提。很多学生被要求具备多语能力，尤其是一些双语课程使学生能够获得欧洲语言的更深层次的知识，并和其他欧洲国家与合作伙伴建立合作关系。那些古老的语言对于理解欧洲共同的遗产来说也是意义重大的。

(三)《学校中的欧洲教育战略》的实施效果

考察《学校中的欧洲教育战略》的实施效果主要是分析该战略提出的目标和其实现情况。由于该战略只提出了一个总体目标，即培养学生的欧洲意识和欧洲认同感，尊重文化多样化，让他们从小养成做欧洲公民的观念，但战略中并没有细分成小目标，所以该战略的实施效果则要看所采取的措施是否符合这一宏观走向。

为了实现上述目标，德国联邦、各州政府都采取了积极的措施。

1. 联邦层面

德国联邦政府在《学校中的欧洲教育战略》的引导下进一步促进了公立欧洲学校的发展。公立欧洲学校是德国独具创造性的一个概念模式，融合于德国国民教育体系之内，被应用于德国很多联邦州的基础教育的各学校类型中。公立欧洲学校是德国各联邦州支持创办的、免收学费的、面向全欧洲学生招生的学校。

德国公立欧洲学校大致可以分为两类。一类是单纯的欧洲学校，或者说是双语学校，只接纳会说德语和另一门外语的学生，但这类学校只占公立欧洲学校数量中很小的一部分。德国大部分的欧洲学校属于另一类别，就是源于德国普通的公立学校，在这所学校内，既有常规的学生，也有想要接受欧洲学校教育模式的学生，一般情况下，这两种模式下的学生人数差异不是很大，但是随着年级的升高，选择欧洲学校教育模式的学生比例会先降低再升高，小学阶段的比例最高，初中阶段的比例最低。

普通的公立学校在被确定为欧洲学校之前需要符合一定的标准，由于德国是联邦制国家，所以德国联邦层面并没有对此做明确规定，各联邦州的选拔标准也不尽相同。下萨克森州教育部在 1996 年 10 月 22 日发布规定，如果学校提供的课程里包含至少三门外语、欧洲融合的主题，并且该学校积极参与欧洲范围内的教育项目和国际化合作，就可以申请成为欧洲学校。勃兰登堡州的教育部从 1996 年起就允许州内学校使用欧洲学校的理念，该州规定符合以下条件的学校才可以申请成为欧洲学校：必修课中还有外语课；定期参加欧盟、欧洲理事会、欧洲学校网之间举办的活动和竞赛；积极参加跨国教育项目，主动与欧洲其他国家的学校、培训机构建立合作关系；教师培训着重关注欧洲问题和跨文化教育；积极向学校所在的地方传播欧洲思想等。① 只有符合上述标准满一年期的申请学校才能够被确定为欧洲学校。北莱茵威斯特法伦州教育部规定，被确定的欧洲学校只有五年的限期，五年之后学校将会被教育部欧洲学校司重新认定，届时不符合州要求的学校将会被免除成为欧洲学校的资格。黑森州从 1992 年就开始了欧洲学校项目，并在不断发展中完善选拔欧洲学校的原则。欧洲学校需要满足的要求有：积极促进跨文化学习进程，培养学生的自我认同感，建立对文化多样性的包容心；为不同文化背景的学生提供认识的平台，培养学生的跨文化能力；致力于学校发展，承

---

① Bildungsserver Berlin-Brandenburg, "Europaschulen im Land Brandenburg, "http：//bildungsserver. berlin-brandenburg. de/themen/internationales/europa-und-schule/europaschulen/, 2017-08-18.

担社会责任。2015 年黑森州的教育部部长劳茨(R. Alexander Lorz)也提到："欧洲学校是示范尊重、开放的试点，它为德国和其他欧洲国家间建立起了桥梁。"①

德国联邦政府为支持欧洲学校模式的实施，建立了公立欧洲学校联邦网络联合会。该联合会主要为校内和校外的交流交换提供平台，通过对教育问题的探讨可以在实践中改善教育项目中不足的地方，完善教育工作。该联合会的建立主要有三大目标：其一，为所有对欧洲教育或与教育机构合作感兴趣的人员提供培训课程；其二，欧洲学校将"统一而多元的欧洲"这一主题作为教育实践的重点，所以联合会请求各州部长联席会议的代表能够尽可能地达成最低共识；其三，联合会希望能与各联邦州齐心协力共同为促进欧洲教育的目标的达成而努力。② 为了实现上述三个目标，公立欧洲学校联邦网络联合会也对欧洲学校的发展提出了具体要求。

2008 年 5 月，各州文教部部长联席会议的"欧洲教育进学校"(Europabildung in der Schule)和 2006 年欧洲议会和欧盟的有关"终身学习的关键能力"(Schlüsselkompetenzen für Lebensbegleitendes Lernen)的建议为欧洲学校的教学计划的制订提供了方向。终身学习的关键能力中包含九种能力，其中母语能力、外语能力、社会和公民能力、文化意识和文化表达能力都将成为欧洲学校课程开设的重中之重。欧洲学校各年级课程中都需要包含跨文化方面的课程，外语学习也将作为必修课或限选课，学生可以在修习考试后获得语言证书。另外，欧洲议题也将成为学生会议或竞赛的主题。

欧洲学校需要重视项目导向型的学校合作和实习，开展定期的跨国教育项目，与国外学校、培训机构、欧盟机构、基金会积极主动地合作，将欧洲化的教育课题融入课堂之中。根据公立欧洲学校联邦网络联合会的要求，高中阶段的欧洲学校需要有至少三个国外合作学校，初中或职

---

① Hessisches Kultusministerium," Zertifizierung von drei neuen Hessischen Europaschulen,"http://www. europaschulen. de/8. html，2017-09-14.

② "Bundes-Netzwerk Europaschule e. V. Grußwort/Ziele,"http://www. bundesnetzwerk-europaschule. de/index. php/grusswortziele. html，2017-08-18.

业中学有至少两个，小学有至少一个。初中也可以联系职业导向型的实习或者国外企业的实习。与此同时，欧洲学校承担着向学校所在范围内传播欧洲理念的责任，学校可以通过出版物、公共关系或者国际交流的方式向教育工作中涉及的相关政治、经济、文化、艺术的团体或个人传递欧洲教育思想。

欧洲学校除了要起到对外宣传的作用，还要保证自身的质量。一方面，注重教师的专业化发展是欧洲学校保障良好师资力量的重要途径，学校要及时为教师提供出国访问或者外语培训的机会。另一方面，学校要认真对待评估环节，运用内外部评估相结合的方式对学校进行系统性评估，鼓励家长参与到欧洲学校的建设中去。欧洲学校的学生具有更好的解决问题的能力：从小接触多元文化，培养跨文化的国际视野，在对本民族文化和国家有自我认同感的基础上，尊重并理解他国文化，减少偏见也避免产生排外心理，这样在遇到文化间的矛盾冲突时就更能平和地解决。这恰恰是战略目标所要求的内容。

这些欧洲学校各具特色，但其入学、升学条件、课程设置都是按照联邦和州一级的标准设定的。德国大部分的欧洲学校都是面向全欧洲招生的，只有柏林地区的欧洲学校规定，母语非德语的学生需要满足在德国居住至少一年以上或者已有兄弟姐妹在欧洲学校就读了。一般来说，想要进入欧洲学校就读的学生不是母语非德语的孩子，就是重视外语能力家庭的孩子。入学前，家长需要和校长或老师进行一次谈话，孩子需要参加一次语言测试。升学对于已经在欧洲学校就读的孩子来说也是极其方便的，学生可以自行选择是否继续在欧洲学校就读，或者选择回到常规的教育分支就读。德国基础教育阶段不同类型的学校之间的渠道是互通的，所以学生可以自由选择自己未来的道路。例如：母语为德语的学生可以在小学四年级后转入常规的中学，母语为英语的学生可以在六年级后转入，但一般情况下，母语为英语的学生大都选择继续留在欧洲学校。还有一种可能是选择进入国际学校，参加国际项目或国际认证的考试。

欧洲学校的班级一般为20～28人，其课程设置不仅符合各州教育部的课程标准，而且始终以它的多语文化特点为导向。在这所学校，第一外语有着与母语同等的地位，一般的课程用母语讲授，另一半用第一外语开设，而母语非德语的学生与德国本土学生的课程设置也略有不同。在小学以德语开设的课程有：德语作为母语；德语作为第一外语；数学。以第一外语语言开设的课程有：国情、历史、思想品德、地理。平衡德语与第一外语的课程有：自然科学、音乐、艺术、体育。另外，在小学五年级会给学生开设第二外语课，一般为英语或法语。在九年制中学阶段，以德语开设的课程除了小学已经开设的三门课还增设了物理、化学。而以第一外语开设的课程则略有改变：历史、社会学、政治、地理、生物。平衡性的科目有伦理学、音乐、艺术、体育。在柏林公立欧洲学校除了设立以上这些日常课程之外，还设立了一些独具特色的活动，学校会按照欧洲日历，举办以各国节日、纪念日、文化日为主题的活动，让学生们感受异国习俗与风土人情。

2. 州层面

德国各联邦州对《学校中的欧洲教育》大力支持，各州会资助举办各种欧洲范围内的活动，积极为欧洲学校及其学生搭建交流的平台。鉴于联邦各州发起的活动既有个性又有共性，本文以德国柏林一勃兰登堡州为例，总结一下该州的举措。勃兰登堡州对欧洲教育主要提供三方面的支持：学生方面、教师方面和学校方面。

学生方面，勃兰登堡州每年都会为学生举办欧洲周活动。2016 年的欧洲周定在 4 月 30 日至 5 月 9 日，这也是为了纪念 1950 年法国外交部部长罗伯特·舒曼为欧洲联合做出的努力，《舒曼声明》也一直被认为是今天欧盟的思想基础。在欧洲周期间，学生们可以参加各式各样的研讨会、专题讨论、专家讨论或者节日庆典等活动，和来自不同地区和国家的参与者一起深入了解欧洲事宜。欧洲周活动中的最后一天 5 月 9 日被定为欧盟活动日，旨在唤起更多的学生对欧洲一体化进程的兴趣，加深对欧盟的理解。学生可以与来自欧盟、联邦和各州的政治家及欧盟机构的成员探讨问题，欧盟活动日对所有的学校类型和教育阶段的学生开放。勃兰登堡州为学生准备的第二项活动是出版物大赠送。例如，勃兰登堡州为 9～13 岁的学生提供"欧洲漫画书"，在书中印有有关欧洲和欧盟的地理、历史、人口、语言、文化相关的知识。勃兰登堡州也为学生提供关于欧洲的不同的课堂材料、杂志或者宣传页。除此之外，联邦州还为学生提供模拟欧盟成员国解决欧盟议题的活动，议题都是与欧盟和欧洲人民利益切实相关的，如欧洲范围内的禁核武器、欧盟的边界界定、欧洲范围内的无线网的安装、直接选举欧盟主席等。勃兰登堡州在 2015 年还为学生举办了"欧洲环境学校——21 世纪国际议程"（Umweltschule in Europa-Internationale Agenda 21 Schule）的活动，学生可以根据环保的主题选择与校内同学、校外组织、协会或社区、家长共同报名完成一项社会实践或者调研活动。像"伊拉斯谟计划"这样的国际交流项目也会在联邦州平台上与学生分享。

教师方面，勃兰登堡州积极鼓励所有教师提高自己的外语水平并及时更新补充自己的国情知识，联邦州会为教师，尤其是外语教师提供交流访问或进修的机会。"助教项目"是勃兰登堡州准备的又一福利。勃兰登堡州与波兰、法国、意大利、比利时、西班牙、加拿大、美国、澳大利亚、新西兰、爱尔兰等国都有助教交换的项目。欧洲学校可以通过这项活动改善课堂、提高学生的学习动力、习得外语、了解他国的生活方式和价值观，教师也可以在与他人的合作中实际锻炼自己的外语能力。

学校方面，学校层面的交流合作项目是学校的一项重要事务，它不仅可以提高学生的学习兴趣，还可以丰富学生的生活，对塑造学生的价值观和包容心都有积极的影响。勃兰登堡州积极促进学校间的团体交流和个人交流，并与各州部长联席会议的国际交流司、德法青年会、德波青年会、基金会等机构合作，为欧洲学校提供更广阔的平台。德国和很多国家的学校都存在合作伙伴关系，但德法之间的学校合作十分密切，因为法国教育部在 1986 年 10 月关于"德法的当下关系和课堂事务的统一声明"中和 1989 年 4 月 12 日德国文教部的决议中都强调了两国学校合作和学生交流的重要地位。① 在德法青年会的共同努力下，勃兰登堡州的学生和法国的学生有着长期的交流活动。这不仅可以提高学生对合作对象国的语言掌握能力，也可以加深他们对对象国学生的生活、学习方式和对象国文化的更进一步了解。这项交流项目主要以个人的交流为主，为

---

① http://bildungsserver.berlin-brandenburg.de/themen/internationales/schulpartner-schueleraustausch/brigitte-sauzay/，2017-08-18.

期至少三个月，其中包括至少六周的学校访问。主要针对九年级至十一年级的学生，或者是法语能力很好的八年级学生（理论上需要学习两年的法语相关课程），而且需要学生具备相应的个人心理成熟度，确保其有能力在交流阶段适应招待家庭和学校的生活。德法青年会将会给学生的旅行提供一定的补贴。

《学校中的欧洲教育战略》是德国在基础教育阶段的国际化战略之一。它主要立足于德国、放眼欧洲，将欧洲内容囊括在学校教育中。通过分析该战略的实施状况可以看出，其实施效果基本较好，但是由于该战略的总体目标较为宽泛，没有下设相应的具体小目标，所以对考察实施效果也有不利影响。不过，该政策对德国教育国际化的发展仍起到积极的推动作用。

第五章　日本教育国际化政策及其实施效果

日本是亚洲乃至世界上教育国际化较为发达的国家。日本的教育国际化为日本社会提供了大量适应国际社会的高级人才，支持仅有 1 亿多人口的日本成为世界第三经济大国，提高了日本的国家竞争力，树立了日本在世界范围内教育先进国家的地位，取得了一系列令人瞩目的成绩。同时，日本教育国际化也存在基于国民性的"岛国根性"和单一民族、单一语言文化所导致的与国际社会沟通的隔阂，基于近代历史问题和现代新国家主义而产生的民族自我认同与他国认同之间的不和谐，以及面向未来无法解决的种种痼疾。研究日本，不仅有助于了解其教育国际化发展的经纬、把握日本教育国际化典型政策及其实施效果和存在问题，亦有助于借鉴其教育国际化经验教训，对同为东方汉字文化圈的中国开展教育国际化提供有益的启示。

一、日本教育国际化进程的总体概况

截至 2015 年 6 月，在日居住的外国人人数达到 2 172 892 人，涉及 206 个国籍（另有个别无国籍人士）。① 据 JNTO 日本政府观光局统计，2014 年访问日本的人次达到 13 413 600 人，日本人出访人次达到 16 903 000 人。② 截至 2014 年 5 月 1 日在日外国留学生人数为 184 155 人，2012 年日本人出国留学人数为 60 138 人，③ 日本成为国际社会人员往来

---

① "在留外国人統計，"http：//www. e-stat. go. jp/SG1/estat/List. do? lid = 000001139146，2015-09-01.

② "日本政府観光統計，"https：//www. jnto. go. jp/jpn/news/data＿info＿listing/pdf/150120＿monthly. pdf, 2015-09-20.

③ "「日本人の海外留学者数」及び「外国人留学生在籍状況調査」等について，"http：//www. mext. go. jp/a＿menu/koutou/ryugaku/1345878. htm, 2015-09-01.

较为频繁的国家之一。截至 2015 年，日本有 24 人获得诺贝尔奖，在自然科学方面，日本仅次于美国，居于世界第二位。在各类世界大学排名中，日本大学有多所大学跻身前 100 名，亚洲大学排名中，东京大学多次蝉联第一，在最新的 2015 年排名中，日本有 19 所大学进入亚洲前 100 位。

　　日本，作为一个单一民族①、单一语言的岛国，有着特殊的地理环境和历史背景，自古以来就有学习和吸收外来文明的良好传统。随着 1—4 世纪汉字的传入，日本正式开始了有组织的教育活动，此后为了学习中国先进文化，日本多次派出大量留学生和留学僧出国学习，这时的教育"国际化"主要是亚洲范围内与中国、朝鲜半岛国家的交流；到了近代，明治维新时期，为了学习西方先进科学技术，实现文明开化、富国强兵的目的，日本开始学习荷兰、德国，并向欧美派出教育使节团和大批留学生，为建立近代化国家进行了一系列教育改革。通过改革，日本建立了近代化的教育体系，普及了基础教育，提高了全民的文化素质，为日本经济发展培养了大批劳动力，这一时期的教育"国际化"主要以学习欧美为主；第二次世界大战后，日本开始了美国主导下的包括教育改革在内的一系列民主化改革，确立了现代化的教育体系，为日本的经济腾飞提供了大批优秀研究者和技术工人，这一时期的教育"国际化"以接受美国影响为主；20 世纪六七十年代以来，尤其是 20 世纪末和 21 世纪初，随着交通、通信技术的飞速发展，国与国之间交流的日益频繁，世界范围内教育服务贸易的开展，日本教育进入真正意义的全球范围的国际化时代。为了应对教育国际化浪潮，日本相继出台了留学生 10 万人计划、留学生 30 万人计划、一系列国际理解教育政策、G30 计划以及其他教育国际化政策，以期积极推动日本教育国际化进程。进入 21 世纪，随着日本经济的长期低迷，人口老龄化、少子化等社会问题的出现，日本教育国际化面临新的、严峻的挑战，正在积极改革、寻找出路。可以说，无论是古代日本教育的萌芽阶段，还是各个历史时期重大转型阶段，甚至当前，日本的教育历史发展进程的关键时期始终伴随着教育的国际交流，始终与国际化密不可分。

---

① 日本虽然也有部分阿伊努族，主要还是以大和民族为主，属于单一民族国家。

本文按照日本教育发展的历史维度，将日本教育梳理为古代、近代、当代几个阶段，对各个阶段的日本教育国际化进行考察，重点分析当代日本国际化中有代表性的教育国际化政策——留学生政策和国际理解教育政策的动因、内容、实施、效果以及评价。

（一）古代日本的教育国际化

严格来说，日本有组织的教育从一开始就伴随着国际化和国际交流。据《隋书·倭国传》记载，5世纪前，日本"无文字，唯刻木结绳记事。"这一时期，中国、朝鲜半岛的居民不断迁入日本列岛，汉字和汉学开始传入日本。据《日本书纪》和《古事记》记载，应神天皇十六年，285年（或有说405年），汉人王仁携论语10卷、千字文1卷以及其他典籍自百济来到贡良马国，教授皇太子和其他宫廷贵族子弟学习汉字、儒学和中国元典著作。据说，皇太子在王仁的教导下能看懂信件，对高丽王的来信做出评价。尽管学术界对于汉字传入日本的年代说法不一，但是，至少在5世纪，汉字以及以儒学为主的汉学已经传入日本。汉字的传入在日本教育、文化乃至政治、经济、社会发展史上具有重要的划时代的历史意义：有了文字才使书面记述得以实现，教育得以有组织地进行；为开展贵族教育，皇室开办了最早的宫廷教育机构"学问所"，从此日本结束了"刻木结绳"的历史，开始用汉字记事，书写法律、命令，用汉字记录思想、抒发感情，推动社会发展。可以说，日本古代有组织的教育是从国际化开始的。汉字和儒学传入日本以后，6世纪，佛教也经中国和朝鲜半岛传入日本。寺院长期成为日本文化教育的中心，寺院教育的发达成为日本古代教育的突出特点。日本多次派遣留学生和留学僧赴中国学习，最多时达五六百人，先后到中国留学的有小野妹子、南渊靖安、高向玄理以及后来的阿倍仲麻吕、吉备真备、橘伊势、最澄、空海等，他们都成为著名的学者和文化教育的传播者。中国的鉴真六次东渡，终于到达日本，开办了培养僧侣的学问所——"唐禅院"。鉴真及其弟子们还带来了大批珍贵的经书、绘画、雕像、玉器等，在传播佛教文化的同时，也将中国的建筑、音乐、雕塑、绘画、工艺美术等传入日本，对日本文化教育以及社会生活各个方面的发展做出了卓越的贡献，被视为日本文化的恩人。当然，此时的日本教育"国际化"受条件限制，交流的国家只是以中国为主，包含朝鲜半岛国家、印度等亚洲国家，并非全球范围的普遍的国际交流。事实上，9世纪以前，日本主要消化吸收中国文化。平安时代开始，日本逐渐开始发展具有自身特色的"国风文化"教育。

(二)近代日本的教育国际化

到了明治时期，日本在西方列强的坚船利炮下，重新认识了世界并迅速做出反应。1868年4月6日，明治天皇祭祀神灵，宣读誓文表达"上下一心，大展经纶，求知识于世界，大振皇基"的决心。1868年，木户孝允在《振兴普通教育乃当务之急》中提出使平民百姓知识进步、吸取文明各国之规则的建议。1869年，伊藤博文在《国是纲目》中论述了全体国民学习世界各国知识的重要性和提高知识水平的意义。福泽谕吉在1872—1876年写了《劝学篇》共17篇，鼓励向国外学习。1871年12月，政府决定以法国教育制度为主，参照了英、美、德、荷的经验，博采众家之长制定了"学制草案"，建立了金字塔形的教育体制，保障了国家意志的贯彻执行，实现了地区上的平衡，普及了教育。国力衰微的明治政府在教育上毫不吝啬，教育投资在政府各项投资中最高。为求知识于世界，明治政府聘用大量外国专家并选送大批留学生出国深造，此项开支达到全部教育经费的1/3。1873年，文部大辅主张按美国的教育模式进行教育改革，着手起草《教育令》。1879年3月颁布的《教育令》体现了美国式的自由主义和地方分权。由于《教育令》不能很好地适应日本当时的国情，在1880年12月被《改正教育令》代替，加强了爱国忠君思想教育。日本近代教育国际化改革一方面体现了改革派学习欧美的意志，另一方面又融合了保守派提倡的皇道思想，逐渐形成了和洋并举、共同维护天皇制国家的教育体制。从1868年明治维新开始到19世纪末，日本经过政治、经济、文化教育等一系列改革，社会发生了日新月异的巨变，短短几十年，日本从封建国家过渡到了近代化的资本主义国家，并成功"脱亚入欧"，跻身世界列强，开始四处扩张，争夺殖民地，参与瓜分世界。日本也理所当然地成为亚洲的教育和文化中心。特别是日俄战争以后，超过7 000名来自中国的留学生，处于日本殖民统治的朝鲜半岛有超过15 000名留学生在日求学，日本从单纯的留学生输出生源地，变成留学生输入地和输出生源地。

（三）当代日本的教育国际化

大正、昭和时期，日本逐渐淡化欧美民主思想，强化忠君爱国的国家主义教育，走上了法西斯主义道路，成为第二次世界大战的侵略国。太平洋战争开始后，为了培养占领地的军政支持者，日本设立了奖学金，招收了 200 名来自印度尼西亚、菲律宾、马来西亚、缅甸、泰国的留学生。① 随着海外派兵，战事不断升级，教育事业全面崩溃。1945 年 8 月 15 日，日本战败，天皇宣布无条件投降，日本开始了美军占领下的一系列社会重建。第二次世界大战后，美国对日本的控制，尤其是政治、军事上的控制一直影响到今天。作为日本战后改革的一部分，教育领域也进行了全面的改革，由于它意义重大、影响深远，被称为继明治维新以来日本第二次教育改革。为改革日本教育，美国派出了教育使节团，专门考察日本的教育现状，并于 1946 年 3 月 30 日提出了《美国教育使节团报告书》。该报告书由绪言和正文构成，正文由六部分组成。第一章教育的目的和内容；第二章国语改革；第三章初中等学校的教育行政；第四章教学和教师培养；第五章成人教育；第六章高等教育。1946 年 8 月 10 日，日本成立教育刷新委员会，开始以《美国教育使节团报告书》为蓝图进行教育改革。1947 年 3 月 31 日，由教育刷新委员会起草、文部省拟定、经国会审议通过的第 25 号法律——《教育基本法》颁布实施。《教育基本法》在前言中明确指出："日本决心建设既有民主又有文化，为世界和平和人类福利做出贡献的国家。"《教育基本法》的颁布标志着日本军国主义教育的废除，它以民主的法律的形式代替了君主专制时期的敕令形式，奠定了其他教育法规的基础，具有第二次世界大战后"教育宣言"的意义，对日本教育的发展产生了深远的影响。在《教育基本法》颁布的当天，《学校教育法》颁布，依据《学校教育法》，1947 年 4 月 1 日，日本开始全面实施美国式的 6—3—3—4 单轨学制。1947—1949 年，日本按照小学、中学、高中、大学的顺序改组各级教育机构。经过第二次世界大战后一系列改革，到 1955 年，日本的经济得到恢复，1952 年，日本开始接收印度尼西亚政府派遣的留学生，1954 年日本创设了"国费外国人留学生

---

① 白雪花，"留学生政策に見る日本の国際化，"東アジア日本語教育日本文化研究，2015 (18)。

招募制度",开始接收东南亚、中近东地区的学生。在世界两大阵营冷战的局面下,日本抓住机遇,发展国力,开始进入经济高速增长期。在鸠山内阁的"经济自立五年计划"和池田内阁的"国民收入倍增计划"指导下,日本出现了三次高速增长期,经济实力超过了美国以外的资本主义国家,成为第二经济大国。

早在 1965 年中央教育审议会发表的《所期望的人》这一咨询报告里,就曾提出教育国际化的主张。教育国际化就是将一国的教育放在国际社会的大环境中,用国际的视角来看待问题,培养国际化的人才。日本认为处于世界中的日本人必须充分面向世界,有能力应对世界复杂形势,成为世界通用的日本人。1974 年,中央教育审议会为文部省提供的咨询报告《关于教育、学术、文化的国际交流》中,又阐明了日本教育国际化的基本观点和措施:日本作为国际社会中的一员,应使每个国民对本国及他国文化怀有深刻理解,使日本国民在国际社会中受到信赖和尊敬。为此,要推进国际性启蒙教育和国际理解教育,扩大师生的国际交流,完善国际交流体系。评论界认为,日本本国教育中存在封闭性、划一性和非国际性问题,为此需要加快教育国际化进程。1982 年 7 月,日本政府发布《2000 年的日本——具备国际化、高龄化、成熟化》报告,强调"必须以国际化视野看待一切问题",其中包含教育事业在内,日本各项事业都在倡导国际化。同年,为明确非语言学科的外国教师聘任制度,文部省颁发了《国立公立大学外国教员任用特别措施法》。1983 年,为发展留学生事业,文部省召开了"面向 21 世纪留学生政策恳谈会",成立"21 世纪留学生政策委员会",专为内阁提供留学生政策咨询,该委员会提出了《关于 21 世纪留学生政策的建议》的研究报告,认为招收和派出留学生有利于提高大学的研究水平,促进日本国际化和日本的国际理解,积极倡导促进留学生招收并提出具体建议。① 1984 年 6 月,日本政府经过长时间的酝酿,出台了《关于面向 21 世纪留学生发展政策》的报告,在报告中明确了 21 世纪初接受 10 万外国留学生计划,为此,动员中央政府各个部门、驻外使领馆、地方政府、高等院校、民间团体、企业等积极参与。

---

① 王留栓、小柳佐和子:《日本大学国际化的进程与回顾》,载《日本问题研究》,2001(1)。

1984 年 8 月，日本政府公布临时教育审议会设置法，日本教育咨询机构——临教审成立。临教审认为，在世界趋向国际化的时代，教育改革要以国际化为导向，要提高高等教育机关的教育教学和研究水平，面向世界，使高教机关从封闭的、为日本国内培养人才的机构，转变为培养开放的、世界性人才的机构，为国际社会做出知识性的贡献。次年 10 月，日本政府根据临教审的咨询报告出台了 7 项教育改革措施，其中第 5 项的内容包含教育国际化改革。为了增进国际的理解和合作，1988 年内阁出台政策以推动教育、科学、文化、体育方面的国际化。1990 年，为推动高等教育国际化进程，亚洲的日本、韩国、泰国，大洋洲的澳大利亚、新西兰等，仿照欧洲"伊拉斯谟计划"，发起了"亚太大学流动计划"（University Mobility in Asia and the Pacific Schem，UMAP），开展高等教育的国际交流与合作。1991 年，文部省修订了学位规则，便于外国留学生取得学位，早稻田大学等开始允许留学生使用英语来撰写学位论文。1987 年，在临时教育审议会咨询报告的提议下，成立大学审议会。1995 年，大学审议会在报告中进一步明确了高等教育国际化的目标，提出培养既掌握精深的专业知识与职业技能，又能进行跨学科领域研究，能对事物做出恰当评判、擅长创新、具有广博视野、活跃于国际社会的国际人。1996 年，为促进留学生事业的发展，成立了"日本留学生教育学会"。2010 年 6 月，阁议决定的"新成长战略"再次确认接受 30 万高质量的留学生，同时日本赴海外留学、研修的人数也达到了 30 万人。

经过 20 年的努力，日本留学生人数从 1983 年的 1 万人，达到 1999 年的 51 298 人，从 2000 年起以每年 14％～23％的递增速度，在 2003 年延迟 3 年达到 109 508 人，最终实现了 10 万人留学生计划。此后，日本留学生人数继续增长，到 2008 年，随着教育国际化程度的进一步加深，日本开始酝酿新的留学生发展计划，经过一系列论证，最终确定并在 2008 年宣布计划到 2020 年招收 30 万留学生，并出台了一系列相关政策。截至 2014 年，日本留学生人数达到 184 155 人（其中，高等教育机关在籍人数 139 185 人，日语教育机关在籍人数 44 970 人）。

除了大力发展留学生教育，为了解国际文化、思维的差异，理解不同国度的特点，增强异文化间的沟通能力，日本在中小学普及国际理解教育、加强外语教学、确立国际化教育理念。在大学设国际关系学科，实行大学间学分互换，创建新型国际大学。在国际教育交流合作方面，日本不断对发展中国家派遣志愿者，进行各种教育支援活动，定期派遣初中等教育机关的教师到海外进修。在学术研究领域的国际合作方面，开展了南极观测、国际宇宙空间站计划、国际热核融合实验炉计划、综合国际深海采掘计划等。在科学技术振兴事业团和日本学术振兴会以及国家科学技术振兴调整费项目提供的资金保障下，日本先后与世界上 39 个国家缔结了科学技术合作协定，开展多国合作。在体育运动的国际合作方面，日本积极派遣运动员参加各种国际比赛，支持国内各种运动会的举办。在文化的交流合作方面，举办"2003 日本·东南亚诸国交流年"、土耳其年，在俄罗斯举办日本文化节，积极开展世界遗产保护、文物保护的国际合作，积极发掘、保护日本民族文化遗产。此外，涉及教育国际化的项目还有：国际教育协力活动项目、海外日语教师派遣项目、国际教育推进项目、外语教育国际交流员和语言助手项目、国际通用大学入学资格等项目。在国际教育协力活动方面，日本在政府开发的援助项目（ODA）的纲领下，为了推进人类的安全保障，开始重视教育支援。目前进行的项目主要有全民教育目标（EFA）和千年发展目标（MDGs），为此从 2011 年到 2015 年，日本计划投入 35 亿美元，至少为 700 万到 2 500 万儿童提供先进教育。2013 年，日本政府主导的教育再生实行会议中表示，要进行彻底的国际化，创建世界上有竞争力的大学环境，重申留学生 30 万人计划。①

二、日本接收留学生政策及其实施效果和评价

留学生的规模和质量是衡量一个国家教育国际化尤其是高等教育国际化的重要指标。本文由于篇幅所限，仅就日本接收外国留学生方面进行讨论，派出留学生问题留作其他研究。日本接收留学生教育按照人数增长可以分为几个阶段：日俄战争后的 1904 年前后到第二次世界大战后是萌芽阶段，有数千留学生；第二次世界大战后到 1983 年前是初始阶段，留学生突破万人；1983 年到 2003 年是迅速增长阶段，这一时期出台

---

① 白雪花，"留学生政策に見る日本の国際化,"東アジア日本語教育日本文化研究，2015 (18)。

并完成了留学生 10 万人计划，留学生人数从 1 万人增长到 10 万人，主要目的是友好交流、促进国际理解和对发展中国家进行知识援助，同时也是为了化解贸易顺差带来的隔阂，为日本谋求国际政治地位创造环境，主要体现为外交政策和文教政策；2003 年到 2008 年是巩固阶段，这一阶段日本留学生人数持续增长，达到 13 万人；2008 年至今是留学生教育再发展阶段，日本积极出台 2020 年留学生达到 30 万人计划，其目的从对国际贡献转向为自身发展获得优秀人才，解决高龄少子化带来的劳动力不足和产业升级换代带来的优秀人才缺口问题，这一阶段的留学生政策不单是外交政策和文教政策，同时也是经济政策，并已经上升为国家战略的重要地位。30 万留学生政策面临日趋激烈的国际教育贸易市场竞争、日本经济地位的变化、日本高等教育魅力不足、其他国家高等教育的发展以及出国目的地的多元化等，造成日本接收留学生人数增长缓慢甚至停滞。尤其是 2011 年以来，随着东日本大地震和福岛核电站危机，日本接收留学生事业发展进入瓶颈期，保持在 18 万人左右（高等教育机构在籍留学生 13 万多人，语言学校等预备机构在籍留学生 4 万多人），日本正在积极寻求出路。2014 年，日本出台超 G30 计划，选取 37 所大学进行重点支持，开展英语授课，希望借此增加留学生数量、提高留学生质量。以下，具体分析日本留学生 10 万人计划和留学生 30 万人计划的动因、内容、实施过程、效果和评价。

（一）留学生 10 万人计划的动因、内容、实施过程以及效果和评价

1. 留学生 10 万人计划的动因

20 世纪 70 年代，一方面，日本为克服第一次石油危机带来的冲击，通过各种措施节省能源，推动产业结构升级，劳动生产率得到迅速提高，推动了进出口贸易的增长。尤其是出口迅速增加，引起包括美国在内的贸易摩擦。为减少对外贸易摩擦，日本加快对外投资的步伐，然而由于不同的历史、文化、制度等，导致日本与贸易、投资对象国的矛盾与冲突不断升级。正如 1974 年日本首相田中角荣访问东南亚各国时出现的反日运动那样，日本缺乏与各国的友好交流和理解。另一方面，为保护自己的海外利益，日本需要在国际政治舞台上增加自己的发言权和影响力。正因如此，1977 年福田赳夫首相访问东南亚各国时，提出不做军事大国、

建造心心相印关系、在印度支那问题上发挥作用的"福田主义"。1979 年，大平正芳首相又提出"综合安全保障战略"、环太平洋合作圈等。① 20 世纪 80 年代以来，日本出于政治的考虑，积极开展与亚洲以及欧美各国的文化教育交流和合作，旨在消除与各国的矛盾，增进理解，为政治、经贸活动创造良好的环境。日本提出"科技立国"的方针，为此需要改革原有的教育制度；加之日本所处的国际政治地位不能与其经济大国的地位相适应，日本政府希望通过教育的手段培养大国意识、国际意识、防卫意识，为跻身国际政治舞台做思想上和人员上的准备。1982 年，在"以国际化视野看待一切问题"倡导下，教育国际化日益被重视，中曾根康弘明确提出了建设"国际国家"（政治大国）的口号。随着国际交往的扩大，国际的教育交流和合作也日益频繁，日本认识到接收留学生的人数与国家教育国际化的关系，认识到与其他发达国家在留学生接收方面的差距。1983 年日本留学生人数仅为 10 428 人。同年，美国留学生人数为 31 万人，法国为 12 万人，英国以及当时的西德各 6 万人。②

　　促成政策形成的契机是首相中曾根康弘的东南亚访问，中曾根康弘在与留学生的交谈中深感日本接收留学生人数与发达国家的差距之显著，认识到留学生交流是与其他国家增进相互理解，促进教育、研究水平的提高，为发展中国家培养人才的举措，是重要的文教和外交政策，留学生大都在各国的发展和与日本的关系方面起着宝贵的作用，与其他发达国家相比，日本留学生人数极少。中曾根康弘首相回国后立即召集相关专家着手成立了留学生政策智库，积极酝酿留学生接收政策，培养"知日派"，强化日本与其他国家的相互理解。于是由 5 人（牛尾机电会长牛尾治郎、国际大学校长大来佐武郎、日本国际教育协会理事长川野重任、国立教育研究所木田洪、东京大学教授中根千枝）组成的 21 世纪留学生政策恳谈会应运而生。5 人恳谈会经过反复研讨，于 1983 年 8 月 31 日提出了《关于 21 世纪留学生政策的建议》（以下简称《建议》），《建议》指出：面向 21 世纪，日本期待在充实国力的基础上，加强各个领域的实力，提

---

① 福永文夫：《大平正芳》，260 页，东京，中央公论新社，2008。
② "「留学生 10 万人計画」達成の経緯，" http://www.iic.tuis.ac.jp/edoc/journal/ron/r13-2-4/r13-2-4b.html，2015-09-12。

高日本在国际上的地位和作用。特别是需要和各国保持顺畅融洽的关系，需要通过国际交流和宣传活动增进相互理解，构筑相互信任的友好关系。同时，通过与其他发达国家对比，日本的留学生比率极为低下。教育的国际交流、特别是通过留学生在高等教育阶段的交流能够提高日本和他国的教育、研究水平，促进国际理解和国际合作，协助发展中国家进行人才培养等，学成归国的留学生可以成为两国友好关系的桥梁。故留学生政策是以文教政策、外交政策为中心的重要国策之一，21世纪的留学生政策当务之急就是扩大留学生招生规模，《建议》中设想，到21世纪初达到法国的水平10万人。具体措施是扩大公费留学生的招生规模，将公费留学生的招生作为自费留学生招生的牵引力。计划公费和自费留学生比例达到1∶9。[1] 此后，1984年6月，日本组织18名专家拟定了《关于21世纪留学生政策的开展》的咨询报告。文部省在以上两个报告的基础上，形成了具体的措施框架。

2. 留学生10万人计划的内容

留学生交流是与其他国家增进相互理解，促进教育、研究水平的提高，为发展中国家培养人才的举措，是重要的文教和外交政策，留学生大都在各国的发展和与日本的关系方面起着宝贵的作用，与其他发达国家相比，日本留学生人数极少。为此，需要制定留学生接收政策。

留学生10万人计划的目的是，在以往的促进友好、人才培养的基础上，提高相互的教育、研究水平，培养、推进国际理解和国际协调精神，强调学术交流和国际交流，汇总接收留学生的好处。[2]

留学生10万人计划的内容有以下几点。第一，对留学生接收机构——大学的要求，分两个方面的内容：一是留学生教育教学，二是留学咨询和接收手续。留学生教育教学方面包含对于留学生的教育指导、充实留学生课程设置、面向自费留学生举行的海外统一招生考试；留学咨询和接收手续方面包含完善招生地留学咨询体制、完善日本国际教育

① 茂住和世，"留学生30万人計画の実現可能性をめぐる一考察，"東京情報大学研究論集，2010(13)。

② ［日］园田茂人：《日中关系40年史1972—2012社会·文化卷》，马静、周颖昕译，166页，北京，社会科学文献出版社，2014。

协会及其职能、完善大学的留学生事务机构等。第二，加强留学生日语教育，主要是推进日本国内的留学生日语教育。第三，确保留学生住宿环境。以容纳四成留学生为目标，完善留学生宿舍或者普通学生宿舍，具体措施：一是完善大学的留学生宿舍和普通学生宿舍，二是推进民间留学生宿舍建设。第四，推进民间活动，广泛宣传留学生政策，促进留学生融入日本社会。第五，针对归国留学生的政策，包括完善对于归国留学生活动的支持和完善归国留学生相关的各项事业。

3. 留学生 10 万人计划的实施过程

继 1983 年、1984 年的一系列留学生政策后，日本继续探讨推进留学生接收工作。1986 年，临时教育审议会提出的年度第一份咨询报告中提出高等教育实质性改革，具体有促进课程体系和教学方法的国际化，在开学时间、插班转学、学分互换、增加外籍教师方面均做出了一系列规定。临时教育审议会《关于教育改革的第二次报告》提出，应该飞跃性地扩大留学生招生，为达成这一目标，不能仅以文部省和个别大学为中心开展工作，应该从草根的民众层面发起活动，大学、各相关的政府部门、地方公共团体、民间法人、民间团体等应该加强合作、齐心协力，创建有利于留学生招生的官民一致的氛围。1986 年 5 月 1 日，内阁会议通过了《关于临时教育审议会第二次报告的对应方针》，决定按照临时教育审议会报告的建议进行留学生接收工作的改革和推进。1992 年 7 月，"面向 21 世纪关于留学生政策相关调查研究协作者会议"完成"展望 21 世纪综合推进留学生交流"报告，提出在文部省即将实施迎接 10 万人计划的中间年份(1992 年)对于 10 万人计划前期留学生政策的评价和后期留学生政策开展方式的调查研究，并在 1992 年 7 月公布调查结果。1997 年 5 月，桥本内阁提出的教育改革之中的 5 个支柱之一就是留学生交流等国际化的推进。1997 年 7 月，留学生政策恳谈会第一次报告会《关于今后留学生政策的基本方向》对于今后留学生政策的方向性进行了检讨，肯定了接收留学生 10 万人计划的历史意义，在 10 万人计划基础上对迄今为止的政策评价以及广泛的相关者所采取的积极行动予以认可，并继续执行计划目标。1998 年 7 月，小渊内阁总理大臣初次内阁发言回答四个质询之一时表示：对于海外留学生，要进行接收体制一体化、改善留学环境、增加专职工作人员。

1999 年 3 月，留学生政策恳谈会提出《以知识的国际贡献的发展和新的留学生政策的开展为目标——2000 年的留学生政策》报告。第一，确立了 21 世纪日本留学生政策以知识的国际贡献为出发点，明确了在期待为各外国培养人才的同时，在日本的安全保障和维护和平、强化国际范围知识影响力方面的重要意义。第二，在严峻的国际形势变化中，对于 21 世纪日本的留学生政策，以亚太诸国为代表的世界各国都给予厚望，今后也要继续维持留学生 10 万人计划，为达成这一计划积极寻求更好的措施。第三，在与欧美诸国大学的竞争中，有必要在重视量的同时，更重视每一个人的质的保障，建议质的提高需要数量的充实。推进提高大学质量的改革，构筑世界开放的留学生制度，进一步加强官民一致的留学生援助，是今后政策的重点三大支柱。2000 年 4 月，G8 教育首脑会谈中提出要共同努力寻求 G8 各国之间以及其他国家之间的交流规模，大幅度扩大交流渠道，在今后 10 年流动性增加一倍方面达成一致，7 月，九州、冲绳 G8 会议上再次被重申。2000 年，大学审议会表示高等教育全球化时代的到来要探求全球化时代高等教育的存在方式，认为"提高大学教育研究的国际通用性、共通性，推进强化国际竞争力的大学改革是接收留学生的基础，而扩大留学生的接收与促进大学改革相辅相成"。2001 年 11 月，明仁天皇夫妇亲自出席留学生百年典礼，促进留学生接收工作。2001 年 9 月，经济财政咨询会议上公布了《改革工程表》，在教育部分的改革中，明确了"实施改善留学生支援、实施宿舍接收体制等以推进面向国际开放的教育"。法务省入国管理局也顺应留学生接收需要，召开签证政策的恳谈会，关注留学生接收的情况，听取各方意见，及时调整签证政策。2002 年 6 月，在内阁会议《关于经济财政运营和机构改革的基本方针 2002》中，六个经济活力化战略之一即"全球战略"，作为全球化中的积极贡献，要求"文部科学省要推进留学生交流、推进对外国留学生的支持"。

在资金投入方面，对于公费留学生资助项目和金额为：①奖学金，研究生层次每月 175 000 日元，本科层次每月 135 000 日元；②入学金和课时费，国立大学免收，公立和私立大学由文部省支付；③支付往返机

票费用；④支付到日临时费用每人 25 000 日元。对于自费留学生，学业
成绩优秀、生活困难的，由独立法人日本学生援助机构支付学习奖励费，
2004 年的学习奖励费额度为研究生层次每月 73 000 日元，本科层次每月
52 000 日元。在私立大学以及短期大学对学生进行学费减免的情况下，
文部省对减免部分进行补助(2004 年以负担学费的 30%为限)。该学生援
助机构还对在日本和海外举行的日本留学考试中取得优异成绩的学生进
行学习奖励。外务省在推进接收留学生的相关预算方面，1984 年大约只
有 500 万日元，2003 年达到 59 亿日元，增长了 11 800 倍，从 1984 年到
2003 年，留学生交流相关预算总计达到 192 亿日元。以上两省的预算合
计到 2003 年大约 591 亿日元，整个计划过程的 20 年中总计投入 7 738 亿
日元。2002 年，公费留学生(共计 9 009 人)到研究生阶段，含奖学金以及
入学金、学费免除额度在内，每人获得大约 300 万日元的资助。

2002 年，自费留学生达到 85 024 人，其中 10 900 人获得学习奖励
费，占留学生人数的 12.8%，13 841 人获得学费减免，占留学生人数的
16.3%，获得双重奖励的学生最高达到每人每年 114 万日元的额度。以
上的自费留学生不包含享受利用其他国家公费来日的留学生。

除了政府奖学金外，各个大学也积极为留学生提供资助。在总务省
组织调查的 81 所大学中，有 38 所学校在 2003 年为留学生支付了来自大
学的独立奖学金，数额达到 5 亿日元，43 所学校减免了留学生入学金共
计 3 亿日元，65 所学校为留学生减免学费总额达 138 亿日元。此外，
2003 年度有 38 个地方公共团体为留学生提供了 1.8 亿日元的奖学金。

在政府不断出台政策的积极推动下，尤其是来自政府、大学、社会
的必要的资金扶助下，随着公费留学项目的开展、放宽自费留学签证审
查等政策的实施，赴日留学生人数发生了显著的变化，如图 5-1 所示。

1983 年留学生 10 万人计划开始之初，收入国管理规定放宽，留学生
课外打工被解禁，接收机构可以统一到日本国内各地的入国管理局为学
生代理签证申请。在最初的几年，赴日留学人数迅速增长。当时，肩负
向高等教育机关输送留学生任务的日语学校，没有任何办学限制或是设
置标准和资格认定制度，任何公司、个人、社团，都可以自由开办日语
学校，向海外发放录取通知招收学生，一时间日语学校遍地开花，申请

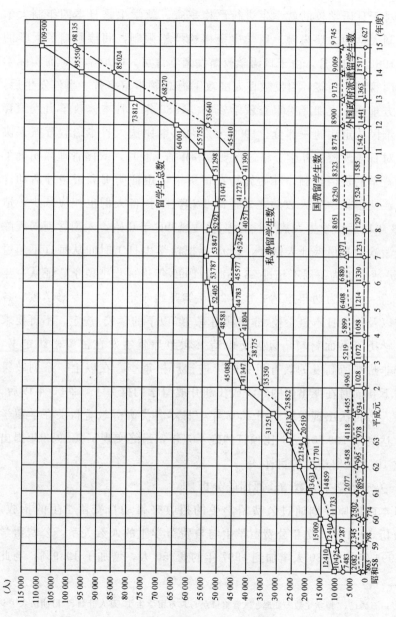

图 5-1　1983—2003 年留学生的变化情况

资料来源:2003 年总务省、学生支援机构统计报告。

入国的就学生急速增长。由于日语学校缺乏规范，导致学生中非法就业者和非法滞留者数量大大增加。1988 年 10 月，日本入国管理局发现此现象后，对于日语学校的就学生进行严格审查。就学生是日本四年制大学和两年制大学的主要来源，留学生资格被严格限制，间接影响了大学的招生。1988 年 11 月，由于日语学校滥发入学许可、收取学费，而实际学生被入国管理局拒签，引发数百人围攻上海总领事馆事件。事件发生后，引起各方重视，更加严格审查就学资格。1989 年，日本修改了出入国管理以及难民认定法的一部分。1990 年 2 月，财团法人日本语教育振兴协会开始对日语学校的办学资格进行规范和审查，6 月，入国管理局明确了留学和就学的资格限制，开始施行在留资格认定证明书和资格外活动许可制度，使得就学生人数随之急速减少，大学预备人群也相应减少，造成 1993 年以后留学生人数增长的停滞。① 1996 年开始，入国管理局废除了饱受诟病的身份保证人制度，1998 年把留学生打工时间从每日不超过 4 小时灵活变更为每周不超过 28 小时，1999 年进一步把留学签证从一年需要申请一次改为两年申请一次，2000 年开始对于大学、专修学校、各种学校以及优良日本语学校（非法滞留率 5% 以下的学校）规定，不再要求财政、学历等书面材料，只提交申请书和照片就签发在留资格认定书，仅对于非法滞留高发的教育机关继续进行严格审查。在以上一系列政策的促进下，同时在派出国的经济成长和开放留学的推力下，2000 年以后，留学生人数再次出现激增。到 2003 年，日本各类高等教育机关在学留学生人数达到了 109 508 人，比预订的晚了 3 年，最终实现了其 1983 年提出的接收 10 万人留学生的目标。②

4. 关于留学生人数增长原因的分析

日本政府原计划通过公费留学生的招收来带动自费留学生的招收。通过分析 1994—1997 年公费留学生与自费留学生的人数关系，公费留学生从 1994 年的 6 880 人增加到 1997 年的 8 250 人，增加了 19.9%，与此

---

① 白石勝己，"留学生数の変遷と入管施策からみる留学生 10 万人計画,"（財団法人アジア学生文化協会）ABK 留学生メールニュース，2006(12)。

② 茂住和世，"留学生 30 万人計画の実現可能性をめぐる一考察,"東京情報大学研究論集，2010(13)。

同时自费留学生从 1994 年的 46 907 人减少到 1997 年的 42 797 人，减少了 8.8％，两者之间并没有原本期待的对应增长关系。通过对留学生出身国的考察得知，2003 年自费留学人数达到公费留学人数 10 倍以上的是中国(39.5 倍)、韩国(15.3 倍)，2 倍以下的国家是印度尼西亚、孟加拉国、菲律宾，呈现极端的两极分化状态。中国、韩国、泰国、印度尼西亚、越南五国的公费留学生占全体公费留学生的 46.7％，公费留学生来源集中在少数几个国家，就读于日本少数几所大学。1997—2003 年较长一个时间段内，虽然自费留学生从 42 797 人增加到 99 762 人，增加了 13.1％，仍然找不到与公费留学生同步增长的证据。

　　对照同时期签证政策的变化，发现签证政策紧张与缓和对留学生、就学生的人数变化产生直接影响，有关学者以及来自法务省的反馈据此得出结论，此阶段自费留学生增长的一个重要原因是留学生留学期间的延长，在留资格审查手续的简化，入国、签证要求的放宽等。具体如表 5-1 所示。

表 5-1　入国管理局政策变化与留学生人数

内容＼年份		1995	1996	1997	1998	1999	2000	2001	2002	2003
入国管理法的修改等		○废除身份保证书(1996 年 8 月)								
		○简化书面材料的提交(1997 年 4 月)								
		○变更专门学校学生升学等规定(1997 年 7 月)								
		○变更打工许可(1998 年 9 月)								
		○延长在留期间(1999 年 10 月)								
		○简化基于在籍管理状况的在留资格审查(2000 年 1 月)								
自费留学生	总数(人)	46 476	44 870	42 797	42 975	46 981	55 081	69 639	86 541	99 762
	指数	100.0	96.5	92.1	92.5	101.1	118.5	149.8	186.2	214.7

　　注：此表为笔者根据总务省 2005 年 1 月关于推进留学生接收措施的政策评价报告书整理而成。

　　从对留学生来源国的分析中可以看出，中国和韩国留学生人数占据比例极大，中韩两国留学生人数从 1984 年的 4 656 人达到 2003 年的

86 685人，增长了 18.6 倍。日本总务省曾就此照会中韩两国在日大使馆相关部门，通过照会得知，两国留学生人数的增长与两国经济发展、伴随经济发展产生的对高等教育的迫切需求以及留学经验利于归国就业等因素有关。有学者撰文，认为 1980 年留学生人数增加的原因与文部省的日本留学生政策几乎没有什么关系，而是与日本的出入国管理政策的变化和各国留学生政策，尤其是自费留学生输出国的政策有关，简言之是日本的入国审查政策和他国的自费出国留学政策的两个条件的合力作用的结果。① 另外，总务省在 2005 年公布的关于推进留学生接收措施政策的评价中也表明，10 万人计划达成的原因主要得益于入国管理和在留资格规定的大大缓和。② 经济高速发展的日本也成为亚洲淘金者首选的热门国家，日本被认为是一个可以一边打工赚钱一边学习的国家，这也是吸引周边经济地位有差别的国家的学生大量自费留学的主要原因之一。

入国管理局的政策表面上成为 10 万留学生达成的主要原因，其实，其背后更深层次的疑问是，日本为什么能够获得足够的生源志愿者，使得日本几乎仅仅依靠对签证政策的收缩与放宽就可以达到调整留学生招收的目的？20 世纪 80 年代，正是日本经济高速增长、增速几乎达到顶峰的年代，日本拥有世界排名第二的经济实力、较为发达的高等教育，日本社会生活的优越水平使得日本与同处亚洲的其他国家差距显著，相比较欧美巨额的学费和更为烦琐的手续运作，日本有着经济和地缘上的优势，尤其是中、韩等与日本同属汉字圈国家，文化上的亲和力也是不可忽略的原因之一，加之这一时期中日关系、韩日关系虽然时有摩擦，总体还是以友好合作为主流。随着中国、韩国经济的成长，国内高等教育资源不足，对外优质教育资源需求扩大等，使日本成为以中、韩为主的亚洲国家学生留学的首选。同时，公费留学生制度和日本独特的文化也吸引了亚洲以外的其他国家地区的留学人员。

5. 留学生 10 万人计划的效果与评价

为了总结留学生 10 万人计划在提高日本和他国的教育、研究水平、促进国际理解和国际合作、协助发展中国家进行人才培养中的效果，总

---

① 滝田祥子，"1980 年代における日本留学の新展開，"国際政治，1988(87)。
② "留学生の受入れ推進施策に関する政策評価書，"総務省，2005(23)。

务省通过对 2 358 名在日留学生、322 名归国留学生、272 名留学生指导教师以及 40 家雇用留学生的企业进行调查，在留学效果、培养质量、就业、改善措施方面得出如下结论。

留学总体效果方面：超过 60% 的留学生认为课程内容和教师的指导力满意或者大致满意，超过 70% 的留学生对于设施和环境满意和大致满意。超过 60% 的指导教师认为留学生的存在对日本本国学生理解其他国家、促进日本学生国际化起到了积极作用。35% 的企业认为雇用留学生促进了企业的活力。在对归国留学生的调查中，85.3% 的公费留学生和 44.1% 的自费留学生愿意劝导他人到日本留学。70.2% 的留学生认为日本留学起到积极作用，14.3% 的留学生认为起到了一些作用。可见，留学效果评价方面基本达成了最初的目标。

留学生培养质量方面：2002 年获得硕士、博士学位的留学生占留学研究生总数的 68.9%，同时期日本本国研究生获得学位的比例达到 98.1%。留学生退学、除名比例 1998 年为 3.1%，2002 年达到 6.0%。1996 年有 8 406 人非法滞留，占留学生全体的 15.9%，2002 年有 4 401 人非法滞留，占留学生全体的 5.6%，呈现逐渐好转的态势。最近 5 年到 10 年(1994—2003 年)，37.9% 的指导教师认为学生质量下降厉害或者有些下降，25.0% 的指导教师认为没有什么变化，21.7% 的指导教师认为好了一些或好了很多。

留学生就业情况方面：据调查，27.4% 的留学生希望毕业后在日本就职，实际有 14.9% 的毕业生真正在日就职。厚生劳动省在东京和大阪设立的公共职业安定所内部组织——外国人雇用服务中心在 2003 年为 4 047 名求职者介绍了 4 936 份工作信息，最终达成 148 件，达成率为 3.7%。在日本 10 万留学生政策时期的留学生以学成回国为主，同时，部分优秀的留学毕业生作为高技术人才开始充实到日本的就业人口中，成为社会劳动力的一部分。

留学生公费、自费人数比例方面：2002 年，美国、英国、德国、法国、日本的公费留学生人数分别为 3 085 人，4 079 人，5 928 人，10 156 人和 9 009 人，自费与公费留学生人数之比为 190∶1，60∶1，38∶1，18∶1 和 11∶1。日本与部分发达国家相比，公费留学生比例较高，自费留学生人数偏少。

　　关于改善策略：通过对 272 名指导教师的调查，37.1％的教师认为应该加强日语能力教育，29％的教师认为应该增加奖学金的发放人数，26.8％的教师认为应该对公费留学生进行中期身份认证，21.3％的教师认为应该严格自费留学生的入学考试制度。

　　1983 年，日本留学生人数为 10 482 人，2003 年达到 109 508 人，比原计划 2000 年推迟了 3 年，超过了 10 万留学生的目标，对照计划制订的时间点和人数，基本完成了留学生 10 万人计划所规定的目标。

　　总之，留学生 10 万人计划虽有波折，但基本达到了预期目标。留学生 10 万人计划为今后开展教育国际化、制订下一步留学生接收计划积累了经验，奠定了基础。

　　(二)留学生 30 万人计划的动因、实施过程、目标达成预测

　　1. 留学生 30 万人计划的动因

　　21 世纪初，随着全球范围高等教育服务贸易——留学生教育产业的迅速崛起，以及日本国内由于少子化和老龄化带来的劳动力不足问题，使得日本日益意识到留学生产业不仅是促进与各国交流理解、提升日本国际形象、培养知日人士的有效途径，更是增加教育收入、拉动内需、补充优质廉价劳动力的济世良方。在日本国内，随着社会的发展，日本的产业结构发生了根本的变化，"知识密集型"代替了"资本密集型"。在社会生活方面，由于信息化教育、国际化教育、终身教育的发展，社会结构、国民的生活内容也发生了巨大的变化，需要家庭教育、社会教育、学校教育之间的协调发展，为此必须进行改革。此外，从教育自身的发展规律来说也存在废旧立新的需要。在教育领域，国立大学中的东京大学、京都大学，私立大学中的早稻田大学、庆应义塾等成为亚洲乃至世界一流大学，较为丰富的高等教育资源吸引着更多学者和留学生到日本从事研究和留学深造。从 2003 年日本达成留学生 10 万人计划以来，日本不断提出新的留学生政策，2003 年 12 月，中央教育审议会《关于新的留学生政策的开展》提出重视留学生质量，改善接收措施等。2007 年 4 月 18日，第 9 次教育再生会议第三分科会上会议主持人静冈文化艺术大学的校长川胜平太提出要"实现彻底的高等教育国际化"，"到 2025 年接收 100

万留学生"的数值目标。① 2007 年，安倍政府改革方案措施之一也提出
2025 年留学生人数达到 35 万人的设想。安倍亲自著书，以扩大日本的影
响力，提高日本的魅力；设立首相奖，鼓励招收留学生。2007 年 6 月，
经济财政咨询会议的《基本方针》中建议将留学生政策作为国家战略，建
议中央教育审议会为此要站在专家立场考虑今后的留学生接收。中央政
府的各个审议会相继建议扩充留学生。② 日本的执政党、在野党、政府职
员、教育机构和民众，纷纷通过媒体表达教育国际化的期望，在扩大留
学生接收的理念方面基本达成一致，制订留学生 10 万人计划的后续政策
成为共识，确定数值目标成为唯一任务。此后，中央教育审议会的大学
分科会成立了留学生恳谈会，着手留学生政策的相关研究。横田雅弘、
白石胜己等相关学者做了关于接收留学生数值的预算研究课题，认为到
2025 年留学生人数可达 19 万～35 万人。③ 在此基础上，经过中央教育审
议会反复多次逐词逐句地研讨修订，初步确定了时间截点为"2020 年"，
人数截点为"30 万"。2008 年 1 月 18 日福田康夫在首相就职演说中首次披
露这一计划：在福田计划的 5 项工作中的第 3 项——构筑充满活力的经济
社会中提到："要开放日本，开展与亚洲和世界之间人员、物资、资金、
信息交流的'全球战略'，制订日本留学生 30 万人计划，推进产学官合
作，扩大接收海外优秀人才到研究生院和企业。"同年 6 月 5 日，自民党成
立"留学生等特别委员会"专门应对留学生问题，发布了《作为国家战略的
留学生 30 万人计划》。同年 6 月 27 日，《2008 经济财政改革的基本方针》
在内阁会议上通过决定，基本方针包括预计到 2020 年留学生人数达到 30
万人的明确目标和 G30 计划（国际化据点大学）等项目。同年 7 月 1 日，
内阁通过《教育振兴基本计划》包含"留学生 30 万人计划"。同年 7 月 8 日，
中央教育审议会大学分科会·留学生特别委员会讨论通过《留学生 30 万
人计划基本框架》报告。在一系列紧锣密鼓的活动下，2008 年 7 月 29 日
在阁僚恳谈会上，由日本文部科学省和外务省、法务省、厚生劳动省、

① "「第 9 回　教育再生分科会議事録」平成 19 年 4 月 18 日，" http：//www. kantei. go. jp/
jp/singi/kyouiku/3bunka/dai9/9gijiroku. pdf，2015-09-30.

② "留学生政策 論議に道，" 朝日新聞，2007-11-05.

③ 白石勝己，"留学生'30 万人計画'と'受入れ戦略'，" アジアの友，2010(8).

经济产业省、国土交通省联合制订的"留学生 30 万人计划"框架要点得到正式确认。

从参与制订留学生 30 万人计划的机构可以看出，与留学生 10 万人计划强调知识的国际贡献不同，日本不仅把留学生 30 万人计划作为教育政策和外交政策，而且协同外务省、后生省、经济产业省等把它作为一项包含教育、外交、经济、民生等内容的综合性国际化政策，这是在教育国际化背景下，积极参与世界范围的高等教育服务贸易、获取优秀国际人才、解决老龄化和少子化带来的劳动力不足问题、改善与其他国家关系、促进相互理解、提高日本国际地位，最终增强国家竞争力的战略措施之一。

2. 留学生 30 万人计划的内容

2008 年 7 月，日本文部科学省、外务省、法务省、厚生劳动省、经济产业省、国土交通省共六个部门联合制订了"留学生 30 万人计划"。其核心内容是两个数值——"2020 年""30 万"，计划到 2020 年接收 30 万留学生到日本学习。这项仅仅归纳为 3 页 A4 纸的留学生 30 万人计划，可以说是十分简洁明了而又庞大艰巨的工程。除文部科学省之外，外务省、法务省、厚生劳动省等的参与表明了 30 万留学生政策不仅是一项教育政策，而且是一项促进日本教育国际化进程的措施，是一种在国际范围内获得优秀人才的手段，为提高日本国际地位、增强国家综合竞争力发挥了重要作用。与留学生 10 万人计划相比，留学生 30 万人计划的内容更加规范和系统，计划包含五个方面的内容，涵盖了留学前、留学中、留学后的各个阶段，从留学宣传、留学手续、在日生活保障（住宿和奖学金等）、大学教育质量和国际化建设、毕业后就业指导五个方面提出了具体措施。

第一是招生宣传，吸引赴日留学，帮助树立日本留学的正确动机，开展一站式服务。由于留学生 30 万人计划已经上升到国家战略的地位，因此，不再是文部科学省或者各个大学的任务而成为全社会的责任。通过大学等在海外的办事机构、驻外使领馆、独立行政法人的海外事务所之间的通力合作，积极对外宣传并介绍日本语言文化、风土人情、科技和经济发展成果，积极推介高等教育机构，开展一站式服务，在留学派出国当地进行信息发布、留学咨询、资料提供；加强日本大学与海外友好大学的合作，积极开展日语教育培训，促进海外日语教育机构建设；举办教育展览、留学说明会等，提供各高等教育机构招生信息，强化留学事宜的咨询，建立三个国家级留学网站，宣传、接收留学报名，努力使留学生在本国就可以获得所有的留学信息。据统计，在海外的机构包括日本学生支援机构 JASSO(4 处)，国际交流基金 JF(21 处)、日本学术振兴会 JSPS(10 处)、国际协力机构日本 JICA(10 处)、国际化基地大学 G30 等(280 处)。①

第二是三入改革：改革入学考试、入学手续、入国签证的准入手续，使留学生在本国就可以完成学校申请、报考、录取、签证、奖学金、宿舍安排等手续，赴日留学渠道更加畅通。具体措施有：强化大学情况、大学招生信息的发布，推进赴日前大学录取工作的开展，促进赴日前各种手续办理工作；放权给大学进行学生的在校管理、简化入国审查、在留资格更新等手续，缩短审查时间；改进日本留学选拔制度，将国际日语水平考试、日语能力考试，以及英语雅思、托福考试，甚至中国大学招生考试成绩作为参照条件，对优秀学生进行资助和奖励，吸引学生赴日留学；2010 年开始每年两次在日本国内 15 个城市，在海外以亚洲为主的印度、韩国、印度尼西亚、新加坡、泰国、斯里兰卡、菲律宾、越南、马来西亚、缅甸、蒙古、俄罗斯、中国香港、中国台湾这些国家和地区的 17 个城市设立考点。

第三是推进大学国际化的进程，创建有魅力的国际化大学，建设具有丰富国际色彩的大学校园。世界一流大学竞争激烈，日本大学国际化发展不足，促进大学交流、引进优秀的留学生和外籍教师、推进日本大学国际化成为当务之急。选择能够提供高质量教育研究的大学进行重点资助，以创造适于海外学生留学的环境。期待通过提高教育质量，培养活跃在亚洲乃至全球的人才，强化大学的国际竞争力，提高日本的国际竞争力。扩大英语授课科目范围，增加外籍教师的比例，设置仅使用英语就可以取得学位的专业，推进交换留学、短期留学，强化大学等专门

---

① 文部科学省高等教育局，"学生・留学生課留学生交流室留学生交流の推進について，"2010。

教育机构的组织建设。具体措施：选取 30 所大学作为国际化据点大学进行重点建设，即 G30 计划。根据这一计划，2009 年选出首批 13 所大学成为国际化基地大学和尖端重点研究中心选定大学，分别是东京大学、京都大学、大阪大学、名古屋大学、东北大学、九州大学、筑波大学 7 所国立大学，早稻田大学、庆应义塾大学、立命馆大学、同志社大学、上智大学、明治大学 6 所私立大学，作为首批全球 G30 计划大学进行重点资助。2009 年，预算资助 37 亿日元；2010 年，预算资助 30 亿日元。首先是英语讲授课程的构筑，完善用英语取得学位的体制建设，重视英语教材的开发、日本教师的研修培训，国际范围招募英语授课教师，增加外籍教师人数；其次是完善接收留学生体制，配置专职人员，对留学生进行生活援助和就业支持等，9 月开学体制的导入和实施；最后是战略性国际合作的推进，在海外建立留学生接收一站式服务基地，扩大大学间交流协议，大力开展交换留学。

第四是创建良好的接收环境，建设能使留学生安心学习和生活的优良环境。具体措施为：大学和各有关机构确保留学生赴日第一年能享受学校提供的宿舍，改善日本公费留学生制度和奖学金制度，推进地区和企业等和留学生的交流和支持，加强日本国内日本语教育，对留学生和家属进行各种生活援助等。

第五是推进留学生毕业、结业后的社会接收，促进日本企业等雇用留学生，推进日本社会的国际化。产业界、学校、政府机构通力合作对留学生进行就业和创业支援，在签证发放和延长期限方面放宽政策，对于毕业后归国的留学生要进行联络和沟通，成为日本的理解者和支持者。

外务省、经济产业省、法务省、文部科学省、国土交通省、厚生劳动省协同各地区和企业，对于大学的国际化活动和创建留学生接收环境，以及毕业结业后的就业活动、归国后的联络等进行支持。如外务省包括日本国内机构和驻外使领馆等负责提供日本留学信息，进行公费留学生的招募，进行选拔考试，对于归国留学生开展归国留学生组织化的援助；法务省实施对留学生的在留资格审批、工作签证的变更等工作；厚生劳动省负责对留学结束者的就业信息提供，就业咨询等工作；经济产业省负责开拓就业渠道、提供企业宿舍等工作；国土交通省负责促进以留学生为居住对象的民间住宅租赁供应工作等。以上各省通力合作，共同促进留学生 30 万人计划五个板块之间的有机联系。

3. 留学生 30 万人计划的实施

为了配合留学生 30 万人政策，法务省入国管理局积极组织相关专家召开恳谈会，如 2009 年 1 月出入国管理政策恳谈会提出了《接收留学生、就学生的建议》：①适当、顺畅接收留学生，提供适当的入学选拔、在籍管理、在籍状况信息；②进一步简化在留资格申请资料的要求；③进一步开放资格外活动，放宽打工限制；④将毕业后的求职时间从现行的 180 天延长到一年左右(拟从 2009 年 4 月开始)；⑤留学签证时间的延长(譬如由 3 年到 5 年)；⑥留学签证、就学签证的统一。2009 年 7 月 15 日，171 次国会修改了《出入国管理及难民认定法》，2012 年 7 月再次修改，规范了大学对在籍学生的管理。

文部省的奖学金制度分公费奖学金、自费外国留学生奖励制度，短期留学奖励、自费奖学金制度包括研究生和本科生的奖励，对于在日本大学研究生院取得学籍的研究生以及拥有大学学历在研究生院层次从事研究活动的在籍研修生，给予每月 6.5 万日元的学习奖励费，2010 年度预算为 3 470 人，共计 270 660 万日元，对于大学本科、短期大学、高等专门学校四年级以上或者专修学校专门课程作为正规学籍学生，或者大学和短期大学所设立的留学生预科在籍者、预备升入日本大学的学生，给予每月 4.8 万日元的学习奖励费，2010 年 8 380 人，共计 482 688 万日元。2008 年对大学间交流协议赴日短期留学外国留学生的资助名额为 1 800 人，共计 163 680 万日元。对于就学生给予 700 人，共计 40 320 万日元的资助。除了文部省的奖学金以外，还有来自地方共同团体的资助等。截至 2009 年 12 月，有 188 所大学、129 个民间团体为留学生提供奖学金资助，另有 19 个团体提供赴日前的预约奖学金。日本国际教育支援协会发起冠留学生奖学金事业，截至 2009 年 8 月，有 35 家企业通过个人或者企业冠名设立奖学金。①

日本留学生支援机构 JASSO 为了解留学生发展情况，对近年来日本

---

① 文部科学省高等教育局，"学生·留学生課留学生交流室留学生交流の推進について，" 2010。

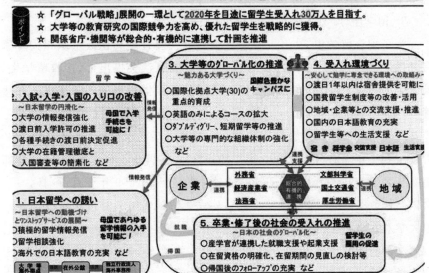

图 5-2　日本留学生 30 万人计划概要

留学生人数等数据进行了调查，以"留学"和"就学"资格的新入国人数制成留学生人数的年度变化双重柱状图来分析。如图 5-3 所示。

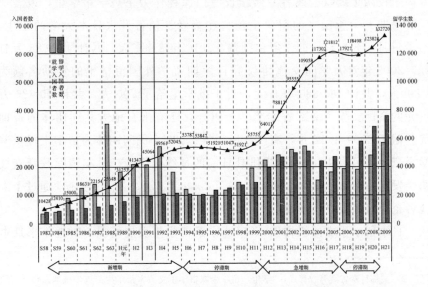

图 5-3　JASSO 平成 20 年度，留学生人数的年度变化

在第一个留学生计划——留学生 10 万人计划中的 1983—2003 年，留学生人数增长分为渐增期(1983—1993 年)、停滞期(1994—1999 年)、迅速增长期(2000—2003 年)。通过上文知道，此时日本经济高速增长，日本成为亚洲学子梦想深造和淘金的圣地。留学生市场成为所谓"卖方市场"，接受方日本几乎完全居于主动地位。因此，通过入国管理政策的放宽和收缩，就可以控制留学生人数的增长或停滞以及增长的速度。从 2000—2005 年，留学生人数激增，这是由于 2000—2003 年的"留学"签证、"就学"签证的新入国人数增加的结果，能够看出，为了达成留学生 10 万人计划的国家目标，入国管理局采取了极端的签证缓和政策。但是，2003 年发生了几起与留学生有关的犯罪事件，成为较大的社会问题。2004 年年初，入国管理局实行了在留资格严格化措施，受此影响，2004、2005 年"留学""就学"的新入国人数骤减，一直影响到两年后的 2006 年留学生人数的减少(比前一年减少 4 000 人)，波及了 2008 年，留学生人数呈水平线。2009 年脱离停滞期，以"留学"为主要资格的入国者人数的增加使得留学生人数达到历史新高的 13 万人。"就学"资格的入国人数 2004 年低落，2009 年终于恢复到 2003 年的水平。这几年的动向所反映的事实显示，只看留学生数的话，是缓慢上升的趋势，对此，日本亚洲学生文化协会的学者认为，今后两三年，留学生人数会重现 2000 年以后迅速增长的曲线形势。但是实际上从 2009 年到 2015 年，日本留学生人数基本持平，出现戏剧性变化的是 2010 年，当年同时出现两个留学生总数统计数值，到了 2015 年，留学生总数显示为 139 185 人和 184 155 人。为什么发生双数值并存的现象呢？原因是 2009 年 7 月，日本留学生签证政策发生重大转变——改革入管法，取消就学签证，统一为留学签证，即"就学"和"留学"签证一体化，规定从 2010 年 7 月起实施，于是出现了传统意义的高等学校在学留学生总数和包含语言学校学生在内的留学生总数两个数值。2010 年，部分学者认为，按照 2008 年以来的增长趋势，貌似不需要很久就可以达到 30 万人，但是实际上不会这么简单。

果然，2011 年的东日本大地震尤其是福岛核电站泄露问题给留学生带来了相当大的影响。据经济新闻 2011 年 5 月 4 日报道，由于地震导致两万留学生回国，截至 4 月 20 日，13.4％的留学生未返回。2012 年 2 月

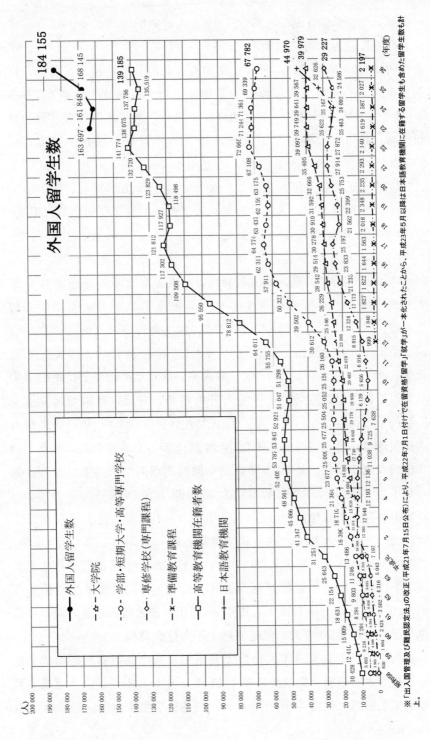

图 5-4 截至 2015 年日本接收留学生人数（2015 年 2 月 27 日）

※「出入国管理及び難民認定法」の改正（平成21年7月15日公布）により、平成22年7月1日付けで在留資格「留学」「就学」が一本化されたことから、平成23年5月以降は日本語教育機関に在籍する留学生を含めた留学生数を計上。

20 日，经济新闻报道，受东日本大地震影响，2011 年 5 月留学生人数比 2010 年减少 2 699 人，减少了 2.6％，5 年来第一次减少。2012 年 1 月 30 日，《产业新闻报》报道了相同内容，东北地方地区尤其严重，仅有 3 746 人，减少了 11.3％，关东地区 64 088 人，减少了 5.9％。不仅留学生数值目标出现问题，留学生的质量也出现了一些问题。日本《新潮周刊》指出，30 万留学生政策成为"犯罪温床"，专题报道了以越南为主的留学生犯罪现象。回头反思留学生 30 万人计划的出台过程：在扩大留学生招收的大方向上，政府各部门达成了共识，对于人数的确认，却有不同的意见。讨论之初，有建议招收留学生 30 万人、100 万人等不同提法，关于达成年代，也有 2025 年、2020 年等几种说法。对此，直接参与留学生计划人数测定的白石勝己指出，30 万人的数字是几种预测计算中的最大值，达成日期需要到 2025 年。事实上，关于留学生人数估算这一研究用了两种推算方法，其中之一是在过去的留学生数的增加倾向和政策的动向影响下，用各具特色的区间增长率作为趋势线向将来延伸的方法，另外一个根据是来源于对四年制大学的调查，通过询问各个大学未来预计接收留学生的数量，计算出大致的留学生接收人数。如图 5-5，按照 1983 年到 2006 年的增长率进行人数估算，2015 年达到 14 万人，2020 年达到 16 万余人，2025 年达到 19.6 万余人；按照 1992 年到 2006 年的发展人数估算，2015 年达到 16 万余人，2020 年达到 20 万余人，2025 年有望达到 22.7 万余人；按照 1999 年到 2006 年的增长率来估算，2015 年达到 23 万余人，2020 年达到 28 万余人，2025 年达到 32.3 万余人，这也是最高峰值的估算结果。按照较为平稳的 1983—2006 年留学生人数增长速度推算，2025 年留学生人数最小峰值可能达到 19.6 万人。如图 5-5 所示，特别强调的一点是，"这一研究采用的方法均以过去的经验值的趋势延长来推测，将来所发生的种种环境变化的变数未考虑在内。"[①]

所以，乐观地说，如果日本的经济、技术、政治能够维持较高的发展势头，大学教育的内容受到国际社会的充分好评，会乘以正系数，相反，如果不良因素过多的话（实际上这种可能性非常大）就必须乘以负系

---

① 白石勝己，"留学生'30 万人計画'と'受入れ戦略'，"アジアの友，2010(8)。

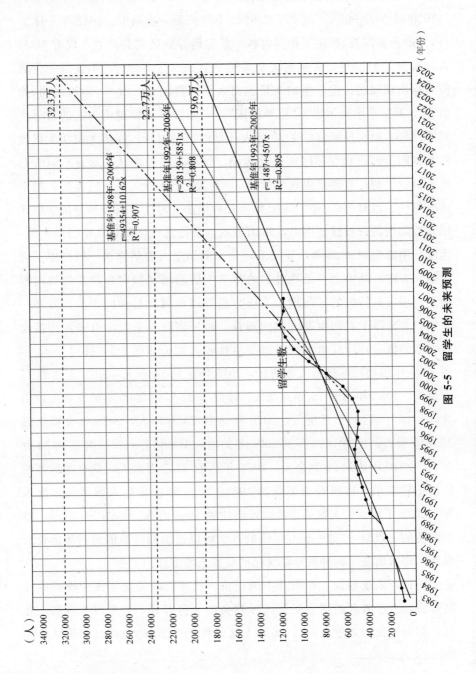

图 5-5 留学生的未来预测

数。在实际制定政策的过程中，政府把这一研究的测算结果向前推了5年，留学生人数也采取较大值30万，最终决定到2020年达到30万人作为留学生政策的数值目标确定下来，表现出作为国家意志的极为积极的政策导向。[①] 对照近几年留学生人数实际数量会发现，留学生人数符合学者采用的估算法中最小值的预测，证明学者的研究还是有一定的合理性。但是，原来研究未能将变量因素充分考虑在内，2008年以后，国际、国内环境发生了巨大的变化，日本经济地位下滑，突发的自然灾害和引起的严重事故使日本留学吸引力骤然降低，中国、韩国等亚洲各国经济的增长以及世界范围的留学市场的竞争等使得日本不再是留学的热门国度，换而言之，日本留学卖方市场不再，逐渐成为留学生买方市场。因此，在留学生人数方面，"高速增长"并不具备必然性。同时，估算方法中用各个大学计划招生数量总和的方法，不十分科学。在没有充足申请者的情况下，大学一厢情愿地以计划招生人数来进行统计，只能得到意愿招生人数，而不是实际达到人数的客观估计。政府制定政策时采纳了人数估算的最大值，也就是说假定日本经济、技术、政治、外交等都能够维持较高发展势头的情况下，有可能达到的数值，这一做法忽略了负系数的存在，夸大了正系数的作用，采用最大值的做法缺乏充分的客观依据；政府将这一时间提前了5年，如果说之前的假定还是有一定依据的话，那么提前5年，而不是3年或者2年，这一决策含有极大的任意性，不是一个有着科学考量的结果（当然，相对于35万人、100万人的提议，30万人的数值已经是比较慎重的态度）。综上所述，到2020年日本留学生人数达到30万人在时间点和人数数值的确认方面，缺乏客观、充分的科学依据。对此，日本各界早有质疑，有学者指出30万人数值缺乏妥当性。据日本经济新闻报道，在政府行政刷新会议上，有建议指出应停止30万人数值目标。[②]日本商工会会长莱伊克批判日本政府实施留学生政策的过程本末倒置，指出吸引留学生要靠大学的魅力和国际竞争力，不应该从扩大宣传吸引留学生开始，应该从大学国际化改革、增强大学的魅

---

　　① 白石勝己，"留学生'30万人計画'と'受入れ戦略'，"アジアの友，2010(8)。

　　② "特集——キーワード3、留学生30万人計画、観光圏、他(次の10年へ未来を読む)，"日本経済新聞，2010-01-01.

力开始，才能真正吸引优秀留学生到日本求学。① 此外，日本政权更迭频繁，尽管在留学生招收理念上各阶层信念一致，并未出现方向性的改变，但是具体到后续政策，随着首相的频繁更迭，还是或多或少受到了一些影响。譬如，鸠山由纪夫倡导的中、日、韩三国大学互认学分，加强交流，并未得到贯彻执行。2009 年的 G30 计划，选取了 7 所国立大学、6 所私立大学进行资助，后来因为经费、实际效果不理想等原因，于 2013 年，经过评估被终止。2014 年 9 月，日本重新开启超 G30 计划，选取了 37 所国立、私立大学进行重点支持，目前尚未有明显效果。

眼看距离 2020 年的时间节点为时不远，日本各界开始积极行动，把重点投向了越南、尼泊尔等东南亚发展中国家，出现了类似早年中国留学潮的现象，包含语言学校学生在内的留学生人数发生了急剧变化。据法务省 2017 年最新统计，外国人来日的人数中留学生人数一举达到了267 042 人，貌似有望达成 2020 年接收留学生 30 万人计划。

4. 留学生 30 万人计划的意义和评价

第一，日本面对教育国际化做出了正确的判断和明确的反应，制订留学生接收计划符合日本应对教育国际化、加强对外价值输出、补充国内劳动力不足、获得优秀人才、提高自身综合国力的需要；第二，留学生 30 万人计划人数和时间的设定方面，尽管学者做出了相对客观的估算，但是政府在实际采纳中对影响目标实现的外部变量并未做出充分估计，采取了较大值的估算结果，造成实际达成困难；第三，在政策实施过程中，存在政策不连贯问题，未能充分把握各个环节；第四，地震、核电泄露等突发因素加剧了实现目标的困难程度。未来短期内，这种状况难以有显著改变。2014 年，日本留学生人数为 184 155 人。从目前情况看，如果不能在经济水平、大学魅力、外交关系（尤其是与中国的外交关系）方面有巨大突破的话，很难实现这一数值，片面追求数值目标，势必带来质量上的隐患，同时也会带来大量的社会问题。

5. 日本留学生政策的整体评价

通过以上对日本留学生 10 万计划和 30 万人计划的分析得知，日本

---

① 太田泰彦，"日本商工会議所会長レイク氏——留学生誘致は大学改革で（インタビュー領空侵犯）"，日本経済新聞，2008-09-22.

在应对国际化的过程中，明确了留学生招生的意义，做出了有效反应，制定了相关的政策，这一点是值得肯定的。留学生 10 万人计划在教育条件、生活条件、就业保障等准备不足的情况下接收大量留学生也带来了许多社会问题，留学生存在整体学业成绩欠佳、学位获得较为困难、留学生不法滞留（趋向好转）、留学生毕业后就业困难等现状，留学生整体质量尚需提高，对此社会上褒贬不一。与其他发达国家相比，在日留学生的绝对数量和留学生在高等教育机关全体在校生中的比例均处于低级阶段，同时，公费留学生的总数和公费留学生在全体留学生中所占的比例都较高。留学生 10 万人计划对日本社会国际化起到了一定的积极作用。在接纳 10 万留学生阶段，日本的留学政策还是以对国际社会的贡献、促进与发达国家的交流、对发展中国家进行教育援助为主要的目的。当然这只是其显性目的，隐性目的也包含在发展中国家的未来精英层培养知日派或者亲日派。留学生 10 万人计划为今后日本留学生事业的发展奠定了基础，为 2008 年留学生 30 万人计划的出台做了舆论和思想上的准备，并且提供了实践上的经验。同时，在理论和实践研究领域，在制订留学生 10 万人计划的过程、实施和总结中诞生了一系列关于教育国际化、高等教育研究的学术成果。

前后两个政策，由于背景不同，国际国内政治经济环境不同，效果也各不相同。留学生 10 万人计划期间，世界需要日本，留学生市场是日本单方面的卖方市场，日本几乎只需要调整入国管理政策的松紧，即可左右留学生人数的增长和减少，控制增减速度，但是，即使在这个时期，由于日本高等教育本身的魅力以及亚洲生源为主的特色等原因，其质量也难以达到预期效果。尽管留学生 10 万人计划的制订并没有进行充分的考察，该计划被评价为不具备接收条件就仓促提出的计划，实际实现也比预计滞后了 3 年，但是由于当时日本经济、综合国力还处在高速发展的后期，其绝对水平远远高于亚洲其他国家，加上当时的教育国际竞争相对缓和等原因，留学生 10 万人计划在人数和培养质量上基本达到了预期目标，虽然遗留了大量问题，从总体上说依然是一项成功的计划；留学生 30 万人计划期间，日本需要世界，留学生市场全球化，日本的亚洲一家独大的卖方市场不再，成为留学生在世界范围选择留学的众多目的地之一。日本已经不能通过调整入国管理政策来实现对留学生人数的控制，而失去了数量前提，质量更是难以保障。尽管留学生 30 万人计划的制订比留学生 10 万人计划更加成熟，各方面的准备比留学生 10 万人计划更加充分，但是由于没有充分考量制约因素的变化，一定程度上脱离了科学分析，实施过程缺乏有效保障等，使得留学生 30 万人计划遭遇瓶颈，步履维艰。其背后深层次的原因是日本经济实力的下降，大学学位的国际认可度不高，大学魅力不足，就业安置能力欠佳，移民政策严格，外交上与留学生主要输出国摩擦不断等。这种激进政策的提出，一方面反映了执政者的决心，能够激励相关机构的工作效率，另一方面带来了计划不能实现后公众对政府公信力的怀疑。对此，日本必须重新审视留学生 30 万人计划，做出应对和调整。

1983—2015 年的 30 余年，日本通过留学生 10 万人计划、留学生 30 万人计划，在海外建立了一批宣传基地和咨询机构，促进了日语和日本文化在海外的传播；建立、健全了留学生相关法律法规，完善了留学生接收制度；改善了留学生教育体制，在教学内容和教学方法上不断进步，通过与国外大学和研究机构人员的交流使得研究水平不断提高；改善了留学生管理体制，在留学生的日常管理和指导方面积累了经验；留学生和外籍教师以及家属的到来，增强了大学和地方社会的活力；创造了留学生经济，拉动了包括日语教育、饮食、住宿、交通、通信等一系列消费需求，促进了日本经济的发展；拥有较高研究能力的留学生被吸纳到高级技术领域，来自广大发展中国家留学生的自费留学生补充了日本低级劳动力不足；在提高日本和其他国家的教育和研究水平、养成国际理解和国际合作精神、协助发展中国家进行人才培养方面取得了不同程度的成果。

三、日本派出留学生的现状、对策、效果及评价

(一)派出留学生的减少

作为赶超型现代化国家，近代以来日本十分重视派出留学生，以此学习西方发达国家的先进科学技术乃至各种制度。第二次世界大战后亦是如此，日本政府认为接收外国留学生和派遣本国学生到国外学习均能促进教育、科学和文化方面的国际交流，同时可以将派出留学生的工作

同国家人才开发计划统一起来,因而对派出留学生持积极态度。

日本向国外派出的留学生包括本科生、研究生、研究进修生和技术进修生等,但从派出留学生的经费来看,可分为公费留学生、基金留学生和自费留学生三类。日本政府派出的公费留学生分为"日本政府奖学金项目"和"外国政府奖学金项目"两种。

日本政府奖学金项目又分三种派出方式。

一是1972年开始的国际交流方式,根据日本政府与外国的大学签订的交流协定,为促进日本高等教育与外国高等教育的交流而派出留学生,选派资格为大学三年级以上者,原则上以硕士研究生为主,学习期限为一年,提供往返路费和生活费。

二是师资留学生制度,为推动国内外大学之间学生交流及培养具有国际视野的教师,日本政府专门在1972年设立"学生国际交流制度",1973年设立"培养教师大学、大学生海外派遣制度",原则上从国立大学三年级以上并志愿将来担任中小学教师的学生中选拔,学习期限为一年,提供往返路费及生活费,平均每年派遣250人左右的留学生到国外。为达到后两项留学制度的具体目标,专门在1972年修改了《大学设置基准》及《学校教育法实施规则》,规定现有大学认为对大学教育有益时,学生无须休学便可以到外国的大学留学。1988年再次修改《学校教育法实施规则》,将上述规定扩大到高中,校长认为对教育有益时,可允许在学的高中生无须休学或退学便可以到外国的高中接受教育,以推动高中之间的国内外交流,充实高中教育。①

三是派往亚洲各国的留学生制度,从1968年开始实施。将具有研究生水平的学生派往亚洲各国,在两年的学习期限内学习对象国的语言、历史、文化及社会、政治情况,使之成为亚洲问题研究人员,提供往返路费和生活费,回国后由政府有关研究机构录用。每年17人,到1997年共派出300人。

领取外国政府奖学金的留学生方式是根据日本和特定国家的双边协议或对等交换等形式派遣留学生,1981年有361人在28个国家的高等院

---

① "学制百二十年史,"http://www.mext.go.jp/b_menu/hakusho/html/others/detail/1318221.htm,2016-10-09.

校留学。学习年限与所享受的待遇由各国政府根据协议精神执行，日本主管教育行政的政府机构——文部省（2001 年后改称文部科学省，简称文部省）参加考核与选拔留学生的工作。

所谓基金留学生是由各种基金会或者财团利用奖学金派遣留学生的方式，例如"产经奖学金""国际扶轮财团奖学金""国际文化教育交流财团奖学金"等。这些基金会或财团按照不同标准和规定，向各自派出的留学生提供学费、生活费和往返旅费等。

1995 年，文部省接受咨询机构审议会的报告，为在国际化进展中培养下一代人才，开始实施《推进短期留学计划》（后改称为《留学生交流支援制度（短期派遣）》），选拔日本大学的研究生或本科生、短期大学学生，到海外进行三个月以上、一年以下的留学活动，政府提供奖学金，2009 年通过该项目出国留学者共有 2 200 名。

2005 年，文部省颁布《长期海外留学支援计划》，其目的是进一步推动大学教育的改革，其改革包括以下内容：根据大学实施的海外留学规划，将学生等长期派往海外大学的研究生院，在获得学位及专业领域研究经历的基础上，培养有助于为国际社会做出贡献的人才，以及强化日本的大学的国际竞争力。该计划从 2009 年开始作为《留学生交流支援制度（长期派遣）》由独立行政法人"日本学生支援机构"加以实施，而且为推动这一制度，根据"推进大学改革等补助金"的规定向大学提供补助金。同年，共有 200 人获得该项目的资助，在海外大学进行一年以上、以获得博士或硕士学位为目的的留学生活。因此，该制度从 2015 年起更名为《海外留学支援制度（研究生院学位获得型）》。

1981 年，日本共派出 14 547 名留学生，其中大部分是自费留学生。其中到北美留学者占 66.6%，到欧洲留学者占 24.3%，到亚洲留学者仅占 5.4%，其他占 3.7%。[①] 其后随着日本经济实力的迅速增强及其国际影响力的扩大，日本的海外留学生数量持续增长，2004 年达到最高值，为 82 045 名，之后逐年下降。根据经济合作与发展组织、联合国教科文组织、美国国际教育研究所等机构在 2013 年的统计，日本派出留学生

---

① 苏真：《日本向国外派遣留学生情况》，载《比较教育研究》，1984(1)。

（原则上不包括交换留学等的短期留学生）为 55 350 名，其中留学对象国和地区排在前三位的是美国 19 334 名，中国内地 17 226 名，中国台湾 5 798 名。根据独立行政法人"日本学生支援机构"实施的《基于协定的日本学生留学状况调查》（包括交换留学生等的短期留学生），基于各大学统计的日本学生海外留学状况，以短期留学为中心的留学生人数逐渐增加，2014 年达到 81 219 名，比上一年增加了 11 350 名。其中增加较多的国家为美国 18769 名（比上一年增加了 1975 名），加拿大 7 373 名（比上一年增加了 759 名），澳大利亚 7 276 名（比上一年增加了 884 名）。①

　　日本派出的留学生不仅在绝对数量上逐年下降，在相对数量上更是不容乐观。根据 OECD 的统计，2008 年全世界各国共有留学生 330 万人，比上一年增加 10.7%。1975 年开始此项调查时全世界留学生数量仅为 80 万人，33 年间增加四倍多。在第二次世界大战后一直保持接收留学生最多的美国，除 1971—1972 年的石油危机时期和 2003—2005 年"9·11 恐怖袭击事件"影响时期外，从 1945 年开始，每年的增长率均在 5.7%。

　　1994—1997 年，日本是世界上第一大留学生派出国，但 1998 年被中国超过，2011 年跌落为第七位。从 2001—2008 年，中国、印度、韩国，甚至美国的海外留学生均在大幅度上升，在美国的外国留学生中，2005—2009 年，中国、印度、韩国的留学生逐渐增加，日本却在持续下降。2000 年在美国的外国留学生中，韩国留学生与日本留学生基本相同，但到 2010 年，韩国留学生达到 75 000 人，日本为 29 000 人，相差约 2.5 倍。2009 年只有一名日本留学生进入哈佛大学的本科生行列，2011 年中国在美国的留学生达到 194 029 人，日本只有 19 966 人，相差近十倍。

　　与此同时，日本高中生的留学数量也在逐年下降，1992 年，留学三个月以上的高中留学生为 4 487 人，到 2008 年减少到 3 190 人。与其相关，在回答"如果有可能是否希望到国外留学"的询问时，做出肯定回答的日本高中生为 41%，做出否定回答的为 59%。美国的肯定回答是 56%，否定回答是 42%；中国的肯定回答是 61%，否定回答是 38%；韩

---

① "「日本人の海外留学者数」及び「外国人留学生在籍状況調査」等について，http：// www.mext.go.jp/a_menu/koutou/ryugaku/1345878.htm，2016-10-05.

国的肯定回答是 64％，否定回答是 33％。①

（二）派出留学生减少的主要原因

为什么日本派出留学生的数量逐年下降，而且留学的意愿也不足？通常认为有下面几个主要原因。

一是内部因素，即经济停滞带来家庭收入减少、日本人的语言能力以及大学三年级开始的就职活动与留学时期重叠。根据各种统计数字来看，日本工薪阶层每个月可支配收入从 2001 年的 419 505 日元减少到 2010 年的 389 848 日元，减少幅度为 7％，影响到留学费用的支出。针对大学生所做的抽样调查也显示，阻碍留学的三大因素分别为"经济理由""语言能力不足""就职活动"等。②

语言能力也是一个重要因素。2006 年英语托福考试转换为"听、说、读、写"综合型方式后，日本人比较擅长的语法不再是一个较大单元，而且日本人较难的会话成为重要组成部分。正因如此，2013 年托福考试日本人的平均成绩为 70 分（满分为 120 分），在亚洲地区是倒数第三名，略高于柬埔寨和老挝。其会话平均成绩为 17 分，排名世界最末位。2013 年美国前 40 名大学要求非英语国家的留学生托福考试成绩在 95.8 分以上，高出日本平均成绩 25 分以上。如果将中、日、韩三国加以比较，日本人的英语水平也是比较低的。例如，从 2006—2013 年，韩国人的托福考试平均成绩从 72 分增加到 84 分，中国从 76 分增加到 77 分，日本则从 65 分增加到 70 分。③

另外，通常日本的大学生在三年级后半期开始就职活动，而且在泡沫经济崩溃后经济低迷，大学毕业生的就职前景较为严峻。2010 年，文部科学省就当年大学毕业者就职内定状况进行调查，结果表明本科毕业生为 57.6％，比上一年度下降 4.9％。就业形势进一步恶化，较大地影响到大学生的留学意愿。为此，文部科学省、厚生劳动省、经济产业省等

---

① "2011 年 6 月 22 日グローバル人材育成推進会議中間まとめの概要、関連資料・データ集参考資料 1—3,"http：//www.meti.go.jp/policy/economy/jinzai/san_gaku_kyodo/sankol—3.pdf,2016-10-08.

② 小林明,"日本人学生の海外留学阻害要因と今後の対策,"留学交流,2011(5)。

③ 太田浩,"日本人学生の内向き志向に関する一考察 —既存のデータによる国際志向性再考 —,"留学交流,2014(7)。

政府机构积极合作，对产业界团体和大学实施包括改善留学条件、补助企业等在内的各种改革措施，推动企业将就职活动的解禁日从 10 月 1 日推迟到 12 月 1 日。

二是外部因素，即美国因素。如同前述，日本派出留学生的主要对象国是美国，日本派出留学生的减少与在美国的日本留学生减少几乎是同步进行的，而且后者的降幅更大，甚至可以说是赴美留学的减少导致日本派出留学生数量的下降。例如，从 2004—2008 年，日本的派出留学生下降 15％，在美国的留学生则下降 31％。从绝对数字上看，日本在美国减少的留学生数量占到全部派出留学生减少数量的 69％。

美国一直是世界留学的中心，2009 年其接收的留学生达到 690 923人，占世界全部留学生人数的 20％，为历史最高值。但对日本留学生来讲，美国学费上涨、美国国力相对下降、恐怖活动带来的治安问题是留学美国吸引力降低的主要原因。据统计，美国大学的学费年均增长率为 5％～10％，例如，1997 年时私立四年制大学年均授课费为 13 785 美元，公立四年制大学为 3 111 美元，公立二年制大学为 1 567 美元。到 2007年，私立四年制大学增加到 23 712 美元，公立四年制大学为 6 185 美元，公立二年制大学为 2 361 美元，10 年之间各类大学授课费分别上涨 72％、98％、51％。[①] 公立大学授课费面向州内学生，留学生为其数字的 2～3倍，对处在经济停滞带来家庭收入减少的日本留学生来讲是一项不能无视的负担。

另外，尽管美国仍然是世界最强的国家，但随着中国等新兴工业国的迅速发展，美国国力相对下降也是一个无须争辩的事实，因而对留学生的吸引力也随之减弱。另外，2001 年发生"9·11 恐怖事件"以来，校园凶杀事件接连不断，甚至有日本学生因误入居民庭院被枪杀的事例，其治安状况也影响到日本学生留学美国的意愿。

影响日本学生派出留学减少的因素还有日本大学本身的体制问题。通常日本大学的学生海外留学形式有以下几种：一是根据校际协定的交换留学，定额是 1～2 名，承担母校的授课费，留学时间是一个学期到一

①　小林明：《日本人学生の海外留学阻害要因と今後の对策》，载《留学交流》，2011(5)。

个学年；二是根据校际协定的派出留学，定额是 1～15 名，承担两校的授课费，留学时间是一个学期到一个学年；三是相互承认学分的私费留学，没有名额限制，承担两校的授课费，留学时间为一个学期到两个学年；四是经过批准的私费休学留学，没有名额限制，承担两校的授课费，留学时间为一个学期到两个学年；五是短期自费留学，承担项目费，名额为 10～30 名，时间为数周到两个月。当然，也有大学在学生的留学期间免除授课费、承认学分、提供留学奖学金或留学补助金等。

从大学体制来看，推动日本学生海外留学尚需进行三方面的努力：一是强化国际化教育大众化必要性的认识，在今天，日本政治、经济、社会等各个方面均在国际化的过程中，大学应当起到先导性作用，如何让大学生通过留学体验国际社会以及不同文化的共存共荣、让"不想留学者"变为"想留学者"是大学当局的责任；二是摆脱过去那种精英型留学生观念，与古代、近现代的"文明传播性"留学生不同，20 世纪 70 年代以后的留学生属于"文化学习型"，也就是说，除专业领域外，学习对象国文化、有助于自我成长的教养型留学是追求的目标，自然与派遣学校的期望产生差距；三是留学内容应适合不断变化的学生需求。一般来讲，大学派遣留学生希望掌握自己大学没有的专门知识与技术，从认可学分的角度重视课堂上的正规授课，但忽略课堂以外的田野调查、志愿活动、社会活动及专题研究等，势必会影响学生的留学意愿。

有人认为，日本社会少子化现象影响到派出留学的数量，而且进入"大学全入时代（即想上大学就可以进入大学）"后，派出留学的吸引力降低，但其观点很快遭到怀疑。因为根据总务省的统计，日本 18～29 岁的年轻人确实逐年减少，1990 年有 2 086 万人，到 2012 年减少到 1 534 万人，但同一时期的派出留学人数却从 26 893 人增加到 60 138 人，而且留学率也从 0.13% 上升到 0.39%。[①] 另外，在少子化更为严重的韩国和中国台湾地区，海外留学人员反而持续增加。例如，2007 年日本派出留学者为 75 000 人，但总人口不到日本一半的韩国派出留学生却有 21 万人，即使是人口只有 2 300 万人的中国台湾地区在美留学生（27 000 人）也比日

---

① 大村吉弘，"若者の「内向き」志向を打ち破る！：一步先への留学のススメ，"近畿大学教養・外国語教育センター紀要，2015(1)。

本多(25 000 人)。尽管日本大学入学率进入普及型的 57%，但韩国为 84%，中国台湾地区为 70%，显示后二者的高等教育普及化程度更高，并没有影响到年轻人海外留学的意愿和行动。[①]

针对日本派出留学者减少的倾向，2010 年后，日本主流媒体使用"内向型年轻人"词汇分析其原因，例如《朝日新闻》《读卖新闻》《日本经济新闻》在 2009 年有关"内向型年轻人"的报道分别只有 1、1、3 篇，但 2010 年分别为 16、9、9 篇，2011 年分别为 20、24、15 篇，而且都发表了相关社论。[②] 尽管根据各种协议派出留学生在增加，但自费留学者却在急剧减少。其现象也体现在企业海外派遣人员方面，即年轻的企业雇员对赴海外工作持消极态度，例如不想到海外工作的刚参加工作者在 2001 年的比例为 29.2%，到 2010 年急速上升到 49.0%。日本社会适宜年轻人生存的氛围进一步加剧了其内向型心态，例如根据舆论调查，2008 年时 20～29 岁的日本年轻人生活满意度最高，男女均在 70%～80%，从而减少了海外留学以及海外工作甚至海外旅游的兴趣。根据日本出入国管理局的统计，20～29 岁的海外旅行者 1996 年时约为 463 万人，但到 2006 年下降到 298 万人，10 年之间减少 35%。[③] 客观地讲，内向型性格可以说是作为岛国日本民族的一个显著特征，即使在派出留学方面，毕业后在留学对象国定居的日本留学生几乎为零，不仅无法与亚洲邻国相比，与欧美国家相比也相去甚远。

值得注意的是，作为发达国家，日本已经呈现出后工业化社会的显著特点，即生活的"个人化"。首先体现在家庭的"个人化"，即家庭成员关系更为松散；其次是职业场所的"个人化"，转职者、自由职业者迅速增加；再次是地域的"个人化"，民间组织、非政府组织、志愿人员增多；最后是消费的"个人化"，大量个性化产品流行。作为这一社会现象的价值观念，体现在个性自由、自我决定论和生活方式的多样化开始受到肯定，只以自己的方式和节奏生活，注重自我感受，并不在乎社会评价。

---

① 太田浩，"日本人学生の内向き志向に関する一考察 ―既存のデータによる国際志向性再考 ―,"留学交流，2014(7)。

② 大村吉弘，"若者の「内向き」志向を打ち破る！：一歩先への留学のススメ,"近畿大学教養・外国語教育センター紀要，2015(1)。

③ 太田浩，"なぜ海外留学離れは起こっているのか,"教育と医学，2011(59)。

正是在这一社会变迁的背景下，形成了称为"御宅族"的庞大年轻社会群体，最极端的数据认为，日本全国人口的 25％属于这个群体。尽管该群体推动形成了以动漫、电玩、影像等视觉消费为中心的亚文化趣味共同体文化，但因其选择从主流社会"脱轨"，按照自己喜欢的节奏生活，经常宅在家中从事"趣味的事业"。正因如此，其生活方式在某种程度上加剧了内向型性格，减少了海外留学或工作的意愿，形成了日本派出留学生停滞乃至减少的一个因素。

（三）对策、效果及其评价

一方面，针对派出留学生逐渐减少的状况，日本的社会舆论表示不安。有评论家，认为正是由于日本民族具有内向性格，更有必要将自己置身于未知的世界或领域，经历不同文化与社会，体会认识不同价值观与意识形态的重要性。在其基础上，不仅能够提高自己对外部世界的适应能力，而且也可以从外部世界进一步认识和理解日本文化与社会。更为重要的是，在全球化迅速发展的今天，日本派出留学生的减少将危及日本在世界上的存在感。也就是说，如果不能大量培养面对国际舞台阐述自己的主张并能产生影响的全球化人才，就意味着日本国际影响力的减弱甚至消失。与此同时，迟缓人力资源全球化的对策，将降低日本的魅力，遗留祸根。特别是在科学技术领域，如果不能形成在世界顶端大学获得博士学位、活跃在海外的日本学者网络，也会失去培养诺贝尔奖获得者人选的基础。甚至 2011 年 10 月 7 日，美国国务卿希拉里在华盛顿就日美关系发表演讲时担忧地表示，"来美国的日本留学生在 14 年中约减少了一半"，强调未来日美关系的强化需要两国年轻人的交流。希拉里指出，1997 年赴美留学生中日本人的数量居首，如今却已下滑至第六位，美方为增加日本留学生数量已采取了多种措施，但今后两国还需要进一步努力。正因如此，为增加派出留学生的数量，政府、企业、大学应结成一体，为创造海外留学环境、培养全球化人才的环境建立完善且可行的战略计划。

另一方面，日本不仅是对外贸易大国，也是对外投资大国，早在"冷战"结束的 1989 年已经是超过美国的世界最大出口盈余国和海外投资国。从 1998 年开始，日本企业在海外的当地法人销售额一直处于增长的趋势，特别是在东亚市场，1998—2009 年增加了 17 个百分点。针对投资海外企业所做的调查表明，3/4 的企业表示在设置海外生产销售据点时最主要的课题(74.1％)是确保或培养能够适应全球化的国内人才，也就是较为熟悉投资对象国的日本年轻雇用者，显然日本在这一方面存在人才不足的状态。①根据瑞穗信息研究所在 2012 年的推算，当年需要 169 万全球化人才，到 2017 年其需求量达到 412 万，而且绝大多数为日本人。所谓全球化人才是指具有外语能力和沟通能力、理解不同文化且具有作为日本人的主体性、具备挑战精神及责任感的人。②由此可见，留学经历是全球化人才必不可少的基础性条件。

尽管日本政府很早就实施派出留学生措施，但重视程度不如在接收留学生方面的政策。例如，1983 年中曾根康弘政权提出到 20 世纪末接收 10 万留学生，可以说是作为国策的留学生政策的开端，但直到 1997 年，在政府咨询机构——"留学生政策恳谈会"提出的咨询报告中，只是提出如何实现接收 10 万留学生的目标，没有任何有关派出留学生的内容。另一方面，在专门讨论留学生问题的《留学生教育》杂志上，从创刊的 1996 年到十多年后的 2007 年，刊登的有关接收留学生的文章为 46 篇，派出留学生的文章只有 2 篇。另外，在协调国际教育的 NPO 法人——"国际教育交流协议会"发表的研究课题中，有关接收留学生的文章 21 篇，派出留学生的文章只有 1 篇。③

2003 年终于实现了接收 10 万留学生的目标，在同年中央教育审议会提出的"关于开展新留学生政策"咨询报告中，终于明确指出"日本派出留学政策很不充分，而且存在接收留学生以亚洲为中心、派出留学生以欧美为中心的失衡现象，应重视相互交流"。由于当时日本海外留学人数持续上升，这种声音没有引起足够的重视。直到 2007 年，一方面日本派出留学生出现减少的趋势，另一方面中国海外留学者迅速增加，《读卖新

---

①　"経済産業省ホンページ，" http：// www. kantei. go. jp/jp/singi/global/dai2/siryou4. pdf，2016-10-05.

②　大村吉弘，"若者の「内向き」志向を打ち破る！：一步先への留学のススメ，"近畿大学教養・外国語教育センター紀要，2015(1).

③　大西好宣：《日本人学生の海外留学促進に関する提言：2020年の挑戦》，載《留学生教育》，2008(13).

闻》甚至出现"恳求日本学生留学"标题的报道,日本朝野才感到压力。同年政府的咨询机构提出五个涉及派出留学生的报告,即 4 月"经济财政咨询会议"提出的"增长力加速项目"、5 月"亚洲合作构想战略会议"提出的"亚洲合作构想"、6 月"技术革新 25 战略会议"提出的"技术革新 25"、"教育再生会议"提出的"教育再生会议第二次报告"、"经济财政咨询会议"提出的"经济财政改革基本方针 2007(框架 2007)"。另外,还有"国立大学协会"提出的报告——"致力于留学制度的改善"。

上述报告均强调了派出留学生的重要性以及如何完善支援海外留学的体制,例如在"经济财政咨询会议"的两个报告中,明确提出大学改革的重要内容之一是促进国际化,其中包括强化与世界一流大学合作、充实留学生的交流,甚至提及互换学分、双重学位、英语授课及增加以交流为目的的奖学金、制订大学国际化计划等;"亚洲合作构想"列举了以航空自由化为首的十大合作项目,第三项是"重新构筑以亚洲顶尖人才网络核心为目标的留学生政策",其副标题是"汇集制定新国家战略时的相关者之力"。作为国家战略,提出扩大日本人海外学习的机会,培养活跃在世界舞台上的日本人,为此开创更多短期留学项目、完善派遣年轻研究人员制度、扩大青少年交流渠道、推动向具有战略意义国家派出留学等;"技术革新 25"报告描述了 2025 年时的日本社会,指出届时的社会是不断技术革新的社会,其基础是顶尖人才,而大学和留学是培养顶尖人才的关键。因此,该报告强调短期留学、中学生与亚洲同龄人交流的重要性,甚至提出 1/10 的博士研究生必须在学期间留学一年的数值指标,为此建立开放性大学、彻底改革留学制度、创建复数学位制和学分交换制、完善国内外大学合作制度等。尽管在"教育再生会议第二次报告"中专列副标题为"作为国家战略的留学生政策"一章论述留学生课题,其中提及"国家为日本人留学生扩大提供大学生的短期留学、年轻研究人员的长期留学、中学生的寄宿家庭留学、交换留学的机会",特别强调与亚洲各国大学之间的合作,促进留学生交流;"致力于留学制度的改善"报告指出日本派出留学生超过 7 万人,但半数是学习语言,专业学习者尚有努力扩大的必要,为此提出创新海外新留学项目、提高留学动机、充实经济援助、肯定评价海外留学、消除推迟毕业和就职活动障碍等不利因素、提高派出留学生的语言能力、完善留学前后的援助体制七项对策。①

2008 年，政府提出到 2020 年接收 30 万留学生的计划，在咨询机构提出的报告中专列一章论述"日本人的海外留学"，甚至在讨论过程中出现到 2020 年派出留学生达到 20 万人的建议。同年政府也策划了亚洲版的"伊拉斯谟计划"，即模仿欧盟的做法推动亚洲各国大学生之间的交流，五年间实现 5 000 人规模的交流。2010 年 6 月 18 日，内阁会议决定的"新增长战略"及 2011 年 1 月 25 日的"实现新增长战略 2011"均强调推动日本学生海外留学、进修的必要性，提出到 2020 年接收 30 万留学生的同时，实现日本学生到海外留学、进修人数 30 万人的目标，培养全球化人才。

2013 年 10 月，文部科学省开展名为"飞翔吧！留学日本"的促进留学活动，其目的是营造具备愿望和能力的日本年轻人踏出海外留学步伐的氛围。该活动获得 200 家著名大企业支持及其 200 亿日元的赞助，努力实现下述愿景，即在官民合作的基础上形成"培养国际化人才网络"，塑造将来活跃在世界舞台上的全球型人才。该活动起源于 2013 年 6 月内阁会议决定的"日本再兴战略"及"教育振兴基本计划"，具体目标是在 2020 年东京奥运会召开时，日本大学生、高中生的海外留学增加一倍，即大学生海外留学从 2013 年的 6 万人增长到 2020 年的 12 万人，高中生海外留学从 3 万人增长到 6 万人。②

作为上述推进留学活动的一环，2014 年开始实施名为"飞翔吧！留学日本·代表日本项目"的海外留学支援制度，计划在未来七年时间内（到 2020 年）派遣一万名大学生、高中生到海外留学，这些留学生不仅与企业共同组成"全球化人才网络"，而且通过传递海外体验的魅力为强化日本的留学海外氛围做出贡献。该项目具有五个特点：一是形式多样，不仅是以取得学分为前提的学院式留学，也可以进行社会实习、志愿活动、田野调查等；二是自我设计 28 天以上、两年以内的留学计划，包括各种修学活动；三是留学前后均有丰富的研修实践，甚至为提高实效可接受

① 大西好宣：《日本人学生の海外留学促進に関する提言：2020 年の挑戦》，载《留学生教育》，2008(13)。
② 小松翠，"世界の留学生交流の現状と動向：アメリカと中国を中心 に，"お茶の水女子大学人文科学研究，2016(12)。

各界精英的指导；四是可以参加历届派遣留学生及赞助企业的交流活动，形成独自的人际网络；五是可以获得优厚且无须偿还的奖学金。①

与此同时，从 2014 年开始，文部科学省实施接收留学生与派出留学生政策一体化的超级国际化大学等事业，从而迎来一个重大的转折点，即改变 1980 年以来重视接收留学生的倾向，将重点放在派出留学生方面。由此可见，日本政府与民间也意识到海外留学生的增减关系到日本未来的发展及其在国际舞台上的影响力，因而逐渐重视派出留学生事业，同时也采取了以上诸多措施，推动日本年轻人的海外留学，尽管因其政策出台时间较短，效果如何尚需时间观察，但其动机与倾向可以给予肯定性评价。

四、国际理解教育政策的背景、实施过程、特色及其效果和评价

教育国际化包含诸多层面的内容，其中国际理解教育是开展教育国际化的基础，同时也是教育国际化的主要组成部分，其发展程度制约着教育国际化的发展水平。

(一)日本开展国际理解教育的动因

第二次世界大战结束后，人们深刻反思，认为由于种族、民族、国家、地域历史文化的差异而造成的隔阂和误解是战争的原因之一，为了避免战争悲剧的重演，创造和平稳定的国际环境，有必要在国际范围内，开展增进彼此了解和沟通的活动。联合国教科文组织为此专门设立国际理解处，开展国际理解教育。国际理解教育以和平教育、各国理解、人权教育、联合国理解等为核心内容。② 第二次世界大战后，日本进行了美国主导下的一系列民主化改革。1947 年颁布的《教育基本法》中强调要有"国际协作精神"。同年，在日本仙台，民间人士自发成立了仙台联合国教科文组织合作协会。这是日本第一个，同时也是世界上第一个联合国教科文组织合作协会。此后，京都等地也相继成立合作协会，全国有近 300 个合作协会。在日本国内各地协会等的大力支持和合作下，民间的联

---

① "文部科学省ホンヘージ，"http：//tobitate. mext. go. jp/program/，2016-10-05.
② 姜英敏：《国际理解教育的发展及其问题》，中国教育新闻网，http：//www. jyb. com. cn. 2017-10-13.

合国教科文组织活动拉开了帷幕，致力于国际理解教育的开展。① 1953年联合国开展协作学校运动，在全世界开始实践国际理解教育。1954年，日本成为最早参与联合国教科文组织以"建设世界共存社会为宗旨的教育合作实验活动计划"的国家之一。这是日本加入联合国教科文组织后参与的首个项目，也是日本开展国际理解教育的最初阶段。②

（二）日本国际理解教育的发展

20世纪六七十年代，随着日本经济进入高速增长时期，进驻海外的企业不断增加，在国外的工作人员和留学生也越来越多，同时，到海外旅行的人数也逐年增加，在这样一种经济发展形势下，人们开始关注有关异质文化和自身历史文化的问题。后来，随着20世纪五六十年代美国芝加哥大学教授西奥多·舒尔茨"人力资本"理论的提出，各国开始重视人力资本的投资和开发，日本亦开始认识到培养适应国际社会的人才成为日本教育的重要目标。③ 1966年中央教育审议会报告提出要学习民族的历史和传统。1974年联合国发布"教育劝告"，提倡国际理解教育，倡导基本人权的尊重、异文化理解、国际合作精神的培养。1974年5月，日本的中央教育审议会提交的《关于教育、学术、文化的国际交流》的咨询报告中提出：学校教育或社会教育的指导者应首先以身作则拥有国际性的经验，所以为加强国际理解，建议派遣中小学教员及社会教育指导者到国外学习经验。20世纪80年代日本临时教育审议会的1~4次报告中不断倡导"世界中的日本人"以推进国际理解教育。例如：1985年6月的临时教育审议会的报告指出"好的国际人是好的日本人，在进行爱国教育、掌握日本文化特性的同时，要深刻理解各国文化及传统等"。1986年4月的临时教育审议会的报告提出为培养国际社会中的日本人首先要了解日本本国情况，在此基础上，了解世界上不同国家的生活习惯和价值观等，尤其要努力认识近邻诸国的社会风俗及相关知识。1987年4月的临时教育审议会报告强调对异己者的关心与理解，把接纳回国人员子女及外国人的子女，增强与他们的理解与交流作为重点提出。1987年8月的

---

① 王威：《日本国际理解教育变迁研究》，硕士学位论文，北京师范大学，2008。

② 同上。

③ 臧佩红：《试论当代日本的教育国际化》，载《日本学刊》，2012(1)。

临时教育审议会报告则把国际理解教育的重心外移，申明从全人类的视角出发，作为国际社会的一员，应该为了人类的和平和繁荣在各领域积极贡献力量。同年日本开始"青年交换与合作教学"项目，促进国际理解。1988 年，文部省出台了鼓励高中生赴海外游学的政策。[①] 1989 年 3 月的中小学教育纲要中则表明"培养既尊重本国文化与传统，又深刻理解世界文化与历史，在国际社会中生存的日本人"。到了 20 世纪 90 年代，日本到海外旅行的人数逐年增加，如 1990 年突破 1 000 万人，1995 年超过了 1 500 万人。[②] 随着 20 世纪 90 年代国际理解教育的重新兴起，1991 年，日本成立了国际理解教育学会。1998 年教育课程审议会报告倡导"共生资质和能力"的培养。[③] 1989 年中小学课程改革中提出要加深理解世界与日本的关系，国语课程要加深国际理解、培养国际协作精神，中学重视外语课程、道德课和特别活动课程中要培养世界意识，世界史成为高中阶段必修课程。[④] 1998 年小学综合学习时间开始英语会话教学，中学外语课程成为必修课。[⑤] 同年，教育课程审议会发表的关于教育课程基准的基本方向咨询报告书中明确指出："小学、初中、高中各个阶段的所有学科都要积极利用计算机等信息工具进行教学"，要求学生利用信息技术，发挥主体能动性，进行国际理解活动。[⑥] 2002 年联合国"为了持续可能开发 10 年教育"再次倡导国际理解。2005 年年初，中等教育国际教育推进研讨会——"为了培养生存与国际社会的人才"报告中指出国际教育是在国际社会中从全球视域出发，培养进行自主行动所必需的态度、能力基础的教育，即自我认同与共生能力的培养，包含以国民国家为前提的相互依存关系和全球视域内跨越国界的民间、个人基础上开展的交流和人员往来。2008 年，小学外语课程增加 70 课时，初中增加 105 课时，加大了外语教学的份额。[⑦] 笔者所在的日本某大学附属高中专门设立了国际科，

---

① 张德伟：《论日本学校教育的国际化》，载《外国教育研究》，1994(2)。
② 太田满：《20 世纪 90 年代以来日本教育国际化的动向》，载《外国教育研究》，2002(8)。
③ 文部省，"我が国の文教施策，"1989，p. 70.
④ 同上，p. 498.
⑤ 同上，p. 236.
⑥ 展瑞祥：《共生理念下的日本中小学国际理解教育》，载《教学文汇(上旬刊)》，2009(2)。
⑦ 文部科学省，"文部科学白書，"2007，p. 31.

以推进国际理解。在高等教育领域，以"国际××"命名的学科从 1988 年的 38 个增加到 1998 年的 112 个，1988 年全国大学外语课程为 50 种，1997 年增至 70 余种。① 2006 年起日本开展"友谊日本计划"，促进初中等教育的青少年交流、增进国际理解。继 1983 年的留学生 10 万人计划后，日本在 2008 年提出留学生 30 万人计划。另一项旨在促进国际化、增进国际理解的"青年交换与合作教学"项目截至 2013 年年末，共有来自 63 个国家的 121 113 名外籍人士加入其中，极大地促进了国际理解教育的开展。②

（三）日本国际理解教育的与时俱进

在学界，据东京学艺大学文献索引统计，国际理解教育相关研究在 20 世纪 50 年代仅为 15 篇，60 年代为 14 篇，70 年代增加到 34 篇，到 80 年代，随着日本经济实力的增长、国际理解关注度的提高，相关研究达到 119 篇，到 90 年代国际理解教育更加如火如荼，仅仅 1990 年一年就达到 159 篇，几乎相当于 20 世纪 60—80 年代的总和。③ 截至 2015 年 9 月，日本国立国会图书馆检索到的国际理解相关记录条目达到 1 509 篇。

日本的国际理解教育在不同的国际、国内环境，不同的历史发展阶段，开展的内容以及侧重点不同。关于国际理解教育的发展阶段，有代表性的如岭井明子的两分法、米田伸次和上别府隆男的三分法、田渊五十生的四分法等，本文认为日本国际理解教育大致可分为关于外国理解教育、关于日本本国理解教育、关于全球理解教育、关于多元文化理解教育四个类型。

20 世纪五六十年代，以外国理解为主要教育实践内容。这是联合国教科文组织所倡导的内容之一，同时也是大量日本人走出国门，与世界进行交流应运而生的现实需要。到了 20 世纪七八十年代，随着日本经济的高速发展，海外归国子女数量增加，日系劳动力和外国人纷纷涌入日本，日本社会人口结构发生了变化，"日本国内的国际化"问题引起了人

① http：//www.u-gakugei. ac. jp/~gsato/bunken/kokusaibunken2. htm，2015-09-10.

② 牟宜武、朱丽萍：《国际化背景下的日本外语教育战略——"青年交换与合作教学"的理念与实践》，载《中国外语教育》，2014(11)。

③ "国際理解教育の文献リストⅡ(1998—2003 年)，" http：//www.u-gakugei. ac. jp/~gsato/bunken/kokusaibunken3. html，2015-09-06.

们的关注，国际理解教育的紧迫性再次凸显出来。这一时期日本的国际理解教育与联合国倡导的国际理解教育有些不同，有了日本独自的特色：以帮助居住在日本的外国人、日本归国子女认识日本，同时，督促日本人对自身进行再认识和评价为主，即本国理解教育为主。20世纪80年代后期，在全球教育、发展教育、世界研究等新的教育理论的影响下，日本的国际理解教育融入了全球教育、发展教育、世界性问题的关注与探讨，此时的国际理解教育主要着眼于全球理解的视野。到了20世纪90年代，随着第三次技术革命浪潮的席卷、现代交通工具的发达，尤其是互联网时代通信和信息技术的迅猛发展，全球化迅速席卷全球。国与国之间在政治、经济、文化、社会生活的各个方面交往日益频繁，双方以及多方的人员流动、物资流动、信息交流呈几何级数不断增长，国与国之间的相互依存度越来越高，同时，随之产生的南北问题，东西问题，贫富问题，环境破坏和资源共享问题，宗教和政治、军事、信仰和地球环境问题，能源问题，宗教问题不断涌现，各种政治纷争、贸易摩擦、地区冲突不断，世界范围的竞争与合作同时并存，使得国际的协作和沟通显得更加重要与紧迫，因此国际的相互理解日益受到各国的重视。通过教育达到国与国之间、国民与国民之间的相互认同和理解成为各国教育界的共识，国际理解教育再次被关注。20世纪90年代后半期开始的多元文化教育的实践就是在这样的国际背景下，在日本社会少子化、老龄化的国内背景下，伴随着"新外来人"等外籍居民的增加以及人权意识的提高的背景下开展起来的。进入21世纪，多元文化、世界公民共生的理念成为日本国际理解教育的重点。多元文化教育理论来自英、美等英语圈国家。多元文化教育的出发点就是要探讨在同一个国家中拥有不同文化背景的人们应该怎样相互理解、共同生活的问题。通过多元文化教育，重新认识并解决"同化和排斥"现象，能对不同于自己的价值观持尊重的态度。多元文化理解不仅要理解对象国的文化，还要重新审视理解本国文化，达到求同存异的目标，以至衍生出新的多元文化。① 此外，日本传统文化中特有的"排异"特征与国际化对国民性的要求格格不入，人们期

---

① ［日］太田满：《20世纪90年代以来日本教育国际化的动向》，载《外国教育研究》，2002(8)。

待通过多元文化教育来培养日本新一代包容异己、尊重个性的态度。①

综上所述，日本的国际理解教育在不同时期、有不同侧重，呈现出与时俱进的特点。当前主要以多元文化教育为主。

(四)多元·生动的国际理解教育实践

日本的国际理解教育从开展机构看，可以分为学校教育和社会教育；从活动形式上看，可以分为课程教育和实践活动；从实施部门看，既有政府教育部门的官方行为，也有企业团体、民间个人行为；从接受教育的对象看，不仅包含以中小学为主的各级各类教育机构的在校生、也包括政府机构工作人员、公司职员、社会人员等一般民众，尤其是居住在日本的海外归国子女、在日外国儿童、留学生、在日外国研究人员、日本赴海外留学的大学生和高中生、有志于赴海外留学和研究的日本人等，成为国际理解教育的重点人群。

1996年中央教育审议会报告《展望21世纪我国教育的存在方式》第三部分第二章"国际化和教育"中的重要内容就是"国际理解教育的充实"，报告指出国际理解教育不只是知识的理解和学习，要进行体验学习和课题学习，培养实践的态度、素养和能力。在此指导下，日本各类教育机关和民间团体开展了多元、生动的国际理解教育实践活动。下面列举笔者亲自参加或者目睹的几项国际理解教育实践案例。

2001年10月，笔者参加了日本GS市XC交流中心举办的系列国际理解活动。如"世界餐桌"体验活动：活动组织者免费提供厨具、设立各国食品卖场、从当地大学邀请各国留学生们身穿民族服装参加活动，市民们可以在文化广场现场观摩食品制作过程，低价品尝各国风味小吃，收入归各国留学生支配；"世界语言"学习活动：中小学校的学生们手持多国语言习得证书到各个不同国家的摊位前向留学生们请教该国问候语和各国风俗习惯，获得该国留学生签字认可。系列活动之后，学生们回到各自的团体集中地，在老师的指导下，逐一发表对各国文化了解的心得，用不同国家语言问候大家，展示自己获得的多国语言习得证书，市民和留学生们则在一旁观看，留学生们现场展示各国民族服装，回答老

———————————

① ［日］太田满：《20世纪90年代以来日本教育国际化的动向》，载《外国教育研究》，2002 (8)。

师、学生和市民们提出的各种问题。短短的一天时间，所有参与者从食品、民族服装、语言到各国的历史文化、宗教习俗、思维方式进行了全方位生动的学习和体验，开阔了眼界，获得了生动的多元文化国际理解体验。整个活动内容丰富、有条不紊，与活动的策划者精心布局和安排分不开。笔者有幸目睹了教师手中的活动策划方案，发现老师指导学生进行的国际理解活动用图示来分解为理解自己、理解他人、相互关系理解以及沟通交流能力等几个方面，每个方面又相互关联，恰体现了日本国际理解教育的各个阶段以及目标要求，值得提到的是每个方面还有具体的达成指标，如理解他人就要求发现与他人的差异、思考为什么存在这些差异、如何尊重这些差异等，可见，生动的文化体验项目背后是以策划者深厚的理论基础为指导的，如此，该交流中心的国际理解教育才取得了预期的良好效果。

住家体验：在 GS 县 ZT 郡偏僻的小山村，当地很少有外国人居住，居民们就把大城市的留学生们请到村民家中做住家体验，村小学校邀请留学生们到小学和孩子们共同上课，一起踩日本竹马、跑步、跟随村里的老人一起制作日本传统玩具竹蜻蜓和民族工艺品、动手制作食品，留学生们分别报告各国不同习俗和各自对同一问题的不同看法。身处偏僻山村的日本小学生和当地村民足不出户也实现了和各国留学生的交流，留学生也了解了日本山村的生活，参与者们体验了生动的国际理解教育。

公民馆报告会：在短短一年内，笔者受 GS 市各地公民馆①的邀请，分别做了中国传统饮食、中国茶、中国家庭男女分工、中国少数民族风俗习惯、中日语言文化对比等十多场报告，听众从 3 岁的幼儿到 90 岁的老人，每次参与人数为 30～50 人，总参与人数达到 500 人以上。

外国人演讲比赛：GS 市某妇女协会每年定期举办外国人演讲比赛，讲述外国人在日本的趣事、困惑，听取外国人对于 GS 地区的印象和批评，当地教育部门和相关民间团体几乎悉数到场，认真记录，用于改进工作、加强对外国人的生活支援，演讲比赛结果被当地电视和报纸报道，成为当地国际理解教育实践的亮点。

---

① 公民馆是 1946 年为保证国民享有受教育的权利，以及实现教育机会均等，文部省积极倡导各个地方自治机构在学校设施以外，开办区域性的民间学习机构。

　　中小学生体验留学活动：JG 县 SD 市教育委员会开展的体验留学活动的步骤是这样的，由本地居住的外籍家长向教育局提出申请，教育局根据家长希望和实际学区指定接收学校，开具接收留学的书面信函，同时通知接收学校，家长到学校免费领取教材、沟通包括上学路费等在内的详细事宜，按照规定交纳每天 250 日元(折合人民币 13～15 元)的午餐费用，即可进行体验留学，留学结束由校长颁发体验留学证书。笔者的孩子在 2012 年有幸成为留学体验者。体验学校的班级学生为迎接来自中国的新同学集体学习了汉语问候语，精心设计了黑板，特意写上中文的欢迎辞，举行了简短的欢迎会。课堂上老师在进行日文汉字讲解时特意请中国同学配合教学，在综合学习时间，请中国学生和日本老师一起做中国茶文化的介绍。体验学生与日本学生一起上课、一起分发食物、就餐、一起练习毛笔书法、一起在冬天只穿短裤踢足球、跑步，培养团队精神。短短一个月的体验留学项目不仅让居住在日本的外国儿童体验到了日本小学教育全貌，也让日本小学生接触到不同国家的文化，增进了相互了解，学会了尊重对方的主张，并能团结协作共同解决问题，收到了良好的效果。

　　课堂教学：在 SD 市小学六年级的英语课堂上，英语教学由日本老师和英语国家出身的老师共同上课，教学不仅是单词句子的认读学习，更多是结合文化谈论语言学习。教学内容不仅有英语日常用语，还有中国、韩国、俄罗斯、法国等 6 个国家的日常问候语言，体现了外语教学中的国际理解导向。除了外语，在地理、历史、公民教育的教材中均渗透国际理解教育，综合学习时间更是用来体验多种国际理解的实践活动。

　　日本著名诗人金子的诗作，恰如其分地反映了日本当前多元生动的国际理解教育情况：我和小鸟还有铃铛，各不相同，一样精彩!

　　(五)日本国际理解教育的评价和面临的课题

　　1. 日本国际理解教育评价

　　截至 2015 年 6 月，在日外国人人数达到 2 172 892 人，涉及 206 个国籍，另有部分无国籍人士。① 截至 2014 年 5 月 1 日，在日外国留学生人

────────────

　　①　"在留外国人统计,"http://www.e-stat.go.jp/SG1/estat/List.do? lid=000001139146, 2015-09-01.

数为 184 155 人，2012 年日本人出国留学人数为 60 138 人。① 据 JNTO 日本政府观光局统计，2014 年访问日本的人次达到 13 413 600 人，日本人出访人次达到 16 903 000 人。② 日本社会已经成为一个国际人员聚集和交流的集中地区，有必要进一步深入开展国际理解教育。

由于国际理解教育涉及的人群广泛，内容丰富，很难制定相关的衡量指标，尤其是量化的指标。目前查询的研究资料中，也几乎没有关于国际理解教育的效果的数字报告。不过，国际理解教育的成效从佐藤由利子对日本留学生政策的评价研究中可见一斑。佐藤选取留学生群体，从人才养成、友好促进、经济效果三方面评价日本留学生政策的效果，其中友好促进方面的统计结果可以作为国际理解教育效果的参考。佐藤通过对中国大陆、中国台湾、韩国等汉字文化圈以及印度尼西亚、泰国留学生大量问卷调查和数据分析，均得出招收留学生促进了对日友好、增进了国际理解的结论。③ 佐藤在 2009 年的著作中引用的有关中国留学生研究的统计数据表明，在留学前，认为日本非常好和比较好的占 44%，留学后这一数值达到 78%，从而得出结论：中国留学生通过留学日本加深了对日理解，促进了友好交流。④

20 世纪 90 年代日本著名的问题学校之一——大阪府立北淀中学，通过加入联合国教科文组织设立的学校项目网络组织 ASPnet，在国际协力事业团(JICA)、大阪国际中心等联合机构的帮助下，设计了一系列国际理解教育的课程和实践活动。通过国际理解教育实践，使得该校学生们取得巨大的转变，成为国际理解教育成果的典型案例。

日本的国际理解教育实践是在联合国的倡导下，在民间自发活动的基础上，由日本政府教育主管部门——文部省发出倡议，教育审议会、教育咨询机构的专家学者开展相关的调查研究，给出建议和实施草案，

---

① "「日本人の海外留学者数」及び「外国人留学生在籍状況調査」等について，"http://www. mext. go. jp/a _ menu/koutou/ryugaku/1345878. htm, 2015-09-01.

② "日本政府观光局，" https://www. jnto. go. jp/jpn/news/data _ info _ listing/pdf/150120 _ monthly. pdf, 2015-09-01.

③ 佐藤由利子，日本の留学生政策の評価，東信堂，2009，pp. 84-93，123-132，148-152，187.

④ 同上书，p. 188.

政府经过层层步骤形成政策决断，在中小学教学大纲以及公民教育计划中给予明确规定，各级各类教育机构，包括地方教育委员会下属的终身学习机构等积极组织实施，公民、学生个人按照各自所属的教育机构积极参与，形成政府、学者、学校、社会、个人多方参与的局面，官民一致，共同将国际理解教育推动起来。

日本的国际理解教育从最初响应联合国号召，到为了消除贸易顺差带来的国际的隔阂，到应对大量日本人到海外旅游、接纳日本归国子女、接纳外国人研究者和劳动力在日本国内生活的现实需要等方面发挥了重要作用，在解决文化隔阂与冲突、促进对话与交流方面起到了不可替代的作用。

2. 日本国际理解教育面临的课题

由于国际理解教育在各个时期的理解与定位不同，国际理解与世界公民教育在理论和实践中，以及在官方和民间存在重合与分歧。有学者认为，在理论层面，目前日本的国际理解教育出现了两种截然不同的教育并存的现象，即政府"培养爱国精神前提下的全球化教育"与民间的"跨越国境前提下的全球公民教育"的分歧。如何正确处理两者之间的关系也成为日本国际理解教育需要解决的问题之一。①

在日本的国际理解教育中，还存在一个严峻的问题，那就是关于自身民族认同与尊重历史的关系处理问题。中央教育审议会于1996年提交的第一次咨询报告——《展望21世纪的我国教育》中强调，国际理解教育必须加强日本历史、传统文化教育，在此基础上才能真正理解别的文化和国家。日本政府打着国际理解的旗号，灌输民族主义的举措遭到各种民间组织、教师组织的群起反对，认为在教育尤其是国际理解教育中导入爱国主义教育和民族传统教育，有退回战前军国主义教育的危险，且与联合国教科文组织的国际理解教育终极目标——世界和平背道而驰。②2002年，日本政府建议以爱国程度来评定学生成绩等级的方针，将培养

---

① 姜英敏、于帆：《日本"全球公民教育"模式的理论分析》，载《比较教育研究》，2013 (12)。

② 同上。

"爱国情感"作为六年级社会学的课程目标之一。① 2012 年日本进行中小学课程改革，在新的教学大纲中更是明确规定，日本需要开展民族认同教育，培养民族自豪感。这些本无可厚非，但是，日本的右翼势力片面地把民族认同与粉饰侵略历史、美化战争画上了等号。日本部分教科书中存在对侵略战争公然地回避甚至是美化，在慰安妇责任问题、南京大屠杀问题、强征各国劳工等问题上的表述与历史客观事实有很大出入，未能像战后德国一样深刻反省自身责任，未能对侵略战争给中、韩、东南亚以及世界人民带来的灾难进行深刻反思。由于部分日本右翼势力始终不能正视战争责任问题，造成了不能正确理解和解释自身行为，不能充分理解受害民众的感情，当然也无法更好地与对象国进行国际理解和沟通的严重结果。不仅如此，近年来日本首相和国会议员频频参拜靖国神社的行为也成为影响中日、韩日以及日本和亚洲各国相互理解的壁垒，成为友好交流的巨大障碍，更成为了制约国际理解发展的痼疾。

除了历史问题外，与民族认同伴生的新国家主义也成为日本国际理解的障碍。2015 年 4 月 9 日，参议院的预决算会议上文部科学省要求所有国立大学在毕业和入学仪式上升国旗、唱国歌，此举遭到学者们的强烈反对。2015 年 9 月，安倍政权不顾上万民众的抗议，深夜通过新安保法案，日本从此可以随时向海外派遣自卫队，此举更是与联合国教科文组织所倡导的以维护世界和平为目的的国际理解教育精神彻底背道而驰。此外，日本的国际理解还存在欧美中心主义、日本文化沙文主义等倾向。

2015 年极端组织杀害日本人质事件引起国际社会的广泛关注，在日本国内也引起了轩然大波。有识之士认为，日本右翼势力的诸多举措，将激化日本与世界的矛盾，造成更多的隔阂。在宗教冲突、地区冲突、能源以及环境问题日益严峻的今天，日本应该重新意识到加强国际理解的重要性和紧迫性。除了诉诸政治、军事、外交途径以外，广泛开展国际理解教育能够在一定程度上避免宗教冲突和地区冲突，化解隔阂，为实现世界和平稳定创造必要的外部条件。

综上所述，日本国际理解教育是在第二次世界大战后由联合国倡导，

① 展瑞祥：《日本中小学国际理解教育的经验不足及启示》，载《教学与管理》，2009(3)。

在日本民间组织积极推动下，日本政府教育部门和其他部门通力合作下进行的，在最初阶段主要是反思第二次世界大战的伤害，促进世界和平的活动；在经济高速成长期成为日本消除贸易顺差、增进日本好感度的有效手段；随着日本国内国际化，多元共生理念成为日本国际理解教育的主要内容；在全球化的今天，无论是出于政治的、经济的、社会文化的原因，日本都需要进一步开展国际理解教育：一方面培养国际化人才，为增强日本国家竞争力服务，另一方面创造多元共生的国内环境，吸引国外优秀人才、解决日本劳动力不足的问题，创造和谐国际环境，为开拓日本海外市场服务；日本的国际理解教育取得了相当的成绩，促进了日本教育国际化的进程，同时也成为政府推行国家战略的工具；未来，如何处理民族认同与尊重历史的关系问题、如何应对新国家主义泛滥等是日本国际理解教育能否获得健康、长足发展的关键所在。

3. 对中国国际理解教育的启示

据国家统计部门资料显示，2014 年度中国公民出境游约达 1.17 亿人次。2014 年中国共有来自 203 个国家和地区的 377 054 名外国留学生。[①] 同年，中国公民出国留学人数达到 45.98 万人。[②] 随着中国进一步改革开放，中国日益活跃在国际政治经济舞台上，同时由于互联网的发展、交通工具的便利，公民个人国际往来增多，国家、社会和公民急切呼唤国际理解教育的开展。

通过检索中国学术期刊网络出版相关数据库，发现 2000 年前鲜有提到这一词汇的研究。到 2000 年，与国际理解教育有关或者提到国际理解教育这一词汇的仅有 30 篇，2002 年猛增到 118 篇，2009 年逐年稳定增长到 188 篇，2010 年突然猛增到 247 篇，2013 年达到 315 篇之多，可以看出中国学术界、教育界对于"国际理解教育"的关注度正在逐步提高。

与日本相比，中国国际理解教育的特点是开展晚、水平低、地区发展不平衡，需要解决的问题多。借鉴日本开展国际理解教育的经验，我

---

① 《2014 年全国来华留学生数据统计》，http：//www. moe. edu. cn/publicfiles/business/htmlfiles/moe/s5987/201503/184959. html，2015-09-20。

② 教育部：《2014 年度中国出国留学人员总数达 45. 98 万人》，http：//news. xinhuanet. com/2015-03/05/c_1114534837. htm，2015-09-20。

们应该顺应教育国际化形势，认真学习联合国国际理解教育理念，加强理论研究，预测未来国际理解教育的发展趋势，同时注意开展国际理解教育，万万不能盲目崇外，要根据中国自身特点，制定适合中国国情的国际理解教育政策；进行历史、地理、道德等各科目的课程改革，将国际理解教育和民族教育内容结合起来，渗透到课本中；积极推动外语教育，改革外语考试方向，突出语言沟通理解的本质；加强网络媒体技术教育，适应网络时代的国际理解环境；积极推进留学生政策，扩大留学生接收和派出；充分发挥社会民间团体的作用，利用学校、图书馆、文化活动中心、少年宫、网络、大众传媒等多种形式在学生和公民中广泛开展国际理解教育，为培养具有国际视野的适应国际化的人才创造良好的基础和环境。

以上选取了日本留学生政策，包括留学生 10 万人计划和留学生 30 万人计划以及国际理解教育一系列政策作为日本教育国际化的几个突出政策进行了简要的分析。应该说留学生政策和国际理解教育政策的关系是相互包含、互为因果，从国际理解教育的角度看，留学生政策是国际理解教育的一部分，从留学生政策的角度看，国际理解教育政策是留学生政策不可或缺的组成和结果。除此之外，日本还有旨在促进外语教育和终身学习的语言助手 JET 项目，青年国际协力项目、对海外日语学校支援项目、协助海外和日本的研究者、学生进入日本、走出日本进行交流合作的项目等，以上也都与国际理解政策和留学生政策有着密切的关系，都是日本教育国际化政策的组成部分。

通过以上分析可知，一个国家教育国际化的发展程度与综合国力有关，与本国教育水平相关，与国际国内政治、外交形势相关，与政府部门制定的政策相关，与政策执行过程、政策连续性相关，同时与特定国家的语言文化背景甚至自然环境相关。为实现教育国际化的目标，需要结合国际国内形势，结合自身特点，通过科学的考量，制订周密细致的计划，科学地逐步推进。从世界范围，尤其是亚洲范围来看，日本的教育国际化已经达到相当的高度，其经验和教训值得我们借鉴。

第六章　澳大利亚教育国际化政策及其实施效果

　　澳大利亚的教育国际化发端于 20 世纪初，经过一个多世纪的发展，现已取得了举世瞩目的成就。在海外留学生教育方面，目前澳大利亚已经成为世界上最受国际留学生欢迎的留学目的地之一，仅次于美国和英国。在过去的 50 年中，澳大利亚总共接收了 250 万名国际留学生前来学习。[①] 目前留学生教育事业也已发展成为澳大利亚最大的服务类出口产业，对于澳大利亚经济发展也具有十分重要的价值，在 2015 财年，为澳大利亚经济发展直接贡献了 188 亿澳元的收入。[②] 除此之外，在国内学生的国际流动方面，近年来澳大利亚也开始重视推动本国学生前往国外求学，尤其是亚太地区，实施了"新科伦坡计划"。下面，本章将详细展现澳大利亚教育国际化独特的发展历程，以及近年来推动澳大利亚教育国际化事业发展的两项重要政策，以期对我国教育国际化的发展有所启发与借鉴。

一、澳大利亚教育国际化的发展历程

　　与世界教育国际化的发展历程一样，澳大利亚的教育国际化最早也是发生在高等教育领域。有学者指出"澳大利亚高等教育的发展史就是其教育国际化的历史进程"[③]，所以，澳大利亚教育国际化的源头可以追溯至 1850 年澳大利亚第一所大学——悉尼大学的成立。由于澳大利亚地理位置远离欧洲和北美，自第一所大学成立以来，澳大利亚大学就认识到

---

① David, D., and Mackintosh, B., *Making a Difference: Australian International Education*, University of New South Wales Press, 2012, p. 12.

② Australian Government, Export income to Australia from internationaleducationactivity in 2015, 2016.

③ 杨尊伟：《澳大利亚高等教育国际化探析》，硕士学位论文，东北师范大学，2004。

国际学术交换的必要性。此后，澳大利亚的教育国际化政策历经几次重大调整，逐步形成了颇具特色的教育国际化发展战略，并取得了举世瞩目的成就。根据每个阶段教育国际化主要任务与模式的不同，澳大利亚的教育国际化历程可划分为如下四个发展阶段。

（一）巩固独立国家地位的国际化阶段（1904—1948 年）

澳大利亚真正意义上的教育国际化发展起始于 20 世纪初，主要发生在第一次世界大战和第二次世界大战期间。这一阶段澳大利亚教育国际化的主要目的与特征表现为寻求与周边亚太地位的合作交流关系，以巩固其民族国家的独立地位。

这一阶段，澳大利亚教育国际化发展的大背景是：1901 年，澳大利亚从英国分离出来成为独立国家，为了稳定其地位，开始建立其与亚太地区的地缘结构关系。所以，这一时期澳大利亚教育国际化发展的主要表现为 1904 年，为了促进同一些亚洲国家的文化交流和贸易，澳大利亚与这些国家签订了互相交换学生的协议，开始接待第一批自己出资来澳大利亚上大学的留学生，这可以算是澳大利亚留学生教育发展的开端。[①]

（二）对外援助的国际化阶段（1949—1975 年）

澳大利亚教育国际化发展战略的第一次重大调整始于第二次世界大战后的几年。这几年世界主要发达国家的外交政策发生了显著的变化，反映出它们想结束殖民主义以及支持发展中国家独立的态度，而澳大利亚就是其中的重要成员。从 1949 年开始，历届澳大利亚政府开始出于对外国的政治、国防、贸易、商业等因素的考虑，采取各种措施促进同外国的文化交流和国际友谊，特别是在亚太地区。所以，这一阶段澳大利亚教育国际化的主要特征表现为对外援助，具体表现在援助东南亚国家学生的国际流动以及大学建设两个方面。

一方面，1951 年 7 月，作为整个外交政策的重要组成部分，澳大利亚政府签署了"科伦坡计划"（科伦坡亚太地区经济社会合作计划，Colombo Plan）[②]，该计划的一项核心内容就是积极出资援助东南亚国家，招收

---

① 李晓东：《澳大利亚留学生教育政策研究》，硕士学位论文，中央民族大学，2013。

② "科伦坡计划"标志着澳大利亚政府第一次正式成为澳大利亚高等教育海外留学生学习的直接倡导者。

东南亚国家官方派出的留学生；同时向部分发展中国家派遣赴澳的留学生提供巨额援助式奖学金，譬如，澳大利亚政府每年为来自泰国、印度和印度尼西亚等东南亚国家的 150 名研究生提供奖学金，并支付伙食费和生活津贴等。"科伦坡计划"除了面向公费留学生外，还促使澳大利亚积极招收来自新加坡、马来西亚、中国香港和印度尼西亚等亚洲国家和地区的自费留学生。到 20 世纪 60 年代初，澳大利亚的自费留学生人数已从 1955 年的 3 000 人增加到 1 万多人。为此，1973 年澳大利亚政府重新评估了这一留学生政策，决定将因私赴澳的海外留学生总数控制在 1 万人以内。1974 年澳大利亚政府决定取消本国高等学校收费制度，外国留学生同样享受这一优惠而无须缴费。至此，在 1950—1975 年的 25 年中，通过"科伦坡计划"共有 40 000 名亚洲学生到澳大利亚学校就读。①

　　另一方面，除了援助国际学生的流动外，这一阶段澳大利亚教育国际化的发展还表现为援助东南亚国家高等学校的建设。1969 年，澳大利亚各大学副校长组成"澳大利亚—亚洲大学合作计划"（Australian-Asian Universities Cooperation Scheme）委员会，协助印度尼西亚、菲律宾和泰国等国家的大学进行教学和研究，旨在提高这些邻近的发展中国家高校的教学、研究和管理能力。②

　　由此看出，这一阶段澳大利亚教育国际化的发展具有明显的国际政治目的，但同时也为日后澳大利亚教育国际化的大发展奠定了成功的基石。

　　（三）出口贸易的国际化阶段（1976—1991 年）

　　"冷战"结束后，世界政治格局发生了重大变化，致使澳大利亚原先基于冷战思维的教育援助越来越不适应新的形势。此外，20 世纪 70 年代发生的国际石油危机使得澳大利亚经济受到了严重的打击，加之英、美两国教育的市场化改革，直接刺激了澳大利亚将国际教育事业作为一种出口创汇产业来发展，进而推动了澳大利亚教育国际化"出口贸易"导向的运作与发展。

---

① 杨启光：《教育国际化进程与发展模式》，247 页，北京，社会科学文献出版社，2011。
② 同上书，248 页。

1. 贸易雏形阶段(1976—1984 年)

1979 年，澳大利亚出台《海外学生收费办法》(Overseas Student Charge)，规定留学生必须缴纳培养成本 1/3 的费用。其主要内容有：第一，取消海外留学生总数 1 万名的限制，并根据外事关系的密切程度向未建交的国家提供留学生配额。第二，收取"签证费用"，后又称为"海外留学生费用"。该项费用约占大学经费总额的 10%，并从 1982 年起逐年递增，到 1988 年已高达 55%。第三，要求所有海外留学生在澳大利亚完成学业后至少回国工作两年后方可申请移民澳大利亚。[①]

尽管 1979 年以后，澳大利亚向外国留学生收取的学费一直呈上升趋势，但 1985 年以前，推动澳大利亚留学生教育发展进程的主体仍然是澳大利亚联邦政府，这主要是因为当时澳大利亚联邦政府限定了自费留学生的人数，同时大学也不能因为招收外国学生而获得额外经费。综上所述，这一阶段海外留学生已经逐渐成为购买澳大利亚教育服务的消费者，而澳大利亚对经济利益的追求也日渐增强，但由于澳政府依旧强调教育援助和交流，所以这一阶段可以看作从"对外援助阶段"向"出口贸易阶段"转变的过渡期。1982 年，澳大利亚国内的海外留学生数量高达 1.2 万多名。[②]

2. 贸易纵深阶段(1985—1991 年)

受到英国在 20 世纪 80 年代初期向海外留学生收取全额学费政策的影响，澳大利亚政府于 1984 年成立戈德林委员会(Goldring Committee)和杰克逊委员会(Jackson Committee)，以评估澳大利亚海外留学生市场并撰写研究报告书。戈德林委员会受澳大利亚移民与种族事务部委托，形成了《戈德林委员会关于自费海外留学生政策的考察报告》，该报告建议澳大利亚政府继续将国际教育视为一种对外援助，不赞成其商业性发展。而杰克逊委员会受澳大利亚外交部委托，形成了《杰克逊委员会关于澳大利亚海外援助项目的考察报告》，该报告认为"教育应该被视为一种出口产业，要鼓励学校互相竞争，争取更多的生源和资金"，"澳大利亚教育服务中的国际贸易有可能成为本国一种重要的新兴产业，具有很大的潜

---

① 李晓东：《澳大利亚留学生教育政策研究》，硕士学位论文，中央民族大学，2013。

② 同上。

力"。最终，杰克逊委员会的建议被采纳，随后公布的一系列政策标志着澳大利亚政府将国际教育作为一种外销商品的立场，澳大利亚教育国际化正式从"对外援助"的政策导向全面转向"出口贸易"的政策导向，迅速步入发展的快车道。

1985年，澳大利亚政府公布了针对国际留学生收取全额费用的指导方针，鼓励澳大利亚大学收取外国学生学费的利润差额以创造收入。这一开创性决定是促成今后澳大利亚国际教育部门快速发展的催化剂，也是澳大利亚教育国际化发展历程中的一个重要分水岭。[①] 1987年，澳大利亚政府在《高等教育：政策讨论书》的教育绿皮书中更明确地指出，全额付费的海外留学将是增加高等教育机构收入的重要渠道。1988年，澳大利亚教育部颁布的教育白皮书《高等教育：政策声明》则强调，由于外部经济环境、政策和行政环境的改变，澳大利亚与其继续担任赞助发展中国家教育和训练需要的角色，不如承担伙伴关系的角色，以便追求个人和国家的共同利益。该政策向海外留学生提出了承担教育全额费用的要求，并认为招收国际学生能够增加大学的收入，要求大学承担起刺激国家经济增长的责任。[②] 1988年，澳大利亚政府还公布了《高等教育经费法》，规定所有国际留学生必须交纳全部培养成本，所有高校均不得收取低于政府规定的收费标准。此外，澳大利亚政府解除了对留学生市场的管制，允许各大学直接招收国际留学生，并且在不会动摇各大学原先享有的政府经费的基础上，赋予它们自行制定及保留海外留学生交纳的学费和学杂费的权力。由此，大学逐渐代替政府成为推动澳大利亚海外留学生教育的主体。[③]

在上述教育国际化发展政策的推动下，20世纪80年代中期至20世纪90年代，澳大利亚开启了以出口贸易为导向的教育输出，使这个阶段的国际教育成为一个澳大利亚可以赚钱的重要出口创汇产业。1989年，海外留学生学费收入为6 628万美元，学费收入占大学总收入的1.51%；1990年达到13 671万美元，学费收入占大学总收入的2.86%。在1995

---

① 李晓东：《澳大利亚留学生教育政策研究》，硕士学位论文，中央民族大学，2013。
② 杨启光：《教育国际化进程与发展模式》，253页，北京，社会科学文献出版社，2011。
③ 李晓东：《澳大利亚留学生教育政策研究》，硕士学位论文，中央民族大学，2013。

年，澳大利亚大学总收入的 5.9％是国际学生的学费。到 1996 年，澳大学海外留学生的数量增长到 53 000 人，占全部学生的 8.4％。作为服务出口业，教育出口收入大大超过了羊毛，和钢铁差不多，接近小麦。澳大利亚海外留学生项目使劳动力需求增加 0.5％，在雇用的 800 万人中，额外增加 4 万个工作。① 也正是由于招收海外留学生能够带来如此大的经济利益，澳大利亚政府和大学从 20 世纪 80 年代中后期开始积极推动教育的出口贸易。

此外，这一出口贸易导向的教育国际化发展阶段，澳大利亚的国际留学生从 1970—1980 年的平均增长率 2％上升到 1980—1990 年的 12％。澳大利亚从 80 多个国家和地区招收留学生，但其中大多数来自亚洲地区。澳大利亚统计局的数据显示，以教育为访问目的的亚洲入境人数，在同类海外入境人数中所占的比例，由 20 世纪 60—70 年代的 30％～40％增长到 20 世纪 80—90 年代初期的 60％～70％。随着澳大利亚政府对海外学生市场的开放，自费留学生的数量迅速增加，1989 年在澳大利亚的海外留学生达到 21 112 人，占澳大利亚境内全部学生的 4.8％。②

（四）追求教育品质的国际化阶段（1991 年至今）

自 20 世纪 80 年代澳大利亚打开全额付费留学生大门以来，海外留学生规模不断扩大，带来丰硕成果的同时，也带来了市场无序等一系列问题，对澳大利亚政府如何管理海外留学生、保证留学生教育质量及提高教育的国际声誉提出了挑战。因此，这一阶段澳大利亚政府主要以学生权益保护和教育质量保障为切入点，致力于打造澳大利亚留学生教育的国际声誉。③

进入 20 世纪 90 年代，由于国际国内形式的变化，澳大利亚政府重新审视了此前的教育国际化政策，并于 1992 年重新定位国际教育的政策重点，即"从出口贸易到追求品质与品牌的国际化"的新政策。新政策认可教育国际化的非商业利益，并且其主要内容集中于教育价值和教育质量，以亚太地区为中心，并进一步开拓澳大利亚国际教育活动，除了国际学

---

① 杨尊伟：《澳大利亚高等教育国际化探析》，硕士学位论文，东北师范大学，2004。
② 杨启光：《教育国际化进程与发展模式》，254 页，北京，社会科学文献出版社，2011。
③ 李晓东：《澳大利亚留学生教育政策研究》，硕士学位论文，中央民族大学，2013。

生的流动外，高等教育国际化的其他四个方面在当前的政策中也受到了重视，如教职员工的国际流动、课程的国际化、政府与机构间的国际联结、熟悉国外资格认证等。[①] 此后，澳大利亚与亚洲大学加强了教学与科研合作，同时实施互惠的师生交换政策。澳大利亚政府还拨出资金支持大学面向国外流动计划。

　　进入21世纪，尤其是2008年金融危机之后，澳大利亚的教育国际化站在了发展的十字路口，如何恢复澳大利亚作为一个高质量、安全、包容的留学目的地的声誉，如何能在与美国、英国、加拿大等国的生源争夺战中抢占先机……面对一系列挑战，澳大利亚政府开始对教育国际化发展战略进行重新审视，并将其确定为将澳大利亚打造成国际留学生的首选目的地，目标是到2025年招收100万国际留学生，占全球国际学生总数的1/8。

　　为了实现这一目标，澳大利亚政府采取了一个政府主导的、整合各种项目和资源的战略方针，由教育部负责国际教育服务方面的战略、规划、政策和整体推广，视教育为重要出口产业，为各级各类教育机构与中介机构提供全方位的支持，鼓励这些学校按照商业模式去吸引海外生源，开拓海外市场。澳大利亚政府在推进国际教育服务方面制定的重要政策和措施具体有以下几方面。

　　第一，通过立法手段保障消费者权益，即制定了全国性的法律制度，为留学生在澳大利亚学习期间的权益提供保障。《海外学生教育服务法2000》及其配套法规是这一举措的重要表现，这是澳大利亚第三次修改1991年制定的《海外学生教育服务法》（ESOS）[②]，它们促进了澳大利亚留学生服务体系的完善，有利于维持教育出口作为澳大利亚第三大产业的地位，并为这一阶段澳大利亚留学生教育的成功发展奠定了坚实基础。

　　第二，政府制定行业标准，支持建立了"全国统一的学历资格框架"。持学生签证进入澳大利亚的海外留学生所就读的大多数课程都包括在这一框架中，使得在各州或地区取得的学历资格相互承认，高中、高等职

---

①　杨尊伟：《澳大利亚高等教育国际化探析》，硕士学位论文，东北师范大学，2004。

②　1991年《海外学生教育服务法》的颁布，使得澳大利亚成为全世界第一个为保护海外留学生权益而专门立法的国家。

业教育、高等教育和继续教育相互衔接，学分可以转换，保证了连续性，而且在澳大利亚获得的学历资格普遍得到其他国家教育机构和雇主的认可。

第三，建立包括教育部，外交与贸易部，移民与多元文化和本土事务部，工业、旅游与资源部，澳大利亚贸易协会，旅游协会在内的跨部门国际教育推广协调机制，并由教育部牵头。各部门之间通过签署备忘录明确各自的职责，有关各方统一使用"留学澳大利亚"(Study in Australia)①品牌和资料来宣传澳大利亚教育。

在高等教育国际化与国际教育产业化战略的双重推动下，澳大利亚的留学生教育取得了巨大成功，赴澳大利亚留学人数逐年增加。1990 年，国际学生为 4.7 万人，2000 年增长到 18.8 万人，到 2009 年增长到接近 50 万人，留学生来自全球 190 个国家。② 高等教育阶段留学生从 1997—1998 年度的 10.8 万人增加到 2009—2010 年度的 26.98 万人。③ 据最新统计资料显示，2009 年，澳大利亚接收留学生数量已占全世界留学生总数的 7%，已迅速跻身为仅次于美国(18%)和英国(10%)的、拥有留学生人数居世界第三的国家。而从留学生的增长速度来看，澳大利亚早已远远超过了美国和英国，从 1994 年开始，澳大利亚的国际教育就以每年 15%的速度持续增长。澳大利亚还是目前世界上高等教育阶段留学生比例最高的国家，2009 年达到 21.5%，是经合组织成员国平均比例的三倍多。目前，澳大利亚国际教育正以每年超过 160 亿澳元的收入一跃成为该国第三大出口产业，其中高等教育贡献了 60%。④ 当前，赴澳大利亚留学生人数在全球范围内还在急剧上升。澳大利亚大学犹如一个巨大的高等教育服务"供应商"，正源源不断地吸纳全世界的财富。

二、"新科伦坡计划"及其实施效果

"新科伦坡计划"(New Colombo Plan)，顾名思义，是 1951 年"科伦坡计划"在当代的新实施。原"科伦坡计划"结束于 20 世纪 80 年代，总共

---

① 澳大利亚政府创办的对外介绍澳大利亚教育的官方网站。
② 李晓东：《澳大利亚留学生教育政策研究》，硕士学位论文，中央民族大学，2013。
③ 同上。
④ 同上。

资助 4 万多名亚洲学生赴澳大利亚接受教育。2014 年正式试行的"新科伦坡计划",同"科伦坡计划"的相似之处在于,都十分重视加强同亚太地区的沟通交流与合作;但二者的最大不同是,"新科伦坡计划"是"科伦坡计划"的反向流动计划,即鼓励澳大利亚国内本科生前往亚太地区留学或实习,以增加其对该地区的理解,进而加深澳大利亚与该地区的沟通联系。

（一）"新科伦坡计划"实施的背景

1. 重视同亚太地区学术交流与合作的历史传统

澳大利亚之所以能成为"世界第三大留学目的地",很大程度上得益于其毗邻亚洲的地理优势。因此,受地缘政治关系的影响,澳大利亚具有重视同亚太地区交流与合作的历史传统。这一传统可追溯至 1951 年实施的"科伦坡计划"。

进入 21 世纪后,为了顺应"亚洲世纪"（Asian century）[1]的新形势,澳大利亚政府于 2012 年发布《亚洲世纪的澳大利亚白皮书》,就教育、创新、经贸、农业、国防安全、文化外交、创业产业等方面全面规划如何在未来 13 年抓住亚洲崛起的机会,拟定了到 2025 年澳大利亚各级政府、中小学至大学、产业与社区达成的 25 项目标。

其中,教育是白皮书规划的核心内容之一,2025 年与留学生教育相关的目标蓝图是,更多澳大利亚学生将出国留学,而且在亚洲国家取得学位。自白皮书公布之后,澳大利亚政府宣布,投入 3 700 万澳元实施"亚洲准备计划"（Asia Bound Program）,该计划将为 1 万多名澳大利亚大学生提供奖学金到亚洲学习。同时政府还将扩展、简化并增加海外学生贷款计划（OS-HELP）,让大学生支付得起到亚洲学习的费用。[2]

2. 澳大利亚国内学生的国际流动不充分

由于澳大利亚教育资源比较优质,澳大利亚在国际教育市场上一直扮演着留学目的国的角色,其教育国际化主要是单向的,主要接收海外留学生赴澳大利亚学习,而国内学生的教育国际化程度总体偏低。

调查数据显示,2013 年,仅有 1/7 的澳大利亚本科生有赴海外求学

---

① 亚洲世纪,是指全球政治、经济重心将不可逆转地从西方转向东方,21 世纪的主角将属于亚洲国家的观点。

② 李晓东:《澳大利亚留学生教育政策研究》,硕士学位论文,中央民族大学,2013。

的经历。这些学生首选的留学目的国是：美国、英国、中国和加拿大；首选的专业是：文科、人文社科、健康与卫生。2013 年，在 29 500 名赴海外学习的澳大利亚学生中，有 59％是女性。此外，在 2013 年，多数学生的海外学习经历不超过一学期。① 因此，这种严峻的教育国际化形势促使澳大利亚政府大力强加国内学生赴海外求学。

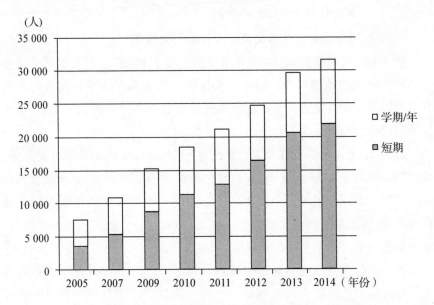

图 6-1　澳大利亚学生赴海外学习情况概览(2005—2014 年)

资料来源：《新科伦坡计划——促进中澳学生流动》，Australian Embassy，China，http：//china. embassy. gov. au/bjngchinese/NCP. html，2016-06-15。

（二）"新科伦坡计划"的主要内容

1."新科伦坡计划"的性质与目标②

"新科伦坡计划"，是澳大利亚政府的一项标志性倡议，于 2014 年试行实施，2015 年正式实施。澳大利亚政府预计实施该计划 5 年，并投入 1 亿多澳元来支持 18～28 岁的澳大利亚本科生赴印度—太平洋(Indo-Pacif-

---

① 《新科伦坡计划——促进中澳学生流动》，Australian Embassy，China，http：//china. embassy. gov. au/bjngchinese/NCP. html，2016-06-15。

② http：//dfat. gov. au/people-to-people/new-colombo-plan/Pages/new-colombo-plan. aspx，2016-06-15.

ic)国家与地区进行学习或实习。

澳大利亚政府实施"新科伦坡计划"的目的是，转换澳大利亚教育国际化的发展思路，更加关注澳大利亚国内学生的国际教育流动，鼓励更多的国内本科生去印度—太平洋地区留学，以在个人层面、大学层面、商业层面或者其他方面上加深澳大利亚同印度—太平洋地区的联系；同时也为澳大利亚未来的劳动力培养地区意识，增加对该地区的理解。澳大利亚外交贸易部部长朱莉·毕晓普（Julie Bishop）女士表示，"'新科伦坡计划'是对年青一代澳大利亚人的投资，是对未来的投资，它能确保澳大利亚的强大与繁荣。""澳大利亚政府希望澳大利亚学生能逐渐把在印度—太平洋地区的海外学习视成一种成年礼，一种在澳大利亚社会中高度看中的经历。"①

澳大政府希望"新科伦坡计划"在实施 5 年后，能够实现如下的具体战略目标。

• 增加有在印度—太平洋地区工作经验的、为工作做好准备的澳大利亚毕业生的数量比例。

• 通过增加前往印度—太平洋地区学习或实习的澳大利亚本科生数量，来促进澳大利亚社会对该地区的了解。

• 通过促使双方的学生、大学、商业和其他利益相关者网络参与该项目，来加深澳大利亚同印度—太平洋地区人员与机构之间的关系。

• 希望澳大利亚学生能逐渐把在该地区的海外学习视为一种成年礼，一种在澳大利亚社会中高度看中的经历。

2."新科伦坡计划"的总体构成②

"新科伦坡计划"共包含有两个子项目，一个是奖学金项目（scholarship program），它为澳大利亚本科生在印度—太平洋国家和地区长达一学年的学习或长达六个月的实习、辅导提供资助；另外一个是更为灵活的流动性项目（mobility program），主要资助学生在印度—太平洋地区短期（一学期以内）或者更长期（一学年以上，最多长达三个学年）的学习、

---

① 　http：//dfat. gov. au/people-to-people/new-colombo-plan/Pages/new-colombo-plan. aspx，2016-06-15।

② 　同上。

实习、辅导、诊所实习、教学实习以及科学研究。

"新科伦坡计划"的奖学金项目，面向目前正在澳大利亚国内大学就读的 18～28 岁的澳大利亚籍本科生。而流动性项目对申请人的年龄要求更为宽泛一些，可适当资助部分年龄超过 28 岁的本科生。

到目前为止，"新科伦坡计划"已经支持澳大利亚本科生在印度—太平洋地区(西至印度、北至蒙古、东至库克群岛)的 38 个接收国或地区进行学习或实习。这些国家和地区分别是：孟加拉国、不丹、文莱、缅甸、柬埔寨、中国、库克群岛、密克罗尼西亚联邦密克罗尼西亚、斐济、香港、印度、印度尼西亚、日本、基里巴斯、老挝、马来西亚、马尔代夫、马绍尔群岛、蒙古、瑙鲁、尼泊尔、巴基斯坦、帕劳群岛、纽埃岛、巴布亚几内亚、菲律宾、韩国、萨摩亚、新加坡、所罗门群岛、斯里兰卡、中国台湾、泰国、东帝汶、汤加、图瓦卢、瓦努阿图、越南。

"新科伦坡计划"试行于 2014 年，澳大利亚政府预计实施该计划 5 年，并投入 1 亿多澳元。以下是从 2016—2017 学年开始，新科伦坡计划累计的经费预算。

表 6-1　"新科伦坡计划"经费预算(2016—2019 年)

2016—2017 年	2017—2018 年	2018—2019 年	总共
28 215 000 美元	51 083 000 美元	50 933 000 美元	130 231 000 美元

3."新科伦坡计划"之奖学金项目①②

"新科伦坡计划"的奖学金项目(scholarship program)，给澳大利亚本科生提供在印度—太平洋地区的接收国进行为期 1～2 个学期(不超过 1 年)的学习、实习或辅导的机会。该项目主要面向目前正在澳大利亚国内大学就读的 18～28 岁的澳大利亚籍本科生。

(1)奖学金项目的战略目标

2017 年"新科伦坡计划"的奖学金项目，欲实现如下战略目标。

---

① http://dfat.gov.au/people-to-people/new-colombo-plan/scholarship-program/Pages/scholarship-program.aspx, 2016-06-15.

② http://dfat.gov.au/people-to-people/new-colombo-plan/scholarship-program/Pages/scholarship-program-guidelines-2017.aspx, 2016-06-15.

• 提供大约 100 个奖学金项目的获得者名额。为了平衡资源分配，每个国家每年最多只能接收奖学金项目学生 15 名。

• 支持澳大利亚本科生去尽可能多的印度—太平洋地区国家（现在是 38 个接收国和地区）学习。

• 鼓励"新科伦坡计划"的学生在接收国进行更长时间的学习、语言培训、实习或辅导。

• 促使"新科伦坡计划"的学生、大学和其他利益相关者参与公共外交和拓展。

• 为那些"新科伦坡计划"的参与者继续建设一个积极的校友社区网络，以便分享他们的经历、促进新科伦坡计划的推广、继续加大对印度—太平洋地区的了解和专业联系。

(2)奖学金项目的组成要素

奖学金项目的最低要求是必须要包含一个学习的要素。其他诸如实习或辅导、语言培训和社区参与等的可能要素可以同时进行，或者一个接着一个进行。当然，项目各组成要素之间在衔接上有时间间隙是不可避免的，但是不能超过一个月。

第一，学习要素。

• 学习在奖学金项目中是必须要素。

• 奖学金项目的学习必须是全日制的。这个"全日制"的含义由接收国来定义。

• 项目持续时间至少是一个学期（时间长短由接收国来定），最多可达一学年。

• 学习必须是面对面的，而不是通过网络。

• 申请人的原校必须同意给予参加接收国大学课程的学生全日制的学分。

• 申请人可以提交将海外学习算入并行学位①中的一个或者半个学分。

• 在海外科研项目中，奖学金项目的申请人必须在接收大学中有一

---

① 并行学位，是指浓缩版的双学位，能让学生在低于正常学制年限内的同时考获本科和硕士文凭。

位学术人员来监督和指导，同时他们在申请中必须陈述他们在所选择的接收国开展科研项目的益处。

• 同 2017 年"新科伦坡计划"的战略目标保持一致，在奖学金项目的选拔过程中也会考虑让申请人追求更长时间的学习。

第二，实习或辅导要素。

• 实习，是一种专业的工作经历。一般而言，在实习期间，学生们会制订同他们学业学习和专业发展相关的实习目标。实习可以包括临床实习和教学实习。

• 辅导，是一种个人发展关系。在这段关系中，由一位在工作、职业或者专业发展方面上更富有经验和学识的人来帮助和指导一位经验和学识相对不丰富的人。

• 在奖学金项目的申请阶段，实习可不必确定下来。

• 只有实习要素的话是不能构成"奖学金项目"的。

• 项目获得者可以在项目执行期间从事多种实习工作。

• 项目获得者可以通过"新科伦坡计划"专属的实习和辅导网络去寻找实习和辅导的机会。

• 实习可以是全日制的（每周实习 22 小时，最多可实习 6 个月），在接收国学习之前或者之后进行；也可以是非全日制的，与学习同时并行。

• 如果在非并行学习的情况下从事了一个全日制的实习，薪资就需要被支付。

• 项目获得者被鼓励为他们的实习争取学分，但是这不是强制性的。

• 辅导可以是非全日制的，与全日制的学习或者实习并行。

• 同 2017 年"新科伦坡计划"的战略目标保持一致，实习和辅导被强力鼓励，接收国的签证也被要求允许进行实习和辅导。

第三，语言培训要素。

• 奖学金项目包含一个对接收国官方语言培训的支持。这个培训必须在接收国学习或实习项目期间同时进行。

• 当语言培训是全日制（每周至少 15 小时的交流时间）时，这个语言培训就要被一个指定的语言培训中心正式传授，并且需要与奖学金项目的要素分开开展。此时，薪资（最多一个月）也会被提供。

• 项目获得者被鼓励去从事语言培训，并把它作为他们奖学金项目的一部分。

第四，社区参与和宣传要素。

澳大利亚政府，包括它在海外的机构，可以邀请奖学金项目获得者在项目执行期间参加一系列的社区活动，以同"新科伦坡计划"的秘书处、其他的学生以及他们的社区分享他们的项目经历。这些活动旨在鼓励其他学生来参加"新科伦坡计划"、为"新科伦坡计划"做宣传、宣传在印度—太平洋地区学习和实习的益处。

（3）奖学金项目的奖学金资助

"新科伦坡计划"在其申请指南中建议，奖学金项目的申请人在申请该项目之前应该认真地考虑个人财务情况，并确保参加这个奖学金项目将不会过分超过个人财务预期，并且鉴于汇率是波动的，所获得的奖学金应该被有计划、有目的地使用。

"新科伦坡计划"奖学金项目所资助的奖学金具体包括如下几方面。

• 可以覆盖长达一整个学年的学费（包括学生服务和设施费用），可高达 20 000 美元。这些学费直接支付给接收国。

• 语言培训学费（如果有的话），可高达 1 500 美元。这些费用只针对接收国内的语言培训，并且直接支付给语言培训提供者。

• 旅费津贴 2 500 美元，支付项目获得者往返留学目的国的机票。

• 住宿费津贴 2 500 美元，支付项目获得者在留学目的国的住宿。

• 涵盖基本生活费用的生活补贴费，每月 2 500 美元。

• 健康和旅游保险费。

• 项目管理人员的服务费。这个专职的项目管理人员在获奖人进行奖学金项目期间为学生提供一些服务，包括行前指南、有关健康和旅行保险的建议、有关住宿的建议和帮助，还有每个月生活津贴的支付。

• "新科伦坡计划"奖学金（发放给每个接收国的第一名学生）获得者将会接收到额外的 1 000 美元奖金，以在项目期间购买学习材料和用品。这些奖学金获得者被鼓励在"新科伦坡计划"的宣传中发挥强有力的角色，并且在他们学习结束返回原校后成为校友网络的一员。

(4)奖学金项目的申请人资格与选拔

第一,申请人的资格条件。

- 是一名澳大利亚公民。
- 年龄介于 18~28 岁。
- 在申请时已被澳大利亚国内的一所大学录取。
- 正在进行本科阶段的学习。
- 本科课程的平均绩点在 70% 以上。
- 被原校提名推荐。
- 之前没有享受过"新科伦坡计划"奖学金项目的资助。

为了使更多的学生受益,已经成功获得"新科伦坡计划"奖学金项目资助的学生不允许同时申请另外一项由澳大利亚政府资助的留学奖学金项目或者其他流动性项目。

第二,申请人的选拔标准。

在"新科伦坡计划"奖学金项目申请人的书面申请和面试中,他们会被基于如下选拔标准被评估。

- 本科阶段的学业成就(占 40% 的比重)。
- 社区中的领导力(占 30% 的比重)。
- 适应力和恢复力(占 15% 的比重)。
- 对"新科伦坡计划"目标的贡献能力(占 15% 的比重)。

(5)奖学金项目的角色与职责分工

其一,澳大利亚政府。

"新科伦坡计划"的奖学金项目由澳大利亚外交与贸易部(Department of Foreign Affairs and Trade)和教育与培训部(Department of Education and Training)共同管理。外交与贸易部主要负责战略性引导"新科伦坡计划"、设定"新科伦坡计划"的政策方向。而教育与培训部则主要管理"新科伦坡计划"的财政预算,以及有关商业联络、实习、辅导和校友网络等具体事务。

其二，澳大利亚大学。

澳大利亚国内的 43 所大学①都要负责为 2017 年"新科伦坡计划"的奖学金项目提名项目申请人（最多 10 名）。在提名阶段，澳大利亚大学需要征求申请人的同意并把他们的详细信息（包括最新的邮箱地址等）报送给外交与贸易部和教育与培训部。

在提名阶段之后，澳大利亚大学负责确认每名被提名的项目申请人都接收到澳大利亚政府关于项目申请过程的指南，并且还要确认项目申请人欲申请的学习项目是有学分的。之后，澳大利亚大学还要帮助学生获得接收国的接收信，并为项目申请人在实习/辅导上提供必要的帮助。

其三，项目申请人。

在项目申请前，项目申请人必须要被所在原校提名，并且满足所有的选拔标准。如果对"新科伦坡计划"特别感兴趣且满足所有标准的本科生，可以直接联系原校这一项目的负责人并获得推荐。

在项目申请过程中，项目申请人的最主要职责就是要确保他们整个的申请流程都要在时间截点之前按时提交。当然，申请人也需要自行承担项目申请期间产生的所有费用。项目学习期间的实习/辅导，也是由项目申请人自行联系确定的。

在项目成功申请后，项目申请人要拿到接收国所开据的接收信等其他证明材料，并且办理适合该项目的合适签证。

抵达接收国后，项目申请人要对他们自己的人身安全负责。澳大利亚政府不为申请人在项目期间的丢失、损害、受伤等承担责任。

其四，支持性服务组织。

奖学金项目的支持性服务组织（Support Services Organization）的主要职责是指任一名项目经理，并为每名项目获得者提供高质量的帮助与服务。这些服务主要包括：在海外学习期间提供建议和指导；帮助项目获得者解决项目变更的需求；在项目结束后帮助项目获得者顺利返回澳大利亚。

（6）奖学金项目的评估

"新科伦坡计划"的评估工作，是澳大利亚政府内部所开展的一项持

---

① 澳大利亚目前国内共有 43 所大学。

续性活动。外交与贸易部、教育与培训部和支持性服务组织都可以利用有关"新科伦坡计划"管理的信息，以及学生在项目中的表现等信息来评估这一项目的效能。为了评估的方便，这些部门还专门建立了"新科伦坡计划"在线（New Colombo Plan Online）网站，这个网站主要用于项目申请人的材料提交、项目申请人的信息收集、项目的实施效果和表现等信息。

除了由这些澳大利亚政府部门主要负责项目的评估外，项目的利益相关者（包括澳大利亚大学、项目面试小组成员、项目提名人和项目最终获得者）也被要求参与项目的评估工作。

4."新科伦坡计划"之流动性项目①②

"新科伦坡计划"的另外一个子项目是更为灵活的流动性项目（mobility program），它主要向澳大利亚43所大学和11个财团③提供资费，以资助澳大利亚籍本科生在印度—太平洋地区的38个接收国和地区进行短期（一学期以内，占75％的比例）或者更长期（一学年以上，最多长达三个学年，占25％的比例）的学习、实习、辅导、诊所实习、教学实习以及科学研究。该项目同奖学金项目一样，面向年龄在18～28岁的澳大利亚籍本科生，同时也会适当资助部分年龄超过28岁的本科生。

（1）流动性项目的战略目标

2017年"新科伦坡计划"的流动性项目，欲实现如下战略目标。

• 支持更多的澳大利亚本科生去尽可能多的印度—太平洋地区国家（现在是38个接收国和地区）学习。

• 资助各种创新型的学生流动计划（mobility project），以促进更多的学生前往印度—太平洋地区学习或实习，促进双方大学和其他机构之间的合作关系。

• 鼓励一定数量的学生在接收国进行更长时间的学习、语言培训、

————————————

① http：//dfat. gov. au/people-to-people/new-colombo-plan/mobility-program/Pages/mob-ility-program. aspx，2016-06-15.

② "Mobility Program Guideline 2017，"http：//dfat. gov. au/people-to-people/new-colombo-plan/mobility-program/Pages/mobility-program-guidelines-2017. aspx，2016-06-15.

③ 由澳大利亚财团提名的学生也有机会参加"新科伦坡计划"，其中两大最主要财团分别为默多克大学（Murdoch University）的澳洲国内印尼研究财团（Australian Consortium for 'In-Coun-try' Indonesian Studies ）以及地区大学印尼语倡议财团（Regional Universities Indonesian Language Initiative）。

实习或辅导。

• 鼓励私人部门同流动性项目开展合作、进行经费资助。

• 促使"新科伦坡计划"的学生、大学和其他利益相关者参与公共外交和拓展。

• 为那些"新科伦坡计划"的参与者继续建设一个积极的校友社区网络，以便分享他们的经历、促进"新科伦坡计划"的推广、继续加大对印度—太平洋地区的了解和专业联系。

(2)流动性项目的补助津贴

流动性项目的补助津贴主要提供给澳大利亚43所大学，然后由这些大学直接发放给项目获得者，以确保他们能够参加在印度—太平洋地区的各种学生流动计划。

在2017年的流动性项目中，澳大利亚政府投入2 000万澳元的补助津贴，用于补助澳大利亚本科生前往印度—太平洋地区进行短期或更长期(第一年)的学习或实习津贴，以及项目的管理费用。至于项目获得者更长期学习或实习的第二年和第三年补助，则鼓励由私人部门进行赞助。

具体来看，流动性项目的津贴补助可以分为如下几种类型。

其一，针对不足一学期(3~6个月)的短期学习或实习，澳大利亚政府将为每个项目获得者提供1 000~3 000澳元的补助。

其二，针对一学期(6~12个月)的短期学习或实习，澳大利亚政府将为每个项目获得者提供3 000~7 000澳元的补助。

其三，实习补助。实习补助主要面向一学期短期项目的获得者，如果他们所参加的学生流动性计划中有实习的要素，将会额外补助他们1 000澳元的津贴。

(3)流动性项目的申请人资格与选拔

第一，参与"新科伦坡计划"流动性项目的申请人必须满足如下条件。

• 是一名澳大利亚公民。如果申请人拥有意向接收国的双重国籍或者居住权，或者曾经是接收国的公民或永久性居民，那么他将不能够得到流动性项目的学生津贴补助。

• 被澳大利亚国内的一所大学录取。

• 正在攻读学士学位。

• 在年龄上,至少该项目 70%的获得者要满足年龄在 18~28 岁的要求,30%的获得者年龄可超过 28 岁,年龄低于 18 岁的学生不被允许申请该项目。

• 澳大利亚大学不能提供为同一项目获得者两份及以上的津贴补助。

• 澳大利亚政府也鼓励大学积极支持不同类型的学生参加流动性项目,包括残疾学生、土著民学生、家庭经济地位不利的学生等。

第二,申请人的选拔标准。

在"新科伦坡计划"流动性项目申请人的书面申请中,他们会被基于如下选拔标准被评估。

• 标准 1(占 40%的比重):你选择参加的这个流动计划在多大程度上会增加你对印度—太平洋地区尤其是接收国的认识?

• 标准 2(占 30%的比重):你选择参加的这个流动计划会增强同印度—太平洋地区的合作关系吗?

• 标准 3(占 10%的比重):你选择参加的这个流动计划会促进"新科伦坡计划"在澳大利亚和接收国战略目标的实现吗?

• 标准 4(占 5%的比重):你选择参加的这个流动计划包含在印度—太平洋接收国一学期的学习机会吗?

• 标准 5(占 5%的比重):你选择参加的这个流动计划包含接收国的语言培训吗?

• 标准 6(占 5%的比重):你选择参加的这个流动计划包含实习要素吗?

• 标准 7(占 5%的比重):你选择参加的这个流动计划被私人部门经费赞助吗?

5. "新科伦坡计划"之实习或辅导①

由于"新科伦坡计划"的核心目标之一就是,确保澳大利亚本科生掌握可以促进本国以及印度—太平洋地区经济发展的技能和工作经验。所以,无论是奖学金项目还是流动性项目,都支持领域广泛的工作经验,包括实习、辅导、教学实习和临床实践等。

---

① Australian Embassy,China:《"新科伦坡计划"实习与辅导网络:印度—太平洋地区接收大学指南》,http://china. embassy. gov. au/bjngchinese/NCP. html,2016-06-15。

（1）什么是实习或辅导

实习，指的是一种有监督的工作经历，实习提供学生在真实的工作环境中检验自身技能的机会，并获得对所在机构的深入了解。实习时间长短不一，短则一周，长至六个月，无薪或带薪，可在学期结束后全职实习或在校兼职实习。

辅导，是一种个人发展关系，公司职业人士或学术人士为学生的学习或者工作提供辅导。这是一种持续进行的对话，支持学习和职业发展。

学习、实习和辅导的安排由澳大利亚大学、学生和接收大学及用人机构自行制订，以满足各方的需求。

实习或辅导，是"新科伦坡计划"的标志性组成部分，它们除了有助于学生的学业资格外，也能够提供给学生难得的机会去测验自己的技能、对所工作的机构的认知和了解，并建立一定的职业网络。诸多企业和机构正积极参与其中，"新科伦坡计划"也强烈鼓励项目申请人参加实习或辅导，以确保澳大利亚学生能为迈入职场做好准备，并在印度—太平洋地区建立其职业人脉。

（2）如何安排实习和辅导

"新科伦坡计划"安排灵活，让企业、大学和学生共同设计适合各方需求的实习和辅导项目，详情包括以下几方面。

• 安置合适的学生。例如，某些机构可以选择接收某个特定学术领域的实习生，或者依照自定的选择标准确定最合适的候选人。

• 实习时间长度取决于用人机构的意向以及学生获"新科伦坡计划"资助的项目期限。

• 分配的责任范围、学习目标以及绩效评估方法。这包括大学对奖励学分或学术认可的要求。

• 办公室安置和报酬（如适用）的细节。用人机构不负责保险，但是可以讨论其他相关条件。

实习和辅导可以按照一个学生或者一组学生专门制订。这意味着企业和其他机构可以决定他们提供的实习和辅导机会的时间长度和类别，让项目安排的价值最大化。

(3)实习和辅导项目合作伙伴资源

虽然"新科伦坡计划"的秘书处不负责安排个人的实习和辅导安置，但秘书处制作了以下两种的实用工具，为利益相关方提供协助。

其一，角色与责任分工。

"新科伦坡计划"的学生：学生负责安排和确定自己的实习或辅导项目，包括达成学生、用人机构主管和原校之间的安排协议。学生也负责以下工作。

• 为自己的实习争取额外的学分。如在国外学习期间实习，则非强制要求，但如实习与某段时期内的学习无关，则是强制性要求。

• 确保自己或者自己的原校已经安排好合适的签证，以及能覆盖他们"新科伦坡计划"期间的保险。

澳大利亚大学（或"原校"）：澳大利亚大学负责与本校学生以及潜在合作机构联络，保证合适的学习建议和其他安排到位，保证各种安排符合各自学校的特定要求（如保险）。流动性项目学生的安全和福利由原校负责管理，"新科伦坡计划"奖学金获得者则由院校和专案管理外包商（目前是 Scope Global）负责。鼓励各大学把海外实习纳入学分计算。

印度—太平洋地区的大学（或"接收大学"）：接收大学应利用自己与企业和机构的现有关系资源在合适的情况下帮助新科伦坡计划的学生安排实习和辅导。愿意加入"新科伦坡计划"的接收大学应联系其在澳大利亚的合作机构，探讨如何合作为新科伦坡计划的学生提供实习和辅导机会。

用人机构：用人机构可以是公司、企业、政府部门、非营利性或研究机构。用人机构应为实习生提供一个友好、安全和公平的工作环境，并安排一名主管或导师为学生提供有益的实习或辅导机会。用人机构也将与学生和原校共同制订包括学习成果建议在内的实习安排，并就安排达成一致。用人机构不需为学生提供住宿或其他具体的安排（如保险）。

外包专案经理（目前为 Scope Global）：Scope Global 受澳大利亚政府的合同委托，为"新科伦坡计划"奖学金的获得者提供管理支持，包括与奖学金获得者、原校以及用人机构合作，共同协助实施学习所在地的学习项目和其他安排。

其二，实习和辅导网络。

"新科伦坡计划"秘书处正在开发"新科伦坡计划"实习与辅导网络，该网络搭建企业与学生的桥梁，促进实习和辅导项目的安排。该网络是一个在线的数据库，列出了企业和其他机构能为"新科伦坡计划"内的学生提供的机会。原校和"新科伦坡计划"学生将能够通过搜索数据库寻找合适的机会，并在之后与用人机构制订相应的安排。

实习与辅导网络分两个阶段交付。第一，一套临时解决方案。企业通过填写附件中的表格进行注册，秘书处使用该表格制作并更新招聘职位列表，定期发送给相关机构（澳大利亚学生和获得 NCP 奖的学生）。第二，一个安全的在线门户网站（www.dfat.gov.au/new-colombo-plan）。实现注册过程自动化，并借助网站公开感谢参与机构的支持，这个门户网站已于 2015 年中期正式上线。

该网络由澳大利亚政府资助建立，旨在扩大学生、大学以及用人机构的联系，促进实习与辅导项目的落实。此外，各大学和学生可以自行安排针对 NCP 学生的实习与辅导安置机会。各大学和学生应积极使用各种途径寻找和获得实习或辅导项目的机会。

"新科伦坡计划"秘书处不负责安排或资助单个实习—辅导安置，包括学生在接收国的住宿，也不就如何开展工作安置事宜对澳大利亚或外国大学、用人机构或"新科伦坡计划"学生提供任何指导。该类事宜由原校、用人机构和学生自行决定。

（三）"新科伦坡计划"的实施及其效果

"新科伦坡计划"自 2014 年试运行以来，共收获了如下的实施效果。

表 6-2　"新科伦坡计划"的实施效果

年份	2014 年	2015 年	2016 年	2017 年
奖学金项目资助人数（人）	40	71	95	100
流动性项目补助人数（人）	1 300＋	3 150＋	5 450＋	—
印度—太平洋地区的接收国数量（个）	4	35	38	38

"新科伦坡计划"在 2014 年的试运行期间共资助了 40 名奖学金项目获得者和 1 300 多名流动性项目获得者，在印度尼西亚、日本、新加坡、中

国香港四个国家和地区进行学习和实习。在 2014 年的试运点项目中，中国香港成为最受 40 名奖学金项目获得者欢迎的求学目的地。

由于试点项目取得的成功，2015 年"新科伦坡计划"得到壮大。2014 年 8 月 26 日，澳大利亚外交与贸易部部长朱莉·毕晓普女士在澳大利亚外交与贸易部宣布从 2015 年起，"新科伦坡计划"将拓展到包括中国在内的共 38 个印度—太平洋国家和地区，其中印度尼西亚、中国和印度将是主要的三大目的国，其中印度尼西亚为第一大目的国。2015 年的"新科伦坡计划"总计有 71 名奖学金项目获得者和 3 150 名流动性项目获得者得到资助。其中，有 602 名学生的意向国为印度尼西亚，有 515 名学生的意向国为中国，位列第二，印度则吸引 338 名学生，另外也有 178 名学生奔赴新加坡留学。此外，其他吸引学生超过百人的国家还包括马来西亚 (169)、泰国(162)、越南(161)、日本(122)、柬埔寨(118)、韩国(111) 和所罗门群岛(110)。①

2016 年，"新科伦坡计划"的奖学金项目和流动性项目获得者同比继续扩大，总共资助了 95 名奖学金项目获得者和 5 450 名流动性项目获得者前往这些地区学习和实习。而且像不丹、马尔代夫、缅甸、所罗门群岛、斯里兰卡和越南等国作为澳大利亚本科生的接收国，也开始加入"新科伦坡计划"。据毕晓普部长表示，"2016 年"新科伦坡计划"参与者的学习专业非常多样，涉及众多方面，如社会和文化、工程、管理和商业、科学、创造性艺术、农业、健康、IT 和教育。这在一定程度上证明了澳大利亚大学积极参与这一项目，以及它对加强同印度—太平洋地区的承诺。"②

针对"新科伦坡计划"实施三年来的成果，澳大利亚旅游与国际教育部部长科尔贝克总结道，"在实施的前三年，'新科伦坡计划'总共支持了 1 万名澳大利亚本科生在印度—太平洋地区学习、实习、生活、并在工作

---

① 《中国、印度尼西亚、印度明年将成澳洲"新科伦坡计划"三大目的地》，http://www.au123.com/australia/mainstream/20141203/204882.html，2016-06-15。

② "New Colombo Plan 2016 Scholars announced," http://foreignminister.gov.au/releases/Pages/2015/jb_mr_151201.aspx，2016-06-15。

中积累经验,真正实现了澳大利亚与这些地区学生的双向流动。"①

而关于"新科伦坡计划"在 2017 年、2018 年和 2019 年的实施,科尔贝克部长表示,"政府、大学和企业间的密切伙伴关系将继续支持这项倡议在更多的印度—太平洋国家和地区实施,以实现澳大利亚与该地区双向的学生流动。"②

三、《2025 国际教育国家战略蓝图》及其实施与影响

"新科伦坡计划"支持澳大利亚本科生向外流动,但是作为世界上第三大最受欢迎的留学目的国,澳大利亚也不忘重视巩固发展其教育国际化的核心优势,即接收大量国际留学生赴澳大利亚留学。2016 年 4 月 30日,澳大利亚政府正式发布了《2025 国际教育国家战略蓝图》(National Strategy for International Education 2025)。这是澳大利亚历史上颁布的第一份有关国际教育发展的国家战略蓝图,它为未来 10 年澳大利亚发展成为全球国际教育领导者建构了一个可持续的规划框架。③④

(一)《2025 国际教育国家战略蓝图》的制定背景

澳大利亚政府之所以选择在这个时间节点上规划澳大利亚未来 10 年国际教育的发展方向,与如下背景密切相关。

1. 国际教育事业发展对澳大利亚的重大价值

国际教育事业是澳大利亚最大、最成功且最重要的服务类出口业,也是未来 10 年澳大利亚经济转型需要重点发展的产业之一。1950 年以来,总计有 250 万名国际学生赴澳留学,为澳大利亚带来了巨大的经济利益。2015 财年,国际教育为澳大利亚出口业掴注 188 亿澳元的收入,创造了超过 13 万个工作机会。⑤ 据澳大利亚教育部推估,国际教育收入

---

① "New Colombo Plan 2016 Scholars announced,"http：//foreignminister. gov. au/releases/
Pages/2015/jb＿mr＿151201. aspx, 2016-06-15.

② "New Colombo Plan 2016 Scholars announced,"http：//foreignminister. gov. au/releases/
Pages/2015/jb＿mr＿151201. aspx, 2016-06-15.

③ "National Strategy for International Education 2025," https：//internationaleduca-
tion. gov. au/International-network/Australia/InternationalStrategy/Pages/National-Strategy. aspx,
2016-06-20.

④ "Australia steps up on international education," https：//ministers. education. gov. au/
australia-steps-international-education, 2016-06-20.

⑤ Australian Government，"Export Income to Australia from International Education activi-
ty in 2015," 2016.

到 2020 年将增长一倍，可达 300 亿澳元，创造数万个新的工作机会。除了巨大的经济利益外，发展国际教育事业也有助于澳大利亚建立跨文化网络、促进高等教育的教学与科研、加强同世界各国的联系、提升其在国际社会的影响力等。

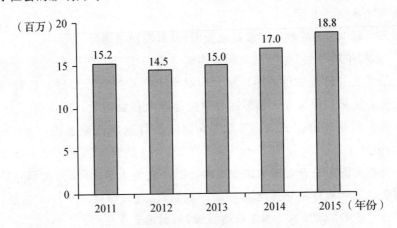

图 6-2　澳大利亚国际教育事业的出口收入（2011—2015 年）

资料来源：Australian Government, "Export Income to Australia from International Educationactivity in 2015," 2016.

2. 澳大利亚国际教育事业发展面临的重要机遇

一方面，随着经济全球化和产业化的发展，全球对技能型劳动力的需求与日俱增，尤其是澳大利亚所毗邻的印度—太平洋地区。另一方面，全球经济的发展也促使中产阶层队伍不断壮大，他们对高质量的基础教育和高等教育的需求也日益增加，而且他们也希望能够对自己的教育服务（学什么、在哪里学、什么时候学、怎么学）有更多的选择权。这种形势就驱动学生、教育专业人员、科研人员、劳动力的国际流动性日益频繁，以充分利用他国教育、培训、科研和就业的优势。

加之，随着科学技术的不断创新和改造，国际教育的传播形式变得多样化，包括网络在线传播等。所以，全球国际教育市场的潜力依旧巨大，据《澳大利亚国际教育 2025 市场发展路径图》（Australian Internation-

al Education 2025 Market Development Roadmap)①报告分析，预计到
2025 年全球将有 10 亿学生选择国际教育和培训，所以，作为仅次于美国
和英国的第三大教育产业出口国，澳大利亚当前的国际教育事业面临着
重要的发展机遇。

　　而且澳大利亚当前国际教育事业的卓越基础，更是催发了澳大利亚
想要牢牢把握住这一发展机遇的雄心抱负：澳大利亚的国际教育发展目
前处于世界领先地位，为全世界的国际留学生提供各个层次的高质量教
育，包括基础教育、高等教育、职业教育和英语培训（ELICOS，海外学
生英语精研课程）、科学研究等。而且还建立了严格的质量保障制度、学
生保障体制和有吸引力的签证体制，以吸引全世界最优秀的学生和科研
人员赴澳大利亚学习和研究。

　　3. 澳大利亚国际教育事业发展面临的艰难挑战

　　虽然目前澳大利亚国际教育事业发展的基础卓越，但如果想要继续
在全球国际教育市场中分得一杯羹，维持其领导者的地位，还必须要保
持较强的全球竞争力，对未来国际教育事业抱有雄心并且要有切实有效
的战略规划。

　　澳大利亚一直排名在最受国际学生欢迎的留学目的国行列。2013 年，
澳大利亚虽然在最具吸引力的高等教育留学目的国中排在第三位，约占
全球市场份额的 6.2％，但是大大低于竞争对手美国的 19％和英国的
10％。此外，排名暂时落后于澳大利亚的法国（5.7％）、德国（4.9％）、
俄罗斯（3.4％）、日本（3.4％）、加拿大（3.4％）也都是澳大利亚国际教育
竞争的潜在对手。这些国家同澳大利亚一样，也正在积极采取战略举措
扩展它们的国际教育事业，包括吸引澳大利亚的学生去这些国家留学。
所以，澳大利亚国际教育事业在全球的竞争对手比较多而且强劲，未来
可持续发展面临着艰难的挑战，所以不得不未雨绸缪，及早规划战略举
措，以便迎接挑战。

　　基于如上背景，澳大利亚政府及时地制定出《2025 国际教育国家战略

---

　　① 它是与《2025 国际教育国家战略蓝图》同时被澳大利亚政府发布的 3 项国际教育发展战
略政策之一，另一项是《澳大利亚全球校友参与战略》（Australia Global Alumni Engagement Strat-
egy）。

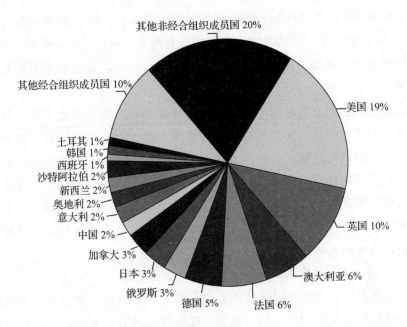

图 6-3　各国在全国国际教育市场上的所占份额（2013 年）

资料来源：OECD，"Education at a Glance," 2015.

注：因图中数字比例为约数，故总和不等于 100%。

蓝图》，为澳大利亚未来 10 年国际教育事业的发展指明方向。虽然该战略蓝图正式发布于 2016 年 4 月 30 日，但是为了制定出切实有效的战略蓝图，澳大利亚政府早有行动。2015 年 4 月 1 日，澳大利亚教育与培训部部长派恩对外公布了《国际教育国家战略草案》（Draft National Strategy for International Education），这是《2025 国际教育国家战略蓝图》的前身，并向社会各界人士公开征求咨询意见，倘有任何建议均可于 2015 年 5 月 29 日前上网提供反馈意见（www. internationaleducation. gov. cn）。将各种反馈意见汇整后，澳大利亚教育与培训部又召开了两场由派恩部长主持的圆桌会议，对草案进行了修改完善，最终提出正式的策略蓝图。[①] 这便是《2025 国际教育国家战略蓝图》推出的全过程。

---

① 澳大利亚政府公布国际教育国家战略草案，http：//fepaper. naer. edu. tw/paper＿view. php？ edm＿no＝75&content＿no＝4207&preview，2016-06-20。

（二）《2025 国际教育国家战略蓝图》的主要内容①

本战略蓝图将未来 10 年澳大利亚教育事业的发展落脚在三个支柱上：首先，要巩固并加强澳大利亚国际教育事业已有的卓越基础，这是核心优势与发展的根本所在；其次，在卓越的基础上，为了充分实现澳大利亚国际教育事业的潜力，澳大利亚还需要借助合作关系和创新这两大强有力的重要支柱，把澳大利亚高质量的国际教育传播到全世界。

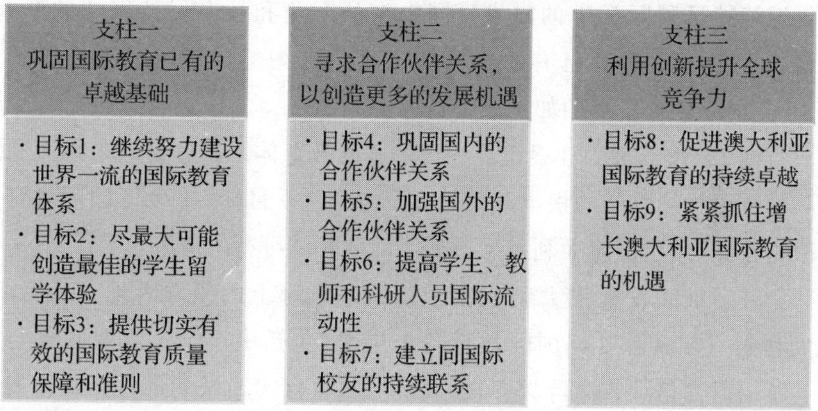

支柱一 巩固国际教育已有的 卓越基础	支柱二 寻求合作伙伴关系， 以创造更多的发展机遇	支柱三 利用创新提升全球 竞争力
·目标1：继续努力建设世界一流的国际教育体系 ·目标2：尽最大可能创造最佳的学生留学体验 ·目标3：提供切实有效的国际教育质量保障和准则	·目标4：巩固国内的合作伙伴关系 ·目标5：加强国外的合作伙伴关系 ·目标6：提高学生、教师和科研人员国际流动性 ·目标7：建立同国际校友的持续联系	·目标8：促进澳大利亚国际教育的持续卓越 ·目标9：紧紧抓住增长澳大利亚国际教育的机遇

图 6-4　澳大利亚《2025 国际教育国家战略蓝图》三大支柱

1. 支柱一：巩固国际教育已有的卓越基础

澳大利亚的国际教育系统为全世界的学生、企业和工业提供教育、培训和科研产品与服务。这一广受好评的国际教育系统是建立在如下基础与原则之上的。一方面，为了达到传播最高质量的国际教育的目标，澳大利亚建立了许多高质量的教育机构、培养了许多专家教师和创新型科研人员，并为各个阶段的教育(中小学、职业教育与培训、英语语言培训、高等教育与科研)提供了强有力的保障。另一方面，为了能够给国际学生提供一个别国无法超越的学生留学体验，澳大利亚也十分重视对国际学生的保护。1991 年《海外学生教育服务法案》(The Education Service for Overseas Student Act，ESOS)的颁布，使得澳大利亚成为全世界第一个为保护海外留学生权益而专门立法的国家。这些学生保护政策主要是

①　"National Strategy for International Education 2025，"https：//nsie. education. gov. au/，2016-06-20.

通过为澳大利亚国际学生的录取、课程质量与传播等制定全国统一标准的方式来达到保障学生的目的。

而澳大利亚第一份关于国际教育发展的国家战略——《2025国际教育国家战略蓝图》主要是以一条全国性的路径来肯定上述澳大利亚国际教育原有的基础与原则。为了继续维持澳大利亚作为世界国际教育主要提供者的地位，澳大利亚需要继续深化和改进其国际教育的原有卓越基础，也要继续满足国际学生的需求、同未来的产业和社会保持密切的联系。围绕着"巩固国际教育已有的卓越基础"这一支柱，该战略蓝图设置了未来10年国际教育发展的如下三个目标。

目标1：继续努力建设世界一流的国际教育体系。这是未来澳大利亚国际教育可持续发展的根本基础，为了实现这一目标，《2025国际教育国家战略蓝图》还建议澳大利亚采取如下两项具体可行的措施。

第一，继续发展澳大利亚在全球国际教育上的领导者地位。为此，澳大利亚一方面需要把国际教育各个层次（包括中小学、职业教育与培训、英语语言培训、高等教育与科研）上的教育实践做到最佳，继续发展一个多样的、灵活的、创新的国际体系，并用知识、技能和态度来武装学生，努力使所培养的国际学生成为富有成果的、有全球意识的、能够自信应对未来挑战的世界公民。另一方面，还需要开发并支持创新型的国际教育产品和服务。创新对进一步发展澳大利亚在全球教育上的领导者角色和扩展其全球教育市场非常重要。利用了先进科技的创新型新教育产品和服务，不仅更具吸引力，而且还将会满足学生的需求，并为他们提供未来产业所需要的技能。

第二，制定支持澳大利亚国际教育事业发展的国内一致路径。该战略蓝图是通过全国范围内的共同努力被制定出来的，所以它期盼国际教育事业所有利益相关者（包括教育服务提供者、企业和工业、政府）之间要相互协调，并且定期和持续参与澳大利亚国际教育事业发展的重要活动，以鼓励观点创新和智力分享、确保全国一致性政策路径的制定。所以，通过利用和协调澳大利亚的各方资源，澳大利亚将传播能够满足或者超越学生和他们的雇主所期望的国际教育。

目标2：尽最大可能创造最佳的学生留学体验。优质的学生留学体验,也是国际教育中不可忽视的一个重要方面。为了尽最大可能创造最佳的学生留学体验,《2025 国际教育国家战略蓝图》建议澳大利亚采取如下三项具体行动。

第一,给学生充分的支持和赋权以实现他们的发展潜能。这些支持和赋权包括三个方面:一是对国际学生在澳大利亚学习和生活的需求,如实惠而又方便的住宿和公共交通。二是提升国际学生就业能力的支持,包括向国际学生提供更多的工作机会,这样国际学生就可以在学习的同时工作,甚至在毕业后申请继续在澳大利亚的工作签证。事实上,这一做法不仅有利于支持国际学生的专业成长,而且还能促进澳大利亚国际网络关系的发展,目前已经在国际上广受赞誉。三是积极鼓励国际学生发表观点与意见,并基于国际学生的反馈持续改进澳大利亚的国际教育,以确保他们的需求能够被有效满足。目前在澳大利亚国内,已有一些全国层面、州层面和组织机构层面上的学生代表团体,澳大利亚今后欲同他们一起努力以持续改进学生的学习体验。

第二,及时通知学生可靠的教育信息与选择。正确且更新的信息对于确保国际学生、家长和赞助者进行明智的决策非常重要。所以《2025 国际教育国家战略蓝图》建议,一方面,澳大利亚需要为当前的国际学生、毕业的或者未来的国际学生提供正确的、及时的、同他们密切相关的教育信息;另一方面,也需要在国际学生在澳学习期间为他们提供高质量的职业生涯建议以及同雇主相互联系沟通的机会。事实上,目前澳大利亚在利用各种媒体(包括政府和组织机构的官方网站)提供给学生可靠的信息上已经做得非常出色,来自各种原始数据收集和分析的信息,包括国际学生的毕业就业情况和学生留学体验的满意度调查,都能够从公共网站(例如,Quality Indicators for Learning and Teaching)获得,而且这些数据也充分发挥了它们的重要作用,驱动了澳大利亚国际教育的不断改进。

第三,为学生的全球参与做好准备。目前全世界的所有部门,包括商业、工业和学术界、政府,都需要一个有高度流动性、有高度竞争力、有文化意识和较强问题解决技能的劳动力。该战略蓝图建议,澳大利亚未来可以从如下三个方面促使国际学生做好全球参与的准备:一是确立以学生为中心的教学路径，以鼓励学生进行自我管理、成为一个有批判力的思考者。二是通过澳大利亚的跨文化社会、高度国际化的组织机构和国际视野，以及鼓励外语学习和跨文化意识的学生项目，培育学生的文化竞争力。三是为国际学生提供更多的同学习连接在一起的工作和就业机会，例如实习和志愿者服务，以为国际学生的就业做好准备。上述三个因素交互作用在一起，有利于澳大利亚为全球劳动力市场培养一些有技能、知识和有成功态度的毕业生。

目标 3：提供切实有效的国际教育质量保障和准则。为了巩固国际教育的原有卓越基础，澳大利亚将建立一个强健的国际教育质量保障体系，为此，《2025 国际教育国家战略蓝图》建议澳大利亚采取如下两项行动。

第一，维持强有力的国际教育质量保障体系。强有力的质量保障对于创造一个高质量的学生学习体验和维护澳大利亚在全球国际教育上的声誉非常重要。为了维持强有力的国际教育质量保障体系，《2025 国际教育国家战略蓝图》建议，首先，继续拥护当前澳大利亚在国际教育上制定的最高质量标准。其次，还要引领并促进全世界最佳的国际教育质量保障实践。目前，一方面，澳大利亚在职业教育和培训、高等教育和英语语言培训上设有独立的国家监管机构，以及在中小学上也有州层面上的监管机构。这个监管体系被澳大利亚本国内的立法所加固，而且建立在监管机构、政府、行业和教育提供者之间强有力的合作关系之上，它几乎覆盖所有的国际教育传播方式，包括网络、远程、国内和国外开设分校。另一方面，那些为在澳大利亚国内学习的国际学生提供课程的所有教育提供者被要求要严格遵守《澳大利亚联邦政府关于招收海外学生院校及课程达的注册登记》(Commonwealth Register of Institutions and Courses for Overseas Students)。为了成功注册，国际教育提供者必须出示他们服从《澳大利亚国际教育提供者实践章程》(National Code of Practice for Providers of Education and Training to Overseas Students)的证明。这一章程是依法强制执行的，能够进一步保护国际学生的权利大利亚。

第二，确保强有力的学生保护。强有力的学生保护框架有利于确保国际学生能够接收到他们所期望的高质量课程和教育，进而既能达到保护学生的目的，也有利于维护澳大利亚的国际声誉。目前，澳大利亚已经拥有了全世界最强有力、最有效的学生保护体系，能够保护各个教育阶段上的国际学生。《澳大利亚国际教育提供者实践章程》(National Code of Practice for Providers of Education and Training to Overseas Students)为澳大利亚国际教育提供者在学生招生、课程的传播和质量上设置了标准。澳大利亚目前也已经颁布了《教育代理和顾问对国际学生招聘的原则声明》(The Statement of Principles for the Ethical Recruitment of International Students by Education Agents and Consultants)。《海外学生教育服务法案》(The Education Service for Overseas Students Act 2000，ESOS)被再次修改完善，以用来着重保护国际学生的权利。此外，它也用来确保澳大利亚高质量的教育产品被传播，并用来支持国际学生签证项目的完整性。

2. 支柱二：寻求合作伙伴关系，以创造更多的发展机遇

同建立世界一流的国际教育体系一样，合作伙伴关系也是澳大利亚国际教育未来10年发展的重要支柱。这个合作伙伴关系主要表现在四个方面：一是澳大利亚国际教育同商业与产业之间的持续合作关系，它对于澳大利亚国际教育的成功和竞争力非常重要，这种合作关系能够提升毕业生的就业能力、支持生产力和经济增长、改进科研投资和产出、鼓励科学和创新转移。二是同他国的合作伙伴关系，目前澳大利亚政府已经同中国、韩国和日本签订了自由贸易协定，这些协定在促进双方之间学生流动的增长上发挥着重要作用。除了自由贸易协定，澳大利亚政府也积极寻求加入理解备忘录和同其他国家的合作活动。三是教育机构之间的合作伙伴关系。澳大利亚教育机构之间的合作和伙伴关系日益增强，为了促进这些合作安排，澳大利亚政府非常明智地建立了"通过跨文化对话和日益增长的参与建立关系"(Building Relationships through Intercultural Dialogue and Growing Engagement，BRIDGE)项目，它将澳大利亚教师、学生和学校社区同亚洲国家的教师、学生与学校社区联系在了一起。四是澳大利亚也认识到它同全球校友合作关系的重要性。全球校友有重要的贡献价值，他们能够帮助建立未来贸易和商业增长的坚固基础，帮助提升文化理解力和关系。《澳洲全球校友参与策略》(Australia Global Alumni Engagement Strategy)认识到澳大利亚多样的全球校友社区的重

要性，并建议同他们保持持续的、真正的合作伙伴关系。

为了促进这四个方面合作伙伴关系的发展，该战略蓝图制定了如下四个国际教育目标。

目标4：巩固国内的合作伙伴关系。澳大利亚将积极鼓励国内的地方社区、商业与企业参与国际教育事业发展，以促使澳大利亚国际教育对国际学生、社区和商业的利益最大化。为了实现这一目标，《2025国际教育国家战略蓝图》建议澳大利亚采取如下两项行动。

第一，促进国际学生更多的社区参与。澳大利亚有着多样化的国际学生群体，这一多样性为澳大利亚提供了一个建构友谊、文化理解、文化尊重和持续友谊关系的独一无二的机会。而国际学生在澳大利亚当地社区中的参与也是学生积极的学习体验的关键。此外，国际学生对澳大利亚社会有着无价的贡献。所以，未来澳大利亚需要进一步认识到并积极交流国际学生带给澳大利亚社会的诸多益处，积极开发和分享将国际学生与社区联系在一起的最佳实践路径。

第二，鼓励国际教育同商业和产业建立更好的联系。澳大利亚国际教育同澳大利亚商业和工业强健的联系，能够支持毕业生就业能力、科研投资与产出、科技和创新转化的提升。所以，未来澳大利亚国际教育发展，一方面将继续促使商业和产业在国际教育中的最大化参与，另一方面还将促进产业与学术科研的进一步联系。目前，澳大利亚在商业敏锐和产业创新上有一个良好的全球声誉。澳大利亚商业和产业对国际教育的发展有着重要的贡献，科研人员和工业之间的合作关系正在将创新投入市场中，澳大利亚商业也为国际学生提供实习和基于工作的学习（work-based learning）机会。澳大利亚将继续同商业和产业一起确保国际教育和培训体系正在给予未来劳动力所需要的技能。为了商业化和科技转化之间的合作伙伴关系，澳大利亚也将继续促进对高质量科研和创新的投资。

目标5：加强国外的合作伙伴关系。澳大利亚未来将继续扩展其在国际社会上的参与，积极同他国建立合作伙伴关系，以巩固它在全世界国际教育中的领导者地位。为了实现这一目标，《2025国际教育国家战略蓝图》建议澳大利亚采取如下两项行动。

第一，通过政府与政府之间的合作来树立自信心。政府与政府之间的双边与多边合作为澳大利亚国际教育事业的发展提供了重要的支持，这也为国家、各国的学生和教育提供者打开了新的发展机遇。澳大利亚国际性的政府与政府之间，和多边参与与合作主要围绕在如下一系列领域，包括质量保障、制度认证与监管、市场准入和推广、资格认定和科研合作。此外，澳大利亚也在新兴经济体的能量建构上发挥着重要作用，主要通过财政支持、设计或者实施培训框架、教师交换等方式帮助新兴经济体建构发展能量。最近澳大利亚还同中国、韩国和日本签订了自由贸易协定，澳大利亚也是跨太平洋伙伴关系的签约国，这些协定将会大大提升澳大利亚同这些国家的经济和社会联结。未来澳大利亚政府还将会继续为它的国际教育提供准入路径与认可，通过正式的政府对政府代表和协定的方式，包括通过自由贸易协定、理解备忘录、多边论坛和工作团体。

第二，通过机构与机构之间的伙伴关系来加强合作。教育机构之间的伙伴关系为教育提供者、学生和科研人员提供丰富的机遇。教育机构之间的合作伙伴关系形式，主要包括多所教育机构之间的联合教育与培训，学分转移、资格认定，学生、教师和科研人员的交换，联合学位和科研，以及顾问工作等。目前，澳大利亚教育提供者和科研机构在国际教育的合作关系上已经有很长且成功的历史，并且取得了一定的成效。未来，澳大利亚还将热衷于帮助国际教育提供者探索进一步发展这种合作伙伴关系的路径，包括国家与国家之间的合作关系或者国内的合作关系，这种合作关系会为澳大利亚进入新的教育市场提供入口。

目标6：提高学生、教师和科研人员的国际流动性。为了实现这一目标，《2025国际教育国家战略蓝图》建议澳大利亚采取如下三项行动。

第一，通过提供实用的签证系统和工作机会来支持国际流动性。澳大利亚非常欢迎来自全世界的国际学生、学术人员和科研人员，这有助于提升澳大利亚建设世界一流的国际教育、培训和科研的能力。为此，澳大利亚提供一系列的签证选择，以促进学生、学术人员和科研人员的准入。这些签证政策制定也能够使国际学生在学习的同时进行兼职的工作，这不仅有利于最大化毕业生的培养成果，使国际学生获益，也是澳大利亚作为留学目的国的一个竞争性优势。澳大利亚将继续评估、改进它们的签证政策，以确保提供一个公正的、容易准入的签证制度，来鼓励最有天分的学生、学术人员和科研人员赴澳。

第二，继续努力扩大学生、教育和培训专职人员以及科研人员的流动性。扩大流动性机会的安排能够让更多的学生、专业人员和科研人员充分利用其他国家的教育、培训、科研和就业的优势，有益于提升这些人员的学习和经验，以及未来职业发展和合作关系的建立。为此，《2025国际教育国家战略蓝图》建议，未来澳大利亚一方面可以通过奖学金和其他奖助的方式来支持国际学生、教育和培训专职人员以及科研人员的流动。事实上，目前澳大利亚对国际学生的奖助力度在全世界都是最大的，著名的奖学金有澳大利亚奖学金（Australia Awards）、奋进奖学金（Endeavour Scholarships and Fellowships）、奋进流动资助（Endeavour Mobility Grants）和"新科伦坡计划"奖助。此外，澳大利亚在扩大国际流动上的努力也被其他国家的奖学金和流动资助政策所补充，合作国家政府为它们公民提供赴澳大利亚留学奖学金，这也在一定程度上表明澳大利亚被视为有高度吸引力的留学目的国。另一方面，澳大利亚未来也需要同其他国家在支持学生国际流动上建立积极的合作关系。目前，澳大利亚特别关注同印度—太平洋地区在学生流动上建立合作伙伴关系。

第三，通过学历资格认可来支持毕业生。积极的学历资格认可实践会支持成功的国际流动和一支全球流动的劳动力队伍。所以，未来澳大利亚将继续促进积极的学历资格认可实践，以支持国际学生和全球劳动力。事实上，澳大利亚当前的学历资格认可在全世界是被广泛赞誉和接受的。澳大利亚学历资格评定框架（Australian Qualifications Framework，AQF）①确保在资格类型、学习效果、资格质量（高质量全国标准所支持的）以及被容易理解的资格的便携性上的一致性。AQF，作为一个综合的国家政策，覆盖了澳大利亚中小学、高等教育、职业教育和培训等各个教育阶段的资格认定，保证了在各级教育和培训上的国家标准，以支持

---

① AQF 是于 1995 年创建的，主要职能是对非义务教育的教育机构进行注册登记，认证所有的高等教育机构，为职业教育与培训、高等教育领域提供从中学文凭到博士学位的一整套学历晋级标准，确保整个高等教育系统的完整性。

海外对澳大利亚学历资格的认可、支持国家和国际的流动。未来通过持续的国际合作，澳大利亚能够塑造同全球流动劳动力相关的积极的学历资格认定和技能认定实践，最终达到通过接受澳大利亚教育、培训和专业发展的质量和关联性来实现无国界的流动的目标。此外，作为一个全球合伙人，澳大利亚在维护专业标准真实性的同时，也承担支持海外资格积极认定的责任。

目标 7：建立同国际校友的持续联系。为了共同的利益，澳大利亚教育机构和商业、企业将同政府一起努力同全球校友建立持续而有意义的联系。对澳大利亚来说，与同在澳大利亚本土学习过的全球校友保持联系是一个非常重要的机遇。这种联络将有助于促进学生持续的学业和专业成功，并支持澳大利亚更大的国际联结和合作关系。澳大利亚在保持同全球校友的联络上已经有了很长一段历史，许多校友和他们的家庭现在在全世界的政府和商业中都占据着重要的职位。他们在加强澳大利亚的声誉和关系，以及促进澳大利亚的国际教育上发挥着重要作用。

为了进一步促进保持同全球校友的联络，澳大利亚政府颁布《澳洲全球校友策略》(Australia Global Alumni Engagement Strategy)。这个战略政策将帮助增强全球校友同澳大利亚之间的持续联结，使同校友持续的网络联系和参与成为可能；也有助于建构澳大利亚同其他国家之间的可持续的文化和经济关系。所以，澳大利亚未来将投资建构积极的和持久的连接全世界的校友的关系，并把可持续的和持久的校友参与机会作为每个学生澳大利亚留学经验中的一个固有的组成部分，以及澳大利亚国际教育提供者的一项核心业务。

3. 支柱三：利用创新提升全球竞争力

要想未来 10 年在全球国际教育市场中继续保持领导者的地位，澳大利亚意识到它既需要加强同传统的国际教育市场玩家的竞争力，也需要加强同新兴的国际教育市场玩家的竞争力。澳大利亚要向其他国家和潜在学生展示它国际教育的价值，以让学生和他们的家长或者赞助人确信他们现在在教育上的投资将会带来职业益处，并在未来有所回报。澳大利亚有其独特优势即有竞争力的签证体系和毕业后有工作机会所支持的高质量的教育产品。同时，非常重要的是，澳大利亚需要维护全世界对澳大利亚国际教育的重视和信任。澳大利亚也需要去识别新的机遇，去开发和进化他们的产品和服务以满足未来学生、商业和工业的需求。

围绕着这一支柱，该战略蓝图设置了如下两个国际教育目标。

目标 8：促进澳大利亚国际教育的持续卓越。要想实现这一目标，其中最为重要的一个方面就是促使澳大利亚成为一个高质量国际教育提供者，不仅针对已经建立合作关系的国家，更包括新兴的教育市场国家。

澳大利亚的国际教育事实上已经有一个良好的声誉，最重要的一个表现就是它是世界上最有吸引力的留学和生活目的国之一，而且在有关教育和科研质量、宜居性、学生满意度和就业等调查上也都表现良好。澳大利亚的教育提供者在国际学生服务传递上已经成为专家。澳大利亚的教育、培训和科研优势也帮助建构它作为一个受欢迎的国际合作者。全世界有许多国家正在依赖澳大利亚世界一流的教育体系和学习产品。

澳大利亚国际教育将继续在这一优势上发展，并走向一个联合的事业。《澳大利亚的市场发展路径图》将确保澳大利亚在全球国际教育市场上的竞争力。在未来的 10 年，澳大利亚将意图扩展它的市场准入，尤其是在新兴的教育市场。

目标 9：紧紧抓住增长澳大利亚国际教育的机遇。通过更加创新、容纳、满足学生和雇主的教育需求等途径，澳大利亚将紧紧抓住增长其国际教育发展的机遇。为此《2025 国际教育国家战略蓝图》建议澳大利亚采取如下三项行动。

第一，利用创新教育和培训服务来满足学生和雇主的需求。新的教育产品和服务为学生提供新的机遇。改进的科学技术能够使我们成为一个没有边界的社会，在这个社会里学习可以随时随地发生。这也加速了教育传播的新途径，包括教育市场内的、本国内的和在线网络的。同时，今日的学生也更具联结性，更具流动性和更加富裕，他们希望在他们的教育服务（学什么、在哪里学、什么时候学以及如何学）上有更多的选择权。澳大利亚教育提供者目前已经掌握了在学习、教学和学生服务上的科技和创新，并且已经证明了它们在迅速适应和回应新科技、学生选择和新兴的全球需求上的能力。学习参与系统、适应性学习技术和网络持续的专业发展都正在传递全球教育的新方式。澳大利亚也正在从他们的学生身上学习，有关学生如何学习的新研究正在帮助最大化澳大利亚的教育科技和课程设计。

第二，促进澳大利亚边远地区的机遇。虽然国际学生主要把目标瞄准大城市，但是选择在澳大利亚边远地区进行学习体验也有一些明显的优势。国际学生对澳大利亚边远地区学习和生活体验的满意度一直比较高。这个满意度评分，主要基于较低的生活费用、更多的住宿和工作机会，以及同社区更加紧密的交互、接近澳大利亚的自然环境。许多澳大利亚顶尖的科研领域都位于澳大利亚的边远地区，包括农业、海洋科学、热带医学。反过来，澳大利亚边远地区也能够从接收国际学生中受益，主要是通过改进的文化理解和国际连接，帮助澳大利亚边远地区走向世界。因此，未来澳大利亚将促进在边远地区学习和生活的积极益处提供给学生，同时澳大利亚也将推动边远地区的学科优势，以吸引国际学生和科研人员。

第三，识别并回应新机遇。教育、培训和科研领域的新机遇将支持这一事业的增长，以及澳大利亚未来学生、商业、产业产品和服务的传播。机遇可能会出现在新的市场、新的合作关系、新的教学和科研领域、新的技术以及新的传播方式中。澳大利亚世界一流的国际教育事业已经被建立，通过它在识别和回应全世界新的机遇上的灵敏性，继续保持它的质量。澳大利亚必须继续锻炼它在发现新的和创新的连接（这将满足学生、商业和工业的需求，并且进一步发展该事业）上的灵敏性。正确且及时的市场研究和智力将会很关键。澳大利亚需要确保他们正在正确地瞄准他们的资源，以迅速地识别和回应新的机遇。

（三）《2025 国际教育国家战略蓝图》的实施效果与影响力

《2025 国际教育国家战略蓝图》表示，它仅是为未来 10 年澳大利亚国际教育事业的发展指出需要优先发展的重要事项，具体的行动计划还需要澳大利亚的相关部门通力合作、共同努力制订并实施。据悉，为了支持本战略蓝图的有效实施，澳大利亚政府计划在未来 4 年投入 1 200 万澳元，并且宣布要建立一个执行委员会。这个执行委员会成员将代表澳大利亚广大教育相关者的利益，主要负责为本战略蓝图制订可操作的实施计划，以实现本战略蓝图中所声明的雄心抱负。

　　此外,《2025 国际教育国家战略蓝图》还提供了一些检测其实施效果的可测量性指标,包含五个方面:一是为全球国际教育的标准做出最佳的标杆与模范;二是澳大利亚国际学生毕业后的就业能力;三是学生对在澳大利亚留学体验的满意度;四是澳国际合作关系和校友网络的增长;五是全球国际学生市场份额(6.2%)的增加。

　　虽然本战略蓝图是在 2016 年正式发布,但是战略蓝图中的一些具体战略举措澳大利亚早已实施,而且从一些调查研究中我们也不难预测该战略蓝图未来卓越的实施效果。譬如,从指标二来看,根据澳大利亚 2012 年组织的调查,中国作为澳大利亚国际学生最大的来源国,82% 的在澳大利亚接收国际教育的中国学生在毕业后都找到了工作,而且 77% 的中国毕业生都表达出对他们当前所从事工作的满意,而且许多中国雇主也表示他们非常愿意招聘从澳大利亚完成学业回国的学生,主要是因为他们的国际视野(82%)和他们能够与海外客户沟通的能力(55%)。① 从指标三来看,调查显示,国际学生对在澳大利亚学习的体验满意度很高,并且呈现满意度越来越高的上升趋势。以高等教育领域为例,国际学生在澳大利亚学习和住宿的满意度从 2010 年到 2014 年均有提升,分别由 84% 增长至 86%、86% 增长至 89%。② 最后,再从指标五来看,数据显示,截至 2016 年 6 月,澳大利亚国内的国际留学生数量有 448 411 人,同 2015 年 6 月的数据相比增长了 11 个百分点,而且一直呈现出上升的发展趋势。③

---

　　① "Employment Outcomes for Australian-educated Graduates in China," https://internationaleducation. gov. au/research/Research-Snapshots/Documents/Graduate% 20employment% 20outcomes%20-%20China%20docx. pdf, 2016-06-20.

　　② "International Student Survey 2014 Overview Report," https://internationaleducation. gov. au/research/research-papers/Documents/ISS% 202014% 20Report% 20Final. pdf, 2016-06-20.

　　③ "Monthly Summary of the International Student Data January-June 2016," https://internationaleducation. gov. au/research/International-Student-Data/Documents/MONTHLY% 20SUMMARIES/2016/06_June_2016_MonthlySummary. pdf, 2016-06-20.

表 6-3   国际学生对在澳大利亚学习体验的满意度调查(2010—2014 年)

年份	对学习的满意度	对住宿的满意度	对总体留学体验的满意度
2010	84%	86%	86%
2012	85%	88%	87%
2014	86%	89%	88%

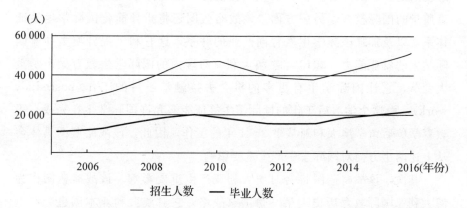

图 6-5   澳大利亚 2006—2016 年招收国际学生的人数与国际学生的毕业人数

资料来源:"International Student Data Monthly Summary,"http：//www. austrade. ov. au/Australian/Education/Education-Data/2016/summaries-and-news,2016-06-20.

　　事实上,《2025 国际教育国家战略蓝图》也指出,如果未来 10 年澳大利亚真的能够切实按照此战略蓝图认真发展其国际教育事业,那么该战略将会在澳大利亚国际教育发展史上产生三个方面的深远影响。

　　首先,该战略蓝图将会对国际学生产生重要影响。这主要是因为这一战略蓝图意在改进澳大利亚的国际教育,促使国际学生从澳大利亚提供的更高质量的国际教育中获益。澳大利亚当前的国际教育成就很高。最新的一项国际学生调查(2014 年)显示,选择澳大利亚作为留学目的国的国际学生中有 93% 的学生,主要是考虑到澳大利亚教育机构高质量的教学名声,以及对于留学生人身安全的保障。此外,澳大利亚大学在国际上排名很高,在 2015 年泰晤士高等教育世界大学排名之最国际化大学的榜单①中，澳大利亚国内 43 所大学中共有 24 所位列榜单中。最后一点，澳大利亚国际教育的高质量也可从国际学生所在国内卓越澳大利亚校友的数量中看出。

而这份战略蓝图将在澳大利亚卓越国际教育的基础上，一方面，通过新的教育传播方式（如在线教育、在海外创办分校、教育旅游）以及通过新的国家和国际合作伙伴关系，促使更多的国际学生接触到澳大利亚高质量的国际教育。另一方面，该战略蓝图还将指导简化国际学生签证体系，以及加强国际学生教育同产业的联系，这有利于提升澳大利亚国际学生的就业能力。2013 年，澳大利亚对国内的国际学生教育做出了重大变革，它让国际学生有更多的机会去接触学习后的工作（post-study work），而这个学习后工作的国际学生签证能够允许国际学生在完成高等教育学位后留学澳大利亚从事 2～4 年的工作。因此，该战略蓝图具体会从上述两个方面对国际学生产生重要影响。

其次，该战略蓝图将会对澳大利亚产生重要影响。该战略蓝图作为澳大利亚国际教育历史上第一份国家战略，它对澳大利亚本国也会产生三个方面的深远影响：增加澳大利亚在国际教育市场所占的份额、建构同新兴教育市场的联系、发展更强的国际合作关系。

国际教育目前是澳大利亚最大的服务类出口产业，在 2015 年为澳大利亚经济发展贡献了 188 亿澳元的收入；国际教育事业目前正在支持澳大利亚国内 13 万个工作岗位。考虑到来自中产收入经济群体（这个群体中有着大量的、移动的年轻人口）对国际教育的需求日益增加，国际教育还被预测将会成为澳洲未来高速发展的产业之一。所以，该战略蓝图对澳大利亚国际教育事业未来 10 年的发展将会产生如下三个方面的影响。

其一，增加澳大利亚在国际教育市场所占的份额。澳大利亚德勤经济研究所的报告《澳大利亚国际教育的增长与机遇》（Growth and Opportunity in Australian International Education）预测，澳大利亚本国内国际学生的招生数量到 2025 年将会增长 45％，这就意味着澳大利亚在 2025 年时将招收大约 72 万名国际留学生。此外，目前澳大利亚国内的大部分国

————————

① 这个榜单排名主要从大学学生主体的多样性和与国际同行学术合作的程度两个方面来评估大学的国际化程度。

际留学生群体主要集中在大城市地区，所以澳大利亚的边远地区国际学生数量的增长也有巨大的机遇。澳大利亚边远地区的教育机构对于吸引国际学生来说也有一些重要优势，如提供相当大的科研优势，尤其是在农业、海洋科学和热带医学；再如，澳大利亚边远地区的学习机会也能够为国际留学生提供巨大的体验，如紧密的社区以及大量的实践动手经验。

其二，建构同新兴教育市场的联系。这一国际学生数量的巨大增长表示着不可估测的发展机遇，即建立同新兴教育市场的联系。例如，印度已经透漏它将试图到 2022 年时教育国内的约 4 亿人口。考虑到这一教育需求的巨大规模，澳大利亚有很大的可能去帮助印度培训教师，以帮助印度早日实现这一目标。此外，对澳大利亚来说，中国市场也是一个不可多得的巨大机遇，当前来澳大利亚留学的中国学生数量仅是所有可能潜力的一小部分。2015 年中澳自由贸易协定的正式签订也促使澳大利亚要好好把握住这一机遇。

其三，发展更强的国际合作关系。一是在教育和科研上的国际合作。澳大利亚的教育和科研优势正在吸引着国际学生、科研人员、商业和企业家同澳大利亚合作。这对澳大利亚的科研和发展尤为重要，因为国际合作能够提升澳大利亚的科研能力，并且在更广的学科上传播有价值的科研成果。二是建构更加稳固的双边关系和多边关系。澳大利亚已经意识到国际教育提供给澳大利亚的绝不仅仅是经济利益，它还提供建构更加稳固的双边关系和多边关系的机会，这会增加澳大利亚国民的文化意识和社会参与。此外，由于在澳大利亚受过教育的国际校友，他们会在个人、组织和政府层面发展持续性的联系，澳大利亚的外交也会被改进和超前发展。所有这些都正在促进澳大利亚同周边邻居国家和世界其他国家的关系。

最后，该战略蓝图也将会对全世界产生重要影响。该战略蓝图帮助澳大利亚发展成为世界一流教育、培训和科研的领导者，也会对全世界产生重要影响：增强全世界教育与科研的能力，输送做好就业准备的各个学科领域的优秀毕业生。

一方面，澳大利亚地处印度—太平洋地区的地理位置，有利于澳大利亚成为一个能够满足全世界对各个层次教育(中小学、职业教育与培训、高等教育和英语培训)的日益增长需求的理想地方。此外,澳大利亚的技术创新还将能够允许这些高质量教育传播至全世界。最后,澳大利亚的科研优势和在科技领域的合作努力也正在有效化解全球范围内的经济、社会以及环境挑战。

另一方面,澳大利亚尤其正在关注培养国际学生在当前和未来商业与产业所需要的技能。澳大利亚国际教育提供者与产业之间的联系正在为澳大利亚新一代的国际毕业生提供必不可少的理解力和经验。澳大利亚在一系列领域的专门知识和技能也能够对新兴的经济有非常重要的价值,能够帮助他们建构劳动能力。澳大利亚目前已在如下领域培养出众多的专家,如热带医学、农业、矿业和海洋研究。澳大利亚在教育框架和课程的发展上有着一个能够被证实的跟踪记录,例如,澳大利亚在主导服务行业(如旅游业和酒店业)的职业资格被高度重视。其他国家将澳大利亚的教育体系视为他们的发展方向和最佳实践模板。

第七章　印度教育国际化政策及其实施效果

随着经济全球化的迅猛发展，全球教育、文化领域逐渐显现出国际化的趋势，可以说教育国际化已经成为各国教育领域的基本特征。印度是当下重视教育国际化的发展中国家之一，其教育国际化有其自身的特色。同样作为发展中国家，印度在教育国际化方面的经验对我国具有较大的参考价值。

一、印度教育国际化的进程

教育国际化是教育发展要素跨境配置、教育教学过程跨境重构的过程，而且是一个双向、跨境、跨界，多主体共同参与、共同推进的过程。① 也就是本国将自身的优秀文化和教育推向世界，让世界各国认识、理解并吸收，同时引进、吸收他国的优秀文化和教育的过程。同时，教育国际化的内涵也随着时代的发展，在不断地丰富。印度教育的发展历程曲折、多变，从历史纵向发展的角度，我们将印度教育国际化的进程划分为以下几个阶段。

(一)古代教育往来繁荣时期

印度是世界四大文明古国之一，有着悠久的文化教育传统。公元前3000年左右的吠陀时期，宗教教育占据着突出地位。这一时期，吠陀哲人(VedicRishis)不仅在印度，而且在国外传播知识，他们相信自己能把人们从无知的黑暗带到光明的知识世界中。②

早在 5 世纪左右，印度就有好几所被当今学者称为大学的机构，如

① 朱兴德：《教育国际化及其未来走向》，载《世界教育信息》，2014(17)。
② 王长纯：《印度教育》，13 页，长春，吉林教育出版社，2000。

塔希拉寺院、那烂陀大学(Nalanda)、费哈西拉大学和瓦拉比大学等。①
以那烂陀大学为例,它创始于公元前450年,是当时规模最大、藏书丰
富的知识中心和学术中心,它有着1 500名教师及8 500名学生,吸引着
来自尼泊尔、中国、韩国、蒙古国等地的学生。可以说,在古代时期,
印度是唯一一个吸引来自海外的国际学生和学者的国家。② 这是国际教育
交流最早的活动之一。据记载,唐代高僧玄奘曾在印度求经15年(630—
645年),许多学者聚集在此学习、讨论,也可以抄录那烂陀大学图书馆
中的书籍,将副本带回本国。除了那烂陀大学,印度还有很多著名大学,
如塔克什舍拉(Takshila),它是当时印度最重要的佛教教育中心,在印度
和国外拥有很高的声望,吸引了来自世界各地的上千名学者。直到公元
前7世纪,它仍是知识与文化的中心。印度的佛教文化通过外来学者传
播到世界各地,被译成各种国家文字,产生了深远的影响。

(二)中世纪的教育往来延续时期

中世纪时期,尽管印度朝代更替频繁,社会并不安稳,但在统治者
的重视下,其在文化及教育领域与外界来往颇多,有一定的发展。同时,
印度在高等教育方面也有所建树,吸引了不少外国学者前来学习。

这一时期,一方面穆斯林大举进入印度,奠定了统治基础。另一方
面佛教逐渐衰微,伊斯兰教传入并得到发展。高等教育中心主要有德里
(Delhi)、阿格拉(Agra)、毕达尔(Bidar),其中德里和阿格拉先后成为穆
斯林教育的中心,吸引了许多外国学生。正如贾塔尔在他的《印度的伊斯
兰教育》著作中描述到"印度君主以慷慨而闻名于世,所以越来越多的来
自阿拉伯、波斯湾等地的学者纷纷到此寻求资助……结果是,阿格拉逐
渐成为一个文化城市,建立了几所学校,人们不远万里云集到此地接受
高等教育。"③从某种程度上说,这一时期,印度延续了古代时期的国际教
育交流活动,尤其是在高等教育领域,还形成了较高水平的学习中心。

(三)英属殖民地的教育被动时期

16世纪,欧洲殖民主义者开始进入印度,1600年,英国建立东印度

---

① 王长纯:《印度教育》,365页,长春,吉林教育出版社,2000。
② Shailendra Kumar, "India's Trade in Higher Education," *Higher Education*, 2015(70),
pp. 441-467.
③ 王长纯:《印度教育》,54页,长春,吉林教育出版社,2000。

公司，印度沦为英国的殖民地，历时近 200 年之久。在《不列颠在印度统治的未来结果》著作中，马克思写道："英国在印度要完成双重的使命：一个是破坏的使命——消灭旧的亚洲社会，另一个是建设的使命——在亚洲奠定西方社会的物质基础。"然而，无论如何，在英国的殖民统治下，印度开始了近现代教育的发源，同时也奠定了印度教育西方化的基础。

19 世纪 40—50 年代，英国开始在印度创办高等学校和中学，各类教育机构和受教育的人数持续增加，受教育的程度有明显提高，女子教育得到发展并逐渐完善。1854 年，东印度公司颁布了所谓"伍德勋爵急件"，明确宣称移植英国教育模式于印度。1857 年，英国以伦敦大学为模板，在孟买、加尔各答以及马德拉斯三个城市各建立了一所大学，同时确立英语为授课语言。可以说，这三所大学被视为印度现代大学的先驱，但它们本身并不开展教学活动，而是为所属学院和中学提供考试服务，颁发证书和授予校外学位。通过英国教育模式的移植，印度成为发展中国家之中最早建立现代高等教育制度的国家之一。在英国大力推行西方教育背景之下，印度培养了大批人才。后来，印度逐渐形成的高等教育模式对南亚以及中东国家的高等教育产生了影响。

英国政府出于政治和管理的需要以及自身利益，在殖民统治时期对印度实行奴化教育。对印度来说，它是被动接受这种教育活动的，不能属于国际化的范畴。同时，移植过来的伦敦大学模式，虽然开启了高等教育的近代化，但忽视了古印度教育模式和教育的教学自由传统。此外，这期间高等教育虽有所发展，但发展速度缓慢，规模较小，且门类单一。

但是应该承认的是，这种强加于印度的西方式教育制度和体系为印度后续的教育发展奠定了基础。在教育领域要与国际接轨，英语是十分重要的媒介，语言畅通使印度在国际竞争中处于有利的地位，这是印度教育发展的极大优势。

（四）独立后的教育国际化发展时期

1947 年，随着英国殖民统治的终结，印度开始走上独立自主的发展道路。历届政府领导人都十分重视科技与教育，除了对原殖民地时期的教育进行改造和修正，印度高度重视教育发展的世界潮流，努力学习他国经验，积极与国际组织开展合作，在教育国际化方面也有了新的发展。

1. 与其他国家和国际组织开展合作与联系

印度继承了英国殖民统治遗留下来的中央与地方合作制，并且在宪法中对这种制度做出了相应的规定。① 如中央政府对高等教育的管理权限除了包括制定高等教育发展规划，还有促进国内外大学及学院的合作与交流。同时，鼓励与外国政府在教育领域开展合作，强调建立和保持与联合国教科文组织等国际组织的联系。

为吸取其他国家发展教育的经验，印度政府于 1964 年成立科塔里委员会，对整个教育体制进行全面的考察和研究。值得注意的是，该委员会中除了本国成员之外，还有来自美国、苏联、英国、法国和日本的成员，同时还聘请了来自世界各国的教育专家顾问。根据科塔里委员会的报告及建议，1968 年，印度政府公布了第一份《国家教育政策》，其中强调了教育的重要作用，要求严格坚持教育标准，办好高等教育，重视研究生阶段的培养。同时，要求教学采用三种语言模式，即印地语、英语和地方语言，而且应特别强调对国际语言——英语的学习。三种语言模式影响至今，也成为印度教育国际化道路的成功保障之一。1993 年 12 月，孟加拉国、印度、巴基斯坦、印度尼西亚、中国、埃及、尼日利亚、巴西、墨西哥的领导人在印度首都新德里召开了九个人口大国全民教育会议，发表的《新德里宣言》郑重承诺，要在 2000 年或尽可能早的时间普及初等教育，扩大儿童、青年和成人的学习机会，满足他们的学习需要。

此外，印度政府也强调建立和保持与联合国教科文组织等国际组织的联系。1990 年 3 月 5 日—9 日，在联合国教科文组织、联合国儿童基金会、联合国计划开发署和世界银行的共同发起和赞助下，来自 150 多个国家和地区的代表、观察员、专家，以及其他相关人士共 1 500 多人在泰国宗迪恩召开了"世界全民教育大会"。

2. 推动高等教育国际化

在高等教育方面，印度自独立后就集中精力借鉴发达国家经验，大力发展高等教育。早在独立之前的 1946 年，印度就成立了一个专门委员会，研究第二次世界大战结束后印度高级工程技术人才的培养问题，决

---

① 安双宏：《印度教育战略研究》，5 页，杭州，浙江教育出版社，2013。

定在印度的东、西、南、北 4 个地区仿效美国麻省理工学院建立 4 所理工大学。1950 年，位于印度东部卡拉格普尔的第一所印度理工学院（Indian Institute of Technology）宣告成立，1956 年被议会确定为"国家重点学院"。到 2010—2011 年度，印度共有 59 所国家重点学院，形成了独立于传统的大学系统之外的新兴国家重点学院系统。国家重点学院经费充裕，办学条件优越，入学竞争激烈，生源质量高，享有很高的社会声誉和国际知名度。[①] 印度虽然以美国为样板，但却根据实际进行调整，形成具有印度特色的高等技术教育体系。经过几十年的发展，印度高等教育顶端的几所大学教学水平普遍比较高，如印度理工学院、印度管理学院、印度医学院、德里大学和尼赫鲁大学，在师资力量和学校规模上与世界一流大学相差无几，得到国际社会的公认和好评。

　　进入 21 世纪，印度一直紧跟世界教育潮流，扩大高等教育国际化。在高等教育国际化进程中，全球范围内的国际学生流动日益频繁。越来越多的印度学生远赴国外，寻求获得优质高等教育的机会。1998 年，约 50 000 名印度学生出国完成高等教育，到了 2010 年，数字上升为 203 000 名，上升速度高于全球平均水平。同时，也有越来越多的国际学生到印度来留学。2000 年在印度的留学生人数为 6 988 名，2011 年则增加到了 27 531 名。[②] 在印度的国际学生中，约有四分之三是来自亚洲国家，其中南亚、中亚、西亚和东非地区的留学生数量偏多。

　　除了吸引国际学生，印度还从政策层面扩大和规范高等教育办学，促进大学发展，实现高等教育的国际办学自治化。2004 年 8 月，印度政府撤销了上届政府制定的强制许可政策，印度的大学由此获准可以直接与国外机构合作，而无须再经教育部的审批允许。2010 年，印度通过了《国外教育机构法案》（Foreign Educational Institutions Bill 2010），对外国教育机构的准入与审批、运营与监管、质量保证与预防商业化等方面做出了明确规定。与此前相比，当下政策允许印度在海外运营教育机构，但同时印度的高等教育市场也必须向国外教育机构开放。由于印度对外

---

　　① 安双宏：《印度教育战略研究》，6 页，杭州，浙江教育出版社，2013。

　　② Shailendra Kumar, "India's Trade in Higher Education," *Higher Education*, 2015(70), pp. 441-467.

合作机构具有优良的声誉，许多国外机构已经与印度相关教育部门接洽，例如，印度技术学院正在与新加坡商议合作办学。

二、印度教育国际化的政策

为了促进教育国际化，印度实施了积极的国际合作政策。同时，2010年印度内阁通过的《外国教育机构法案》是印度教育国际化的一项重要政策。

(一)国际合作政策

总体来说，教育国际化的参与主体主要有三个：一为国家主体；二为区域性的国际组织，如欧盟、东盟等；三为全球性的国际组织，包括联合国教科文组织、世界银行、世界贸易组织等。在应对教育国际化进程中，即使在独立初期经济落后的情况下，印度也没有固守本国，而是积极与外界交流，与这三个层次的对象始终保持着良好的国际合作关系。

21世纪以来，印度紧跟世界教育潮流，扩大教育国际化，主要实施了以下一些教育国际化政策。第一，挑选世界排名200名以内的国外大学，鼓励印度大学和它们合作，建立国外名校的分校。为了更好地实现这一目标，印度设置或修改规则以便国外大学提供学位给在印度本地学习的印度学生，颁发的学位也能在国内有效。第二，既然国际化是个双向过程，印度高校也被鼓励到国外建立分校。目前印度正在修改相关的法案法规，鼓励国内高校到国外设立分校。第三，为了增加印度学生出国的便利性和吸引国际学生，印度鼓励高校提高课程国际化水平，以便印度学生能和世界上最好大学毕业的学生一起参与全球竞争。此外，许多国际学生来到印度学习印度文化和相关特色专业，印度发展这些专业来满足国际学生的需求。第四，印度高校为国际学生提供语言课程，来帮助他们克服语言方面的不足和困难。第五，印度修改规则和规范，鼓励更多国外教师加入印度高校，帮助国外教师和学生解决护照、停留期限和税收规则等一些实际问题。第六，印度政府资助的财政资源中，有额外一部分分配给高校国际化。第七，印度政府和那些具有严格准入、认证和质量保障项目和体系的国家进行协商，为印度学生留学提供方便。① 第八，印度重视远程国际教育，把教育活动扩展到海外，扩大印度教育的国际影响力。

(二)《外国教育机构法案》

1995 年，印度加入世界贸易组织(WTO)，从一定程度上加快了其教育国际化的步伐。印度以积极主动的姿态迎接国际教育的进入，敞开教育市场的大门，自觉地与国际接轨。在世界贸易组织的框架中，教育被视为一种可交易的服务，各国对这一领域尤为关注。在高等教育中，有四种不同的模式被认为是服务贸易，分别是：跨境交付、境外消费、商业存在及自然人流动。② 其中，第三种模式"商业存在"是指一成员国的服务提供者在另一成员国境内设立商业机构，为其境内的消费者提供服务，商业机构包括法人和非法人的分支机构或代表处，如合作办学、建立分校区、授予特许经营权等。针对这一模式，印度内阁于 2010 年通过了《外国教育机构法案》，允许、吸引和规范外国教育机构在印度开展高等教育活动，进一步加大国际合作的力度，以求在教育国际化浪潮中取得主动权。

该法案包括"序言""外国教育机构""处罚""其他"四章十七项条款，对外国教育机构的准入与审批、运营与监管、质量保证与预防商业化等方面做出了明确规定，其中"外国教育机构质量保障"和"处罚及豁免条款"是其关注重点。

1. 外国教育机构质量保障

目前，印度已经开设了不少外国教育机构，其中有一些利用某些手段诱惑或欺骗学生入学。纵观印度国内，并没有一个全面且有效的政策可以监管这些教育机构的运营。由于缺乏必要的监管政策，对外国教育机构的有效评估变得十分困难，从而导致了各种不公平的商业化行为。目前，只有全印度技术教育委员会(All India Council for Technical Education, AICTE)在 1987 年的法案中对外国教育机构进行了准入、运行等

---

① "Some Inputs for Draft National Education Policy," http：//www. mhrd. gov. in/sites/up-load _ files/mhrd/files/nep/Inputs _ Draft _ NEP _ 2016. pdf，2016-11-23.

② Bipasha Sinha, "The Feasibility and Fallacies of Internationalization of Higher Education in India," *Asia Pacific Journal of Education*, *Arts and Sciences*，2014(7)，pp. 7-11.

相关规定，但这些规定仅适用于技术教育领域，并不具有普遍性。因此，《外国教育机构法案》的颁布是为了吸引国外优质教育资源，同时保护学生利益以及公众利益，对所有外国教育机构的进入和经营有所规范。该法案是为了规范有意愿在印度提供任何高等教育、技术教育或教学实践的外国教育机构，监管其办学资格、学位授予、文凭颁发、资格认定以及其他相关事项。①

该法案的对象是提供高等教育的外国教育机构，并规范其准入和运营。该法案所说的高等教育包括技术教育、医学教育以及学位和文凭的授予。另外，外国教育机构在印度可以以多种形式运作，如研究合作、联合项目、双学位项目、开设分校等，该法案主要是针对最后一种形式，即外国大学在印度开设分校。② 该法案不仅界定了外国教育机构等有关概念，并详细制定了外国教育机构的办学资格、鉴定、运营的相关规范。

在资格申请、认定方面，按照规定，有意愿在印度开展教育活动的外国机构需要得到大学拨款委员会的推荐，并获得印度中央政府的认可。同时该申请需要得到该机构所属国家在印度的高级委员会的认可。现有机构可以在法案生效的六个月里提出申请。但是，如果外国教育机构违反法案中的任何一项规定，印度中央政府根据大学拨款委员的建议，可以撤销此前的认可，而机构运营人员、教师、学生以及家长可以对该撤销提出申诉。

值得注意的是，该法案还有一系列强制性条件。第一，外国教育机构必须有至少 5 亿卢比（约 1 100 万美元）的基金作为保证金，该基金运营所得的 75％需要用于开设在印度的教育机构的发展，余下的要归回基金。更重要的是，外国教育机构在印度所获得的利润必须用于其在印度建立的教育机构的日后发展。第二，外国教育机构所提供的学习计划必须符

---

① "The Foreign Educational Institutions(Regulation of Entry and Operations) Bills, 2010," http：//karmayog. org/education/upload/29981/Foreign％20Educational％20Institutions％20Bill％202010. pdf, 2016-11-27.

② Kaushiki Sanyal, "Legislative Brief of The Foreign Educational Institutions (Regulation of Entry and Operations) Bill, 2010," http：//www. prsindia. org/uploads/media/Foreign％20Educational％20Institutions％20Regulation/Legislative％20Brief％20-％20Foreign％20Education％20Bill. pdf, 2016-11-27.

合有关部门的相关规定，如大学拨款委员会、全印度技术教育委员会以及印度律师职业委员会的相应条例也是有约束力的。第三，外国教育机构在印度所提供的课程、教学方法、教师的质量应遵照主校区的标准。第四，每一所外国教育机构都应在开学前 60 天出版招生手册，其中应包括学费金额、招生人数、运营资格以及师资详情等。①

此外，印度的高等教育机构（包括境外机构）是由大学拨款委员会和全印度技术教育委员会负责管理的。大学拨款委员会负责管理所有大学的学位和文凭颁发，其中包括与外国教育机构合作颁发的学位及文凭。印度技术教育委员会则负责管理与技术教育相关的外国办学机构。

2. 处罚及豁免条款

根据法案规定，任何未得到办学许可或者传播误导性信息的外国教育机构，除了需要退还其所收取的费用外，还将面临最低 100 万卢比、最高 500 万卢比的罚款，并没收其保证金。该法案还有相应的豁免条款，以吸引外国教育机构，如建议中央政府成立咨询委员会，由三名大学教授、大学拨款委员会的主席以及其他法定机构之一的主席组成。中央政府可根据咨询委员会的建议，免除某些外国教育机构的责任。②

该法案主要是为了规范教育服务贸易中的第三种模式，也就是当下外国教育机构的"商业存在"，以及控制新的外国教育机构的准入。该法案并不援助印度机构走出国门，也不管理外国学生来印度的事宜。③ 总的来说，该法案主要聚焦于以下几点：第一，该法案是为了在高等教育领域，规范和管理外国教育机构的准入和运作；第二，每一所有意在印度经营的外国教育机构，必须得到印度大学拨款委员会的推荐并获得中央政府的认可；第三，外国教育机构必须保证至少有 5 亿卢比的基金作为

① "The Foreign Educational Institutions(Regulation of Entry and Operations) Bills, 2010," http: //karmayog. org/education/upload/29981/Foreign%20Educational%20Institutions%20Bill%202010. pdf, 2016-11-27.

② Kaushiki Sanyal, "Legislative Brief of The Foreign Educational Institutions (Regulation of Entry and Operations) Bill, 2010," http: //www. prsindia. org/uploads/media/Foreign% 20Educational%20Institutions% 20Regulation/Legislative% 20Brief% 20-% 20Foreign% 20Education% 20Bill. pdf, 2016-11-27.

③ Bipasha Sinha, "The Feasibility and Fallacies of Internationalization of Higher Education in India," *Asia Pacific Journal of Education, Arts and Sciences*, 2014(7), pp. 7-11.

保证金。其中经营所得的 75％需要用于印度机构的发展，余下的则要再投资于该基金；第四，印度中央政府根据咨询委员会的建议，可以使某些机构免除本法案的一些规定，但法案中关于处罚以及禁止资金汇出的规定不在免除范围。[①]

三、印度教育国际化政策的实施效果

(一)印度出国留学人数增加

国际学生(或国际流动)被定义为学生带着学习的目的，从一个国家移动到另外一个国家。根据联合国教科文组织统计，全球的国际学生流动从 1995 年的 170 万增加到 2012 年的 400 万，增加了 135％。1995 年以来，中国一直是国际学生流动的最大贡献者。2005 年以来，印度开始成为国际学生流动的第二大贡献者。2012 年，超过 18.9 万印度学生被国外高校录取，占了总流动学生的 4.7％，是第二大国际学生来源地区，仅次于中国(17.3％)(见表 7-1)。但这只占印度所有大学生(约 2 900 万)的 0.7％，印度学生海外留学教育仍大有潜力。

表 7-1　全球范围内国际流动学生的十大来源地区(1995，2005，2012)

1995 年		2005 年		2012 年	
国家	数量(人)	国家	数量(人)	国家	数量(人)
中国	115 871	中国	403 128	中国	694 365
韩国	69 736	印度	146 267	印度	189 472
日本	62 324	韩国	100 895	韩国	123 674
德国	45 432	日本	64 291	德国	117 576
希腊	43 941	德国	64 263	沙特阿拉伯	62 535
马来西亚	41 159	土耳其	53 402	法国	62 416
印度	39 626	美国	50 850	美国	58 133
土耳其	37 629	法国	49 177	马来西亚	55 579

[①]　Kaushiki Sanyal, "Legislative Brief of The Foreign Educational Institutions (Regulation of Entry and Operations) Bill, 2010," http：//www. prsindia. org/uploads/media/Foreign％20Educational％20Institutions％20Regulation/Legislative％20Brief％20-％20Foreign％20Education％20Bill. pdf，2016-11-27.

续表

1995 年		2005 年		2012 年	
国家	数量(人)	国家	数量(人)	国家	数量(人)
意大利	36 515	摩洛哥	46 009	越南	53 802
中国香港地区	35 141	加拿大	43 335	伊朗	51 549
全球范围	1 702 788	全球范围	2 830 788	全球范围	4 009 312

资料来源：根据联合国教科文组织数据统计中心数据整合而成。

2012 年，在印度留学国外的所有国际学生中，超过 85％集中在六个国家，分别是美国(51％)、英国(16％)、澳大利亚(6％)、加拿大(4％)、阿联酋(4％)、新西兰(4％)(见表 7-2)。与 2008 年相比，在 2012 年，印度去澳大利亚的留学人数下降明显，下降了约 55％。

表 7-2　印度学生的十大国外留学地

2005 年		2008 年		2012 年	
国家	数量(人)	国家	数量(人)	国家	数量(人)
美国	84 044	美国	94 664	美国	97 120
澳大利亚	20 515	澳大利亚	26 520	英国	29 713
英国	16 685	英国	25 901	澳大利亚	11 684
阿联酋	6 684	俄罗斯	4 314	加拿大	8 142
德国	4 339	新西兰	4 094	阿联酋	7 310
加拿大	2 829	德国	3 257	新西兰	7 248
新西兰	1 563	加拿大	3 219	德国	4 312
哈萨克斯坦	1 003	乌克兰	1 785	俄罗斯	3 351
乌克兰	957	塞浦路斯	1 076	乌克兰	2 516
马来西亚	828	马来西亚	1 065	法国	1 955
世界范围	146 267	世界范围	176 881	世界范围	189 472

资料来源：联合国教科文组织数据统计中心。

可以说，学生跨国流动是高等教育国际化的最外显的特征。在印度，出国留学的学生逐年上升，出国留学已经不再是少数精英的权利。许多中产阶级的学生更愿意到国外学习，因为他们知道回国后会有更好的工作机会。

(二)到印度留学的国际学生增多

在吸引国际学生方面，很长时间里印度并没有积极主动地去吸引国际留学生，它的沟通协调、招生策略都比较薄弱。与中国相比，来印度留学的学生明显少于中国。20 世纪 90 年代，中国仅有几百名留学生，现在却有 20 万左右。1990—1991 年，印度的留学生约有 1.3 万名，目前逐渐增加到约 4 万名。印度的国际学生大多数来自南亚的邻国，如不丹、尼泊尔、斯里兰卡、孟加拉国和马来西亚。近年来，印度政府已经采取措施来吸引留学生，包括简化签证过程、为长期课程签发多次入境的签证。① 目前印度的国际留学生主要来自发展中国家，印度通过引入优质的外国教育机构，以增加留学吸引力。

2012—2013 年，印度招收海外国际学生 31 000 名，其中来自亚洲的占 67.7%，非洲的占 19.4%，其他则来自南美、欧洲、大洋洲等国家。发展中国家的海外学生来印度的动机一般可分为更好的工作前景、移民机会、学习英语、印度文化的多样性与吸引力等。2013—2014 年，印度共招收海外学生 39 517 人，大多来自发展中国家，只有很小一部分来自发达国家。

（三）和国外大学的交流项目较有成效

印度独立之初，经济并不发达。为创建世界一流的理工大学，印度先后接受苏联、德国、美国、英国等国的技术援助。借助发达国家的经验和援助，印度和发达国家合作发展了印度理工学院孟买分校、马德拉斯分校、德里分校和坎普尔分校。坎普尔分校的"坎普尔印美项目（1962—1972）"就是印度和美国合作的重要项目。通过"坎普尔印美项目（1962—1972）"，印度与美国顶尖大学建立了学术和人员等方面的联系，而后进行的广泛和深入的合作使坎普尔分校逐渐发展，获得了世界性的声誉。此外，截至 2008 年，英国在印度有 640 个合作项目，主要目的是在印度和英国之间建立教育方面的联系。② 比如，英国—印度合作项目（UKIERI）鼓励英国学生来印度留学和在印度就业，5 年间资助了约 2.5

---

① Bipasha Sinha, "The Feasibility and Fallacies of Internationalization of Higher Education in India," *Asia Pacific Journal of Education, Arts and Sciences*, 2014(7), pp. 7-11.

② Kaushiki Sanyal, "Legislative Brief of The Foreign Educational Institutions (Regulation of Entry and Operations) Bill, 2010," http://www.prsindia.org/uploads/media/Foreign% 20Educational% 20Institutions% 20Regulation/Legislative% 20Brief% 20-% 20Foreign% 20Education% 20Bill. pdf, 2016-11-27.

万名学生来到印度。

　　根据印度人力资源开发部的报告，全球知名大学进入印度高等教育领域将会带来不少益处，比如提升教学水平、更多地参与到世界新兴领域的研究、增加高等教育入学率等。除了国家层面的合作，一些外国大学已经开始把市场化的高等教育带入印度，通过留学、代理服务、联合办学以及虚拟大学等模式向印度提供教育服务。印度大学拨款委员会实施了与其他国家大学的双边交流项目。通过该项目，印度高校每年与20多个国家进行学者互派。[1]

　　(四)高校教师国际交流增多

　　高校教师的国际交流已经成为国际化的一个重要维度。教师国际交流的方式包括项目交流、研究合作和国际会议，教师在教学技能、知识和实践上的交流有利于教育质量的提升，从而提高所在国高等教育国际化的水准。为了提升印度高等教育质量，同时提高印度大学在国际上的排名，印度大学积极鼓励教师进行国际交流。

　　此外，印度的大学教职员工很可能会被外国教育提供者吸引，离开印度，在更好的科研环境中开展新兴领域的研究。根据印度人力资源部最近的一份报告，印度理工学院和印度管理学院等高等教育机构正面临着教师紧缺，有近1/3的职位空缺。[2] 目前，印度大学通过"人才引进"项目，用更高的报酬和足够的资源吸引和聘请在国外的印度教师。随着印度大多数城市的生活水平不断提高，许多印度裔人才陆续回到印度。加尔各答总统大学采取了有力措施吸收了一些来自国外的印度裔教师。

　　(五)通过开设海外校园扩大海外影响力

　　为了增加印度教育在国际上的影响力，印度在一些小而富的国家以及发达国家建立了海外校园。目前世界上有海外校园的组织机构有232个，其中印度有8家，分布在阿联酋、澳大利亚和新加坡(见表7-3)。

---

　　① 戴妍、袁利平：《印度高等教育国际化的特点及趋势》，载《比较教育研究》，2010(9)。

　　② Bipasha Sinha, "The Feasibility and Fallacies of Internationalization of Higher Education in India," *Asia Pacific Journal of Education*, *Arts and Sciences*, 2014(7), pp. 7-11.

表 7-3　印度大学海外校园列表

学校名称	主办国	母国
SP Jain 商学院悉尼校区	澳大利亚	印度
SP Jain 全球管理中心	新加坡	印度
Birla 科技学院迪拜校区	阿联酋，迪拜	印度
迪拜管理技术学院	阿联酋，迪拜	印度
Manipal 大学迪拜校区	阿联酋，迪拜	印度
SP Jain 商学院迪拜校区	阿联酋，迪拜	印度
Bharati Vidyapeeth 大学	阿联酋，迪拜	印度
MaduraiKamaraj 大学	阿联酋，拉斯海马	印度

资料来源：Sanjay Pawar, "Internationalization of Higher Education in India: Pathways and Initiatives," *Journal of Research & Method in Education*, 2016 (6), pp. 53-59.

(六)在国际组织中的影响加强

国际组织在当前全球教育中起着重要作用，印度积极参与国际组织。根据"国际协会联盟"(Union of International Association)的统计，在 67 个全球协定性政府间国际组织中，印度参与其中的 45 个，参与率为 67%，世界排名第 8 位；在 1 555 个全球协定性非政府间国际组织中，印度参与其中的 1 190 个，参与率为 76%，世界排名第 14 位，而在发展中国家中排名第一。①

印度参与国际组织有较长的历史。1951 年，印度与联合国教科文组织建立了永久性的合作组织——印度国家委员会(INCCU)，并在联合国教科文组织的帮助下，于 1957 年在孟买建立了印度理工学院。随着教育国际化的发展，印度政府不断通过联合国教科文组织这个国际平台开展更高水平的合作，如参与联合国教科文组织的姊妹大学计划(UNITWIN)以及教席计划(Chair Program)。目前，印度已经参与其中 11 个不同的项

---

① 张贵洪：《印度的国际组织外交》，载《国际观察》，2010(2)。

目。[①] 而且，随着印度高等教育不断发展，印度培养出了大量优秀国际人才，有不少印度籍国际职员活跃在联合国及其他国际组织中。

（七）远程国际教育扩展

印度学者帕瓦（Sanjay Pawar）指出，高等教育国际化的路径包括学生流动、与国外大学合作、教师流动、海外校园、体育与文化联系、远程教育等。[②] 可以看出，远程教育也是教育国际化路径之一。20 世纪 70 年代开始，世界各国（包括印度）开始将目光放向远程国际教育。远程国际教育是把一个国家的教育资源输送到另一个国家，使教育跨越了国界，便于教育国际化的进行。

印度 1985 年通过的《英迪拉·甘地国立开放大学法案》规定，英迪拉·甘地国立开放大学可以在印度以外的地方设立学习中心。目前，该大学在亚洲和非洲设立了 40 多个学习中心，有数千名海外注册学生，遍布世界上 28 个国家。学习中心的设施由该大学提供，场地由当地教育部门提供。此外，印度国家信息技术学院也在国外设有分校。近年来，印度积极参与国际远程教育的交流与合作，通过将教育活动拓展到海外，在全球范围内提供学习课程，形成自身的影响力。现在，印度已将远程国际教育扩展到波斯湾和印度洋地区。

四、印度教育国际化存在的问题

印度是一个社会开放程度较高的国家，教育国际合作的不断加深为印度提供了迅速提升本国教育水平的契机，印度政府对教育国际交流也给予了大力支持。但客观来看，当前印度教育国际化还存在着一些问题。

（一）扭转印度学生外流趋势较为困难

可以说，学生跨国流动是高等教育国际化的最外显的特征。从印度社会来看，印度国内对外国学位的需求在不断增长，印度公立大学难以满足日益增长的需求，印度学生出国人数激增。在印度，出国留学的学生逐年上升，留学已经不再是少数精英的权利。许多中产阶级的学生更

---

① "Indian National Commission for Co-operation with UNESCO," http：//www. mhrd. gov. in/international-cooperation-cell-4，2016-11-16.

② Sanjay Pawar, "Internationalization of Higher Education in India：Pathways and Initiatives," *Journal of Research & Method in Education*，2016(6)，pp. 53-59.

愿意到国外学习，因为他们知道回国后会有更好的工作机会。

为了控制学生向外流动，把优秀学生留在国内，印度认为创建国际认可的一流大学是很重要的。《外国教育机构法案》旨在通过支持外国一流大学到印度本土提供教育项目使更多学生留在国内学习。如果外国大学在印度国内开设校区，学生的生活费和交通费用能在一定程度上得到降低，从而减轻学生的负担。但是外国大学能否将国外的教学氛围和工作文化带到印度本土，也是一个未知数。而且，少数外国大学和分校的开设并不能扭转印度学生外流的传统。一些渴望出国留学的印度学生不仅是为了良好的教育，而且想要移民到发达国家以拥有更好的生活。

(二)到印度留学的国际学生人数较少

目前，到印度留学的国际学生，特别是发达国家的国际学生人数较少。印度政府和大学为了扩大国际学生的数量，特别是来自发达国家的国际学生，纷纷调整它们的海外招生策略，提升自身的基础设施，提供高质量的全球化教育，并为国际学生创设一个良好的环境氛围。[①] 但这些措施的成效仍不够显著。

有很多原因导致印度的海外国际学生招生不足。第一，大多数国际学生是自费或者是本国政府资助其中一部分。第二，印度驻外使馆有关于学术课程和大学信息的手册，但这些手册都没有定期更新。而且，缺乏信息完备的网站，不能为学生提供详细的信息。第三，签证时间较长。外国学生从每年的2月到3月开始申请签证，但等到签证下来，大学新学期可能已经开学了，学生没有足够的时间来制订学习计划。第四，印度大学缺乏完备的基础设施，如良好的宿舍设施或自助餐厅，大学内没有留学生公寓等。同时，银行账户的开设和交通信息的缺乏等都是国际学生所面临的一些困难。

(三)教育国际化政策有改进的空间

印度是一个联邦主义的民主国家，也是一个多元文化并存的人口大国，同时由于其执政党更替、社会矛盾复杂等原因，在印度，任何一项高等教育政策、法案或者建议，从其提出、议程设置到政策成型，都会

---

① Sanjay Pawar, "Internationalization of Higher Education in India: Pathways and Initiatives," *Journal of Research & Method in Education*, 2016(6), pp. 53-59.

经过曲折而反复的讨论和决策过程，2010 年的《外国教育机构法案》也是如此。比如，《外国教育机构法案》从其提出之时就受到广泛的关注和讨论。如关于外国教育机构准入问题，主要分为三个阵营：反对者认为外国教育机构的进入将导致高等教育商业化，导致政府在该领域失去主导地位，同时还将扩大贫富阶层获得优质教育的差距。支持者则认为，外国教育机构的进入使得学生可以有更多的选择，同时通过提高高等教育领域的竞争，印度教育体系和质量可以得到实质性的改善，并可以将海外资金留在国内。有一些专家则保持中立，认为不应对外国教育机构过分限制，只要其能保证教育质量、课程类型以及教师资格等方面能够符合要求即可。他们认为，该法案可能会进一步加剧城乡、贫富和种姓学生之间的不平等，但通过外国大学的进入，可以将其作为国内大学的模板，有助于提高印度国内教育质量，提高学术研究和文化的输出，增加师生交流的机会，以及教师在教学和研究方面的专业发展，最主要的是可以实现从平庸到优异的转变，而不仅仅是高等教育入学率的量的增长。

从目前的反映来看，该法案存在的问题主要集中在以下三个方面。第一，有些条款的用词比较模糊。在涉及申请、建议、询问等的程序条款中，出现了令人担忧的条款。[1] 比如，第二章第四条中提及"外国教育机构在申请之日起应尽可能的早注册，最好是在六个月以内，并提交该机构在印度提供合格教育的可行性报告"，其中出现了模棱两可的词语，如"尽可能的早"和"最好是在六个月以内"，这样的描述对接受注册的部门来说，有足够的时间对外国教育机构进行审核，但也增加了程序的不确定性，变得拖沓、烦琐。第二，关于外国教育机构的准入标准需要再权衡考量。如前文所述，法案中规定"外国教育机构"必须是在其母国已经成立或已注册，且得到母国合法权威机构的认证，从事教育服务年限至少 20 年以上的办学机构。按照法案的要求，一些在高等领域表现优良的新兴大学就被拒之门外，不能在印度设立分校。政府希望优质的外国

① Kaushiki Sanyal, "Legislative Brief of The Foreign Educational Institutions (Regulation of Entry and Operations) Bill, 2010," http: //www. prsindia. org/uploads/media/Foreign％20Educational％20Institutions％20Regulation/Legislative％20Brief％20-％20Foreign％20Education％20Bill. pdf, 2016-11-27.

大学进入国内，但该法案通过成立年限来衡量大学的教学质量及可信度无疑是值得商榷的。[①] 第三，对外国教育机构运营所得的限制较严。该法案规定外国教育机构运营所得的 75%需要用于其开设在印度的机构，而且明确限制机构盈余的使用方向，规定机构盈余不能用于其他任何用途，只能用于印度机构的后续发展。美印贸易委员会表示无法遵守这一规定，认为外国机构应该自由规划其运营的利润所得。

鉴于国内外的发展态势，印度政府适时出台《外国教育机构法案》，加强了政府对外国教育机构的审批、办学资质的审查、颁授学位资格的审核等监管监督的职能，也提高了外国教育机构的准入门槛，并对外国办学机构的资金运作进行了严格的规范。但是，如前所述，对该法案存在的争论以及该法案自身的一些苛刻的限制条件使得该法案很难吸引优质的国外教育机构，也不能有效地规范现有的国外教育机构，可以说该法案并没有达到预期的效果。因此，可以让社会各界充分地参与到法案的讨论当中，进一步加强完善和补充该法案的相关内容。

---

① Deeksha Gehlot, "An Evaluation of the Foreign Educational Institutions Bill (2010)," http://ccs. in/internship _ papers/2012/262 _ an-evaluation-of-foreign-education-institutions-bill _ deekhsa-gehlot. pdf, 2016-11-27.

第三部分

第八章　欧盟教育国际化政策及其实施效果

　　欧盟作为世界上最有影响力的国家区域性组织，其教育国际化的发展和其他的区域性组织有所不同。欧盟的全称为欧洲联盟（European Union，EU），是由欧洲共同体（European Community）发展而来的，其主要机构由欧洲理事会、欧盟理事会、欧盟委员会、欧洲议会和欧洲法院等，总部设在比利时的布鲁塞尔。其正式诞生于 1991 年 12 月在欧洲共同体马斯特里赫特首脑会议上通过的《欧洲联盟条约》，即《马斯特里赫特条约》（Treaty of Maastricht），简称《马约》。1993 年 11 月 1 日，《马约》正式生效，欧盟正式诞生。欧盟的诞生也是内因与外因双重作用的结果，是欧盟各国在强大的美国与崛起的苏联的共同压力之下，同时也是欧盟各国寻求和平与发展的内在诉求之下逐渐成形的。其发展经历了欧洲煤钢共同体（The European Coal and Steel Community）、欧洲共同体与欧洲联盟等几个阶段。欧洲煤钢共同体于 1951 年 4 月 18 日由法、德、意、荷、比、卢六国在巴黎共同签署了《建立欧洲煤钢共同体条约》，该共同体的目的在于通过对共同体成员的物资进行统一管理，以达到实现区域和平的政治目的。1957 年 3 月 25 日，在煤钢共同体各国长达一年零九个月的谈判后，各国在罗马签署了《建立欧洲共同体条约》和《建立欧洲原子能共同体条约》，正式建立经济共同体（European Economic Community，EEC)和欧洲原子能共同体（European Atomic Community，EURATOM）。1965 年，欧洲煤钢共同体、欧洲经济共同体、欧洲原子能共同体合并为欧洲共同体。1993 年 11 月 1 日《马约》正式生效，欧洲共同体蜕变为欧洲联盟，简称欧盟。欧盟以"一体多元"为其原则，致力于构建一个商品、资本、人员、服务自由流动的无边界欧洲空间。[1]

欧洲各国意识到只有紧密团结在一起，加速一体化的进程才能够更大地发挥其作用，能够不断提升欧洲各国的竞争力和实力。因此，欧盟也踏上了制宪的进程。2005 年，法国和荷兰在全民公决中否决欧宪条约后，欧盟陷入了制宪危机，机构改革议题被迫搁置。直到 2007 年欧盟出台了《里斯本条约》，该条约保留了欧宪条约的基本内容，添加了一些使欧盟决策过程更透明、更民主的条款，并照顾部分成员国的意愿，增加了一些"个案处理"的灵活规定。目前欧盟是按照《里斯本条约》来运行的，最具特点的便是设立欧盟理事会常任主席，也就是"欧盟总统"，代表欧盟在国际舞台上抛头露面。这也是欧盟具有国家性质的重要表现。

在教育方面，早在 1991 年通过的《马斯特里赫特条约》就对欧盟的教育合作进行了严格的规定，并且在这一过程中提出了一条"辅助性原则"(Principle of Subsidiarity)——即欧盟在教育方面的整体行动要以成员国的行动为主，采取措施促使成员国密切联系的同时，要禁止欧盟在超国家层面对成员国的教育制度和教育法规进行任何形式的"中和"。可以说，这一原则对于欧盟在教育方面的发展产生了巨大影响，但欧盟在推动成员国高等教育交流方面却一直锐意创新，取得了较大的成就。

从最初的煤钢共同体到经济共同体再到欧洲联盟，欧盟组织的功能不断拓展，成员国的数量不断增加，基本涵盖了西欧、中欧和北欧的大部分国家，不断推动了欧洲一体化的进程。

一、欧盟教育国际化的进程

第二次世界大战后不久，欧洲不同国家之间就有过在教育领域进行非正式合作的尝试，但是在《建立欧洲煤钢共同体条约》生效之前，各国始终没有就教育合作问题达成共识。[2] 随着欧洲煤钢共同体的成立，以及后来的欧洲经济共同体、欧洲原子能共同体，甚至是欧洲联盟开始逐渐关注到教育领域，也加强了教育国际化的发展进程。由于本文讨论的是欧盟教育国际化政策，因此，将欧盟教育国际化的进程分为欧共体时期

---

① 　陈时见：《比较教育学》，127 页，重庆，西南师范大学出版社，2012。

② 　Bob Moon, Essay 2: Education//Shelly, Monica, Winck, Margaret. Book 2: *Aspects of European Cultural Diversity*, Milton Keynes, The Open University, 1993, pp. 65-120.

的教育国际化活动，以及欧盟成立以来的教育国际化发展。

（一）欧共体时期的教育国际化活动

1957 年的《建立欧洲经济共同体条约》第 50 条规定，共同体应开展针对青年与雇员的交流计划；该条约的第 57 条规定，为促进人员的自由流动，应开展对文凭、证书和其他凭证的互认；该条约的第 118 条规定，共同体委员会应促进各成员国在社会领域开展密切合作，特别是在基础职业培训和高级职业培训领域进行合作；该条约的第 128 条规定，共同体应为实施共同的职业培训政策而制订一般原则，从而为建立共同市场做出贡献。[①]

1958 年欧共体签署的《罗马协议》中，教育没有进入议事日程。协议只在第 128 条法规中提到了职业培训，规定了一条欧共体共同执行职业培训的跨国家政策。当时欧共体对整体意义上的教育没有给予足够的重视，只是在人员流动和社会福利的框架下间接地提到了教育和培训的问题，希望培训可以为成员国以及欧洲共同市场的经济繁荣与和谐发展做出贡献。[②]

1971 年，欧共体召开了第一次教育部部长会议，各国教育部部长首次提出通过"行动计划"（Action Programme）的方式加强各成员国之间的教育合作，并拟定了职业培训行动计划的指导方针。1973 年，受欧共体委员会的委托，比利时前任教育部部长亨瑞·詹尼（Henri Janne）提交了题为《关于共同体的教育政策》的研究报告（又称"詹尼报告"）。该报告明确提出，欧共体的教育应具有一种"欧洲维度"（European dimension）；欧共体教育政策应该尊重各成员国的教育体制和传统，但同时也有必要加强相互之间的协调性。[③]

欧共体于 1976 年正式设立了"联合学习项目"（Joint Study Program，JSP）。该项目通过院校之间自行协商，学生进行交流。20 世纪 70 年代以来，欧盟国家之间制度化的院校的合作日益加强，其中一个重要的趋势

---

① 欧共体官方出版局：《欧洲联盟法典：第一卷》，苏明忠译，29～30、144～147、173～176 页，北京：国际文化出版公司，2005。

② 陈学飞：《高等教育国际化：跨世纪的大趋势》，66 页，福州，福建教育出版社，2002。

③ Janne Henri, "For a community policy in education," *Bulletin of European Communities*, *Supplement*, 1973, p. 18.

是跨国界的地区合作。欧洲各国也逐渐开始重视国与国之间的交流与合作，开始成立一些学术研究中心，如欧洲大学研究所（European University Institute）、大学间中心（Inter-University Centre）、大学校长联合会（Liaison Committee of Rectors Conference）。[①]

20 世纪 80 年代后期，大学之间的合作以及职业培训中的合作项目大幅度增加。1985 年 2 月 13 日，欧洲法庭通过了《格拉威尔法规》（Gravier Judgment），提出职业教育是高等教育的一部分，进一步提高了职业教育的社会地位。1987 年到 1990 年是欧盟成员国之间教育合作的决定时期，在这个时期欧盟开展了有关教育和培训的各种设计，包括迄今为止欧盟最重要的"伊拉斯谟计划""科密特计划""林瓜语言计划"。[②]

（二）欧盟成立以来的教育国际化发展

1992 年 2 月，欧盟在马斯特里赫特签订协议。该协议于 1993 年 11 月生效，欧盟自此成立。《马约》是欧盟教育行动中的一个历史转折点，其中有关教育和培训的第 126 条规定比《罗马协议》中相应的第 128 条规定在内容上有很大的扩展，将职业培训内容归入另一个独立的条文中。第 126 条一开始就指出："共同体将鼓励成员国之间通过合作的方式提高教育质量，在需要的时候对成员国的行动提供支持和补充。"该条文第一次指出，教育是欧盟的一个主要职责，欧盟各成员国在教育方面的共同行动主要包括：①在所有层次和类型的学校里引入"欧洲维度"，改革学校的课程和教学方法；②学生和教师进行人员交流；③院校合作开展教学和科研活动；④增加信息方面的交流；⑤开展成员国语言的教学，要求年轻人至少掌握两门以上外语；⑥大力鼓励开放教育和远程教育。[③]

1992 年，欧盟委员会发布了《欧共体高等教育备忘录》，指出目前欧洲对高等劳动力的需要与日俱增，而欧盟内部高等教育的普及率却非常低，平均为 20％，不能满足市场的需要。因此，欧盟委员会提出了如下具体改革建议：①设法扩大入学规模；②增加课程的灵活性和多样性，

---

① 陈学飞：《高等教育国际化：跨世纪的大趋势》，67～68 页，福州，福建教育出版社，2002。

② 同上书，69 页。

③ 同上书，70 页。

设立欧洲共同体《学分转换制》；③增加大学与企业之间的联系，使高校的科研成果迅速得到转换。

1993 年欧盟发布绿皮书《欧洲维度的教育》(*Green Paper on the European Dimension of Education*)，具体提出四项政策以突出教育的"欧洲维度"：①强化青少年对欧盟的认同感；②引导欧洲人民参与欧盟的经济及社会发展；③帮助欧洲人民了解为其扩展的更大的经济及社会发展的优势空间，同时学习如何应对挑战；④增进欧洲人民对欧盟及成员国的历史、文化、经济及社会层面的相互认识，并进一步认识欧盟成员国与其他区域或国家合作的意义。[①]

1995 年，欧盟开始实施"苏格拉底计划"，该计划将从 1987 年开始实施的"伊拉斯谟计划""林瓜语言计划""夸美纽斯计划"统一起来，便于有关部门对欧洲教育一体化问题进行统筹安排。"伊拉斯谟计划"仍旧支持和补充成员国高等教育方面的合作，"夸美纽斯计划"支持在中小学教育中引进"欧洲维度"，"林瓜语言计划"继续支持在各个层次进行外语教学。与"苏格拉底计划"同期开始实施的有"达·芬奇计划"和"欧洲青年人第三阶段计划"。前者的目的是在欧盟成员国内执行新的职业培训政策，改善职业培训的途径与质量。后者旨在增加成员国内 15～25 岁的青年人的人员和活动的交流。这三个大的计划标志着欧盟在教育、培训和青年方面的行动进入了一个新的时代，对欧洲公民意识的建立起到了十分关键的作用。[②]

进入 21 世纪，世界在快速发展之后遭遇了前所未有的经济危机，整个世界都处于一种前所未有的复杂处境，欧盟既要努力争取和保证其在国际舞台上的影响力，又要领导欧洲走向可持续发展，这必然对欧盟的各个部门以及出台的各个领域的政策措施提出了更高的要求。2000 年以后，欧盟围绕着里斯本战略的实施，制定并出台了多项职业教育与培训的政策和计划。通过这些政策和计划，欧盟积极倡导国家层面的深度合作和交流，已达到推进职业教育与培训整体协调发展的国家共识。

---

① "Green Paper on the European Dimension of Education," Brussels, European Commission, 1993.

② 陈学飞：《高等教育国际化：跨世纪的大趋势》，73 页，福州，福建教育出版社，2002。

2001—2010 年，为实现里斯本战略提出的总目标，欧盟发布了一系列有关教育与培训的政策报告与倡议书，形成"2010 欧盟教育与培训行动计划"，为欧洲各国的教育与培训的发展提供了重要参考和政策指南，该计划的目标旨在提高欧盟教育与培训体系的质量和效力，改进教育与培训体系对所有人的准入机制，向更广阔的世界开放教育与培训系统。①

除了一些基本的政策条款，21 世纪以后欧盟层面的高等教育政策还通过一些公报或决议表现出来。2001 年的《布拉格公报》（Prague Communiqué）重申：到 2010 年实现"欧洲高等教育区"的目标，发展欧洲教育学位的可读性和可比较性，该保证欧洲高等教育学位的品质和资格认证。② 2003 年的《柏林公报》强调，高等教育品质保证是建构欧洲高等教育区的核心议题，各国应继续致力于推动高等教育的品质保证工作。③ 2005 年 5 月，在挪威的卑尔根（Bergen）召开的欧洲高等教育部部长会议发布欧洲高等教育发展进程中的又一个重要文件——《卑尔根公报》，该公报认为，欧洲高等教育区（EHEA）的关键特征是欧洲学术资格框架、欧洲高等教育质量保证标准和准则、学位和学时的互认，并将高等教育与研究、社会维度、增加流动、增加欧洲高等教育区的吸引力以与其他地区合作，以及执行绩效评价五项内容增列为"博洛尼亚进程"的优先政策领域。④

2010 年 6 月 17 日，欧盟通过了未来十年经济发展战略的指导性文件，即欧盟"2020 战略"，该战略和教育更加紧密相关，并且把教育及教育的相关内容提到一个崭新的高度。根据欧盟"2020 战略"，欧盟未来将继续全面地、大力地发展教育，把教育的发展和提高经济竞争力、维护社会稳定与和谐紧密联系起来，教育将为欧盟"2020 战略"的实现起到至关重要的作用。⑤ 之后，欧盟委员会在广泛征求意见的基础上推出了一项

① 蒋璐：《"2010 欧盟教育与培训行动计划"研究》，硕士学位论文，首都师范大学，2013。
② "Communiqué of the Meeting of Ministers in Charge of Higher Education in Prague on May 19th 2001," http://www.unn.ru/pages/e-library/vestnik/99990199 _ West _ innov _ 2003 _ 1(4)/11.pdf, 2016-02-25.
③ 尹毓婷：《欧洲高等教育改革研究》，博士学位论文，山东大学，2009。
④ 冉源懋：《从隐性生存走向软性治理》，博士学位论文，西南大学，2013。
⑤ 蔡玲凌、夏宏钟：《欧盟"2020 战略"对我国教育发展的启示》，载《四川理工学院学报（社会科学版）》，2013(2)。

高等教育现代化改革行动计划方案，督促成员国积极落实，努力应对未来挑战，该计划方案围绕"欧盟 2020 战略"确定的增长和就业目标，提出六大目标措施：①到 2020 年青年大学毕业生占同龄比例达 40%、在校大学生离校率低于 10%，吸引全社会关注、参与和投入高等教育，提高获取大学文凭人员的数量；②激励和提升大学的教育、科研质量，保持卓越领先水平，改进和完善教学科研计划，努力培养适合发挥个人潜力，满足劳动就业市场和适应未来发展趋势的高素质人才；③加强合作，扩大开放，鼓励和促进教师和学生跨国界、跨专业相互交流，为学生提供开阔眼界、提升个人素质的机会，保持高等教育的优化优质；④培养和造就大量研究人员和工程师，以满足全球化经济和未来工业的需求；⑤强化教育、科研和企业之间的密切联系，完善产学研相结合的研发创新机制；⑥赋予大学更大的自主管理权限以提升高等教育的效率。①

二、"伊拉斯谟计划"及其实施效果

（一）"伊拉斯谟计划"实施的背景

1. 欧盟高等教育国际化的思想渊源

欧洲高等教育的国际化是以欧洲的一体化为前提的。将欧洲各国看作单独的个体，那么欧洲各国的高等教育国际化就是将欧洲看作一个整体，即欧洲的一体化。因此，欧盟的高等教育国际化是与欧洲一体化紧密联系在一起的，欧洲文化的同一性是欧洲一体化产生的思想渊源，它植根于其古典文明肥沃的温床里；经过中世纪基督教文明普世主义的熏陶，欧洲作为一个整体的观念愈益强化；在中世纪"基督教世界"转变为独立国家体系之后，普世主义仍然能找到伸张的机会；欧洲的和平主义思潮，作为对普世主义的补充，在近现代欧洲的思想界始终发挥着一定的作用，它促使欧洲人不断检讨民族国家体系的根本性缺陷，激励欧洲人探索建立新型的欧洲体制。② 我们可以把同一性的欧洲文化（亦被称为"欧洲的自性"、欧洲的"结构认同"）归结为基督教文明、法制观念、人权观念、自由观念、平等观念、竞争意识、权利义务观念、和解精神、容忍态度、协商精神、非暴力观念、秩序观念、互助观念、个人主义、理

---

① 冉源懋：《从隐性生存走向软性治理》，博士学位论文，西南大学，2013。
② 计秋枫：《论欧洲一体化的文化与思想渊源》，载《世界历史》，1998(1)。

性主义、实证主义、浪漫主义等观念性文化，以及宪政、三权分立、普选制、代议民主制、内阁制、独立的法律制度和法律体系、自由贸易和市场体制等结构性文化。此外，还有欧洲各民族共有的关于建立统一欧洲的"欧洲意识""欧洲主义"等，即"欧洲认同"思想。[①]

在此共同的文化背景、思想渊源之下，欧共体/欧盟成立之后，进一步加强了欧洲各国之间的文化认同，使得欧盟的各个成员国可以在共同的文化认同之下，相互包容、求同存异、开展合作，同时也为欧盟高等教育一体化甚至是国际化奠定了思想基础，加快和促进了欧盟高等教育国际化的进程。

2. 欧洲一体化发展的需要

第二次世界大战结束之后，由于经济重建的需要和"冷战"爆发，西欧部分国家在美国的支持下，逐渐建立欧洲煤钢共同体，开始了欧洲一体化的进程。后来欧洲诸国逐渐建立了欧洲共同体，进而由原欧洲共同体成员国家根据《欧洲联盟条约》组成欧盟。最开始的欧共体在欧洲的政治、经济的发展中起了重大的作用，现在的欧盟已经逐渐从一个贸易实体转变成一个经济和政治联盟，在政治、经济、文化等多个方面发挥了重大的影响。最早在 1971 年，欧共体六个成员国（法、德、意、比、卢、荷）便通过"行动计划"的方式加强各成员国之间的教育合作。1976 年，欧共体推出"联合学习计划"（Joint Study Programme），通过院校之间协商，开展院校之间的学生交流与合作。1982 年，欧共体在欧洲教育和社会政策研究所的协调下成立《国外学习评估项目》，对欧共体已经实施的项目进行评估。欧共体/欧盟国家为增强其与美、日等国抗衡和自身发展的能力，在高等教育领域进行国际合作行动，签署了各种合作计划，例如"苏格拉底计划""科密特计划""田普斯计划""伊拉斯谟计划"等，[②] 以及 20 世纪 90 年代以来的欧洲教育部部长会议，都会对欧洲各国的高等教育领域的合作提出具体目标，进一步加强相互之间的合作。

1992 年，欧盟签署《马斯特里赫特条约》，标志着欧洲各国在政治、经济、军事及其他社会领域里的合作和联系日益密切，欧洲各国之间的

---

① 潘学来：《欧共体/欧盟高等教育一体化》，硕士学位论文，安徽师范大学，2007。

② 刘军明：《发达国家高等教育国际化政策的发展》，硕士学位论文，复旦大学，2008。

合作不再局限于经济领域，而是逐渐向其他更广泛的领域发展。1999 年通过《博洛尼亚宣言》，首次正式提出了"加强欧洲高等教育之间的相容性，逐步建立协调、统一的欧洲高等教育区"。2001 年通过《布拉格宣言》，进一步探讨了落实"博洛尼亚进程"的具体措施，与此同时也进一步阐述了 2010 年在欧洲建立一个统一的、高质量的、具有竞争力的欧洲高等教育市场。2003 年通过了《柏林公告》，2005 年通过了《卑尔根宣言》，2007 年通过了《伦敦公告》。从欧盟发布的这一系列文件中可以看出，20 世纪 90 年代以来，欧盟加快了欧盟内部的高等教育国际化进程，这些文件中规定了欧盟高等教育国际化所涉及的具体内容和高等教育国家化的具体目标，同时出台了大量的具体项目来推动欧盟的高等教育国际化，其主要目的是加强欧盟内部成员国在高等教育领域的联系，提升欧盟高等教育的兼容性，增强欧盟高等教育的竞争力。[1]

3. 建设知识欧洲的需要

随着知识经济时代的到来，教育、科技、经济之间的关系越来越密切。教育，特别是高等教育领域培养了时代发展所需要的人才，以及凝聚在人才身上的知识是这个社会发展最重要的资源。教育正逐渐成为推动经济发展和社会进步的重要力量，而其中高等教育的作用最为明显。为了应对知识经济时代所带来的挑战，欧盟逐渐把教育放在知识经济的中心，使正规教育和职业培训"双管齐下"，并越来越重视知识的生产、扩散和运用。1997 年 7 月，欧盟委员会发表了《2000 年议程》，明确提出要"使知识经济政策（革新、研究、教育、培训）成为欧盟内部政策的四支柱之一。"同年年底，欧盟委员会又发表了题为《走向知识化欧洲》的报告，强调为实现经济的知识化而加强欧盟的教育、培训和人才的造就。

高等教育机构在知识的创造、传播和应用中有着非常重要的作用，极大地推动了知识欧洲的建设。特别是在高科技、高素质人才的培养中，高等教育机构（特别是大学）发挥了其独特的优势，也极大地促进了欧洲知识经济的发展。但是不得不说，将知识经济的发展放到全世界的环境中，美国经济在 20 世纪 90 年代的繁荣和知识经济在美国的发展密切相

---

① 刘军明：《发达国家高等教育国际化政策的发展》，硕士学位论文，复旦大学，2008。

关，但这段时间整个欧洲都经历着高失业率、低经济增长率，经济发展面临着非常大的挑战。欧盟要想全力抓住知识经济所带来的机遇就不得不依靠高等教育机构的力量，充分发挥其作用，开展高科技、创新型人才的培养，以及开展知识的创新和生产。

总的来说，建设知识欧洲不仅仅是欧洲在知识经济时代面临挑战的应对措施；同时也是更好地在全球竞争中发展经济、提升竞争力的重要举措；另外，建设知识欧洲也为高等教育机构同工业企业之间的合作创造了条件，可以进一步推动高等教育机构同工业企业在科技开发以及人才培养上的交流与合作，并且可以进一步推动产学研的进程，提高科技成果向生产转化的效率。

4. 重塑欧洲高等教育领先地位

欧洲有着非常悠久的历史，在世界历史中处于非常重要的地位。欧洲同样也是近代大学的发源地，剑桥大学和牛津大学是世界上最早的大学，对世界其他国家和地区的近代大学的建立和发展有着非常重要的影响。欧洲的大学也是其他各个国家和地区的学子梦寐以求的留学场所，在世界高等教育发展史上有着举足轻重的作用。但是在第二次世界大战之后，欧洲的高等教育受到了来自美国、加拿大、澳大利亚等国家的挑战，特别是美国的高等教育逐渐吸收了更多的人去留学，这对于整个欧洲的高等教育发展来说是一个非常大的打击。

在不断开展高等教育国际化的国家中，很多都将留学生的人数作为一个非常重要的指标。留学生人数的增加不仅可以表明这个国家的高等教育有着非常高的教育质量和非凡的吸引力，也表明该国的高等教育在高等教育全球市场中有着非常强的竞争力。外国留学生可以给所在的国家带来非常多的经济收益，当然这不仅仅指相对高昂的学费，同时也包括留学生在所在国的生活开销、为留学生服务而创造的工作岗位等。对留学生的市场利益的追求成为高等教育的强劲推动力，欧洲也是如此，希望在世界留学大潮中可以获得更多的经济利益，从而证明自身高等教育的实力。欧洲之所以特别强调与美国的高等教育进行比较，原因之一是欧洲失去了早先的留学生教育的领先地位，而美国高等教育则在欧洲的学生和学者之间广受欢迎，欧洲各国，特别是作为一个整体的欧盟极力地希望改变这一现状。

对于外国留学生的争夺，不仅仅是经济利益的争夺，其本质是高科技、高素质人才的竞争。20世纪，世界各国都在大规模地使用煤、铁、石油等矿产资源，随之而来的是资源总量的不断减少。并且，在经济全球化的背景下，人才处于关键地位，只有拥有更多质量高、创新能力强的高素质人才，才可以在激烈的国际竞争中立于不败之地。随着全球化进程的加速，世界各国人才流动频繁，要想实现经济的持续发展，必须要开展人才争夺战，而争夺留学生就是这场战争的第一步。像美国、欧洲诸国等国家利用自身的高等教育的项目，吸引全世界优秀的人才，为科学研究做出极大的贡献。当他们完成学业之后，由于各种丰富的就业机会或者是优待的移民政策吸引这些优秀的人才留在所在国，进一步发挥凝聚在人才身上的知识和智慧的作用，进一步为经济发展和社会进步做出贡献。

为了在竞争激烈的国际教育市场中处于优势地位，欧盟意识到只有加强成员国之间的高等教育的沟通和协调，以及充分利用成员国的教育资源，积极推动整个欧盟高等教育国际化的发展，才能增强欧洲在全球高等教育市场中的竞争力，才能提升欧洲教育的吸引力和活力。

5. 东欧剧变、苏联解体带来的新契机

20世纪80年代末90年代初对于东欧和苏联来说是一个非常特殊的时代，第二次世界大战结束之后，东欧各国和苏联逐渐建立了社会主义国家，对欧洲来说，这就是无形地将欧洲进行了切割和分裂。在东欧剧变、苏联解体之后，很多原来的社会主义国家纷纷建立资本主义制度，寻求重新回到欧洲的怀抱。对于欧共体/欧盟来说，接纳剧变后的中、东欧各国可以进一步壮大其政治经济实力，提高整个欧洲在世界舞台上的地位，也可以帮助这些国家尽快地促进其政治经济上的转轨。从第二次世界大战结束到20世纪90年代初，中、东欧各国在苏联的强权下，缺乏作为一个国家的独立性，也难以跟上时代发展的步伐。因此，为了可以帮助中、东欧国家，欧共体/欧盟出台了相应的政治经济政策。在高等教育领域，欧共体在 1990 年出台了"田普斯计划"①，该计划"通过大学间的合作、学生和教学人员的交流、中东欧国家和共同体国家间大学和企业的合作来促进中东欧国家高等教育部门的改革"。该计划从 1990 年到 2006 年已经实行了 6 500 个项目，将 2 000 所大学纳入其中。从 1990 年到 2013 年，"田普斯计划"一共经历了四个阶段，从 2014 年开始，"田普斯计划"将纳入"伊拉斯谟计划"。②

由上可知，东欧剧变、苏联解体为欧盟高等教育一体化以及国际化带来了新契机。苏联解体、东欧剧变后，一方面，欧共体/欧盟推行东扩政策，希望更多的中东欧国家可以回归到欧洲大家庭的怀抱；另一方面，中东欧国家积极推行入盟政策，希望可以依靠欧共体/欧盟的政治经济实力来谋求自身的发展。这也就为欧盟的高等教育国际化奠定了基础和现实条件，也为高等教育的发展带来了极大的机遇和挑战。

（二）"伊拉斯谟计划"的内容

从 1987 年到 2015 年，"伊拉斯谟计划"已经实行了 28 年，根据欧盟发布的和"伊拉斯谟计划"相关的政策，按照历史的先后顺序，将"伊拉斯谟计划"分为六代，分别是第一代伊拉斯谟计划（1987—1989）、第二代伊拉斯谟计划（1990—1994）、第三代伊拉斯谟计划（1995—1999）、第四代伊拉斯谟计划（2000—2006）、第五代伊拉斯谟计划（2007—2013）和第六代伊拉斯谟计划（2014—2020）。最后的第六代伊拉斯谟计划是在 2013 年正式出台，2014 年正式开始实施的新项目，该项目既是前面伊拉斯谟计划的延续，又包括了前面陈述的所有项目，同时也将其他的一些计划纳入其中，比如"达·芬奇计划""格龙维计划"等。下面将具体就"伊拉斯谟计划"的内容进行阐述和分析。

1. 教师和学生等人员流动

1976 年出台"联合学习计划"，该计划最主要的目的就是为欧共体各

① 该计划在 1990 年有波兰、匈牙利、捷克和斯洛伐克等国家加入，1991 年有保加利亚、罗马尼亚和南斯拉夫三国加入，1992 年有拉脱维亚、立陶宛、爱沙尼亚、斯洛文尼亚、阿尔巴尼亚加入，1993 年有俄罗斯联邦、乌克兰、白俄罗斯等国家加入。每年都不断有国家加入到这一计划中，到 2002 年地中海地区也加入了这一计划。

② "History of the Tempus programme-main milestones," http：//eacea. ec. europa. eu/tempus/programme/history _ tempus _ en. php，2015-04-05.

成员国大学师生跨国学习与交流，以及开发校际合作课程提供相应的资助。该计划促进了多个成员国的高等教育机构、教师和学生之间直接的联系和交流，起到了"催化剂"的作用。① 欧盟于 1999 年在意大利博洛尼亚提出的欧洲高等教育改革计划——"博洛尼亚进程"在高等教育体制兼容性、学历互认、学分互认、学生国民待遇、学生自由流动、教师自由流动、高等教育质量等方面都给出了具体的目标与操作办法，② 其中强调欧盟成员国高等教育机构的学生和教师的自由流动。"伊拉斯谟计划"自 1987 年实施以来就一直关注人员的流动问题，致力于推动欧洲各国高等教育机构中的学生流动和教师流动。

（1）学生的流动

欧盟"伊拉斯谟计划"的主要任务便是为成员国大学生在国外被认可的学习交流提供旅行、语言准备和生活费用上的经费支持。学生交流资金只补助学生因为在国外学习而增加的费用，不覆盖他们在本国可能消费的费用。一般来说，对每位学生的资助一年不得超过 5 000 欧元，或者一个月不超过 500 欧元。③ 1996 年欧盟委员会发表的《苏格拉底计划：伊拉斯谟计划中优秀行为指南》指出，每所大学对自己学校内学生的交流负责，学生可以直接向欧共体申请资助。"伊拉斯谟计划"最初是资助学生到国外进行学习，后来发展为资助学生到其他国家进行实习或志愿服务活动。④

（2）教师的流动

《罗马条约》《欧洲单一法案》等法案规定，欧盟公民及其家庭具有在欧盟（或欧共体）内自由流动的权利，这些法案从源头上保障了教师的流动。更进一步，《欧洲联盟条约》第 126 条规定，欧盟通过鼓励证书和学习期限的认定来促进教师和学生的流动，从法律上保障了教师流动。⑤ 而

　　① 季艳艳：《欧盟伊拉斯谟计划（ERASMUS）的发展及成效研究》，硕士学位论文，上海师范大学，2011。

　　② 刘军明：《发达国家高等教育国际化政策的发展》，硕士学位论文，复旦大学，2008。

　　③ 陈学飞：《高等教育国际化：跨世纪的大趋势》，79 页，福州，福建教育出版社，2005。

　　④ "European Commission. Erasmus ＋ Programme Guide," http：//ec. europa. eu/programmes/erasmus-plus/documents/erasmus-plus-programme-guide ＿ en. pdf，2015-10-26。

　　⑤ "TREATY ON EUROPEAN UNION，"http：//europa. eu/eu-law/decision-making/treaties/pdf/treaty ＿ on ＿ european ＿ union/treaty ＿ on ＿ european ＿ union ＿ en. pdf，2015-10-19。

且，欧盟委员会于 2005 年制定的《欧洲教师能力与资格共同原则》提出：
流动性特征是教师职业的四个重要特征之一。[①] 2007 年《提高教师教育的
质量》再次强调："流动是教师的初始训练和后继职业培训的一个核心组
成部分，应鼓励教师到其他欧洲国家学习、进修和工作，以谋求职业发
展。"[②]"伊拉斯谟"系列项目则以促进高等教育领域的教师流动为重要任
务，在教师交流、联合备课、强化集训计划以及专题联网等内容方面促
进教师流动。教师流动有最主要的两种形式，一种是到另一国去开展教
学，另一种是到另一国接受教师培训。"伊拉斯谟计划"为确保教师流动
的有效性采取了三种资助方式，分别是基本资金、特殊需求资金和零资
助资金。基本资金是教师参与"伊拉斯谟计划"能够获得的基本资金补助，
资助对象是通过正常途径申请资金补助的教师。[③] 特殊需求资金针对有额
外资金需求的教师，具体资金数额根据申请教师的具体情况进行划拨。
与基本资金相比，特殊需求资金的总额相对较多，但规模相对较小。零
资助资金不向参与该项目的教师提供项目资金补助，只为其提供参与流
动项目的机会。

2. 主题网络[④]

主题网络的目的是在高等教育机构之间建设关于特定的学科、研究
领域、多学科性质和跨学科的专门主题网络，或者能够引起广泛兴趣的
方面，如大学组织管理、质量保障等方面的合作，用以强化教育质量、
发展高等教育的欧洲维度等。主题网络需要"研究团体、学术组织、专业
机构和其他对社会经济起重要作用的公共或私立部门的参与，同时也需
要学生和教师组织的参与"。主题网络在相关领域的建设会对欧洲大学产

---

① "Common European Principles for TeacherCompetences and Qualifications," http：//
www. atee1. org/uploads/EUpolicies/common＿eur＿principles＿en. pdf，2015-10-20.

② "Improving the Quality of Teacher Education,"http：//www. atee1. org/uploads/EUpoli-
cies/improving＿the＿quality＿of＿teacher＿education＿aug2007. pdf，2015-10-20.

③ "Erasmus ＋ Programme Guide," http：//ec. europa. eu/programmes/erasmus-plus/dis-
cover/guide/index＿en. htm，2015-04-06.

④ "A Final Report to the Directorate General for Education and Culture of the European
Commission (2008). Joint Report on the Evaluation of the Socrates Ⅱ, Leonardo da Vinci and eLe-
arning programmes,"http：//www. epos-vlaanderen. be/＿Uploads/dbsAttachedFiles/Joint＿re-
port＿socrates＿Ⅱ＿Leonardo＿e-learning. pdf. 2015-10-26.

生持久而广泛的影响。"伊拉斯谟计划"的主题网络主要有两种形式，一种是学术网络（Academic Networks），另一种是结构网络（Structural Networks）。学术网络主要用于促进一个专门学科、学科群或者是多学科领域内的创新，主要涉及法律、经济、文学、文化和教育的联系，哲学、数学、欧洲一体化的研究，多元文化和多语制，教师教育，可持续发展，体育与运动，创业与创新以及交叉学科主题。而结构网络主要用于帮助提高高等教育组织结构、管理方式、行政手段或是资助方式的现代化。主题网络主要包括三个方面：第一，接受高等教育的权利，主要包括拓宽非传统学习者接受高等教育的途径，比如专家、老年学习者等，以及那些没有正规文凭的人，同时也承认之前接受过非正规和非正式的教育经历；第二，教育、研究和创新之间的平衡，主要问题包括加强高等教育教学与研究的关系，以及在工业和企业上的应用，建立以大学为中心的学习型社区，从而促进地区发展；第三，高等教育机构的管理，主要包括强化大学的自治和责任，加强员工管理系统，履行内外质量保证机制，使其符合 2005 年在卑尔根（挪威）提出的欧洲高等教育区质量保障体系的要求。[①]

3. 联合课程开发

（1）研究生层次的课程开发

2004 年开始实施的"伊拉斯谟—世界项目"有一项重要的内容，即开发研究生层次的跨国联合课程。[②] 该联合课程既包括博士课程，也包括硕士课程。博士联合课程除了学习期限较长（一般 3～5 年）、课程偏向于研究型之外，其培养模式与硕士相似。[③] 这实际上是一种联合学位项目，每名学生至多可以申请 3 个不同的项目，到不同的大学进行学习。统计数据显示，欧洲国家占所有合作国家的比例接近 50%。欧洲大学是联合课程的主要协调方（Coordinating Constitution），主要负责制订学生流动培

---

① 季艳艳：《欧盟伊拉斯谟计划（ERASMUS）的发展及成效研究》，硕士学位论文，上海师范大学，2011。

② "Action 1: Joint Programmes Including Scholarships," http://eacea. ec. europa. eu/erasmus _ mundus/programme/action1 _ en. php. 2015-10-17.

③ 李盛兵、邬英英：《"伊拉斯谟世界计划"研究生跨国联合课程探析》，载《比较教育研究》，2011(7)。

养计划，协调各个合作院校颁发证书，承担大部分核心课程的教学。① 随着该项目不断发展，越来越多的非欧洲国家也参与到该项目中，比如南非、印度、美国、加拿大、澳大利亚、日本、中国、韩国、新加坡等。不同的学位项目有不同的课程设置，由不同的高校来承担。但总的来说，一个研究生联合课程主要包括预备课程、必修核心课程、专业选修课程和研究项目四个部分。这是一种基于课堂学习的研究生教育模式，学生在不同的大学学习不同的核心课程，由多位导师共同指导开展学位论文的撰写，最后通过答辩即可获得学位。② 总的来说，学生在不同高校学习可以更好地理解各个国家、各个学校的课程设置和制度安排，可以更多地领略当地的文化和传统，可以提升学生的跨文化适应能力和沟通交往能力，以便将来可以更好地承担欧洲公民的责任和义务，同时也增强欧洲认同感。

(2)欧洲维度的课程开发

欧盟于 1993 年正式将"欧洲维度"运用到教育领域，积极引导他们成为欧洲公民，希望年轻人为在更为广阔的社会经济领域履行责任而做准备。"伊拉斯谟计划"的联合课程开发主要是由 3～10 所高校组成的小组共同工作一至两年，开发研究项目或模块课程，目的在于将它实施到课程教学中。该计划主要开发了很多具有"欧洲维度"的课程，主要包括：初级课程、高等课程、欧洲模块课程和整合式语言课程。这四种不同类型课程的联合开发代表着欧洲高等教育一体化目标在高校课程的反映。初级课程对已有课程进行改进以建立联合课程，主要针对大学本科教育阶段；高等课程主要针对研究生阶段，以满足欧洲培养高技能人力资源的需求；欧洲模块课程主要是为促进各学科课程的"欧洲维度"，从而为多数学生提供他们所修学科领域的欧洲视角，包括欧洲国家历史、社会、文化和政策模块，欧盟法律、欧盟组织机构、欧洲经济等一体化模块以及与某学科相关问题的比较研究等内容；整合式语言课程为大量非语言专业学生提供语言学习的机会。

---

① "Action 1: Joint Programmes including scholarships," http://eacea.ec.europa.eu/erasmus_mundus/programme/action1_en.php. 2015-10-17.

② 同上。

按"苏格拉底计划"的要求欧洲模块课程分为三类：①参与国的历史、社会、文化、政治、经济；②欧洲一体化的各个方面，如欧盟法、欧洲经济、欧盟组织结构等；③在不同的参与国之间就某一学科内容有关的问题进行比较。这三类课程至少需要三个国家以上的教学人员参加研制和讨论、整合，还要对内容、计划、教学资料进行详细描述，还包括开放远程教育的资料的提供等。整合式语言课程包括两类：一是为了满足学位的要求而专门建立的学科专门化的语言模块，可以有机地整合到学习的项目中；二是为一系列学科提供的可以供学生选修的、新的、普通的语言。①

4. 语言强化课程

1984 年 6 月，欧盟成员国提出，在义务教育完成之前全面促进外语的教学。此外，欧盟委员会还组织教师和学生访问其他国家，了解其外语教学情况，定期开展研讨。② 1989 年欧盟出台了"林瓜语言计划"，该计划旨在改善 11 种欧洲国家语言的教学状况，提高欧洲人的语言应用能力，提升欧洲人的能力和素质，以及增强欧洲人对欧洲各国的认识和对欧洲意识(欧洲维度)的认同。"伊拉斯谟计划"中有专门的伊拉斯谟集中语言课程，该项行动主要是为那些即将在较少使用的语言的国家工作和学习的学生提供集中的语言培训课程，为他们在留学或工作的国家做好语言和文化上的准备，以便他们可以在对象国有更好的生活、学习和工作。这些语言课程不针对广泛被使用的语言，如英语、法语、德语和西班牙语，而是针对那些不被广泛使用又在对象国作为官方语言的语言，如意大利语、葡萄牙语等。这些培训课程主要分为两种类别，分别是初学者和中级水平，学生可以根据自身的情况选择课程进行学习，在 2012 年的数据中，大概有 88% 的学生是初学者。③

---

① "Erica Sahlin, Veradotier Scaninavian, Jean Gordon, Isabelle Libert, Laugrence Emin, Expost evaluation of the curriculum development projects funded in the framework of Socrates 1997—2001", 2005, p. 37. 转引自高巍：《欧盟高等教育伊拉斯莫计划研究》，硕士学位论文，首都师范大学，2009。

② 陈学飞：《高等教育国际化：跨世纪的大趋势》，99 页，福州，福建教育出版社，2005。

③ "A Statistical Overview of the Erasmus Programme in 2011—2012," http：//ec. europa. eu/education/library/reports/erasmus1112 _ en. pdf，2015-04-06。

（门）

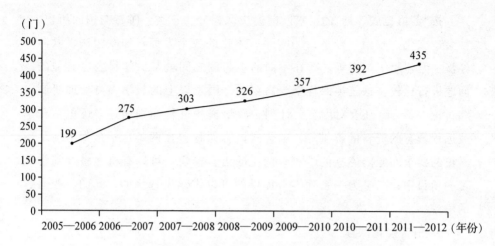

图 8-1 从 2005 年到 2012 年开展的语言培训项目的变化趋势

资料来源："A Statistical Overview of the Erasmus Programme in 2011—2012," http：//ec. europa. eu/education/library/reports/erasmus1112 _ en. pdf，2015-04-06.

从图 8-1 中可以发现，自 2005 年以来，欧盟开始重视学生的语言掌握情况，因此，不断增加语言培训课程。2012 年的语言培训课程是 435 门，与 2011 年同比增长 11％，是 2005 年的两倍多。从 1999 年到 2012 年，大概有 48 000 名参与"伊拉斯谟计划"的学生从这些语言培训课程中获益。

5. 欧洲学分转换系统

欧洲学分转换系统（ECTS）是"伊拉斯谟计划"的重要组成部分，是欧共体委员会研发和推行的，这一系统是用来测量、比较和转换欧洲大学间学生跨国留学的学习成绩的方法。通过欧洲学分转换系统，欧洲各国的高等教育机构能够对本国或外国留学生的学习量和学习成绩进行准确的评估，这极大地促进了欧洲各国大学生的流动，为学生在欧洲范围内的留学创造了便利条件。欧洲学分转换系统对于欧洲学生和高等教育机构的信息获得提供了重要渠道，增强了欧洲高等教育体系的透明度，促进了欧洲高等教育机构间的合作和交流。到目前为止，已经有 3/4 的欧盟高等教育机构在学士和硕士阶段采用了欧洲学分转换系统。①

① "ECTS Users' Guide," http：//ec. europa. eu/education/ects/users-guide/docs/ects-us-ers-guide _ en. pdf，2016-02-25.

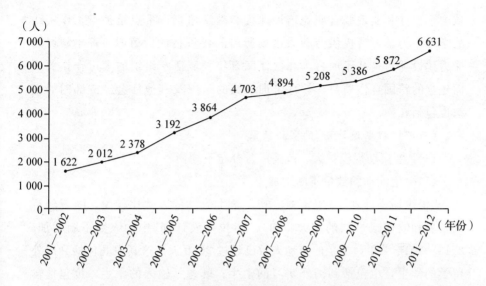

图 8-2 2001—2012 年参与到语言培训项目中的学生人数变化

资料来源："A Statistical Overview of the ERASMUS Programme in 2011—2012," http：//ec. europa. eu/education/library/reports/erasmus1112 _ en. pdf，2015-04-06.

6. 成功经验交流与合作计划

这项计划是 2014 年正式开始实施的"伊拉斯谟计划"的主要内容，包括四个方面的核心内容。第一，教育、培训及青年领域的战略合作伙伴关系，"伊拉斯谟计划"为战略伙伴关系的建立提供了极大的灵活性，战略合作为活跃于教育、培训和青年领域的组织、公司、政府机构，以及不同社会经济部门的民间社会团体提供合作机会，其目的是优化教学、培训、学习和青年工作，推动制度现代化和社会创新①；第二，知识联盟是有组织的、以结果为导向的跨国计划，通常在高等教育和商业部门间建立，是其不限学科、领域，允许跨部门合作，要求合作伙伴目标一致，携手争取互利互惠的成果；第三，行业技术联盟借鉴参考特定经济领域趋势和技能需求证据建立的跨国项目，旨在服务于某个或多个专业领域，

_____

① 战略合作伙伴通常支持加强组织间合作，建立时间交换平台；推动教育、培训和青年领域开发、测试和创新实践活动；促进对正式、非正式学习获得知识、技能和能力的认证；加强与地方机构合作，推动教育、培训和青年视野的发展，开展与地方区域发展行动相结合的活动；培养创业心态和技能的跨国项目。

致力于设计和实现联合职业培训课程和教学培训，重点是基于工作实践的学习，为学习者提供劳动力市场所需的各种技能；第四，青年领域的能力建设项目是基于项目国和伙伴国青年领域活跃组织的多边合作关系而建立的跨国合作项目，教育培训领域的组织及其他社会经济部门的组织也包括在内。

（三）"伊拉斯谟计划"的实施效果

1. 学生流动规模扩大、范围广、分布不均衡

（1）学生流动的数量不断增加

"伊拉斯谟计划"开始实施之初，学生流动的人数比较少，随着经济的发展和欧盟成员国的扩大，加入"伊拉斯谟计划"中的人数不断增加。2012—2013 学年，学生的流动人数已超过 26 万人，这其中既包括到国外留学的学生，也包括到国外实习的学生；既包括输入的学生，也包括输出的学生。

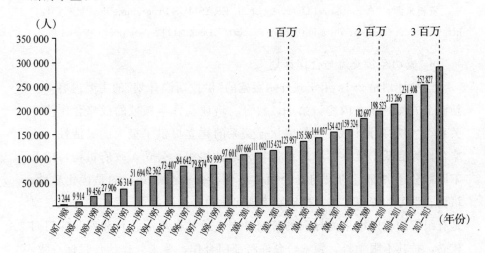

图 8-3 "伊拉斯谟计划"1987—2013 年的学生流动情况

资料来源："A Statistical Overview of the Erasmus Programme in 2011—2012," http://ec. europa. eu/education/library/reports/erasmus1112 _ en. pdf，2015-04-06.

表 8-1 伊拉斯谟计划 1987—2013 年的学生流动情况

项目	年份	人数(人)	项目	年份	人数(人)
伊拉斯谟第一代	1987—1988	3 244	苏格拉底—伊拉斯谟第二代	2000—2001	111 084
	1988—1989	9 914		2001—2002	115 422
	1989—1990	19 456		2002—2003	123 945
伊拉斯谟第二代	1990—1991	27 906		2003—2004	135 576
	1991—1992	36 314		2004—2005	144 032
	1992—1993	51 471		2005—2006	154 411
	1993—1994	61 882		2006—2007	159 320
苏格拉底—伊拉斯谟第一代	1994—1995	72 643	终身学习计划—伊拉斯谟	2007—2008	182 697
	1995—1996	83 566		2008—2009	198 523
	1996—1997	79 862		2009—2010	213 266
	1997—1998	85 985		2010—2011	231 408
	1998—1999	97 581		2011—2012	252 827
	1999—2000	107 654		2012—2013	268 143

资料来源：根据欧盟相关网站上的数据整理而得。

从表 8-1 和图 8-3 都可以清楚地了解到"伊拉斯谟计划"自成立以来的学生流动情况，可以说"伊拉斯谟"系列项目在整个欧洲高等教育领域学生流动方面做出了很大的贡献。

(2)学生流动的国家范围不断扩大

欧共体成立以来，不断加强各个国家之间的相互交流与合作。最开始加入"伊拉斯谟计划"中的国家也是比较老牌的欧洲国家，如英国、葡萄牙、荷兰、丹麦、德国、希腊、西班牙、法国、意大利等。20 世纪 90 年代的东欧剧变和苏联解体给欧洲高等教育带来了极大的契机。在那之后，有更多的中东欧国家加入了欧共体，进而成立欧盟。欧盟成员国的范围在不断扩大，这也进一步促进了"伊拉斯谟计划"参与国的范围。到 20 世纪末，参与"伊拉斯谟计划"的国家包括捷克、爱沙尼亚、塞浦路斯、波兰、斯洛伐克、斯洛文尼亚等 29 个。可以发现，随着欧盟成员国范围的扩大，以及欧盟对"伊拉斯谟计划"投资力度的加大，学生流动的国家范围也在不断加大。

表 8-2　伊拉斯谟计划 1987—2007 年的学生流动的国家数量情况

年份	国家数量（个）	年份	国家数量（个）	年份	国家数量（个）	年份	国家数量（个）
1987—1988	11	1992—1993	17	1997—1998	18	2002—2003	30
1988—1989	12	1993—1994	17	1998—1999	24	2003—2004	30
1989—1990	12	1994—1995	19	1999—2000	29	2004—2005	31
1990—1991	11	1995—1996	19	2000—2001	29	2005—2006	31
1991—1992	11	1996—1997	17	2001—2002	30	2006—2007	31

资料来源：根据欧盟官网上的数据整理而得。

从表 8-2 可以清楚地了解 1987—2007 年的 30 年间"伊拉斯谟计划"学生流动数量在不断增加的同时，学生流动的国家范围也在不断扩大。

（3）学生流动的分布不均衡

①学生流动的国家分布不均衡

"伊拉斯谟"系列项目的实施使得欧洲各国的学生流动快速增加，但是不同国家学生流动的规模不尽相同，各国学生的流出和流入学生数也呈现出不平衡的趋势。表 8-3 显示的是 2011—2012 年欧洲各国输入学生和输出学生的数量，从中可以发现，爱沙尼亚、西班牙和斯洛文尼亚的输入学生和输出学生是基本均衡的。但是大部分国家都是非常不均衡的，一些国家的输出学生是输入学生的 2 倍，比如罗马尼亚、拉脱维亚、克罗地亚、土耳其和保加利亚等。一些国家的输入学生是输出学生的 2 倍多，比如丹麦、爱尔兰、冰岛、挪威和英国等。[①]

表 8-3　2011—2012 年欧洲各国输入学生和输出学生的数量

国家	输入学生（人）	输出学生（人）	国家	输入学生（人）	输出学生（人）
比利时	7 091	8 593	荷兰	9 310	9 892
保加利亚	1 852	908	奥地利	5 590	5 751
捷克	7 004	5 834	波兰	15 315	8 972

---

① "A Statistical Overview of the Erasmus Programme in 2011—20-12," http：//ec. europa. eu/education/library/reports/erasmus1112 _ en. pdf. 2015-04-06.

续表

国家	输入学生（人）	输出学生（人）	国家	输入学生（人）	输出学生（人）
丹麦	3 315	6 501	葡萄牙	6 494	9 197
德国	33 363	27 872	罗马尼亚	4 578	1 732
爱沙尼亚	1 092	1 084	斯洛文尼亚	1 735	1 696
希腊	3 591	2 760	斯洛伐克	2 685	1 355
西班牙	39 546	39 300	芬兰	5 272	6 906
法国	33 269	28 964	瑞典	3 573	10 354
爱尔兰	2 754	5 751	英国	13 662	25 760
意大利	23 377	20 204	冰岛	261	571
塞浦路斯	257	693	列支敦士登	38	61
拉脱维亚	2 194	892	挪威	1 690	4 347
立陶宛	3 548	1 877	土耳其	11 826	5 269
卢森堡	450	498	克罗地亚	882	377
匈牙利	4 361	3 757	瑞士	2 714	3 897
马耳他	149	1 202			

资料来源：根据欧盟官方网站数据整理而得。

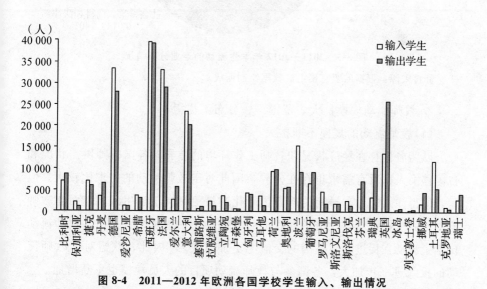

图 8-4　2011—2012 年欧洲各国学校学生输入、输出情况

资料来源："A Statistical Overview of the Erasmus Programme in 2011—2012," http：//ec. europa. eu/education/library/reports/erasmus1112 _ en. pdf，2015-04-06.

②学生流动的专业分布不均衡

由于社会经济发展状况不一，对各方面人才的需求也有所不同。参与到"伊拉斯谟计划"中的学生的专业也呈现出不均衡的特征。如图 8-5 所示，总的学生流动中占最大比例的是来自社会科学、商科和法律专业的学生，约占 40%；其次是来自人文艺术专业的学生，约占 21%；接下来是来自工程、制造和建设专业的学生，约占 15%。

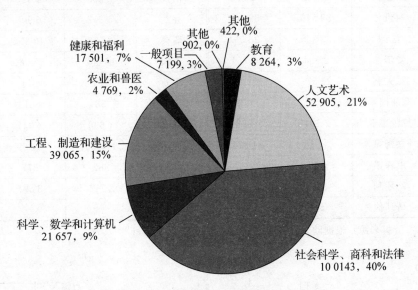

图 8-5   2011—2012 年学生流动的专业分布情况

资料来源：根据欧盟官网上的数据绘制而成。

2. 教师流动规模扩大、范围广、分布不均衡

(1)教师流动的规模不断扩大

欧盟各国存在经济状况和教师工作环境的差异，各国教师供需状况和各国移民人群教育需求也存在差异，因此对于教师流动的需求比较大。但是，值得注意的是，早期的教育国际化政策更倾向于学生流动，而非教师流动。后来，针对学生流动存在的一些问题，一些研究者指出，教师流动比学生流动在促进欧盟各国的交流上更加有效。① 因此，欧盟对于教师流动的投入进一步加大，各国参与教师流动项目的人员规模也不断增加。

---

① 梁珊珊：《欧盟教师国家间流动的特点及相关政策研究》，载《比较教育研究》，2012(9)。

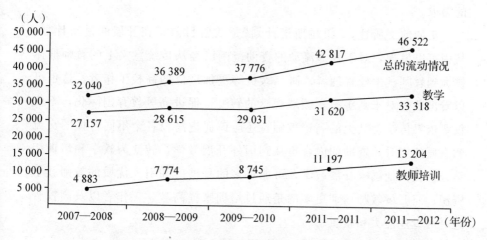

图 8-6　2007—2012 年"伊拉斯谟计划"的教师流动情况

资料来源："A Statistical Overview of the Erasmus Programme in 2011—2012,"http：//ec. europa. eu/education/library/reports/erasmus1112 _ en. pdf, 2015-04-06.

图 8-6 所示是 2007—2012 年"伊拉斯谟计划"的教师流动情况，可以发现，教师流动最主要有两种形式：一种是到另一个国家去开展教学，另一种是到另一个国家进行教师培训。不管是教学、教师培训还是总的教师流动情况，规模都在不断扩大。

（2）教师流动项目的参与范围更广

欧盟一系列的教师流动政策为各国间的教师流动创造了良好的政策环境，近年来的政策为教师流动创造了更多的机会和条件。同样，随着经济全球化的发展，"伊拉斯谟计划"资助教师流动的参与范围也更广。首先是扩大了申请者的范围，其次是扩大了接收单位的范围。

①资助人员和内容范围的扩大

早期的"伊拉斯谟计划"仅支持高校的教师到国外开展教学，2014 年开始实施的"伊拉斯谟计划"中将接受资助的人员范围扩大到教师、讲师、学校管理者、青年工作者等。同时"伊拉斯谟计划"还扩大了资助内容的范围，包括为了提升学校教职工的职业能力，为高校的教师、行政管理人员提供的专业发展计划，邀请公司人员与高校的教师进行交流，以加强课程和社会的联系，增强所培养学生的社会适应性，满足社会对人才的需求。①

正如前文所述，"伊拉斯谟计划"是欧盟目前正在开展的最新计划，从中可以发现，对于教师流动的资助范围已经从传统意义上的教师群体扩大到教师、学校管理者、研究人员等更加广泛的高校工作者。这也可以看出欧盟对于高等教育领域观念的转变，促进高等教育国际化，不仅仅要依靠传统意义上的高校教师，还应该促进高校各个不同群体的交流和素质的提升。资助的内容也从到国外开展教学，转变为教学和培训相结合。到其他国家开展教学，可能更多的是推广和引入优质的教师教学资源；而开展教师培训更多的是通过培训来提高教学工作者以及高校管理者的专业能力和素质。

②参与教师流动项目的组织范围的扩大

最初的"伊拉斯谟计划"规定的是所在成员国的高校才能参与到教师流动的项目中，在2014年正式开始实施的"伊拉斯谟计划"中对接收教师开展教学的组织的规定是：凡是项目国家的获得"伊拉斯谟"特许称号的高等教育机构或者前期同教师派出组织签订合约的合作国的高等教育机构，都可以接收教师到该组织开展教学。② 对派出教师的组织的规定是：凡是项目国家的获得"伊拉斯谟"特许称号的高等教育机构或者前期同接收教师的组织签订合约的合作国的高等教育机构，都可以派出教师到其他国家开展教学；项目国家的教育、培训以及青少年领域或者劳动力市场的公共或私人机构都可以派出教师，如公共或私人的企业（包括社会企业）、地区的或者国家的公共机构、基金会、非营利组织以及学校等教育机构（包括学前、中学、职业教育以及成人教育机构）。③ 从中可以发现，对于接收教师的组织，欧盟仍将其限定为高等教育机构，但是对于派出教师的组织则非常宽松，不再仅仅限定为高等教育机构，而是将其扩大为社会生活中的各个部分。这也印证了知识生产不再仅仅局限于高等教育领域，而且在不同的领域都会有很多新的知识在生产。

---

① "Erasmus + Programme Guide ," http：//ec. europa. eu/programmes/erasmus-plus/dis-cover/guide/index _ en. htm，2015-04-06.

② 同上。

③ 同上。

（3）教师流动的不均衡

正如前文所述，教师流动主要分为教学和教师培训两个方面。虽然总体上，教师流动的规模在不断扩大，参与项目在不断拓展，但是教师流动不可避免地存在着不均衡的趋势。教师流动的不均衡主要表现在两个方面：一个是教师流动国籍的不均衡，另一个是教师流动专业的不均衡。

①教师流动国籍的不均衡

从图 8-7 和表 8-4 中可以看出，2011—2012 年，波兰派出的教师最多，紧接着便是西班牙、德国、法国和土耳其。波兰派出的教师大概有63％是到其他国家开展教学，同时波兰接纳的教师中有 82％是来承担教学任务的，从中可以发现波兰的教师在整个欧洲还是比较具有吸引力的，在输出教师开展教学任务的同时也接纳很多教师到波兰来进行教学，对相互之间的交流起到了很多的促进作用。而接纳教师最多的国家是西班牙、德国、意大利和英国。其中在英国接纳的教师中，有 55％的教师是来开展教学工作的，大概有 1 214 名教师是来参加培训的。承担教师的培训任务最多的三个国家分别是德国（1 342）、西班牙（1 296）、英国（1 214），换言之，这些国家的教育相对于欧洲其他国家而言是比较先进的。

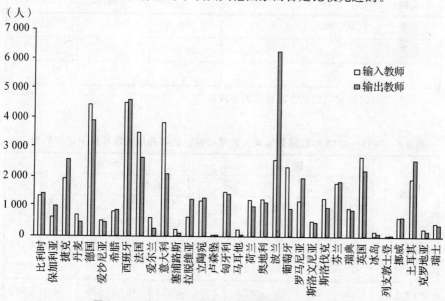

图 8-7 2011—2012 年欧洲各国教师输入输出情况

资料来源：根据相关数据绘制而成。

表 8-4　2011—2012 年欧洲各国输入教师和输出教师的情况

国家	输入教师（人）	输出教师（人）	国家	输入教师（人）	输出教师（人）
比利时	1 368	1 444	荷兰	1 238	988
保加利亚	637	1 016	奥地利	1 291	1 177
捷克	1 962	2 613	波兰	2 606	6 312
丹麦	720	494	葡萄牙	2 389	931
德国	4 491	3 937	罗马尼亚	1 209	1 980
爱沙尼亚	515	487	斯洛文尼亚	524	489
希腊	854	896	斯洛伐克	1 295	976
西班牙	4 554	4 654	芬兰	1 816	1 875
法国	3 529	2 705	瑞典	977	704
爱尔兰	623	272	英国	2 701	2 231
意大利	3 876	2 142	冰岛	201	96
塞浦路斯	230	97	列支敦士登	7	17
拉脱维亚	655	1 274	挪威	632	649
立陶宛	1 214	1 327	土耳其	1 949	2 639
卢森堡	19	5	克罗地亚	268	199
匈牙利	1 500	1 455	瑞士	433	384
马耳他	239	57			

资料来源：根据欧盟官方网站数据整理而得。

表 8-5　2011—2012 年欧洲各国输入教师和输出教师开展教学和接受培训的情况

国家	输入教师					输出教师				
	教学		培训		合计（人）	教学		培训		合计（人）
	数量（人）	比例（%）	数量（人）	比例（%）		数量（人）	比例（%）	数量（人）	比例（%）	
比利时	1 009	74	359	26	1 368	1 172	81	272	19	1 444
保加利亚	512	80	125	20	637	738	73	278	27	1 016
捷克	1 526	78	436	22	1 962	2 087	80	526	20	2 613
丹麦	454	63	266	37	720	395	80	99	20	494

续表

国家	输入教师					输出教师				
	教学		培训		合计 (人)	教学		培训		合计 (人)
	数量 (人)	比例 (%)	数量 (人)	比例 (%)		数量 (人)	比例 (%)	数量 (人)	比例 (%)	
德国	3 149	70	1 342	30	4 491	3 110	79	827	21	3 937
爱沙尼亚	358	70	157	30	515	303	62	184	38	487
希腊	643	75	211	25	854	602	67	294	33	896
西班牙	3 258	72	1 296	28	4 554	3 256	70	1 398	30	4 654
法国	2 687	76	842	24	3 529	2 354	87	351	13	2 705
爱尔兰	266	43	357	57	623	198	73	74	27	272
意大利	2 903	75	973	25	3 876	1 675	78	467	22	2 142
塞浦路斯	131	57	99	43	230	47	48	50	52	97
拉脱维亚	513	78	142	22	655	546	43	728	57	1 274
立陶宛	861	71	353	29	1 214	911	69	416	31	1 327
卢森堡	9	47	10	53	19	3	60	2	40	5
匈牙利	1 048	70	452	30	1 500	1 060	73	395	27	1 455
马耳他	113	47	126	53	239	45	79	12	21	57
荷兰	798	64	440	36	1 238	736	74	252	26	988
奥地利	915	71	376	29	1 291	941	80	236	20	1 177
波兰	2 133	82	473	18	2 606	3 994	63	2 318	37	6 312
葡萄牙	1 691	71	698	29	2 389	748	80	183	20	931
罗马尼亚	1 036	86	173	14	1 209	1 271	64	709	36	1 980
斯洛文尼亚	368	70	156	30	524	302	62	187	38	489
斯洛伐克	1 131	87	164	13	1 295	774	79	202	21	976
芬兰	1 256	69	560	31	1 816	1 109	59	766	41	1 875
瑞典	605	62	372	38	977	548	78	156	22	704
英国	1 487	55	1 214	45	2 701	1 733	78	498	22	2 231
冰岛	116	58	85	42	201	53	55	43	45	96
列支敦士登	6	86	1	14	7	9	53	8	47	17

续表

国家	输入教师					输出教师				
	教学		培训		合计(人)	教学		培训		合计(人)
	数量(人)	比例(%)	数量(人)	比例(%)		数量(人)	比例(%)	数量(人)	比例(%)	
挪威	389	62	243	38	632	396	61	253	39	649
土耳其	1485	76	464	24	1 949	1 854	70	785	30	2 639
克罗地亚	177	66	91	34	268	90	45	109	55	199
瑞士	285	66	148	34	433	263	68	121	32	384

资料来源：根据欧盟官方网站数据整理而得。

②教师专业分布不均衡

由于各个行业对人才的需求不同，与此同时对于教师的需求也有所差异。如图 8-8 所示，在 2011—2012 年教师流动的专业分布中，规模最大的是人文艺术专业，约占 27%；其次是社会科学、商科和法律专业，约占 25%；然后是工程、制造和建设专业，约占 14%。这一比例分布同学生流动的专业分布情况比较相似。

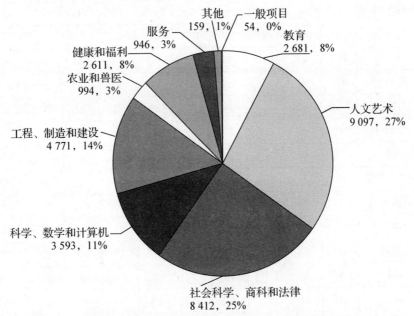

图 8-8　2011—2012 年教师流动的专业分布情况

资料来源：根据欧盟官网上的数据绘制而成。

3. 多边合作项目不断增加

"伊拉斯谟计划"中的多边合作项目包括课程开发、高等教育现代化、高等教育机构与企业的合作、虚拟校园四个方面。该项目所获得的欧盟的资助在 2007 年、2008 年及 2009 年都为 55 749 569 欧元，接受的项目申请数量从 2007 年的 153 项，增长到 2009 年的 178 项，获得批准的项目分别为 64 项、61 项和 62 项，其中课程开发的项目比较多。课程开发通常是高等教育机构间联合开发一套新的或者修改原有的课程，这些课程是双方都认可的，开发这些联合课程通常会使用多媒体技术或者进行远程教学，其目的是为了在课程内容中引入"欧洲维度"，并有助于学校间人才的交流。

三、"夸美纽斯计划"及其实施效果

在全球化背景之下，欧盟不仅要持续不断地推进高等教育领域的国际化，也要不断实现基础教育的国际化发展。欧盟基础教育国际化政策，旨在推动和促进欧盟各国基础教育合作和交流，提高整个欧洲基础教育质量，提升欧洲基础教育竞争力，并最终为欧洲经济和社会的发展做出贡献。欧盟自 1995 年起便开始实施"夸美纽斯计划"，旨在增加基础教育领域的学生流动，加强不同成员国公民之间的交流，增强欧洲人民凝聚力，通过基础教育领域的教育资源交流，提高基础教育质量并增强欧洲在国际市场上的竞争力。[1] "夸美纽斯计划"是欧盟为加快欧洲一体化，建设欧洲"知识社会"，实现重铸欧洲教育辉煌的雄心壮志而采取的主要措施之一。[2] "夸美纽斯计划"使欧盟超国家层面的教育与培训合作从高等教育和职业培训扩展到了基础教育，计划实施以来不仅有效推动了欧盟成员国基础教育的合作，促进了人员流动，而且提升了师资培训水准，改善了基础教育质量。[3]

---

① 董峰：《促进欧盟基础教育整合的"夸美纽斯计划"探析》，硕士学位论文，西北师范大学，2012。

② "Presidency Conclusions of the Barcelona European Council，15 and 16 March 2002," http：// www. consilium. europa. eu/uedocs/cms_data/docs/pressdata/en/ec/69871. pdf，2016-02-25.

③ "Impact of the Comenius School Partnerships on the Participant Schools," http：// www2. cmepius. si/files/cmepius/userfiles/publikacije/2013/comenius-report_en. pdf，2016-02-25.

(一)"夸美纽斯计划"实施的背景

"夸美纽斯计划"与欧洲基础发展的历史文化是息息相关的,同时也受到欧洲社会经济和政治的影响。

1."夸美纽斯计划"实施的历史文化背景

欧洲古代历史是一部由合到分的历史,如果追本溯源,欧洲本身便具有同一性。首先,历史上曾经有过同一的欧洲,至今还保留着欧洲文化的同一性。众所周知,古代希腊罗马文明是欧洲文明的源头,古希腊文明始创了欧洲的自由文明、世俗文明和城邦文明。其次,欧洲各国人民有着共同的宗教信仰。欧洲大多数国家是在罗马法、基督教和日耳曼风俗习惯融合的基础上发展而来,欧洲诸国信仰基督教,虽然随着基督教的发展和分流,欧洲各国人民的信仰出现了差异,但是其本源是一样的。再次,渴望和平不仅是世界人民的向往,更是欧洲各国人民的诉求。纵观欧洲的历史,可以发现欧洲的历史充满着战争与血腥,欧洲更是两次世界大战的重灾区。战争给欧洲人民带来了严重的心灵创伤,人民厌倦战争,渴望和平。然后,欧洲各国有着相似的语言系统。虽然欧洲各国的语言各有不同,但欧洲属于印欧语系,多数欧洲语言发源于拉丁语和日耳曼语,语言之间有着很多相通性,欧洲的很多居民掌握了2~3门语言。最后,欧洲是近代民主思想的发源地。两次世界大战后,欧洲各国先后确立了宪政、三权分立、代议制等民主法制。[①] 这样的民主思想不仅为欧洲各国人民所接受,更为全世界的许多国家带去了民主的希望。正是由于如上因素,欧洲各国人民才能够更好地开展各种文化、教育交流活动。

2."夸美纽斯计划"实施的经济背景

20世纪后期,在日渐全球化的信息社会里,生产工具已经从大机器时代进入智能时代,迅速发展的计算机技术和数字技术已经使得生产方式和管理方式发生革命性的变革。新知识、新技术和丰富的优质人力资源已经成为关乎一个国家和地区发展的核心要素。由经济全球化所引发的区域一体化和全球一体化的速度开始加快,高度的相互依存成为新时

---

① 董峰:《促进欧盟基础教育整合的"夸美纽斯计划"探析》,硕士学位论文,西北师范大学,2012。

期人类发展的主题。经济全球化加快了人才的流动，只有加强基础教育的质量，才能为培养高质量的高科技人才打下坚实的基础，才能使欧盟在 21 世纪的综合竞争力中立于不败之地。基础教育虽然比不上高等教育或者职业教育可以带来的立竿见影的效果，但是基础教育的优劣却关乎整个欧洲各国的兴衰。因此，欧盟在关注高等教育国际化和职业教育的同时，也不断推进欧洲各国基础教育的发展，推动欧盟的基础教育国际化发展。

3."夸美纽斯计划"实施的政治背景

欧盟的政治一体化与经济一体化是相互促进、相辅相成的。欧洲政治一体化的进程是从第二次世界大战后的欧洲煤钢共同体开始的，随着一体化的不断深入，欧洲认同的呼声不断高涨，主要表现为欧洲人民的团结一致，以实现推进欧洲一体化的目的。20 世纪 80 年代后期，欧洲各国意识到基础教育是实现欧洲认同、文化复兴、人民团结的重要途径，基础教育对欧洲公民身份、欧洲价值和欧洲维度的构建起着极其重要的作用。基础教育的合作与交流，资源的共享和整合，可以实现欧洲各国的相互理解与信任，进而建立一个既多元又统一的新欧洲。[①] 1993 年《马斯特里赫特条约》正式生效，也就意味着欧洲联盟的正式成立，这也为欧洲基础教育更深层次的交流与合作，以及制定共同的教育政策扫清了障碍。

4. 欧盟推出的其他教育领域政策的影响

20 世纪 90 年代以前，由于涉及国家教育主权等原因，欧共体教育与培训的合作，主要局限于职业教育和高等教育领域。正如前文中所提及的，正是由于《马斯特里赫特条约》的签署，使得教育合作被纳入正式的条约之中，也就使得欧盟关于基础教育合作的政策有章可循。1986 年之后，欧共体实施了一系列教育和培训专门计划，分别是促进大学与企业开展高技术人才培训合作的"科密特计划"；促进高等教育人员交流互动的"伊拉斯谟计划"；为完成中学教育的青年人提供为期一年的职业培训机会的"佩特拉计划"；以及为提高中学教育、高等教育和职业教育领域

---

① 董峰：《促进欧盟基础教育整合的"夸美纽斯计划"探析》，硕士学位论文，西北师范大学，2012。

的语言能力的"林瓜语言计划"。① 1994 年,欧盟将"科密特计划""佩特拉计划"等与职业教育相关的计划整合,出台了"达·芬奇计划",将与学校教育有关的"伊拉斯谟计划"和"林瓜语言计划",整合为"苏格拉底计划",并在"苏格拉底计划"之下,欧盟增设了"夸美纽斯计划",从此便开启了欧盟基础教育领域的超国家层面的合作。

(二)"夸美纽斯计划"的目标和内容

"夸美纽斯计划"从 1995 年开始实施,主要包括三个不同的实施阶段。第一阶段是 1995—1999 年,为期 4 年;第二阶段是 2000—2006 年,为期 6 年;第三阶段是 2007—2013 年,为期 6 年。从 2014 年开始,"伊拉斯谟计划"便将含有"达·芬奇计划""夸美纽斯计划"等在内的终身学习计划(Lifelong Learning Programme)以及其他一些项目进行了合并,② 因此,截至 2013 年,单独的"夸美纽斯计划"已经整合到"伊拉斯谟计划"中,由总的"伊拉斯谟计划"进行统筹。

1995—1999 年,"夸美纽斯计划"实施过程中,共有 200 万中小学生参与伙伴学校项目,36 600 位教师和校长参与了流动项目,并实施了主题广泛的 360 项跨文化项目。③ "夸美纽斯计划"有力地促进了欧盟基础教育的合作与交流,产生了重大的影响。第一阶段"夸美纽斯计划"主要包含了三个子项目:其一,鼓励欧盟成员国基础教育学校之间建立伙伴关系,促进教师和学生的交流和访学;其二,跨国跨文化教育项目,主要针对移民、流浪者的子女;其三,教师在职培训。④ 其主要目标是为在欧盟范围内的各级各类基础教育学校之间建立伙伴关系;促进合作与交流,增加对移民、流浪者子女的教育和跨文化教育;提升教师的教学能力;提高学生的识字水平。⑤

---

① 高耀明:《欧盟夸美纽斯计划初探》,载《外国中小学教育》,2013(11)。
② http://eacea.ec.europa.eu/erasmus-plus/actions_en,2016-02-26.
③ "FINAL REPORT FROM THE COMMISSION ON THE IMPLEMENTATION OFTHE SOCRATES PROGRAMME 1995—1999," http://aei.pitt.edu/33396/1/COM_(2001)_75.pdf,2016-02-26.
④ European Communities, *The History of European Cooperation in Education and Training*, Luxembourg, Office for Official Publications of the European Communities, 2006, p. 170.
⑤ 董峰:《促进欧盟基础教育整合的"夸美纽斯计划"探析》,硕士学位论文,西北师范大学,2012。

1998 年 5 月 27 日，欧盟委员会采纳了有关实施第二期"苏格拉底计划"和"达·芬奇计划"的提议，[①] "夸美纽斯计划"进入了第二阶段（2000—2006），这一阶段，"夸美纽斯计划"的目标是：提高学校教育质量，鼓励终身学习；增强教育的欧洲维度，鼓励成员国之间教育资源的分享，促进教育机会公平；不仅在数量上而且在质量上加快语言知识的发展，尤其是关注少数民族语言教学，引导各国人民之间的理解和团结，改进跨文化教育；加强教育的合作和流动，尤其是鼓励教育机构之间的交流，重视开放和远程学习，加强信息交流和减少信息交流障碍；支持教育实践创新和教材开发，探索新技术在学校教育中的应用，探讨成员国共同的教育政策等。[②] 为了尽快实现这一系列的目标，欧盟委员会采取了如下具体措施：支持教师和学生的跨国流动；支持信息通信技术在学校教育中的应用；支持用于交流经验的跨国合作网络建设；促进语言技能发展和对不同文化的理解；支持教育实践创新和优质教育发展的跨国伙伴试点项目；通过考察分析成员国的教育政策，观察传播优秀经验和创新较于实现，开展全面的信息交流，不断更新欧盟的教育发展指标。与第一阶段相比，第二阶段"夸美纽斯计划"更加重视教育的欧洲维度，强调终身学习，关注少数民族语言的教学，重视信息和通信技术在教育中的应用。[③]

2007—2013 年，欧盟委员会将所有的教育资源进行整合，将"夸美纽斯计划"纳入终身教育项目中。这一时期的"夸美纽斯计划"的主要目标包括：增加和提高不同成员国学生、教师以及教育管理人员的流动，提高流动的质量；增强不同成员国之间学校的伙伴关系，并且在 2010 年之前实现有 300 万青少年学生可以参加到联合教育活动之中；鼓励语言学习，改善外语学习环境和学习条件；提高关于欧洲维度教师培训的质量；改

---

① "Proposal for a European Parliament and Council Decision Establishing the Second Phase of the Community Action Programme in the Field of Education 'Socrates'," http：//aei. pitt. edu/10294/1/10294. pdf，2016-02-26.

② 高耀明：《欧盟夸美纽斯计划初探》，载《外国中小学教育》，2013(11)。

③ European Communities，*The History of European Cooperation in Education and Training*，Luxembourg，Office for Official Publications of the European Communities，2006，p. 184.

善欧盟成员国学校的教学法和学校管理。①

总体而言，可以将三个不同阶段的"夸美纽斯计划"的内容主要分为如下几个部分。

1. 校际人员流动

校际人员流动的主要参与人员是欧盟成员国的教师、学生以及其他的学校管理人员等。1995 年，"夸美纽斯计划"一开始实施，便致力于促进欧盟基础教育领域的学生流动和教师流动，人员流动是其核心内容，主要包括欧盟成员国之间基础教育领域的学生、教师和教育部门行政管理人员的交换；为教师和教育部门行政管理人员提供的培训课程；为教师和准教师提供资助等内容。②"夸美纽斯计划"下的人员流动主要是短期的流动，教师到欧盟成员国的其他国家去交流最多是 6 周，在国外参加培训的期限是 5 天到 6 周。由于基础教育在各个国家的教育系统中都是具有绝对的教育主权的，因此"夸美纽斯计划"的参与国家还是局限在欧盟的成员国之间。除此之外，不管是学生之间、教师之间还是行政管理人员之间的交流和互动，都是教育机构有组织的流动，个人流动涉及比较少。

2. 建立伙伴关系

伙伴关系是在学校之间、政府机构之间、教师之间和父母之间建立广泛的伙伴关系，主要包括三种类型。第一种是学校项目，至少让来自三个成员国的 3 所学校的学生和教师参与到正常的班级活动之中，所有的教师和学生围绕着一个或者多个主题在一起讨论或者工作，欧盟委员会可以给予连续三年的支持；第二种是语言项目，至少要有来自两个成员国的 10 名 14 岁及以上的青少年参与其中，主要是通过让来自不同国家的青少年在同一个或者多个兴趣主题上展开合作，以帮助其提高语言掌握和运用能力，该项目的持续时间通常是一年，特殊情况下，可以适当延长至两年；第三种是学校发展项目主要针对的是学校的行政管理人员，

---

① "Comenius Programme," http：//eacea. ec. europa. eu/llp/comenius/comenius _ en. php, 2016-02-26.

② 董峰：《促进欧盟基础教育整合的"夸美纽斯计划"探析》，硕士学位论文，西北师范大学，2012。

至少来自三个成员国的相关人员就教学方法、学校组织及行政管理等多个方面的主题展开研讨，分享他们各自的经历，以不断改善教学实践和学校管理。[①]

3. 多边合作项目

"夸美纽斯计划"中的多边合作项目是通过多方的共同努力，促进不同学校之间的教师的合作，相互分享教学经验，改善教学实践，提高教学质量，并且每个项目都要产生可识别的结果。例如，开发一个新的课程，或者采用新的教学方法、教学策略或教学材料等。这些都可以用来满足不同人群的培训需求。总的来说，便是利用一切可能的方式方法来达到既定的项目目标。[②]

4. 网络工程

网络工程建设的主要目的是在特定学科或研究领域、跨学科或基础教育中能引起广泛兴趣的领域之间展开合作，以增强教育质量、深化欧洲维度。"夸美纽斯计划"鼓励学校之间就各种各样的主题领域展开合作，共同引导创新。欧盟委员会通常会为这些工程提供至多 3 年的经济支持。除此之外，该项目还要求参与"苏格拉底计划"中 1/6 的国家的学校组织参与该项目的建设。[③] 具体来说，"夸美纽斯计划"下的网络工程主要包括学前和小学学习内容和方法的开发、学校管理、支持创业、数字化教育内容和服务、让科学教育更具有吸引力五项内容。[④]

5. 语言学习计划

不言而喻，在教育国际化中，语言学习一直都是非常重要的一项内容。而语言承载的不仅仅是一个国家的文化，还会为各国之间的交流提供更多的便利，还可以增强欧洲各国人民对欧洲的认同。为了使欧洲公民做好在一个共同欧洲学习和生活的准备，语言和语言多样化学习是每

① "Comenius-School Education（Socrates Action1），" http：//eacea. ec. europa. eu/static/en/overview/comenius＿overview. htm, 2016-02-26.

② "Comenius Multilateral Projects," http：//eacea. ec. europa. eu/llp/comenius/comenius＿multilateral＿projects＿en. php, 2016-02-26.

③ "Comenius-School Education（Socrates Action1），" http：//eacea. ec. europa. eu/static/en/overview/comenius＿overview. htm, 2016-02-26.

④ 高耀明：《欧盟夸美纽斯计划初探》，载《外国中小学教育》，2013(11)。

个欧洲公民的必修课。因此，欧盟也开展大量的语言学习计划，但是很多都是在高等教育和职业培训等领域。"夸美纽斯计划"的语言学习和语言多样化项目，包括：早期语言学习①、发展和传播用于教学的小范围使用和传授的外语、内容和语言综合学习等。② 内容和语言综合学习是将一门或多门外语作为非语言学科的教学语言。其要求以学生为中心，组织教学活动，分成各种学习小组，以便提供更多的交流机会。换句话说，这种方式便是将外语教学与学科教学结合起来，为学生创设真实的语言情境，将学生从孤立的、纯粹的学习的语言方式中解脱出来，更加强调语言的应用，以用来促进学生语言的学习。

6. 教师及学校管理人员培训

教师的能力和素质对于学生的成长和发展有着至关重要的作用，面对高速发展的信息技术、终身学习理念以及学校管理改革带来的挑战，学生在基础教育阶段应掌握的必备技能也随之发生极大的改变，这对教师的职前培养和在职培训提出了越来越多的要求。因此，欧盟委员会通过"夸美纽斯计划"，通过各种教师和管理人员的培训来提高教师的教学技能，改善教学质量。欧盟委员会主要支持两种培训活动：第一种是不同类型的机构之间的多边合作项目，特别支持教育机构为职前教师或者在职教师提供有针对性的培训，但至少保证三个参与国中有一个国家是欧盟成员国，这种培训活动的目的是为教育者提供他们在教学实践中会用到的课程、策略以及教材等，欧盟委员会为此类培训提供最长 3 年的资金支持；第二种是为个人提供培训，凡是在基础教育领域工作的教师或是即将从事基础教育工作的学生都有资格参与培训。③

(三)"夸美纽斯计划"的实施效果

"夸美纽斯计划"自 1995 年实施以来，促进了欧盟成员国甚至欧洲各

---

① 心理学上的研究表明，儿童在幼时对语言最为敏感，因此强调要在小学阶段就开始接触两门外语，要么以必修课的方式，要求所有的孩子在小学时便开始学习外语；要么让学校自主单独设置外语课程。将外语纳入小学生必修课的国家里，外语学习一般是从 8 岁开始；甚至有些学校自行决定开始外语学习的年龄，有的学校要求孩子在 3 岁的时候便开始外语的学习。

② "The Lifelong Learning Programme 2007—2013 - Glossary," http：//programmaleonardo. net/llp/cd/cd2/dati/documenti/LLP%20glossary. pdf，2016-02-26.

③ "Comenius-School Education (Socrates Action1)," http：//eacea. ec. europa. eu/static/en/overview/comenius _ overview. htm，2016-02-26.

国基础教育的交流与合作，推动了欧洲基础教育的国际化发展。"夸美纽斯计划"实施的第一个阶段为期 5 年，欧盟委员会给予的财政预算是 1.4 亿欧元，占"苏格拉底计划"这一阶段财政预算的 15.2％；"夸美纽斯计划"实施的第二阶段为期 7 年，财政预算约为 5.5 亿欧元。

2007 年，一项关于"夸美纽斯计划"的调查研究显示，"夸美纽斯计划"不仅提升了欧盟成员国以及整个欧洲国家基础教育领域学生和教师的综合能力，并且也对学校的日常生活产生了积极的影响。在该项调查中，来自欧洲的接近 8 000 名教师参与了这项调查，调查结果显示，超过 80％的教师认为小学生对别的国家及该国的文化更感兴趣，这些孩子更想了解伙伴国的学校生活。90％的教师认为他们自身的能力和素质也有所提高，并且对于伙伴国的基础教育系统有了更好的理解，82％的教师同伙伴国学校的教师建立了良好的伙伴关系，构建了友好沟通合作的桥梁。超过 75％的小学生下定决心以后一定要学好外语，62％的学生报告说通过这一项目他们能够更加熟练地运用英语，32％的学生报告说他们可以更加熟练地运用除英语外的另一门外语。另外，有 2/3 的教师报告说他们的英语技能也有所提高，有 1/3 的教师报告说除了英语外的另一门外语也有所提高。教师报告说超过 70％的学生的社会交往能力以及团队合作能力在项目中也得到了提高。根据教师的评估，2/3 的学生在项目中各种技能都得到了锻炼和提高，变得更加的自信并且更有激情去学习。75％的教师称他们在跨学科团队中的合作能力得到了提高，并且接触和了解到其他学科的一些知识和内容，也学到了一些新的教学方式和手段。①

2010 年，欧盟委员会公布了一项专项调查，初步研究了"夸美纽斯计划"在基础教育与师资培训质量方面取得的成效。② 调查发现，大部分参

---

① "COMENIUS SCHOOL PARTNERSHIPS Handbook for Schools,"http：//www. ua. gov. tr/docs/okul-ortakl％ C4％ B1klar％ C4％ B1/comenius-school-partnerships-handbook-for-schools. pdf？ sfvrsn＝0，2016-02-26.

② 该调查的研究对象是在 2009 年 1 月至 7 月参与"夸美纽斯计划"的 3 400 多名教师和学校管理人员。研究报告从多角度对"夸美纽斯计划"中的教师在职培训项目进行了详细介绍和分析，设计项目目标及其总体实施情况、项目参与者及其流动、培训类型及其效果、提供的奖学金及培训时间、课程及研讨会的质量、就业跟踪活动以及项目参与者总体满意程度等方面。

与培训的教师认为国外培训的国际化环境有利于他们的专业水平的提高以及教学能力和外语水平的提升，而且也使他们的教学兴趣更加浓厚。除此之外，国外培训为来自不同国家的教师提供了交流沟通的平台，有利于学校之间开展国际交流与合作。同时，国外培训也激发了教师提高专业水平的动力。该项目对欧洲中小学教师个人职业发展有很大的贡献。在国际环境中进行培训有助于专业和个人发展，改进教学方法，提升外语技能，增强工作积极性，其引发的连锁效应不仅表现在课堂上，而且反映在学校和培训机构的制度层面上，特别是在学校发展战略中把欧盟项目作为学校国际化和教职员工发展工具的那些学校。参与者还希望在培训类型、教授科目和主办国的选择方面分配得更均衡。总之，其中的教师跨国培训项目对教学产生了积极、深远的影响。[1]

① 高耀明：《欧盟夸美纽斯计划初探》，载《外国中小学教育》，2013(11)。

第九章　联合国教科文组织高等教育文凭互认政策及其实施效果

联合国教育、科学及文化组织，简称联合国教科文组织（United Nations Educational，Scientific and Cultural Organization，UNESCO），作为联合国（UN）旗下的专门机构之一，自 1945 年成立之初，便确立了其促进教育、科学及文化方面的国际合作，加强各国人民之间的相互了解，维护世界的平与发展的宗旨。[①] 与此同时，联合国教科文组织也一直致力于促进高等教育的国际合作与发展，召开了众多极具影响力的高等教育国际会议，其中规模最大、影响力空前的当属 1998 年 10 月，在巴黎组织召开的"世界高等教育大会"（WCHE），而在此会议上发表的《21 世纪的高等教育：展望和行动世界宣言》（World Conference on Higher Education in the Twenty-first Century：Vision and Action）也已成为高等教育国际化的重要宣言。[②] 学生、教师、研究人员等的国际流动是高等教育国际化的一个重要表征，随着高等教育国际化的快速、深入发展，相关人员资格、学历与文凭互认成为其国际化推进急需突破的重要关口，也是联合国教科文组织从成立之初便承担的责任和使命，为此，联合国教科文组织在其发展进程中，不断为促进国际文凭互认的实现做出努力。了解联合国教科文组织高等教育国际化中文凭认证的相关政策及实施效果与未来走向，不仅有利于我国高等教育国际化紧跟大的方针政策，推进我国高等

---

① 　http：//en. unesco. org/about-us/introducing-unesco，2016-11-03.

② 　汪利兵、谢峰：《论 UNESCO 与 WTO 在高等教育国际化进程中的不同倾向》，载《比较教育研究》，2004(2)。

教育文凭互认政策的制定与实施，也有助于提高我国的高等教育水平，高效实现人才的"引进来"和"走出去"。

一、联合国教科文组织高等教育文凭互认的进程

外国高等教育证书、文凭或学历的认证，意味着相关主管部门承认其在缔约国一方是广泛有效的，同时给予外国文凭持有者与本国文凭持有者同样的教育权利。联合国教科文组织文凭互认互动主要围绕着文凭认证的六个公约进行，这些公约都是国家间达成共识的，用以批准认证学术文凭的法律协议。联合国教科文组织也有一份高等教育研究与文凭认证建议书。联合国教科文组织的活动着眼于推进认证公约的实施，构筑国家认证机构的能力，完善信息与实践共享网络，传播知识，增进国际面临挑战风险的共识，并提高员工的专业知识与素质。联合国教科文组织也致力于加强认证与质量体系间的联系，使其成为决定文凭是否满足基本质量要求的一项重要因素。①

（一）地区公约形成阶段

从 1945 年创立之初，联合国教科文组织便意识到建立一种国际体系以促进和保证学术和文凭认证的必要性，为高等教育认证提供全球讨论平台，以促进学术流动自由。

20 世纪 60 年代，联合国教科文组织就着手制定一系列高等教育学历、文凭与学位互认的地区公约，由具有法定地位的地区公约委员会负责实施，着力解决成员国教育系统中高等院校所颁发的文凭资格的互相认可问题。

遵照制定公约的初衷，20 世纪 70 年代至 80 年代，联合国教科文组织先后于 1974 年制定了《拉丁美洲及加勒比地区承认高等教育学历、证书和文凭地区公约》(Regional Convention on the Recognition of Studies, Diplomas and Degrees in Higher Education in Latin America and the Caribbean)，1978 年制定了《阿拉伯国家承认高等教育学历、文凭与学位的公约》(Convention on the Recognition of Studies, Diplomas and Degrees in Higher Education in the Arab States)，1981 年制定了《非洲国家承认高等

---

① "Recognition of Qualifications," http://www.unesco.org/new/en/education/themes/strengthening-education-systems/higher-education/recognition/，2016-11-03.

教育学历、证书、文凭、学位和其他学术资历公约》（Regional Convention on the Recognition of Studies，Certificates，Diplomas，Degrees and other Academic Qualifications in Higher Education in the African States），1983 年制定了《亚洲和太平洋地区承认高等教育学历、文凭与学位地区公约》（Regional Convention on the Recognition of Studies，Certificates，Diplomas，Degrees in Higher Education in Asia and the Pacific），1991 年制定了《欧洲地区承认高等教育资历公约》（Convention on the Recognition of Qualifications Concerning Higher Education in the European Region），这五项地区性公约以及 1976 年制定的地区间公约——《环地中海国家承认高等教育学历、证书及文凭国际公约》（International Convention on the Recognition of Studies，Diplomas and Degrees in Higher Education in the Arab and European States bordering on the Mediterranean），统一进行了概念定义的澄清，确定了各地区国家资格文凭认证的目标，并以国家、地区委员会以及双边机构为主体，推进高等教育文凭互认。

在六项地区公约的基础上，联合国教科文组织在 1992 年召集了上述六个地区和跨地区公约委员会，商讨制定《世界高等教育学历和学位互认公约》（Universal Convention on the Recognition of Studies and Degrees in Higher Education），但由于缺乏共识，该项行动并未得到广泛的支持，具有规范性的全球性公约未能形成，文凭互认公约仍然在地区层面上开展。[①]

但联合国教科文组织在 1993 年的第 27 届大会上通过了《关于承认高等教育学历与资格的建议》（Recommendation on the Recognition of Studies and Qualidication in Higher Education），这是联合国教科文组织发布的在全球范围内具有一定约束力的规范性文件，也是联合国教科文组织数年来推进高等教育文凭互认进程的纲领性文件，其实施效果更是文凭互认推进情况的监测点。

（二）地区公约修订与能力完善阶段

为适应各地区高等教育新的发展和变化，20 世纪 90 年代末，联合国

---

① 阚阅：《联合国教科文组织对高等教育国际化的全球治理：质量保证和文凭互认的视角》，载《比较教育研究》，2012(7)。

教科文组织掀起了新一轮的公约修订工作。同时，在哈瓦那、达喀尔、东京、巴勒莫和贝鲁特会议及基础上举行的《21世纪的高等教育：展望和行动世界宣言》提出，教师和大学生在国家、地区和国际范围进行学术流动是其成长、丰富个人知识、分享知识、促进不同文化之间更好地相互鉴赏及建立在理性与道德上的团结、加深与各国人民之间的关系以及在地区范围内实行地区一体化的一个重要手段。公共当局和高等教育机构应鼓励这种流动，并将其作为各国教育、科学与文化政策的重要组成部分。在这方面，实施各地区的承认高等教育学历、文凭与学位公约和《关于承认高等教育学历、文凭与学位的建议书》以及发展机构网络等，在推动高等教育国际化方面有着重要意义。①

这一阶段，除了公约的修订外，联合国教科文组织应各地区国家的需求，开展了一系列能力建设活动。2001年在巴黎举行的"全球化对高等教育质量保证与文凭互认的影响专家会议"（Expert Meeting on the Impact of Globalization on Quality Assurance, Accreditation and the Recognition of Qualifications in Higher Education）上，有关参会人员提及，随着国际高等教育市场的发展，越来越多的国家希望联合国教科文组织能够提供一个讨论相关问题的论坛，② 随后，联合国教科文组织先后于2002年、2004年、2007年在巴黎和达累斯萨拉姆举办了三次全球论坛，从社会、政治、经济、文化等多角度对全球化与高等教育问题展开辩论。③

从2002年开始，国际学术流动学生显著增加，预计到2020年约有800万学生将出国留学。因为高等教育学生流动显著增加，所以人们呼吁制定高等教育文凭认证的全球框架，这样一个框架将会大大减少学生、教师、研究人员以及求职者在国外所面临的阻碍和困难。针对留学和移民热潮，联合国教科文组织于2008年在巴黎召开了《移民与教育：质量

---

① "Higher Education in the Twenty-first Century: Vision and Action," http://101.96.8.164/unesdoc.unesco.org/images/0011/001137/113779eo.pdf, 2016-11-04.

② "Draft Conclusion and Recommendations. Expert Meeting on the Impact of Globalization on Quality Assurance, Accreditation and the Recognition of Qualifications in Higher Education," http://unesdoc.unesco.org/images/0014/001459/145969m.pdf, 2016-11-04.

③ 阚阅：《联合国教科文组织对高等教育国际化的全球治理：质量保证和文凭互认的视角》，载《比较教育研究》，2012(7)。

保证与文凭互认专家小组会议》(Expert Group Meeting on Migration and Education: Quality Assurance and Mutual Recognition of Qualifications)，坦言最大限度争取国际移民利益所面临的一个障碍，便是缺少对学历和文凭全面承认的制度，为此，建议联合国教科文组织成立工作小组，拟定有关移民问题与学历互认的行为准则，[①] 进一步推进跨国跨地区的文凭互认水平，适时完善文凭互认政策。

除此之外，联合国教科文组织还与亚太地区高等教育质量网络（APQN）合作建立了跨境教育规范管理框架工具包，着重管理跨境高等教育输入国与输出国质量保证问题。联合国教科文组织更是首先建立了经全世界认可的高等教育机构门户网站，提供会员国主管部门认可或批准的高校的详细信息，为学生、雇主等提供高校地位及质量保证等方面的情况，进而促进高等教育的质量保证与文凭认证。

(三)监测与全球性公约形成阶段

截至目前，联合国教科文组织在高等教育质量保证与文凭认证方面做出了巨大的贡献，根据时代的需要，不断探索，加强国际性多边合作，使得文凭互认政策及相关机构、措施从无到有，为高等教育学生、教师等人员乃至知识提供了全球流动的可能性与保障。

联合国教科文组织分别于 2011 年和 2015 年对《关于承认高等教育学历与资格的建议》(Recommendation on the Recognition of Studies and Qualidication in Higher Education)(1993)的实施情况与效果进行了两次监测，分别从该建议书条文的实施情况和地区公约的实施效果入手，对该项相对具有全球规范性政策的实施效果加以管理，进而更好地加以调整和推进。

然而，一直以来，资格文凭认证方面的准则性文件、政策均是地区公约，而随着国际流动的日益频繁和深入，高等教育逐渐呈现出大众化与民主化、教育提供者多样化、学术流动性、高度关注质量保证以及引入资历框架等趋势及特点，因而联合国教科文组织在检测、评价地区公

---

① "Expert Group Meeting on Migration and Education: Quality Assurance and Mutual Recognition of Qualifications," http: //unesdoc. unesco. org/images/0017/001798/179855e. pdf, 2016-11-04.

约实施效果的同时，也将注意力转移到制定全球公约之上，于 2015 年 11
月 4 日发布的《关于拟定有关承认高等教育资历全球公约的初步报告》
(Preliminary Report Concerning the Preparation of A Global Convention
on the Recognition of Higher Education Qualifications)中声明，在巩固地
区公约的基础上，加强跨地区学术流动性，促进高等教育国际合作，促
进高等教育民主化和全民终身学习的机会，对日益多样化的高等教育提
供者提供质量保证框架，并就承认各地区共同的高等教育资历问题共同
商定原则。① 因此，联合国教科文组织关注的不仅仅是全球性论坛、网
站、杂志等平台的建立，更重要的是制定普遍适用于世界各国、各地区，
在全球范围内具有普适性的规范性、准则性公约，在各地区公约之上，
在全球范围内达成共识，为世界各国、各地区普遍遵守的文凭互认政策。

　　基于此，2016 年联合国教科文组织的评估办公室(Evaluation Office)
也对高等教育质量认证的地区公约的实施效果进行了评估，② 为联合国教
科文组织及会员国制定、实施新一代地区公约，为制定高等教育文凭认
证全球性公约提供依据与可能性。

二、《关于承认高等教育学历与资格的建议》及其实施效果

　　一直以来，学生、教师、学者和知识的流动是大学的一个主要特征，
更是高等教育发展的重要组成部分。③ 2003 年，一份国际大学协会
(IAU)的调查表明，学生和教师流动是促使高等教育国际化成为政策关
注点的重要原因，也是全球化、国际化发展中表现得最为迅猛突出的一
方面。④ 目前，高等教育国际化的发展主要呈现出跨国公司等新教育服务
提供方、虚拟学习等新教育形式、层出不穷的资格证书以及培养项目与

---

　　① "Preliminary Report Concerning the Preparation of A Global Convention on the Recognition of Higher Education Qualifications," http：//101.96.8.165/unesdoc. unesco. org/images/0023/002352/235261e. pdf，2016-11-04.

　　② "Evaluation Office. Evaluation of UNESCO's Regional Conventions on the Recognition of Qualifications in Higher Education," http：//101.96.8.165/unesdoc. unesco. org/images/0024/002452/245223e. pdf，2016-11-04.

　　③ Brock，C.，"Historical and Social Roots of Regulation and Accreditation of Higher Education for Quality Assurance," In GUNI. *Higher Education in the World 2007*：*Accreditation for Quality Assurance*：*What Is at Stake?* New York，Palgrave Macmillan，2007，p. 34.

　　④ Knight，J.，"Internationalization of Higher Education Practices and Priorities' IAU Survey Report," Paris，UNESCO，2003.

教育服务频繁流动等新趋势,① 在创造发展新机遇的同时，也向高等教育国际化提出了新的问题与挑战，而首当其冲的便是在跨境高等教育交流过程中，日益凸显的文凭互认问题。而面对这样一个全球性的教育问题，联合国教科文组织于 1993 年 11 月 13 日在巴黎第二十七届会议通过并发布了《关于承认高等教育学历与资格的建议》(以下简称《建议》)，这是一个国际框架，目的是在全球范围内处理与承认高等教育资历及质量保证有关的地区间问题。

(一)《关于承认高等教育学历与资格的建议》的政策背景

联合国教科文组织的宗旨在于通过教育、科学及文化来促进各国之间的合作，对和平与安全做出应有的贡献，同时，也认识到教育是人的一项权利，而知识又具有普遍性，是人类共同遗产的组成部分，因而理应探寻一些方法，使每个人更容易获得知识和学问。

由于知识的迅速发展以及教育的国际化，科学界与大学间的联系互动日益密切，高等教育的国际化趋势也日益显著，学生、研究人员、教师和专业更大规模的流动大大扩大了全世界教育资源的接触与共享。

高等教育制度、机构的组织与职能的各种法律、规则、做法以及传统相差甚远，管理各种职业实践的条例、法律和规章制度的要求安排实施也不尽相同，就接触、接受和完成高等教育，以及为从事某种职业做准备而言，执行能力评价政策，既考虑已获得的资格，又考虑所完成的学业以及取得的技能、知识与经验，对于高等教育国家化发展有着十分重要的意义。更重要的是，未来增强人员多国流动，增进思想、知识和科技经验的交流共享，最终促进各国各地高等教育质量的提高，所有主管当局和机构互相承认高等教育学历与资格，进行文凭互认是十分必要的。

互相承认高等教育学历与资格，全面增加能够享受高等教育的人员的数量，各国最大程度充分利用现有的资源与手段进行教学和培训，开发人力资源，促进教师、学生、研究人员以及专家学者更大范围更加便捷的流动，减少那些在国外接受培训或教育的人员希望回国或是到其他

① "Higher Education in a Globalized Society: UNESCO Education Position Paper," http://101.96.8.165/unesdoc.unesco.org/images/0013/001362/136247e.pdf, 2016-11-05.

国家从事某种职业或学业晋升等时所遇到的困难。

各种文化和各国人民在相互尊重多样性的基础上，促进相互了解，鉴于联合国教科文组织已通过六项关于承认高等教育学历和资格的地区公约，为进一步加大地区间、地区性的合作，打通各地区间的断层，促进实现高等教育文凭互认的目标与进程，通过《建议》，为六项地区公约提供可供参考的统一标准。

（二）《关于承认高等教育学历与资格的建议》的内容

《建议》是建立在六项地区公约之上，旨在各地区履行公约的同时，有个统一标准得以参照，解决全球背景下亚太地区、拉丁美洲地区、非洲国家、欧洲国家、阿拉伯国家以及环地中海地区承认高等教育资格与质量保证方面的跨地区问题。

1. 定义澄清

（1）高等教育

由大学或国家主管当局批准为高等教育机构的其他教育机构，提供的各类学习、培训或为高中后的研究而开展的培训类型。

（2）高等教育资格

由某一高等教育机构或另一有关当局颁发、确认某生已经结业、并使其有资格继续更高层级的学习，或是从事某种无须进一步专门培训的职业文凭、学位或是其他资格证书。

（3）局部学习

高等学习课程中第一阶段或更高级阶段内容协调一致的部分，并不是完整的课程，但是经过评价和鉴定后确认有效，便可认定其获得了一定的知识和技能。

（4）承认某种外国高等教育资格

有关缔约国（无论是政府的或是非政府的）主管当局接受这一资格，并认为其持有者与持有该国授予的相似资格者一样，有资格在同等条件下，在其承认范围之内，进一步从事高等教育学习，或参加研究工作，或从事某种无须通过考试或进一步专门培训的职业，或从事所有活动。

（5）承认某种外国中学结业证书使得其持有者进行更高层级的学习

这意味着有关缔约国主管当局接受证书，并认为其持有者与持有该国授予的相似资格证书持有者一样，有资格在同等条件下进入该国高等教育机构。

(6)承认某种外国高等教育资格或国外高等教育的部分学习证书

这意味着有关缔约国主管当局接受该资格证书，认为其持有者与持有该国授予的相似资格或证书持有者一样，有资格在同等条件下，在其高等教育或研究机构能够继续学习、深造。

(7)承认从事某种职业而获得的某种外国高等教育资格

这是指各主管当局根据有关缔约国正在实施的法律与专门程序规则，并在该资格持有者在接受该专门培训和获得资格的国家有权从事该职业的条件下，承认其为从事有关职业已经接受过专门培训。而这种承认并不免除外国资格持有者遵守有关缔约国政府主管当局或专门主管当局制定的有关从事该职业所必须具备的其他条件的义务。

但值得注意的是，对一种资格或证书的承认并不能在另一个国家比在其授予国中给予更大的权利和照顾。

2. 目标与义务

联合国教科文组织在《建议》中提及，各会员国可在各自领土范围内采取贯彻《建议》原则所需要的任何立法的或其他措施，同时，鼓励尚未这样做的会员国成为关于承认高等教育学历、文凭、学位的地区公约的缔约国，并尽最大努力为加强实施这些公约的地区委员会的工作提供帮助。此外，会员国应将《建议》通知有关政府或非政府、机构或组织，尤其通知高等院校、批准机构、职业组织以及其他教育机构与协会，而且，会员国应按照联合国教科文组织大会确定的时间和形式向其提交关于实施《建议》所开展的相关活动、采取的措施以及实施情况的报告。

(1)国家政策与方式

①对中等教育等文凭的认证

会员国应在本国体制范围内，根据条例、法律和规章制度，采取一切可能的措施，鼓励有关主管当局遵照规定，承认由其他会员国颁发的、凭此可以接受高等教育的中等教育结业证书或其他文凭，使得该文凭持有者能够在接受国领土内的高等院校就学，但需符合适用于该国国民的所有大学录取条件。但是，高等院校录取与否还取决于其他一些条件，像是否有名额、是否成功通过入学考试，以及是否无障碍、足够掌握教学语言等。

②对高等教育资格的认证

会员国应在本国体制范围内，根据条例、法律以及规章制度，采取一切可能的措施，鼓励有关主管当局按照规定承认由其他会员国授予的高等教育资格，使得该资格的持有者能够在其高等院校继续学习、接受培训或是从事研究所需的培训，但需符合适用于该国国民的所有大学录取条件。同时，会员国还应该遵照规定，承认在其他会员国高等教育院校进行的局部学习。当局对于以继续学习为目的而在外国获取的相关资格进行评价之时，也应当对获取资格所在国的各学习阶段加以考虑，以便使已经完成某一阶段学业的学习者，在移往另一个国家时能够顺利继续进行下一阶段的学习。但是，高等院校能否录取有关学习者继续学习还取决于一些其他条件，诸如是否有名额、是否成功通过入学考试，以及能否理解、掌握教学语言等。

③客观评价国外获得的资格

会员国应在本国体制范围内，根据条例、法律和规章制度，采取一切可能的措施，促进规定的关于为从事某种职业而进行的高等学业准备的认证。为此，应与高等教育机构、职业协会、政府机构以及雇主协会等各方合作制定一些政策，以促进对在国外获得的能力与资格进行客观的评价，从而使有关人员能够从事其已经接受过培训而想要从事的或是已经从事过的职业和工作，而这将有助于充分利用现有人力资源，并促进所有成员融入社会。

④确保文凭认证后权利的获得

为了实现上述三条资格认证的目的而制定评价资格程序时，各有关主管当局和机构应考虑到院校、学科、教学内容和教学方法（包括远距离教育和其他非传统的高等教育形式）的多样性，在评价外国授予的某项资格是否可比时，有关当局还应该考虑该资格持有者在获得国享有的权利。

⑤建立专门负责机构

会员国应建立国家机构或指定现有机构，并在必要时予以加强，并为这些机构的运作提供方便，以使其能够协调各种问题，与负责实施各地区公约的委员会开展有效合作。因此，应鼓励政府或非政府的有关当局，特别是各高等院校、批准机构、职业组织和其他教育机构与协会进行合作。

⑥对返回本国者文凭的认证

会员国应在本国体制范围内，根据其条例、法律及规章制度，采取一切可能的措施，为那些在国外学习后返回本国、希望继续学习或从事某种职业的学习者排忧解难，以使他们在既有利于个人又有利于社会的条件下重新融入本国的生活。这就需要与有关各方签订共同协议，使返回本国者能够不失时机地得到对其资格的评价，以及是否认定其文凭资格的决定。因而，会员国应着力加快建立一些有效机制，使有关人员在与院校意见不一致的情况下，能够提供证明其文凭、资格与能力的文件及其他证明材料。

⑦对无法提供书面学业证明的人员的文凭认证

会员国应在本国体制范围内，根据其条例、法律及规章制度，采取一切可能的措施，制定能够公正和迅速评价接受过高等教育但无法提供书面学业证明的难民与流离失所人员的文凭与能力认证程序。

此外，《建议》规定，能够享受此类文凭认证，不应取决于有关人员的国际或是法律地位。

（2）国际合作：有关情报的编制与交流

会员国在可能的情况下应与地区网合作，诸如通过制订及相互交换定期修订的各自领土上得到承认的高等教育机构名单等，促进彼此间情报的交流与共享。

同时，为保证高等教育的质量，会员国应鼓励建立健全像评价与鉴定机构等的机制，并推动这些机制与机构间进行跨地区的国际合作。

此外，会员国通过主管当局、机构及院校的协同努力，促进学习科目、学分与文凭的对比，进行共享评价信息，就评级标准与本国高等教育的术语展开对比研究等，以便统一，促进彼此间的了解与理解，加强学分、文凭互认的可行性。

（3）双边与多边协定

会员国应通过双边、多边以及其他协定，在国际范围内采取措施，实现《建议》的各项目标，推进高等教育文凭、资格认证的实施进程。

会员国应鼓励各高等院校通过采取诸如签订双边和多边协定以及其他网络安排方面的措施，开展国际合作，以实现广泛的学历与资格互认。

负责实施关于高等教育学历与资格公约委员会在必要时应协助把国家间和院校间签订的双边与其他协定进行整合宣传，推动此类协定的制定和实施。

同时，《建议》强调，高等教育文凭与资格认证的有关政策、规定，适用于在某个会员国当局管辖的任何一个高等院校进行的学校并获得文凭资格，即使该院校在其领土之外，只要其授予的文凭资格与该国及该院校所在国高等教育制度所属的院校颁布的文凭资格一样得到主管当局的认证，那么其同样适用。

（三）《关于承认高等教育学历与资格的建议》的实施效果

联合国教科文组织在文凭认证方面一直以地区公约为核心，以《关于承认高等教育学历与资格的建议》为准则及监测点，将其作为优先事项，主要通过监测关于承认高等教育学历、文凭和学位的地区性公约和地区间公约的实施情况来开展。

《建议》所强调的基本原则是：知识是普遍的，是人类共同遗产的组成部分。《建议》寻求促进更多地获得知识和学习。《建议》呼吁所有主管部门和机构相互承认高等教育学历与资历，要求高等教育的各相关方，尤其是国家、地区的机构和政府部门、高等学校、认证机构等采取行动并展开合作，为高等教育的各利益相关方提供继续参与和合作的机会。《建议》还认为教育是一项人权，会员国有责任提供作为基本人权的受教育机会，强调有必要实行协调一致的政策和规划。

因而，联合国教科文组织执行局分别于 2011 年第三十六届会议上发布了《关于会员国实施〈关于承认高等教育学历与资格的建议〉（1993 年）情况的综合报告》（Consolidated Report on the Implementation by Member States of the 1993 Recommendation on the Recognition of Studies and Qualifications in Higher Education）以及 2015 年第三十八届会议上发布了《关于实施〈关于承认高等教育学历与资格的建议〉（1993 年）情况的综合报告》（Consolidated Report on the Implementation of the 1993 Recommendation on the Recognition of Studies and Qualifications in Higher Education)，结合六项地区公约，对《建议》的实施情况与效果进行了监测。

1. 2011年《关于会员国实施〈关于承认高等教育学历与资格的建议〉（1993年）情况的综合报告》

（1）地区或地区间有关高等教育承认问题公约的缔约方

对调查问卷做出回复的大部分会员国是《欧洲地区承认高等教育资格公约》（以下简称《里斯本公约》）的缔约国。有两个会员国是其他公约的缔约国：墨西哥是《拉丁美洲和加勒比地区承认高等教育学历、文凭与学位的公约》（以下简称《拉美和加勒比公约》），韩国是《亚太公约》的缔约国。还有两个递交了问卷反馈意见的会员国是两个不同的高等教育承认问题公约的缔约国：波斯尼亚和黑塞哥维那（简称波黑）是《里斯本公约》和《阿拉伯国家和地中海周边欧洲国家承认高等教育学历、文凭与学位国际公约》（以下简称《地中海公约》）的缔约国，土耳其是《里斯本公约》和《亚太公约》的缔约国。

对调查问卷做出反馈的三个会员国不是任何高等教育承认问题公约的缔约国。其中，日本将主办"评估和通过新修订的《亚太公约》国家级国际会议"（2011年11月25—26日）。预期这次会议将鼓励该地区及该地区以外的会员国再次评估公正承认高等教育的问题，并重新做出承诺。这项新修订的地区公约的新缔约方将使高等教育承认问题公约缔约国的总数量得到增加。

133个会员国签署了总共六项有关高等教育承认问题的公约。将近30个会员国是一项以上地区或地区间公约的缔约国。未来新一代公约将加强这一跨地区性，这些公约将面向所有联合国教科文组织的会员国，并遵循相同的公正承认原则。

（2）政策和立法

对问卷做出回复的大部分会员国都已经制定了相关的法律，支持高等教育的承认问题。《里斯本公约》的缔约国通常将公约的原则或原文纳入国家法律。在以色列和日本，承认高等教育资格的唯一主管部门是高等教育机构。日本大学理事会向政府政策部门提出有关承认问题的建议。

除了立法以外，还有一些重大的政策改革举措：韩国实施了"高等教育全球化战略",鼓励教授、研究人员和学生的对外交流;乌干达制定了有关学历、文凭和学位等同性的指导方针;墨西哥制定了指导承认学历资格工作的标准。许多会员国制定了或正在制定国家资格认证框架或类似框架,以确保之前的学习经历得到承认。

(3)对外公开有关承认高等教育的信息

做出反馈的所有会员国都指出,合法和有资格的高等院校的名单或登记表都是公开的,通常公布在负责高等教育的部委的网站上。《里斯本公约》的缔约国还在欧洲信息中心网络欧盟国家学术承认信息中心(ENIC/NARIC)的网站上提供此类信息。有几个做出反馈的会员国还加入了联合国教科文组织有关高等院校的门户网站;这方面的资料对没有签署《里斯本公约》的会员国非常有用,因为它们没有 ENIC/NARIC 网络的基础设施。

《里斯本公约》的缔约国通常也承认 1993 年的《建议》。在其他一些尚未修订有关高等教育承认问题的公约,也没有制定实施基础架构的地区,各国依然以各种方式利用《建议》让公众了解有关高等教育承认问题的信息。比如,在日本,《建议》被译成了日文,并用来促进对高等教育承认问题的了解。

(4)质量保证

保证高等教育的质量(QA)已成为全球关注的问题。在高等教育承认问题方面,质量保证是会员国中和国际公正承认高等教育的基础。回复问答卷的所有会员国和参与"波洛尼亚进程"的会员国以及签署了高等教育承认问题双边协定的会员国,都建立了质量保证系统。最常见的质量保证系统是依据内部和外部评估。通常质量保证是与资格认定工作相联系的,以确定哪些高等院校可以列入对外公布的受承认院校登记表。

质量保证为各地区和各国所关注。乌干达的报告明确提出,应当把质量保证视为一个地区性问题,这有助于实现协调统一,促进全球竞争以及学生与教师的流动。几乎所有联合国教科文组织的会员国都是某个有关质量保证问题的地区网络成员,也因此受益于联合国教科文组织、世界银行的全球质量保证和能力建设倡议(GIQAC)。

（5）交流信息，促进公平承认

在许多会员国中，主管高等教育的部委负责处理来自各国和国际相关方有关高等教育承认问题的查询。《里斯本公约》的缔约国已经设立了专门处理有关承认问题的信息中心。负责高等教育承认问题的国家信息中心通常负责发布有关境外高等教育文件的资讯和意见，提供有关承认程序和相关高等教育系统的信息，协助申请者寻求获得高等教育学历的承认，也可能举办有关承认问题的会议和研讨班。

联合国教科文组织和欧洲委员会为欧洲信息中心网络（ENIC）共同提供秘书处服务，而欧盟委员会则负责向欧盟国家学术承认信息中心网络（NARIC）提供秘书处服务。欧洲信息中心网络、欧盟国家学术承认信息中心网络由 57 个《里斯本公约》缔约国组成（其中 10 个是欧洲地区以外的国家），是《里斯本公约》的主要实施工具之一。

（6）国际和地区间的合作

ENIC/NARIC 是在承认问题方面开展长期合作的成功实例。该网络每天以邮件发送列表的形式共享信息，并开展有关政策与实践的调查与咨询。秘书处、工作小组和《里斯本公约》办公室的年度联席会议以及定期工作例会有助于达到很高的专业化，并协调一致地促进《里斯本公约》缔约国的能力建设。

作为 ENIC/NARIC 的成员，波斯尼亚和黑塞哥维那在其国家报告中对《里斯本公约》和《地中海公约》做了直接比较，指出《地中海公约》网络没有建立迅速交流信息的基础设施（邮件发送列表和定期会议）。

会员国通常签订过有关学术交流和承认高等教育学历与资格的双边协定。多边协定的实例之一是，日本、韩国和中国共同宣布实施"亚洲大学生集体行动交流计划"（CAMPUS Asia），促进三个国家中选定大学之间的交流。乌干达汇报了与国际伙伴的各种合作项目，应对高等教育的质量问题，主要是《东非共同市场议定书》，通过"相互承认学术和专业资格"来促进该地区劳动力的自由流动。

我们发现，在拥有相似的高等教育系统发展历史的国家，比如英联邦成员国之间，承认学位似乎问题不大。共同的语言或能够利用英文信息这一点有助于推动高等教育系统差异很大的国家之间相互承认高等教育的学历。

2.2015 年《关于实施〈关于承认高等教育学历与资格的建议〉(1993 年)情况的综合报告》

(1)《非洲国家承认高等教育学历、证书、文凭、学位和其他学术资历公约(修订本)》(简称《非洲国家公约(修订本)》)

《非洲国家公约(修订本)》在国际会议(埃塞俄比亚,亚的斯亚贝巴,2014 年 12 月)上获得通过。会议的举办得到了挪威和中国的支持,共有 48 个会员国的代表与会,其中 42 个国家来自非洲地区。在会议临近尾声之际,15 个非洲会员国与罗马教廷签署了《非洲国家公约(修订本)》。

《非洲国家公约(修订本)》纳入了新的组成部分和条款,涉及资历承认主管部门;资历评估的相关基本原则;部分学历、对所获专业资质和先前学习的鉴定;实施结构和机制。《非洲国家公约(修订本)》将在非洲地区 10 个会员国表示同意受其约束后生效,非洲联盟委员会目前正就此与联合国教科文组织密切合作,以提高该地区各国对《非洲国家公约(修订本)》的认识,并发起促成批准《非洲国家公约(修订本)》的内部进程。

通过实施《非洲国家公约(修订本)》,非洲国家将能够促进学生以及教师和研究人员的交流和流动性;促进提升整个大陆人力资源的有效使用;加强国家、区域和大陆三级的有效质量保证和认证机制;有助于非洲高等教育和研究领域的建设。

联合国教科文组织已制定相关战略,以支持《非洲国家公约(修订本)》的实施。推动实施的工作早在亚的斯亚贝巴会议上展开,首先围绕其他地区关于主要实施环节的经验和良好做法开办了一期讲习班,然后举办了一场会前活动,以促进开展对话、建立联系和分享有关质量保证的知识和良好做法。

(2)《阿拉伯国家承认高等教育学历、文凭与学位的公约》(简称《阿拉伯公约》)

《阿拉伯公约》于 1978 年通过,迄今已有 14 个会员国批准该地区性公约,公约委员会的各次会议在提高会员国对于质量保证的重要性和在该地区形成高等教育质量文化的必要性的认识上起到了推动作用。

公约委员会现已着手修订该地区性公约。然而,尽管认识到这是一项协调有关高等教育承认、质量保证、加强联系和共享知识及良好做法的地区努力的宝贵机制，但会员国却一直没有承诺实施该地区性公约修订案的规定。现有的关于承认高等教育资历的地区性实施机制大多是双边性质的。由于某些国家仍然缺乏适当的国家机构来落实这项任务，又鉴于当前的地区性背景，承认高等教育文凭、学历和学位的必要性变得愈加突出。

为支持承认事项相关领域的政策和实践，联合国教科文组织一直在开发一个地区性高等教育政策框架和资源包，其目的在于在阿拉伯国家范围内，从概念上澄清高等教育和质量保证问题，其重点是高等教育不同组成部分之间的整体联系。通过比较现有的地区性公约和建议书，以及为确保这些文书有助于提高高等教育的质量而建立的实施机制，在概念部分和"资源包"中探讨了承认高等教育资历的问题。该框架和资源包还介绍了一些前景看好的做法，可将其作为切入点，查明并讨论在提高该地区高等教育质量方面出现的新趋势、挑战和障碍。

联合国教科文组织在该地区的工作还包括支持会员国设立关于资历承认的国家信息中心，提供关于承认原则、程序和做法的培训。此外，联合国教科文组织还推动开展相关的地区性举措，重点是承认难民资格以及统一质量保证和质量成果——这是提高承认进程的有效性和可靠性的先决条件。

（3）《亚洲及太平洋地区承认高等教育学历、文凭与学位公约》（简称《亚太地区公约》）

《亚太地区公约》于1983年获得通过，现已有21个会员国批准该地区性公约。《亚太地区公约（修订本）》于2011年在日本东京获得通过，将在亚太地区的5个会员国表示同意受其约束后生效，截至2015年，只有澳大利亚和中国向联合国教科文组织交存了相关批准文书。

公约委员会负责监测1983年《亚太地区公约》的实施情况，特别是通过每年收集和分析缔约国和非缔约国就所取得进展和遇到的障碍提交的报告。委员会密切跟进国家层面在批准2011年《亚太地区公约（修订本）》的进展情况，并帮助会员国提高对建立一个共同的学术规范体系重要性的认识，以支持落实1983年的《亚太地区公约》。此外，委员会还负责审查并通过支持会员国实施工作的各项工具，并发挥平台作用，分享有关承认高等教育资历(如制定国家资历框架、学科基准或课程规格)和质量保证的政策和良好做法。

公约委员会承认,随着亚洲及太平洋地区学生跨境流动性不断增强,需要有一套公平的程序来确保外国资质证书评估的一致性。认识到该地区极为丰富的多样性,1983 年《亚太地区公约》的缔约方和非缔约方携手合作,共同推进落实案文所载的规范和原则。为推动这一进程,现已开发出多项优质工具,为整个地区的学生跨境流动提供支持。其中,最新的工具是在 2014 年公约委员会会议(斯里兰卡,科伦坡,2014 年 8 月)上讨论并通过的《关于设立国家信息中心的指导方针》。现正审议的其他地区性工具包括《关于国家资历框架的指导方针》《关于制定国家具体学科质量标准的指导方针》《关于制定培养方案的指导方针》以及《关于学分转换与积累制度的指导方针》。

(4)《欧洲地区承认高等教育资历公约》(又称《里斯本承认公约》)

该公约于 1997 年获得通过,迄今共有 53 个会员国批准了该公约,几乎实现全地区覆盖。

联合国教科文组织与欧洲委员会为《里斯本承认公约》(LRC)共同提供秘书处服务,并支持公约委员会的工作。具体来说,这种合作有助于最后确定关于在资历承认中资历框架使用问题的附属文件,该文件于 2013 年 6 月获得《里斯本承认公约》委员会通过。在 2013—2015 年,《里斯本承认公约》委员会决定将工作重心放在两个方面:一是审议附属文件《关于承认联合培养学位的建议书》,二是围绕《里斯本承认公约》的具体规定开展一项调查,以监测其执行情况。

联合国教科文组织还与欧洲委员会为欧洲信息中心网络共同提供秘书处服务,而欧洲联盟委员会则负责向欧洲联盟国家学术承认信息中心网络提供秘书处服务。欧洲信息中心网络、欧洲联盟国家学术承认信息中心网络由《里斯本公约》全体缔约国的信息中心共同组成,是《里斯本承认公约》的主要实施工具之一。这些中心通常负责发布有关境外高等教育文件的资讯和意见,提供有关承认程序和相关高等教育系统的信息,并协助申请者寻求获得对高等教育资历的承认。联合国教科文组织为欧洲信息中心网络、欧洲联盟国家学术承认信息中心网络的工作提供支持,尤其是在筹办年度联席会议、开发工具以及承认领域的区域间合作等方面。在联合国教科文组织的支持下，欧洲信息中心网络——欧洲联盟国家学术承认信息中心网络 2014 年全新推出的网站上增设了一个题为"联合国教科文组织各个区域"的新界面。

（5）《拉丁美洲及加勒比地区承认高等教育学历、证书和文凭地区公约》（简称《拉美及加勒比地区公约》）

该公约于 1974 年获得通过，迄今已有 19 个会员国批准该公约。《拉美及加勒比地区公约》的通过标志着该地区在逐步统一高等教育体系方面向前迈出了一大步。但其实施受到多种问题的阻碍，例如，关于职业目的的承认的规定、缺乏专门的资历评估术语、在评价在高等教育机构之外获得的技能和能力方面存在差异等。

批准水平可被视为衡量该地区会员国对有关承认高等教育资历的国家以上规范性文书兴趣的一个指标。该地区大多数国家都赞同双边协定，但并非所有国家都签订了关于相互承认学术资历的协定。在这方面，公约委员会努力地寻求解决这些问题的共同方案，推动会员国进一步批准公约，并随后于 2006 年在萨尔瓦多第十二届常会上起草了一份经修订的公约。

拉丁美洲及加勒比地区国际高等教育研究所（IESALC）为拉丁美洲及加勒比地区关于承认事项的地区公约提供秘书处服务。该研究所现已制定一项与该地区各国政府密切合作的战略，旨在就《拉美及加勒比地区公约》的未来发展（包括更新该政策工具的路线图）征求意见并争取支持。该研究所还针对该地区各国政府采用的承认机制展开了一项调查，截至 2014 年 10 月，共有 31 个国家参与该调查。这些数据将有助于构建一个容载可靠信息的数据库，使学术界的用户能够获取信息，了解各类国际化进程，包括所采用的各类机制。

三、《联合国教科文组织高等教育文凭互认地区性公约评估》及其建议

一直以来，联合国教科文组织在高等教育文凭互认领域所开展的相关活动均是以地区性公约为基础的，而随着高等教育国际化进程的不断推进，文凭互认越来越需要全球性框架加以支撑和推进，因而对地区性公约的评估显得尤为重要。为此，联合国教科文组织在 2011 年《关于会员国实施〈关于承认高等教育学历与资格的建议〉(1993 年)情况的综合报告》及 2015 年《关于实施〈关于承认高等教育学历与资格的建议〉(1993 年)情况的综合报告》两次对《关于承认高等教育学历与资格的建议》实施效果进行评估报告后，再次对高等教育文凭互认的地区性公约进行监测与评估，并于 2016 年 6 月发布了《联合国教科文组织高等教育文凭互认地区性公约评估》(Evaluation of UNESCO's Regional Conventions on the Recognition of Qualifications in Higher Education)，这不仅有助于与时俱进地修订各地区性公约，更有利于全球性公约框架的形成与实施。

(一)《联合国教科文组织高等教育文凭互认地区性公约评估》的实施背景

近十年来，高等教育参与度随着经济的发展显著提高，仅 2013 年便约有 400 万学生在高等教育阶段出国留学,[①] 与此同时，人口变化与科技创新以及知识经济的快速发展与转变为有着高技能的劳动者创造了有着巨大潜力的国际化市场。然而，如果有着高教育水平的劳动力在其原有范围之外所获得的学历、文凭未能得到认可，那这将成为其工作中的一大障碍。而联合国教科文组织一直都在为避免这种状况而努力，建立并不断修订地区性公约，使得缔约国在高等教育文凭互认方面共有唯一合法的框架，以促进高等教育合作并减少教师、学生、毕业生等流动的阻碍。

(二)《联合国教科文组织高等教育文凭互认地区性公约评估》的目的

此次评估的主要目的之一在于，为新一代地区性高等文凭互认公约的修订、管理和实施提供建议与意见，另一方面也在一定程度上为未来全球性公约的制定与实施提供参考与借鉴。

为了达成该目的，此次监测评估将关注点投放于：在各地区背景下，高等教育互认公约的重要性与角色；地区性公约治理与管理机制的效果；高等教育互认公约与联合国教科文组更广泛的高等教育计划间的关系与贡献程度；以及联合国教科文组织对地区性公约的演变、认可以及实施所给予的帮助的效果。

---

① OECD, *Education at a Glance: OECD Indicators*, 2015.

可以说，这是自六项高等教育文凭互认地区性公约实施以来，第一次开展的完整而深入的监测与评估。

（三）《联合国教科文组织高等教育文凭互认地区性公约评估》的结论

经过调查与监测，此次评估主要得出以下发现与结论。

1. 高等教育文凭互认公约的重要性与角色

随着基础教育所取得的巨大进步、出国接受高等教育的学生数量的增加、对经济区域更具流动性的期待、全球经济的本质变化以及贸易协定中认证需求的增加，学分互认问题变得日益重要。

同时，国家及地区间高度不一致的认证实践意味着对诸如联合国教科文组织地区性学分互认公约一样的标准制定工具的需求，而且此类公约不仅仅是用于互认的工具，也是其所管辖范围即规模内独一无二的，而且是地区间学分互认唯一合法的框架。

虽然《2014—2017 已许可项目与预算》（The 2014—2017 Approved Programme and Budget，37 C/5）为学分互认公约提供了一些参考，但是该文件在讨论教育方面的标准制定时并不明晰，仅有一项地区性互认公约的具体指标、两项针对新版地区性公约以及还在准备中的全球性公约的措施，为此，下一个文件应该包含更多针对互认具体相关工作的完整的指标和措施。

2. 地区性公约管理机制的效果

除 1997 年《里斯本公约》及 1983 年《曼谷公约》外，地区性学分互认公约的管理机制没有一个到目前还在发挥作用的，因此也就是没有效果的，而其他像《地中海公约》这样的地区性公约，多年前其初步颁发之时可能产生一定的效果，但是现如今，第一代拉丁美洲、阿拉伯以及地中海公约委员会不再开会，甚至不再积极践行、实施其公约。然而，1997 年《里斯本公约》有着极强的管理机制，并为高等教育学分互认地区性公约提供了大量优秀的实践成果。

监管第一代公约的实施情况非常不到位，而这也是文凭互认标准制定工作所面临的主要挑战之一。除 1983 年《曼谷公约》外，第一代公约没有一个得以系统地落实、开展，因而地区性监测数据也就无从获取，而这也就使得第一代公约的实施程度与效果、存有的困难以及能够为新公约所提供的经验等难以获得，但是由《里斯本公约》委员会开展的一项监测计划为监管地区性公约的实施情况提供了案例。

此外，地区性公约的管理方面还存有一些其他的挑战与机遇。首先，便是需要维持公约委员会间的会议以确保委员会所做的决定能够及时跟进；其次，明确关键利益相关者参与委员会会议及其他相关事项是提高公约管理效果的重要途径；最后，各地区及公约委员会要明确认识到公约仍然是在其特定的地区环境中开展实施的。

3. 联合国教科文组织支持活动的效果

即使缔约国承担着公约审批与实施的责任，但是联合国教科文组织的宣传与支持对其结果有着至关重要的作用，而实现这些重大进程的宏远目标也需要克服联合国教科文组织的困难与挑战。

一项重大挑战便是公约秘书处缺乏能力，而且未能维持缔约国的动力，但随着公约的修订、更多的签署国的加入以及公约实施的推进，未来的工作需要具有更加长远且战略性的眼光。这便要求联合国教科文组织扩大活动范围并吸引其他的利益相关者融入其中，以推进公约的宣传与实施，同时制定长期的发展战略。

(四)《联合国教科文组织高等教育文凭互认地区性公约评估》的经验教训

首先，联合国教科文组织需要利用各种方式阐述地区性文凭互认公约的重要性，明确认可或不认可缔约国的动机与动因，并根据特殊的地区背景推动公约的实施。关于公约批准与实施以及竞争优先权等的错误想法存在于很多国家之中，但是却都不尽相同。联合国教科文组织应该针对每一个地区背景基于应有的回应，并相应的调整其公约及政策，而这些努力应当以证据为基础，例如用可靠的数据以解决公约中突出的问题，并用数据支撑已得到的结果以及文凭互认所带来的好处。

其次，通过联合国教科文组织支持活动以维持动力是推进并实现地区性文凭互认公约的关键，诸如促进委员会与其他利益相关者召开会议、开展宣传、增强意识、提高能力并生成与交换知识等。过去，当联合国教科文组织的活动因人力、财政资源等的流失而动摇时，互认公约的批准进程也是缓慢的。因而，联合国教科文组织的支持活动对于高等教育文凭互认公约进程有着重要作用。

　　不同利益相关者参与的重要性是另一永恒话题。联合国教科文组织已经尽力将不同的如大学、学生及其他关键利益相关群体纳入地区性公约会议与咨询协商中。但为了提高文凭互认公约的审批与实施速度，十分有必要使更加广泛的利益相关群体参与公约的相关活动，诸如教育部门以外的政府机构、公立的或私立的高等教育机构，以及向地区经济组织等对高等教育文凭互认公约这一主题感兴趣的其他群体。与利益相关群体共同参与公约工作也能够扩大关系网络，增强公约意识，推进公约的落实与实施。

　　此外，地区内部及地区间就高等教育文凭互认公约生成并分享知识与经验在公约工作中也是极其重要的一个因素。然而，这些努力同样遇到了缺乏诸如缺少互认的积极与消极影响等需要数据证据支撑的困境。

　　关于文凭互认性别维度的信息也是不足的，缺少诸如男性与女性文凭互认的差异以及有关潜在性别歧视的分析数据等，这导致确认该歧视是否存在以及怎样处理都十分困难。总之，性别平等目前并没有在文凭互认中成为主流，无论是联合国教科文组织还是其他利益相关者，目前都缺乏该意识及相关标准制定活动，这是又一个需要收集更多数据并增强意识的领域。

　　总之，无论是总部还是各地区，此次监测评估发现在联合国教科文组织标准制定要求与其支持地区性及全球性文凭互认的审批与实施方面的能力存在一定的矛盾。而从长远来看，筹款策略对于确保资源的可获取性十分重要，同时前财政约束的显现以及新地区性公约所增加的工作量，都呼吁寻求创新的解决方法与工作路径，无论是达成公约审批的近期目标，还是公约实施的中长期目标，也都要求一种更有策略的方式方法，而这些目标的实现，都需要探索新型关系、扩大现存关系网络、加强地区及国家间的合作，以及加强使用信息与通信技术。

第四部分

第四部分

第十章　国际经验：教育国际化政策话语体系的主要特征

随着经济全球化浪潮的来袭，教育国际化成为世界上每一个国家都无法回避的重要议题。2010年，我国政府正式在经过中共中央政治局集体审查和批准的《国家中长期教育改革和发展规划纲要（2010—2020年）》[①]中明确把推动教育国际化作为中国教育的重要发展方向和教育改革开放的重要举措。中国如何在经济全球化的浪潮中把握教育国际化的发展趋势，清楚地认识和了解教育国际化政策的话语逻辑，是我国在制定本土教育国际化政策、实施教育国际化战略中必须要解决的一个重要问题。因此，教育国际化政策的话语体系呈现出哪些特征？在具体的教育国际化政策中是如何体现的？这些都是我国教育国际化研究领域不可回避的重要研究问题，对于该问题的探讨可以帮助我们把握教育国际化政策的话语体系。

本文基于福柯的话语理论，采用质性分析工具MAXQDA[②]对目前主要的教育国际化政策文本进行分析。本文参考教育国际化政策的实际情况，将教育国际化政策的话语体系分为话语主体、话语场域和话语陈述三个方面。在此基础之上，结合MAXQDA分析的结果从话语主体、话

---

① 《国家中长期教育改革和发展规划纲要（2010—2020年）》，http：//www.gov.cn/jrzg/2010-07/29/content _ 1667143. htm，2015-11-10。

② MAXQDA是一个独特的定性数据分析软件程序，它允许用户有系统地组织、评估和诠释文本以及多媒体数据。作为一个用于经典QDA和知识管理的强大工具，从1989年第一个版本发布以来，MAXQDA就一直是世界各地的学术及研究机构、个人和企业的选择。参见："Software for Qualitative, Quantitative and Mixed Methods Research," http：//www.maxqda.com/，2016-10-17。

语场域和话语陈述方面来揭示教育国际化政策话语体系的主要特征。

一、教育国际化政策的话语主体：多元化

在《知识考古学》中，福柯指出："迄今，几十年来，历史学家们对长时段予以了更多的关注，犹如他们从政治事件的变幻不定中和有关它们的插曲的背后揭示出一些稳固的难以打破的平衡状态、不可逆过程、不间断调节、一些持续了数百年后仍呈现起伏不定趋势的现象、积累的演变和缓慢的饱和以及一些因传统叙述的混乱而被掩盖在无数事件之下的静止和沉默的巨大基底。"①福柯特别强调成就"真实历史"的并非什么先验主体或者是大写的主体，事实上，无先验的话语主体对于历史反而有着不容忽视的干预作用。②

（一）话语主体的丰富性

表 10-1　教育国际化政策的话语主体（部分政策文本）

政策文本	话语主体	出现的频次
"新科伦坡奖学金项目"（New Colombo Plan Guidelines Scholarship Program）	澳大利亚培训与教育部（Department of Education and Training）	26
	澳大利亚外交与贸易部（Department of Foreign Affairs and Trade）	23
"新科伦坡流动性项目"（New Colombo Plan Guidelines Mobility Program）	澳大利亚培训与教育部（Department of Education and Training）	35
	澳大利亚外交与贸易部（Department of Foreign Affairs and Trade）	27
《2025 国际教育国家战略蓝图》（National Strategy for International Education 2025）	澳大利亚专门委员会（Council）	7
	澳大利亚政府各部门（Government Department）	27

---

① ［法］米歇尔·福柯：《知识考古学》，谢强、马月译，1 页，北京，生活·读书·新知三联书店，2013。

② 滕珺：《游走在"自由主义"与"保守主义"之间——联合国教科文组织教育政策的话语演变》，博士学位论文，北京师范大学，2010。

政策文本	话语主体	出现的频次
"夸美纽斯计划"（Comenius Program）	欧盟（European Union）	9
"伊拉斯谟计划"（Erasmus Programme）	欧盟委员会（the European Commission）	54
	其他国家机构（the National Agencies）	17
《国际视野下的世界一流教育——教育、技能和儿童服务国际战略》（Putting the World into World-Class Education）	英国教育与技能部（Department for Education and Skills）	5
《全球化：迎接挑战——英国继续教育国际战略》（Globalization：Meeting the challenge：An international strategy for further education in England）	英国继续教育机构（FE Service Provider）	2
	英国教育全球化战略小组（FE Globalization Strategy Group）	6
	英国政府与其他国家机构（Government and other National Agencies）	2
	英国学习提供者协会（Association of Learning Providers）	3
	继续教育学院协会（Association of Colleges）	8
	英国教育传播与技术署（British Educational Communications and Technology Agency）	13
	英国文化协会（British Council）	13
	英国国家语言中心（CILT）	1
	英国创新、大学和技能部（Department for Innovation，Universities and Skills）	1
	英国学习研究院（Institute for Learning）	7
	英国学习和技能委员会（Learning and Skills Council）	6
	英国学习和技能改进服务中心（Learning and Skills Improvement Service）	10

续表

政策文本	话语主体	出现的频次
《全球化：迎接挑战——英国继续教育国际战略》(Globalization：Meeting the challenge：An international strategy for further education in England)	英国终身学习委员会(Lifelong Learning UK)	8
	英国国家成人继续教育学院(National Institute of Adult Continuing Education)	2
	英国教育、儿童服务和技能标准办公室(Office for Standards in Education，Children's Services and Skills)	6
	英国第六学级学院论坛(Sixth Form Colleges' Forum)	3
	英国职业与技术教育培训协会(Technical and Vocational Education and Training UK)	13
	英国 157 集团(157 Group)	3

从表 10-1 可见，上述政策文本所呈现的话语主体主要还是政府的相关部门以及其他国家机构或组织。有些政策的话语主体比较多样，如英国的《全球化：迎接挑战——英国继续教育国际战略》，其话语主体有继续教育机构、政府职能部门和其他国家机构等多个部门；有些政策的话语主体比较单一，如欧盟出台的"夸美纽斯计划"，其主体包括欧盟和其他国家机构。话语陈述由于话语主体的改变而相应地发生改变，此处以英国 2008 年发布的《全球化：迎接挑战——英国继续教育国际战略》进行说明。

1. 继续教育机构单独采取的行动

继续教育学院和其他继续教育提供者能够发挥十分有价值的作用，可以将来自不同种族、信仰和社会背景的青年和成人集中在一起，促进相互之间的理解，增进相互之间的尊重。全球化对于每一个继续教育机构而言都没有定论，国际化活动也没有统一的标准，而是每个继续教育机构要制定一个国际化战略，使之与学校的战略总目标和发展规划相契合，将国际化的理念整合到学校的战略总目标和发展规划之中；留意可以为社区增益的机会；关注雇主比较重视的国家的合作关系、海外招生活动以及学生交换项目；进一步与雇主展开互动，帮助他们发现自己对员工和受训者进行外语和跨文化培训的需求；利用已有的国际合作关系来评估自己的工作，发现和分享处理常规性挑战的机会；利用国际学生来丰富本国学生和受训者的文化经验；鼓励建设课外国际学生俱乐部和协会，从而在校园里组织跨文化活动。继续教育机构需要形成最适合自己独特情况的国际化发展战略，需要结合本校的地点、人口构成和专业特长来发展自己的国际化理念，使学习者、课程、教师专业发展以及学校服务的雇主和社区受益。

2. 政府职能部门和其他国家机构分别采取的行动

除了上述政府部门与其他国家机构合作采取的行动外，政府有关部门及其他国家机构需要根据自身的特点，有针对性地采取相应的措施来促进该战略。主要包括学习提供者协会，继续教育学院协会，英国教育传播与技术署，英国文化协会，国家语言中心，创新、大学和技能部，学习研究院，学习和技能委员会，学习和技能改进服务中心，英国终身学习委员会，国家成人继续教育学院，教育、儿童服务和技能标准办公室，第六学级学院论坛，英国职业与技术教育培训协会和157集团等。各个不同的组织为实现同一个目标由于其自身组织的性质差异采取的措施也有所不同。比如该战略的目标1是推进社会凝聚力和全球公民身份的建设，为实现这一目标学习提供者协会采取的措施是更好地利用该协会代表的部门对雇主需要的了解，最大限度地影响和激励该部门为全球事务和战略做贡献；英国文化协会为这一目标要采取的措施是推进针对全球问题的跨文化对话，从而打破文化障碍，发展全球公民，促进和协助建立国际关系，以增进继续教育部门对全球世界、文化多样性和跨文化的理解，为学生和教师提供机会，使他们更好地适应全球社会的生活。

（二）话语主体之间的合作多样化

人们往往希望通过联合多方的力量，协同创新、合作共赢，整合资源以求人力、物力和财力等资源可以实现最大效用。话语主体是推行教育国际化政策不可或缺的重要力量，为了更好地实行举行的政策措施，需要加强各个部门的合作。例如，《全球化：迎接挑战——英国继续教育国际战略》十分清晰地阐述了各个话语主体之间的合作关系，具体表现在各个部门合作开展的一些项目中。

1. 继续教育机构与政府合作采取的行动

如上所述，继续教育机构所提供的服务具有较高的自主性和需求导向性，但这并不意味着政府及其他国家机构可以撒手不管，而是要与继续教育机构展开必要的合作。具体来说，政府与其他国家机构在需要时对继续教育机构的良好做法进行认证、鼓励和帮助，并提供特别自主或系统性支持。政府及其他国家机构的共同责任是通力合作，以使继续教育部门、学习者和整个经济的效益最大化，从而确保所提出目标的一致性和明确性，保证继续教育部门的国际声望。在适当的情况下，政府及其他国家机构将与外国政府和教育组织合作，开发一套对于"需求"和"供给"的共同认识，鼓励其在继续教育部门的合作者有效地工作，以满足上述需求。

2. 政府职能部门同其他国家机构共同采取的行动

为了实现战略目标，该战略提出了一个需由政府及其他国家机构共同实施的行动计划，主要包括如下几个方面：①调研，英国继续教育机构可以从相关的国际活动中学到其他国家比较好的经验，因此，政府及其他国家机构准备建立一个继续教育研究机构，研究已有的相关国际活动的类型和氛围；②激励，相关的国际活动必须整合到继续教育部门的常规实践中，而政府及其他国家机构则要与继续教育部门合作探讨整合的机制，包括质量保障机制、国家改进战略、督导与自我管理等具体内容；③能力建设，政府及其他国家机构的目的是培养继续教育实践工作者，这些人不但专业，而且在教育来自不同背景和国家的学习者方面具有世界认可的能力。政府及其他国家机构要开发系统的继续教育教师专业发展计划和工具，对继续教育机构的领导者和实践工作者进行培训；④协调，通过良好的交流和共同的努力，政府及其他国家机构应鼓励相关组织和机构合作并分享信息、进一步建设有效的联盟以共同应对相关机会、建设继续教育机构先进经验分享团队、建立分享经验的单一门户网站等。

二、教育国际化政策的话语场域：大背景和小环境

福柯话语理论中最核心的是话语实践，主要包括话语场域和话语陈述两大部分。① 话语实践"是一个匿名的历史的规律的整体，这些规律总是被确定在时间和空间里，而这些时间和空间又在一定的时代和某些既定的、社会的、经济的、地理的或者语言等方面确定了陈述功能实施的条件"②。这些"一定的时代"和既定的"社会""经济""地理"以及语言方面的特定的条件就是话语陈述的场域，只有在既定的场域中才能形成和产生相应的话语陈述。

（一）全球化和信息化的大背景

1. 纷繁复杂的全球化时代

全球化是以知识、资本、劳动力为主的经济和科技等要素跨越国家的地理边界，在全球范围内流动和配置的过程，是世界各国或地区在经济、科技、文化等方面相互渗透、依存，并受一系列全球规则影响的发展过程。③ 全球化浪潮中最先受到人们关注的是经济的全球化，而现在教育全球化和教育国际化日益受到人们的关注。《2025 国际教育国家战略蓝图》中"Global"出现了 41 次、"International"出现了 219 次，"新科伦坡流动性项目"中"Global"出现了 2 次、"International"出现了 21 次，"新科伦坡奖学金项目"中"International"出现了 7 次，《国际视野下的世界一流教育——教育、技能和儿童服务国际战略》中"International"出现了 94 次、"Global"出现了 73 次，《全球化：迎接挑战——英国继续教育国际战略》中"Global"出现了 124 次、"International"出现了 222 次，"伊拉斯谟计划"中"International"出现了 142 次，"Global"出现了 6 次。《全球化：迎接挑战——英国继续教育国际战略》的前言主要描述了在全球化时代英国的教育以及英国的继续教育所面对的挑战，前言一共有 4 页，占政策文本正文的 13％。其中用于描述全球化时代背景的文章段落大概占据了 1/2 的篇幅。可见，全球化是教育国际化政策最主要的话语场域。

---

① 福柯话语理论最为核心的思想在于"话语实践"，福柯强调话语是人类的一项重要实践活动，或者说人类与世界的关系可能就是一种话语实践关系，"这些关系所标志的不是话语使用的语言，不是话语在其中开展的景况，它们标志的是作为实践的话语本身"。参见米歇尔·福柯：《知识考古学》，谢强、马月译，50 页，北京，生活·读书·新知三联书店，2013。

② ［法］米歇尔·福柯：《知识考古学》，谢强、马月译，130 页，北京，生活·读书·新知三联书店，2013。

③ 薛澜：《科技全球化与中国发展》，1 页，北京，清华大学出版社，2015。

2. 高速发展的信息技术时代

2016 年世界经济论坛发布《2016 年全球信息技术报告——数字经济时代推进创新》报告，该报告指出，全球正迈进第四次工业革命，信息通信技术是这场革命的中坚力量。[①] 信息技术的发展对于教育的影响是显而易见的，对于教育国际化的发展而言无疑是为教育国际化活动以及模式的创新奠定了基础。主要的教育国际化的政策文本，对信息技术的使用进行了不同程度的描述，如澳大利亚政府在《2025 年国际教育国家战略蓝图》中写道不断发展的技术可以促进教育传播的不断创新，可以采用多种不同的形式来开展教育活动，使得澳大利亚的教育可以传播到更广的地方，能够为更多的学习者提供高质量的学习机会。

（二）具体的微小环境

话语主体对于话语场域的分析总是要依据其所在的区域展开具体的分析。

很多学者认为，21 世纪是亚洲世纪，在全球主要发达国家经济停滞不前、增长乏力的背景下，亚洲崛起的规模和速度令全球瞩目。[②] 2012 年 10 月 28 日，澳大利亚政府发布《亚洲世纪中的澳大利亚》白皮书，为澳大利亚未来抓住亚洲崛起机遇、取得更大繁荣规划了蓝图。澳大利亚总理吉拉德在演讲中说道："亚洲正走在重返全球经济和政治主导地位的道路上。这种趋势不仅不可阻挡，而且正在加速。到 2025 年，亚洲将拥有世界最多的中产阶级，并将是全球最大的商品及服务制造者、提供者和消费者。这为澳大利亚提供了巨大的机遇和挑战。"[③] 正是在这一话语场域之下，澳大利亚出台了"新科伦坡计划"，包括"新科伦坡奖学金项目"和"新科伦坡流动性项目"，投入 1 亿多澳元来支持 18~28 岁的澳大利亚本科生到印度—太平洋国家或地区进行学习或实习，以在个人层面、大学层面、商业层面或者其他方面上加深澳大利亚同印度—太平洋地区的联系；同时也为澳大利亚未来的劳动力培养地区意识、增加对该地区的理

① WEF：2016 年全球信息技术报告——数字经济时代推进创新，http：//www.ctiforum.com/news/baogao/490426.html，2016-10-18。

② 周强武：《2012 全球与中国经济热点问题研究》，89 页，北京，中国财政经济出版社，2013。

③ 同上。

解提供支持。正因为澳大利亚地处亚太地区，又面临着亚太地区逐渐成为 21 世纪的战略中心地位的这一客观话语场域，所以，澳大利亚在其教育国际化政策中才会将话语陈述聚焦于澳大利亚本国公民到印度—太平洋国家的流动性项目。

再如，澳大利亚政府在制定《2025 国际教育国家战略蓝图》时充分考虑了其所在话语场域，分析了澳大利亚的教育目前所处的状况、全球的发展趋势、全球竞争环境以及未来的发展机会。《2025 国际教育国家战略蓝图》如此描述全球发展趋势："随着全球政治经济的发展，对于高技能人才的需求不断增加，特别是印度—太平洋地区；除此之外，印度—太平洋地区的中产阶级不断增加，对于高质量的基础教育和高等教育的需求也将不断增加；与此同时，全球经济的发展促进了人员的流动，很多专家、研究人员以及学生会借助教育、培训以及研究等机会流动到另一个国家"。这些发展趋势为澳大利亚国际教育的发展提供了很大的市场。通过对竞争环境的分析，澳大利亚政府认为目前面临着两类主要的竞争者，分别是一些老牌的发达国家和一些新兴的发展中国家。老牌发达国家的教育一直受到世界各地学生的青睐，主要的竞争对手是法国、德国、日本和加拿大。新兴发展中国家主要是通过在本国提供英语类课程吸引更多的学生去留学，比如中国和印度。基于以上的分析，澳大利亚政府才出台了相关的教育国际化政策。

总的来说，澳大利亚正是从自身所处的亚太地区的政治、经济、地缘等多方面因素出发，制定相应的教育国际化政策和战略。

三、教育国际化政策的话语陈述：针对性和分解性

福柯认为，陈述是话语的原子，是话语的基本单位，"任何固定的、静止的结构都是他们进入话语实践的障碍。话语实践中的符号或者符号体系之所以能够具有一定的功能，就在于它们占据了某种位置，即进入了一种连接范围。因此，符号的生命并不在于其孤零的存在，而在于其他符号在陈述游戏中的联结。"[1]陈述是专家身份所说的话，是一件有价值的东西："陈述不像我们呼吸的空气那样透明，陈述是被传递、被保存的

---

① 吴猛：《福柯话语理论探要》，博士学位论文，复旦大学，2003。

东西，是人们所想要占有的东西。人们复制陈述，不仅通过誊抄和翻译，而且还通过诠释、评论以及从内部来扩散意义。"①话语陈述的功能只有通过如下四个方面才能实现：第一，不能把陈述的对应物看作某个确定的存在物，也不能看作事物的状态或者能够证实命题的关系，而应当看作一个"范围的总体"。第二，陈述主体可以为不同的个体所填充，这个位置并不是一个一成不变的属性个体，而是一个空白的位置。第三，一个陈述与若干其他陈述交织在一起，构成一个"边缘"所构成的范围，这些"边缘"的存在并不是表明各种话语的"相互补充"，而是意味着邻近空间的"使用"，每一个陈述都是在它的边缘范围之内确定的。第四，陈述必须有某种物质存在。不能从这种静态的角度来看待陈述的物质性，而应当将后者视为一种功能性：所谓陈述的物质性就是它在一个陈述游戏中的地位。② 通过对话语陈述的分析，可以发现这些主要的教育国际化政策文本中所强调的政策目标、措施和手段到底是哪些。

（一）话语陈述的对象具有针对性

话语陈述的对象主要包括教育国际化政策的领域、目标以及针对的群体等。

表 10-2　教育国际化政策话语陈述的对象

政策文本	国家	领域	目标/行动/措施	利益相关者
"新科伦坡奖学金项目" "新科伦坡流动性项目"	澳大利亚	高等教育	(1)提供大约 100 个奖学金项目的获得者名额 (2)支持澳大利亚本科生去尽可能多的印度—太平洋地区国家学习 (3)鼓励"新科伦坡计划"的学生在接收国进行更长时间的学习、语言培训、实习或辅导 (4)促使"新科伦坡计划"的学生、大学和其他利益相关者参与公共外交和拓展 (5)为那些"新科伦坡计划"的参与者继续建设一个积极的校友社区网络	澳大利亚本国公民；大学；提供支持性服务的组织；接收国家的大学及其他组织

① 许正林：《欧洲传播思想史》，527 页，上海，上海三联书店，2005。
② 吴猛：《福柯话语理论探要》，博士学位论文，复旦大学，2003。

续表

政策文本	国家	领域	目标/行动/措施	利益相关者
《2025 国际教育国家战略蓝图》	澳大利亚	教育与培训；服务贸易	支柱 1：巩固已有的卓越基础 支柱 2：寻求合作关系 支柱 3：提升全球竞争力	学校；学生；教师；其他国家；劳动者
"夸美纽斯计划"	欧盟	基础教育	行动 1：促进个体的学习流动 行动 2：建立学校之间的伙伴关系 行动 3：多边合作项目 行动 4：建设网络工程	基础教育阶段的学校和学生
"伊拉斯谟计划"	欧盟	教育与培训运动青少年流动性活动	行动 1：促进个体的学习流动 行动 2：开展成功经验的交流与合作 行动 3：支持政策革新	人员：教师、学生、科研人员；机构：学校、企业、第三国家的政府和学校；当地社区
《国际视野下的世界一流教育——教育、技能和儿童服务国际战略》	英国	儿童服务教育技能培训	目标 1：武装英国儿童、青年和成人的头脑，使之能够在全球社会中生活，在全球经济环境中工作 目标 2：与国际合作者互动以实现他们和本国的目标 目标 3：使教育与培训部门以及大学研究的贡献最大化，使之能够推动海外贸易和外来投资	学校 研究机构 公民 雇主
《全球化：迎接挑战——英国继续教育国际战略》	英国	继续教育	目标 1：推进社会凝聚力和全球公民身份的建设 目标 2：支持人们与国际合作者互动以实现对方的目标和自己的目标 目标 3：努力增大继续教育服务对增加海外贸易和外来投资的贡献 目标 4：为国际活动奠定基础	国际合作者；当地社区；继续教育学习者；继续教育提供者及其雇员；雇主

续表

政策文本	国家	领域	目标/行动/措施	利益相关者
"十万强计划" (100 Thousand Strong Initiatives)	美国	高等教育	基本定位：以通过青年人的海外学习与交流促进中美战略伙伴关系建立为使命 根本目标：推动中美教育文化交流，通过民间交往和青年人的交流提升国家间的相互理解和信任 主要项目：中美学校联合培养及双重学位证书的教育项目；正式的中国大学学士、硕士或博士教育项目；中国开设的汉语学习课程；为期一学年的访学或交换项目（如富布赖特奖学金项目）；学习旅行（由大学或专业机构组织的）；在中国的实习或工作；参与中国的志愿者工作或服务—学习项目；在中国的教学项目；由专业机构支持的或独立研究者开展的中国教育研究；其他在中国的教育活动（诸如教育旅行、独立学习项目等）	十万强基金会；美国大学生；中国大学
《全球竞争力与国家需要：100万人留学》（又称《林肯计划》）(Global Competence and National Needs: One Million Americans Studying Abroad)	美国	高等教育	目标1：在未来十年内每年协助100万美国大学生赴海外留学。 目标2：鼓励更多来自社区学院及少数族裔的美国学生到海外留学，即保证留学人口构成更加均衡的分布于各类大学与各类人群中。 目标3：重点支持美国学生、学者前往发展中国家留学，提高留学目的地分布的均衡性与多元性。	亚伯拉罕·林肯海外奖助学委员；美国大学生和学者

续表

政策文本	国家	领域	目标/行动/措施	利益相关者
《促进世界的发展——日本外国留学生接收战略》（世界の成长を取り込むための外国人留学生の受入れ战略）	日本	高等教育	措施1：战略性地接收外国留学生。 措施2：不断充实奖学金，改善留学生的奖助政策。 措施3：进一步完善使用英语或其他外语教授课程、引进海外优秀教师、使用英语或者其他外语讲授日本文化/历史及专业课程。 措施4：将大学、日本学生支援机构、地方公共团体、企业、各种民间团体等联合起来为留学生的生活提供更加充实的支援。 措施5：给留学回国和期望在日本工作的学生以信息支持。①	日本文部科学省；各国大学生；政府相关机构；各个高校
《德国高等教育国际化战略》（Strategie der Wissenschaftsmi-nister/innen von Bund und Ländern für die Internationalisierung der Hochschulen in Deutschland）	德国	高等教育	目标1：各个高校制定自身的国际化战略。 目标2：改善国际化的法律框架。 目标3：创建欢迎文化。 目标4：建立国际校园。 目标5：提高大学生的国际流动性——到2020年止有20%的高校毕业生有海外学习或实习的经历。 目标6：提高高等教育的国际吸引力。 目标7：招纳国外优秀青年学者。 目标8：扩大国际科研合作。 目标9：建立跨国高等教育产品。	高校的学生和教师；政府相关部门
《学校中的欧洲教育战略》（Europabiludng in der Schule）	德国	基础教育	措施1：注重欧洲和国际范围内的合作与交流。 措施2：在课程中体现欧洲教育。 措施3：获得双语或多语能力。	公立学校；公立学校的学生和教师

① 王玉清：《〈促进世界的发展——日本外国留学生接收战略〉评述》，载《郑州师范教育》，2016(1)。

政策文本	国家	领域	目标/行动/措施	利益相关者
《南非高等教育机构颁布的国际学生教育道德实践保护条款》(Code of Ethical Practice in the Provision of Education to International Students by South Africa Higher Education Institution)	南非	高等教育	目标1：制定系统的南非高等教育国际化政策，使南非高等教育发展有章可循。 目标2：提升南非高等教育国际化水平，使南非走上世界舞台前列。	国际留学生；大学
《对南非高等教育国际化的政策：全球、国家及机构的推动视角》(Toward a Policy on Internationalization of Higher Education for South Africa: Global, National and Institutional Imperatives)	南非	高等教育	目标1：保障来南非学习的国际留学生的权益，使其获得愉快的就读体验。 目标2：保障南非高等教育机构的权益，提升南非高等教育机构在国际上形象。 目标3：扩大南非高等教育对外开放水平，提升南非高等教育质量。	国际留学生；大学
《2010 外国教育机构法案》(The Foreign Educational Institutions Bill 2010)	印度	高等教育	(1)规范、管理外国教育机构的转入和运作。 (2)每一所有意在印度经营的外国教育机构，必须是印度中央政府的正式通告且经过大学拨款委员会的推荐。 (3)外国教育提供者必须保证至少有 5 亿卢比的基金作为保证金，即约 1 100 万美元。	外国教育机构；印度政府部门及相关机构

话语陈述可以由多种语言形式表达，也可以用具有不同语法构成的同一种语言表达，虽然所用的符号、语法不同，但表达的意思一样。陈

述随时间、地点、环境等条件的改变而改变。从表 10-2 中可以发现上述所列教育国际化政策都是具有一定的针对性的，虽然都处于全球化和信息化的世界大背景之下，但是不同国家由于其具体的政策环境有所差异，因而其教育国际化政策的重点也各有不同，有的侧重于高等教育，专门出台了针对高等教育领域的国际化政策，如澳大利亚出台的"新科伦坡奖学金项目"和"新科伦坡流动项目"都是针对高等教育领域的；当然也有很多国家或组织将高等教育和基础教育的国际化置于同等重要的地位，如欧盟的"伊拉斯谟计划"和"夸美纽斯计划"分别是针对高等教育和基础，而 2014 年开始实行的"伊拉斯谟计划"更是将前期所有的高等教育和基础教育领域的项目都融为一体。除了领域之外，出台的具体教育国际化政策和针对的目标群体也是具有针对性的。

话语陈述作为一种功能，它的意义存在于运动之中，存在于赖以存在和运动的句子、命题或与其他各种"陈述"的关系当中，也就是说陈述是在特定的关系网络或空间中得到界定的。再次，如同陈述不同于一个句子或命题一样，陈述的主体也不完全等同于句子或命题的发话者，陈述主体的最大特点是，他虽表现为某个特定的人物，但确切而言，应称其为一个"位置"。位置可被不同的主体在不同的时空背景，从不同的角度替代或填补。①

（二）话语陈述的规则具有分解性

澳大利亚在《2025 国际教育国家战略蓝图》中将其目标描述为三大支柱。支柱一：巩固国际教育已有的卓越基础；支柱二：寻求合作关系，以创造更多的发展机遇；支柱三：利用创新提升全球竞争力。在支柱一下设三个目标，分别是继续努力建设世界一流的国际教育体系，尽最大可能创造最佳的学生留学体验，提供切实有效的国际教育质量保障和准则；在支柱二下设四个目标，分别是巩固国内的合作伙伴关系，加强国外的合作伙伴关系，提高学生、教师和科研人员的国际流动性，以及建立同国际校友的持续联系；在支柱三下设两个目标，分别是促进澳大利亚国际教育的持续卓越，紧紧抓住澳大利亚国际教育的增长机遇。

---

① 许正林：《欧洲传播思想史》，527 页，上海，上海三联书店，2005。

《全球化：迎接挑战——英国继续教育国际战略》中将目标描述为推进社会凝聚力和全球公民身份的建设，支持人们与国际合作者互动以实现对方的目标和自己的目标，努力增大继续教育服务对增加海外贸易和外来投资的贡献，为国际活动奠定基础。

从上述两个政策文本对政策目标的描述可以发现教育国际化政策在描述政策目标时会从大处着眼，然后再一一分解为具体的小目标。例如，在《全球化：迎接挑战——英国继续教育国际战略》中将目标二"支持人们与国际合作者互动以实现对方和自己的目标"分解为"发展可持续的、战略性的国际合作关系以促进互惠互利；充分利用欧洲的项目和合作关系，推动里斯本战略目标的实现，使欧盟成为"世界上最具竞争力和活力的知识经济体"；评估英国的教育工作，与其他国家分享经验并学习他们的先进经验；通过职业教育和培训机构的能力建设和合作关系的建立来推进"千年发展目标"。"图 10-1 是澳大利亚《2025 国际教育国家战略蓝图》的编码图，图 10-2 是澳大利亚"新科伦坡奖学金项目"的编码图，图 10-3 是"新科伦坡流动性项目"的编码图，具体见后。

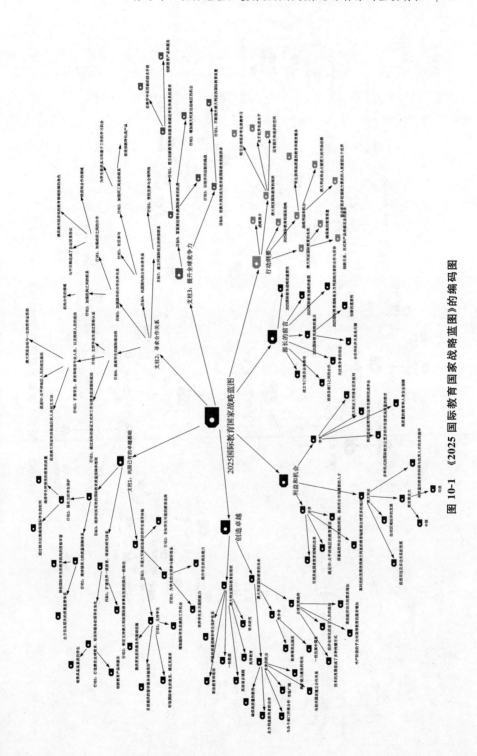

图 10-1 《2025 国际教育国家战略蓝图》的编码图

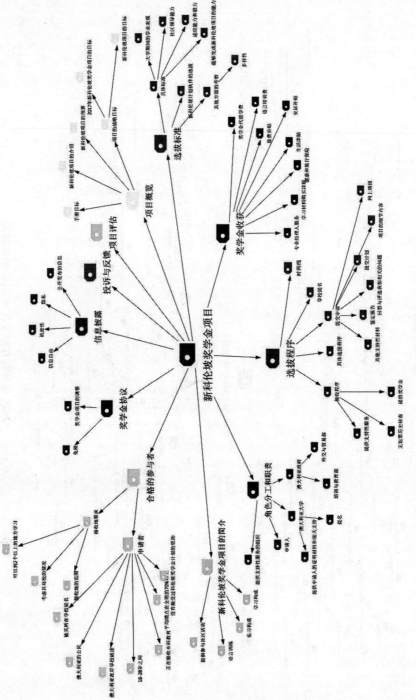

图 10-2　"新科伦坡奖学金项目"的编码图

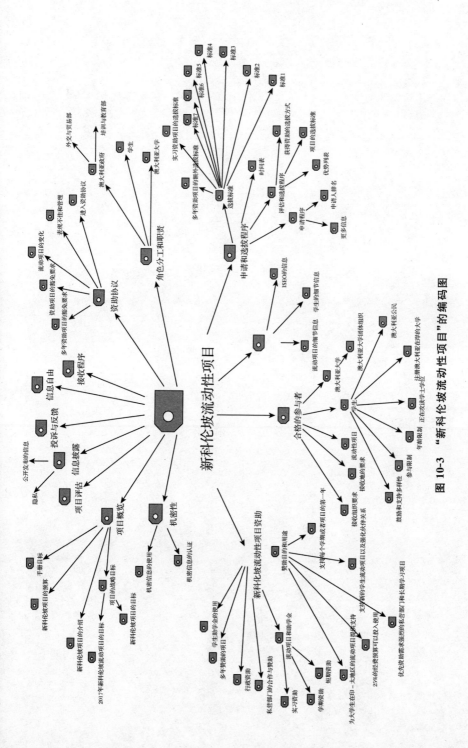

图 10-3 "新科伦坡流动性项目"的编码图

第五部分

第十一章 中国教育国际化政策、实施 效果与战略选择

一、中国教育国际化政策体系

教育对外开放是我国改革开放事业的重要组成部分。经过几十年的发展，目前中国已基本形成全方位、多层次、宽领域的教育对外开放格局，并已构建了相对完善的教育对外开放、合作与交流的政策框架体系，有力保证并促进了教育国际化的健康发展。根据国际化政策的层次，我们可以将其划分为国际化教育政策方针、国际化教育政策法规、国际化教育政策规定以及国际化教育政策措施四个层次。

国际化教育政策方针，指的是国家在一定时间内对国际教育交流与合作的总的指导思想和原则，是国际化教育政策的总概括，决定着我国教育国际交流与合作的总体发展方向。比如我国的《国家中长期教育改革和发展规划纲要(2010—2020年)》中对扩大教育对外开展的战略设计等。

国际化教育政策法规，是把规范教育国际化领域的规则上升到法律化的层面，形成有权威性的、具有稳定性的教育政策。2010年，《国家中长期教育改革和发展规划纲要(2010—2020年)》第一次以政府文件的形式写入了"教育国际化"，而此前，我国在《中华人民共和国教育法》《中华人民共和国高等教育法》中以法律条文的形式对教育对外交流与合作所做出的法律规定均属于这一范畴。

国际化教育政策规定，是由党和国家行政管理部门出台的一些较为成熟的规定、条例、备忘录等。比如1999年中国教育部出台的《自费出国留学中介服务管理规定》、2003年出台的《中外合作办学条例》。国际化教育政策规定比政策法规要低一个层次，但是又比政策措施高一个层次。

　　而国际化教育政策措施则是根据已有的方针、法规以及各种规定而采取的与国际教育政策相一致的政策细化措施、方法和计划等。

　　通过对相关政策文本的翻阅，本文将与教育国际化有关的政策分为四个政策领域：第一，针对学生和教师的出国留学政策（具体可以分为公派出国留学、自费出国留学以及教师出国任教这三个二级政策领域）；第二，来华留学生政策（具体包括来华留学生招生、教育、学位、管理以及奖学金政策）；第三，留学人员归国政策以及引进海外人才政策；第四，中外合作办学政策。与这些政策领域相对应的是学生（教师）出国留学（进修）、来华留学生教育、留学生归国以及引进海外人才、中外合作办学等相关事业的发展。

二、中国教育国际化政策的变迁

（一）出国留学政策变迁

　　出国留学政策是国家决策层根据一定时期的基本国策、国际关系、价值标准与合理性原则，对出国留学活动实施管理、服务、控制和调节的制度性规定，是我国教育国际化政策的一个重要组成部分，而其中，公派留学政策是最为重要的一个政策领域，它包括公派留学教育的基本指导方针、年度计划、选派人员的规定和程序、派出方式以及管理办法等。中国的出国留学政策具有非常明显的渐进性和相对独立的阶段性特征。[1]

　　严格来说，我国出国留学政策的出台开始于20世纪50年代初期。[2]但是，作为改革开放政策在教育领域的体现，我国的出国留学政策体系的建立和完善始于1978年。中华人民共和国成立以后，在"冷战"时期，为迅速培养工业化建设急需的各种专门人才，中国政府向苏联及东欧国家大量派遣留学人员。从1950—1965年，派出人数总计达10 689人。1966年，由于"文化大革命"运动，政府决定推迟选拔和派遣留学生，并于次年要求在国外的留学生回国参加运动，从而致使在此后的5年中公

---

　　① 苗丹国、程希：《1949—2009：中国留学政策的发展、现状与趋势（上）》，载《徐州师范大学学报（哲学社会科学版）》，2010(3)。
　　② 陈学飞：《改革开放以来大陆公派留学教育政策的演变及成效》，载《复旦教育论坛》，2004(3)。

派留学工作完全停止。1972 年，公派留学工作得以恢复，到 1978 年，共向 57 个国家和地区派出留学生 1 416 人。①

1978 年 6 月 23 日，邓小平在听取了教育部工作汇报后，表示："我赞成留学生的数量增大，主要搞自然科学"，"要成千成万地派，不是只派十个八个"，"教育部要有一个专管留学生的班子"。② 这段讲话被认定为奠定了 1978 年之后中国向西方发达国家扩大派遣留学生的政策基础。③ 18 天后，教育部向中央提交了《关于加大选派留学生数量的报告》，提出了一个与"扩大派遣"意见一致的 3 000 人派遣计划。当年 8 月，教育部印发《关于增选出国留学生的通知》，确定了将 1978 年出国留学生名额增至 3 000 人的目标。④ 由此，一场中国近现代以来规模最大的出国留学潮悄然掀起。

1. 1978—1985 年出国留学政策分析

表 11-1　中国出国留学政策概况(1978—1985 年)

年份	政策名称	主要内容
1978	《关于加大选派留学生的数量的报告》	确定了加大留学生派出规模的决策
1979	《出国留学人员管理教育工作的暂行规定》	对出国留学人员管理做出具体规定
	《出国留学人员守则》	
1981	《关于出国留学人员管理工作会议情况报告的通知》	明确力争多派、突出重点、统筹兼顾、保证质量的派出方针
	《关于自费出国留学的暂行规定》	在校研究生不得申请自费出国
	《关于在校研究生自费出国留学问题的通知》	进一步明确在校研究生不得申请自费出国留学，对退学申请出国者只提供学历证明，不提供成绩单

① 陈学飞：《改革开放以来大陆公派留学教育政策的演变及成效》，载《复旦教育论坛》，2004(3)。

② 苗丹国、程希：《1949—2009：中国留学政策的发展、现状与趋势(上)》，载《徐州师范大学学报(哲学社会科学版)》，2010(3)。

③ 新中国档案：1978 年邓小平做出增派留学生决策，http://www.chinanews.com/lxsh/news/2009/09-29/1892600.shtml，2011-11-09。

④ 陈可森：《教育外事工作历时沿革及现行政策》，37 页，北京，北京师范大学出版社，1998。

续表

年份	政策名称	主要内容
1982	《关于自费出国留学若干问题的决定》	严格限制自费出国留学。在校生不准自费出国。公布自费出国留学年龄限制及政治审查要求
	《自费出国留学的规定》	
	《关于1982年试行选拔出国攻读博士学位研究生的通知》	探索逐步扩大博士生选拔和派出途径
1984	《关于自费出国留学的暂行规定》	放宽对自费留学限制

表 11-1 显示，从 1978 年确定加大留学人员派出的决定到 1985 年，中国政府共颁布相应出国留学政策 9 项，这一时期属于出国留学事业恢复发展以及出国留学政策逐步建立的阶段，这一阶段的政策呈现以下特点和趋势。

首先，扩大派遣留学生规模作为一项战略性决策保证了留学生派出规模在稳定中增长。但是，在留学生的选派方面还是经历了一些微调。最为明显的是留学生的选拔类型，1978 年，在全部的 314 名公派留学生中，仅有 5 名研究生，访问学者（进修人员）为 229 名，占 72.39% 的比例，本科生则占了 25.48%。而到 1982 年，研究生、访问学者、本科生所占比例分别调整为 32.99%、74.55% 和 7.57%，即在公派留学人员的选拔上，从最初以访问学者和研究生为主逐渐调整为以研究生为主，当然，访问学者仍然占据一定的比例。

其次，改革开放到 1985 年是出国留学政策的初建期，留学生的选派政策不断完善和调整。这主要体现在《出国留学人员管理教育工作的暂行规定》《出国留学人员守则》以及《关于出国留学人员管理工作会议情况报告的通知》中。这一时期公派出国留学的方针是"积极主动，择优选拔，保证质量，广开渠道，力争多派，突出重点，统筹兼顾"。总体说来，这一阶段派遣留学生政策的指导思想呈现较高一致性。

再次，频繁颁布并反复调整自费出国留学政策。1980—1982 年，仅仅两年的时间里，中共中央、国务院、中央组织部等部门，针对自费出国留学的活动和相关事务，先后印发了 5 个政策性文件。这一现象反映了我国在自费留学政策层面的探索。它一方面体现了国家决策层对于自费留学的重视程度①，同时也体现了国家对于自费留学的形势估计不足。事实上，这一阶段的自费出国留学政策是与实践彼此适应和磨合的过程。

这种频繁的调整也直接体现在了自费出国留学人数的变化上，据统计，1979 年，自费出国留学人数为 231 人，1980 年为 162 人，可以说改革开放初期，自费出国留学还是非常个别的现象。1980 年和 1981 年颁布的《关于自费出国留学的暂行规定》《关于在校研究生自费出国留学问题的通知》虽然首次将自费出国留学问题纳入国家政策范围，但是在当时看来，总体上对自费出国留学问题采取了较为宽松的态度。因此，1980、1981 年自费出国留学人数迅速增至 2 338 人和 2 341 人。② 到 1982 年，中共中央印发《关于自费出国留学若干问题的决定》，果断收紧自费出国留学政策，并且严格教学管理和政审制度。所以在此后的两年，自费出国留学人数又快速降至 1 000 人左右。到 1984 年，中国政府又颁布了《关于自费出国留学的暂行规定》，放宽了对申请自费出国留学的限制，取消了1981 年规定中不准高等学校在校生申请自费出国留学的规定。可以说1979—1985 年，自费出国留学政策经历了几次政策性变革，这导致自费出国留学事业发展呈现一定程度的反复性。

2.1986—1991 年出国留学政策分析

1986—1991 年是中国出国留学政策的调整及发展阶段，这一阶段，国家出台的有关政策进一步使得留学政策进入公开化和法制化的轨道。

表 11-2　中国出国留学政策概况（1986—1991 年）

年份	政策名称	主要内容
1986	《关于改进和加强出国留学人员工作若干问题的通知》	明确按需派遣、保证质量、学用一致的方针；增加进修人员和访问学者数量；派出人员以应用学科为主
	《关于出国留学人员工作的若干暂行规定》	对公派留学相应内容做出具体规定和明确

① 苗丹国：《出国留学六十年》，202～203 页，北京，中央文献出版社，2010。
② 同上。

续表

年份	政策名称	主要内容
1989	《关于出国留学工作若干方针政策问题的请示》	国家公费计划仍保持现有留学人员经费总额，但要调整结构，精选精派，定人定向，力争保质保回
1990	《关于具有大学和大学以上学历人员自费出国留学的补充规定》	对自费出国留学政策做出补充，对服务期和偿还培养费做出进一步规定
1991	《关于改进国家公费出国留学人员选派工作的意见》	重申并规定了国家公费出国留学人员的选派原则、对象和申报、审批办法
	《关于当前出国留学若干问题的请示》	提高对出国留学工作中"和平演变"的认识；实行归口管理，改变单位公派出国留学工作混乱状况

1985 年，中共中央在《关于教育体制改革的决定》中提出，"要通过各种可能的途径，加强对外交流，使我们的教育事业建立在当代世界闻名成果的基础之上"。1986 年，我国出国留学政策进入第一个总结和调整阶段，1986 年颁布的《关于改进和加强出国留学人员工作若干问题的通知》和《关于出国留学人员工作的若干暂行规定》对前一阶段的工作进行了总结，并提出应着重派出进修人员和访问学者，并增加攻读博士学位研究生派出，积极开辟中外合作科研和培养博士途径。派出学生学科以应用学科为主。调整公派留学人员国家分布比例。改革公派出国研究生的招生办法。加强对出国留学人员管理、教育和服务工作。《关于出国留学人员工作的若干暂行规定》是在总结我国留学教育恢复和起步阶段经验教训基础上第一份公开发表的、全面阐述我国出国留学教育政策的法规性文件。1989 年的政治风波对当时的出国留学工作产生了巨大冲击。中央根据当时国内外形势提出除少数学科外，原则上不派出国攻读学位的人员，增加派出高级访问学者和博士后人员的比例的决定。从公派出国留学人员数量上看，1986 年、1987 年公派出国留学人数仍与 1985 年持平，但是此后 1988 年派出人数猛降至 3 786 人，自此至 1991 年，出国留学人数持续下降。冉春认为，这直接受到 1986 年之后国家公派留学政策调整的

影响，尤其是与"精选精派"的选派原则有关。①

这一阶段自费出国留学政策出台相对较少，1990 年 1 月，国家教委颁布了《关于具有大学和大学以上学历人员自费出国留学补充规定》，对 1984 年自费出国留学政策做出进一步的明确和补充，使自费出国留学政策更加灵活，这也进一步促进了自费出国留学人数的增加。

3. 1992 年至 20 世纪末的出国留学政策分析

1992 年以后，国家公派留学没有出现大的政策性调整，国家公派留学规模虽略有下降，但总体平稳。公派出国留学工作制度建设日趋完善。出国留学事业得到进一步规范和快速发展。在这一阶段，"来去自由"的留学观念更加深入人心。

表 11-3　中国出国留学政策(1986—1991 年)

年份	政策名称	主要内容
1993	《关于自费出国留学有关问题的通知》	取消原自费出国留学政策中的限制
1994	《关于留学工作中若干原则问题意见的请示》	公派留学人员应密切结合对高层次人才的需求
	《关于〈中国教育改革和发展纲要〉的实施意见》	建立国家留学基金管理委员会
1995	《改革国家公费出国留学选派管理办法的方案》	确定"公开选拔、平等竞争、专家评审、择优录取、签约派出、违约赔偿"的派出方针

1994 年《关于留学工作中若干原则问题意见的请示》提出，对公费派遣留学人员优先考虑高校、科研单位和大中型骨干企业对学术带头人、业务骨干及管理人才的需求，密切结合对高层次人才的需求，将出国留学工作与培养跨世纪带头人以及有效地支持我国建设与改革结合起来。这其实是对这一时期留学工作目标的进一步明确。1994 年 7 月 11 日，国务院印发《关于〈中国教育改革和发展纲要〉的实施意见》，要求建立国家留学基金管理委员会，使来华留学生的招生、选拔和管理工作走上法制化道路。1995 年，国际留学基金管理委员会筹备组成立，并开始承担公

---

① 冉春：《留学教育管理的嬗变》，189 页，济南，山东教育出版社，2010。

费出国留学人员的选拔、派遣以及管理工作。1995 年颁布的《改革国家公费出国留学选派管理办法的方案》确定了公开选拔、平等竞争、专家评审、择优录取、签约派出、违约赔偿的工作方针。

1991 年以后，国际继续放宽对自费出国留学的政策限制。1993 年的《关于自费出国留学有关问题的通知》在国家级政策层面上取消了对自费留学人员的一切限制。只要能够获得国外高校的录取通知书，并筹集到足够的资金就可以实现自费出国。因此，自费出国留学人数急剧增加。自费留学人员构成中国出国留学群体中的绝对主体。

4. 21 世纪以来的出国留学政策趋势

到 20 世纪末，我国已经建立了比较完善的出国留学政策体系，留学政策法制化和规范化。进入 21 世纪，出国留学政策没有大的方向性的调整，而主要是完善和改进既有的工作思路及有关政策措施。不过，由于"科教兴国、人才强国"战略的提出，以及社会发展对高端创新人才、学术骨干、学术带头人的需求，国家留学基金管理委员会陆续采取了一系列新的政策项目。如 2002 年，为了加大西部地区人才培养，教育部制定实施了"西部地区人才培养特别项目"。2003 年 10 月，教育部设立"国家优秀自费留学生奖学金"，截至 2008 年年底，该奖学金共资助了 1 400 余人。2007 年，国务院批准设立《国家建设高水平公派研究生项目》，每年选派 5 000 名研究生出国攻读博士学位或联合培养博士。该项目坚持"选派一流的学生，到国外一流的院校（专业），师从一流的导师"的"三个一流"原则。当年国家公派选派规模首次突破万人。2010 年，教育部国际司工作要点中明确指出要完善出国留学政策，继续贯彻落实"支持留学、鼓励回国、来去自由"的出国留学方针，努力拓宽留学渠道，提高留学效益，吸引人才回国，支持创新创业，鼓励为国服务。

由于国家实行宽松的自费出国留学政策以及一些其他的经济的、学术的原因，自费出国留学在 21 世纪快速发展，自费留学生群体构成我国出国留学群体的绝对主体。进入 21 世纪后，与自费出国留学有关的政策主要是用于规范自费留学中介市场以及教育涉外监管相关的政策，不过，这些政策主要是对留学中介服务这一市场行为进行管理，对自费出国留学不构成重大影响，因此此处不再赘述。

　　2016 年 7 月，为贯彻落实中办、国办《关于做好新时期教育对外开放工作的若干意见》和国家发展改革委员会、外交部、商务部经国务院授权发布的《推动共建丝绸之路经济带和 21 世纪海上丝绸之路的愿景与行动》，教育部牵头制定了《推动共建"一带一路"教育行动》，将开展人才培养培训合作作为工作重点之一，提出以国家公派留学为引领，推动更多中国学生到沿线国家留学。坚持"出国留学和来华留学并重、公费留学和自费留学并重、扩大规模和提高质量并重、依法管理和完善服务并重、人才培养和发挥作用并重"。实施"丝绸之路"合作办学推进计划、"丝绸之路"师资培训推进计划、"丝绸之路"人才联合培养计划。未来 3 年，中国每年面向沿线国家公派留学生 2 500 人。

　　（二）来华留学生教育政策变迁

　　1950 年，中国开始接收外国留学生，自此至 1978 年，中国累计接收各类来华留学人员约 12 000 人次。1978 年，中国政府做出大量派遣留学人员出国的决策，这一重大决策在世界范围内引起普遍关注，而与此同时，高等教育的对外开放也同时引起关注。时任教育部副部长浦通修指出，"我们派出，人家必然就要派进，有来有往才行。目前我们开放的专业和学校是很有限的，开放专业只有 42 个，开放学校只有 32 所。这种情况远远不能适应大量交流和交换留学生的需要。"①在这样的背景下，1979 年 2 月，国务院批转了教育部、外交部、文化部、财政部和国家计委关于扩大接收外国留学生规模的报告，报告提出到 1985 年高等学校接收的外国留学生总数要达到 12 000 人。② 而 1979 年当年来华留学生人数仅为 440 人，这一政策目标体现了中国政府在开放办学、大规模提高来华留学生规模上的重大决心。

　　1. 1978—1990 年，来华留学生教育政策、管理体制初建期

　　1973 年开始，我国高等学校恢复招收外国留学生，但是在改革开放之前，能够招收海外留学生的高校非常少。改革开放后的十年可以说是中国来华留学生教育政策初建阶段，因为改革开放前的中国高等教育几

---

　　① 于富增：《改革开放 30 年的来华留学生教育》，70 页，北京，北京语言文化大学，2009。

　　② 同上书，70～71 页。

乎是一个封闭的系统，当时招收海外留学生的政策是：教育部制订每年接收来华留学生的计划，包括国家奖学金留学生和自费留学生计划；教育部通过我国驻外使领馆或有关国家驻华使馆与有关国家商谈留学生名额、招生要求和条件；有关国家根据商定的条件确定来华留学生名单，并通过我国驻外使领馆或有关国家驻华使馆将名单提供给教育部；然后教育部与有关高等学校联系落实来华留学生的接收院校，接收留学生的院校必须是经过教育部批准的开放院校；最后通过我国驻外使领馆或外国驻华使馆通知留学生本人。虽然教育部制订的接收外国留学生的计划中包括自费留学生，但是，实际上通过上述方法录取的留学生，是通过政府部门（或双方国家的使领馆）安排的留学生，绝大多数为奖学金留学生，自费留学生只是个别情况。[①]

正因为这些，改革开放后的十年间，来华留学生教育属于政策和制度建设阶段，是来华留学生工作从无到有、从封闭到开放的建设过程。因此，这十年中虽然留学生数量逐年增长，但是非常缓慢。在这十年中，中国政府共颁布了 9 部与来华留学生教育有关的政策，这些政策的颁布使我国逐渐建立起一套来华留学生的管理体制。

表 11-4　来华留学生教育政策（1978—1990 年）

年份	政策名称	主要内容
1979	《外国留学生试行条例》	打开接收自费来华留学生的通道
	《关于外国留学生工作会议的报告》	建议建立面向留学生的学位制度，向留学生颁发学位证书
1980	《中华人民共和国学位条例》	对于具有达到规定的学术水平的外国留学生和学者，准予授予相应学位
	《关于高等院校开办外国人来华短期中文学习班问题的通知》	举办短期中文学习班是接收外国留学生来华学习的一种形式，应积极开展这项工作
1983	《中华人民共和国教育部为外国人举办短期学习班的有关规定》	将招收短期来华留学生权利让渡给院校

---

① 于富增：《改革开放 30 年的来华留学生教育》，72 页，北京，北京语言文化大学，2009。

续表

年份	政策名称	主要内容
1985	《外国留学生管理办法》	由留学生所在高校对违纪学生进行处理
	《关于教育体制改革的决定》	高等学校"有权利用自筹资金，开展国际的教育和学术交流"
1987	《关于加强和改进外国来华留学生管理工作的通知》	对留学生违纪问题处理做出规定
1989	《关于招收自费外国来华留学生的有关规定》	进一步扩大接收来华留学生的高等院校的范围和高校开展留学生教育的自主权

这一阶段来华留学生政策主要内容包括三个方面。第一，明确对来华留学生教育的定位和工作方针；第二，开放高等院校并鼓励高校承担招收海外来华留学生的主要责任；第三：建章立制加强对来华留学生的管理、教育。1979年颁布的《外国留学生试行条例》将来华留学生分为本科生、研究生和进修生三类，并将短期来华生也归入来华留学生行列。1980年、1983年又分别颁布《关于高等院校开办外国人来华短期中文学习班问题的通知》《中华人民共和国教育部为外国人举办短期学习班的有关规定》，逐渐将招收短期来华留学生权利让渡给高校，鼓励有关高等学校直接与外国的有关院校签订举办短期学习班的双边协议，也可与非营利的外国民间友好组织签订此类协议，开办短期来华留学生学习班。1985年《关于教育体制改革的决定》明确了高校有权利用自筹资金开展国际交流，其中就包括举办来华留学生教育。这大大激发了高校的办学热情，进一步促进了来华留学生教育的发展。此后，接收来华留学生教育的院校规模迅速扩大，来华留学生规模也急剧扩张。

随着高等院校获得越来越多的招收来华留学生的权利，获批实行对外开放并能够接收外国留学生的院校数量不断增加，从1979年的23所增加到1984年的70多所。1989年《关于招收自费外国来华留学生的有关规定》进一步规定，高等院校招收海外留学生的资格审批不需经教育部批准，这大大简化了审批手续。自费留学生要求来华学习，由其本人直接向招生院校提出申请，招生学校根据有关规定决定录取事宜。这使得接收来华留学生的院校数量显著增长，1993 年，能够接收来华留学生的高等院校增至 200 多所，到 1997 年，扩展至 330 所。

随着能够接收来华留学生的高校数量不断增加，教育部逐渐将来华留学生接收权、教学权和管理权下放给高校，不断扩大高校在留学生管理中的自主权。1985 年颁发的《外国留学生管理办法》取消了对留学生学习不及格开除学籍以及因严重违纪给予开除处分须上报上级主管部门批准的规定，把这些权利归还给接收留学生的高校。1989 年颁布的《关于加强和改进外国来华留学生管理工作的通知》对于违反学校纪律的留学生由学校按校纪进行处分。

2.1991 年至今，制度日趋完善，来华留学生教育进入快速发展期

改革开放以来的相关政策将来华留学生受教育权利下放给地方和高校，对外开放能够接收海外留学生的高校数量不断增加，而自费留学生招生政策的放宽使得自费来华留学生人数快速增长。1991 年之后，海外来华留学生人数快速提升，尤其是自费留学生，成为海外来华留学生中的主力。在前期政策和制度建设的基础上，1991 年之后，中国政府陆续颁布了一些留学生教育、管理方面的政策，使得留学生教育制度日趋完善，中国的来华留学生教育进入快速发展期。到 20 世纪末，由于建设世界一流大学政策的推动，中国高等院校普遍将国际化作为学校建设的重要策略，招收海外留学生从"被动"转为"主动"，这使得海外留学生数量进入高速发展期。总体而言，加大中央财政对来华留学工作的投入，扩大中国政府奖学金招生规模；继续深化中国政府奖学金招生工作改革；进一步优化来华留学环境，提高来华留学教育质量，完善来华留学相关政策法规及专家咨询机制；继续实行来华留学生教育管理干部培训制度；积极做好来华留学对外宣传工作及留华毕业生工作，这是这一阶段来华留学政策的重要方向。

表 11-5　来华留学生教育政策(1991—2011)

年份	政策名称	主要内容
1991	《关于普通高等学校授予来华留学生我国学位试行办法》	确定"严格要求，保证质量"的要求、并对留学生汉语能力提出要求

续表

年份	政策名称	主要内容
2000	《高等学校接收外国留学生管理规定》	标志着留学生工作进入法制化阶段
	《关于实施中国政府奖学金年度评审制度的通知》	建立政府奖学金评审制度
	《中国政府奖学金年度评审办法》	
2001	《关于改革外国留学生学历证书管理办法的通知》	改革外国留学生学历证书的管理办法
2008	《关于调整外国留学生奖学金生活费标准的通知》	调整奖学金标准
2010	《留学中国计划》	第一步吸引留学生计划
2015	《关于完善中国政府奖学金资助体系和提高资助标准的通知》	完善中国政府奖学金资助体系并提高资助标准

1991 年，国务院学位委员会颁布《关于普通高等学校授予来华留学生我国学位试行办法》，提出了对于留学生教育要"严格要求，保证质量"；对于授予留学生硕士学位提出了两套培养方案，由高等学校自行选择决定，一种是学习课程为主、撰写论文为辅的培养规格，另一种是学习课程与撰写论文并重的培养规格；并明确高等学校对于留学生的管理责任。2001 年，国务院学位委员会发布《关于改革外国留学生学历证书管理办法的通知》，由国家留学基金委员会负责外国留学生高等教育学历证书的发放和电子注册工作，对留学生学历证书管理提出新的要求。

2000 年颁布的《高等学校接受外国留学生管理规定》是中国来华留学生教育进入法制化阶段的重要标志。该规定要求：来华留学工作应当遵循"深化改革，加强管理，保证质量，积极稳妥发展"的工作方针，由教育部统筹，国家留学基金管理委员会负责国家计划内来华留学生的招生及具体管理工作，高校具体负责外国留学生的招生、教育教学及日常管理；外国留学生分为学历教育和非学历教育两类，前者包括专科生、本科生、硕士研究生、博士研究生，后者为进修生和研究学者；中国政府为来华留学生设立"中国政府奖学金"，教育部、地方政府和高校可以设立其他专项奖学金。上述规定成为中国 21 世纪来华留学工作进一步推进的政策依据。同年颁布的《关于实施中国政府奖学金年度评审制度的通知》等关于来华留学生奖学金改革政策，改变了政府奖学金设立单一化的弊端，增设多种奖学金，包括如中华文化研究奖学金、优秀留学生奖学金、第三世界智力援助奖学金等。

2004 年国务院批转了《2003—2007 年教育振兴行动计划》，作为今后教育改革与发展的蓝图行动计划也确定了来华留学生教育工作的方针，即"扩大规模、提高层次、保证质量、规范管理"。这一行动计划除了延续之前的扩大规模的工作思路，还提出了"提高层次"和"保证质量"的方针，这实际上体现了国家政策对来华留学生教育中存在的问题的回应。1999 年以来，各类来华留学生数量均有显著增加，但是相较而言，短期生人数仍然高于学历生人数，而学历生中研究生人数明显较少，这是我国留学生教育在扩大规模的同时必须要解决的问题之一，也是未来留学生教育的政策重点。其中重要的举措之一是国家政府奖学金政策。

为外国留学生提供奖学金是国际通行做法。自设立中国政府奖学金以来，中国政府奖学金资助人数快速增长，在促进我国与世界各地的教育、科技、文化交流，吸引国外优秀学生来华留学等方面发挥了不可替代的重要作用。随着我国经济社会快速发展和国际影响力的不断提高，来华留学人数不断增加，结构逐步优化，有力提升了教育对外开放和国际化水平。为规范中国政府奖学金的管理，教育部、财政部适时调整了相关管理制度和办法，并对相关资助标准屡次进行调整。

2008 年，教育部、财政部印发《关于调整外国留学生奖学金生活费标准的通知》，调整了生活费标准，更好地发挥了中国政府奖学金的作用。随着国际环境的变化和我国经济社会的发展，政府奖学金的设置与管理暴露出一系列的问题，比如，资助内容设置未能与国际惯例接轨，随着经济社会发展，来华留学人员培养成本和生活成本不断上涨，现行资助标准难以有效满足学习生活的需要，且对优秀人才的吸引力相对不足，奖学金货币化程度不够，发放管理方式传统等。

为了进一步促进来华留学事业持续发展，2015 年 1 月，财政部、教育部联合印发《关于完善中国政府奖学金资助体系和提高资助标准的通知》(财教〔2015〕1 号)(以下简称《通知》)，决定进一步完善中国政府奖学金资助体系，并提高资助标准。该《通知》在稳定现行中国政府奖学金基本框架的基础上，进一步完善奖学金资助内容，科学合理设置项目，从而改变了现行奖学金资助体系。而在综合考虑基本生活需要、国内经济社会发展等基本问题的基础上，进一步调整了资助标准，细化了资助标准类别。一方面，继续体现学习层次差异，博士生（高级进修生）高于硕士生（普通进修生），硕士生（普通进修生）高于本科生（预科生）；另一方面，进一步体现学科差异，在原来仅按文科、理科两类进行分类的基础上，进一步考虑培养成本差异，将学科门类划分为三大类，分别确定不同的资助标准。在此基础上，适当提高奖学金资助标准，并进一步建立了奖学金标准动态调整机制。

致力于吸引留学生的专项计划和示范工程也是来华留学政策中的一个重要组成部分。2010 年，《国家中长期教育改革和发展规划纲要（2010—2020 年）》（以下简称《纲要》）提出，应通过增加中国政府奖学金数量，重点资助发展中国家学生，优化来华留学人员结构。为落实该《纲要》，2010 年，中国教育部实施了《留学中国计划》，《留学中国计划》是中国政府颁布的第一个吸引留学生的计划，提出到 2020 年，使我国成为亚洲最大的留学目的地国家；建立与我国国际地位、教育规模和水平相适应的来华留学工作与服务体系；造就一大批来华留学教育的高水平师资；形成来华留学教育特色鲜明的大学群和高水平学科群；培养一大批知华、友华的高素质来华留学毕业生。《留学中国计划》也提出了到 2020 年，全年在内地高校及中小学就读的外国留学人员达到 50 万人，其中接受高等学历教育的留学生达到 15 万人的具体目标；提出将根据国家战略和发展需要，逐步增加中国政府奖学金名额，来华留学人员生源国别和层次类别更加均衡合理；提出"扩大规模、优化结构、规范管理、保证质量"的工作方针。

提高来华留学层次和质量是近年来来华留学政策的另一个重要侧重点。2013 年，教育部在《2013 年深化教育领域综合改革的意见》中，除了要求继续扩大来华留学规模之外，还提出"出台外国留学生招收和管理规定，提高来华留学教育水平"。教育部在 2014 年工作要点中继续强调"不断提高来华留学质量，成立全国留华毕业生工作组织"，并在 2015 年工作要点中提出要"启动来华留学质量认证体系建设"。

2016 年 5 月，中共中央办公厅、国务院办公厅印发《关于做好新时期教育对外开放工作的若干意见》（以下简称《意见》），该《意见》对做好新时期教育对外开放工作做出了重点部署。加快留学事业发展，提高留学教育质量。通过完善"选、派、管、回、用"工作机制，规范留学服务市场，完善全链条留学人员管理服务体系，优化出国留学服务。通过优化来华留学生源国别、专业布局，加大品牌专业和品牌课程建设力度，构建来华留学社会化、专业化服务体系，打造"留学中国"品牌。通过加大留学工作行动计划实施力度，加快培养拔尖创新人才、非通用语种人才、国际组织人才、国别和区域研究人才、来华杰出人才等。

2016 年 7 月，为贯彻落实中共中央办公厅、国务院办公厅印发的《意见》和国家发展改革委员会、外交部、商务部经国务院授权发布的《推动共建丝绸之路经济带和 21 世纪海上丝绸之路的愿景与行动》，教育部牵头制定了《推动共建"一带一路"教育行动》，提出开展人才培养培训合作，设立"丝绸之路"中国政府奖学金，为沿线各国专项培养行业领军人才和优秀技能人才；全面提升来华留学人才培养质量，将中国打造成受沿线留学目的国；每年资助 1 万名沿线国家新生来华学习或研修。

（三）留学归国政策及引进海外人才政策

我国学者一般将留学归国政策列入出国留学政策之一。比如苗丹国提出，在国家总体出国留学政策的框架内，现阶段的出国留学政策已经逐渐演变和发展成为包括国家公派出国留学、单位公派出国留学、自费出国留学及留学回国这四个系列的二级政策。[1] 陈昌贵在其对我国出国留学政策的研究中也将留学人员回国政策纳入出国留学政策之中。[2] 而事实上，在最初的出国留学政策制定以及后来的公派出国留学政策制定和管理实施中，留学人员回国一直是出国留学政策的重要考量点，也是出国留学工作管理的重要部分。不过，本文此处将留学人员归国政策与引进海外人才政策合并考虑，主要原因有两点：第一，随着大量公派留学人

---

① 苗丹国、程希：《1949—2009：中国留学政策的发展、现状与趋势（上）》，载《徐州师范大学学报（哲学社会科学版）》，2010(3)。
② 陈昌贵：《1978—2006：我国出国留学政策的演变与未来走向》，载《高教探索》，2007(5)。

员学习期满以及留学人员滞留不归现象的加剧，注重研究如何使公派留学人员、特别是获得博士学位者回国工作，开始成为中国留学政策中的研究与操作方面的重点，成为出国留学政策体系中一个十分重要的组成部分，并逐渐演变成为具有相对独立性的"争取在外留学人员回国的政策"。① 第二，随着政策制定思路的变化，对公派出国留学人员回国的政策要求逐渐从惩罚性规定转变为鼓励性引导。而随着自费出国留学政策的不断放宽，自费出国留学人数远远超出了公派出国留学人数，成为出国留学人员总体中的绝对主体。引进海外人才政策成为非常重要的政策领域。因此，本文将两个相对独立的政策领域合并进行分析。

1. 1978—1995 年留学归国情况及政策演进

改革开放拉开了中国大规模派遣留学人员的序幕。随着公派留学人数的不断增加，做好留学回国人员的安置、使用，以及保障留学人员按期回国成为留学政策中的一个重要课题。这一时期，我国出国留学政策的目标一直是通过派出人才学习和研究国外先进的技术和适用的管理经验，以达到为中国国内培养经济建设与社会发展所需人才的作用。因此，如何提高留学效益，使更多的留学人员回国贡献，自始至终都是出国留学政策的核心内容之一。由于改革开放后第一批派出人员主要为访问学者和进修人员，留学期限大多为1～2年，随着派出人员增加，大批留学人员滞留海外引起社会各界对留学人员回国工作问题的重视。为此，1981年开始，中国政府制定了一系列相对来说比较严格的政策性文件，这些政策的工作思路延续了改革开放前的规章制度。

表 11-6 留学人员归国政策

年份	政策名称	内容
1981	《关于做好留学人员回国工作的通知》	对即将达到规定学习期限的出国进修人员做好回国动员和安置工作
	《关于出国留学生回国后的工资待遇问题的通知》	1966年以后国家选赴国外高校留学的本、研学生毕业回国分配工作后的工资按国内同等学力毕业生的规定执行

① 苗丹国：《出国留学六十年》，285 页，北京，中央文献出版社，2010。

续表

年份	政策名称	内容
1985	《关于争取留学博士毕业生早日回国工作的请示》	改革留学生毕业回国分配制度，保证国家重点需要和学用一致原则下，允许用人单位和留学生本人相互选择
1986	《关于改进和加强出国留学人员工作若干问题的通知》	建立公派出国留学人员与选派单位签订协议书的制度
	《关于出国留学人员工作的若干暂行规定》	
1987	《关于签订〈出国留学协议书〉的通知》	
1992	《关于在外留学人员有关问题的通知》	阐释鼓励回国、来去自由政策的举措

1981年教育部印发的《关于做好留学人员回国工作的通知》指出，1981年将有1 500名出国进修人员达到规定的学习期限，并陆续回国。为确保他们学成后按期回国，为国家建设发挥作用，需要抓紧做好这些人员的工作。进修人员学习期限为1~2年，不得攻读学位，不得改读研究生或延长年限；学习期满后，不得申请留下工作（或变相工作），索取资助（即变相工资），应急国内工作所需；对极少数确因研究课题未完成或只需稍许延长即可取得博士学位者，可延长一段时间，最多不超过半年，并需经教育部批准。事实上，在20世纪80年代中期以前，我国公派出国留学人员按期回国情况良好。1979年到1983年，共派出公派留学人员11 782人，如果按照1~2年派出期限来看，则应在1981—1985年回国，而这一时间段的实际留学归国人数为9 906人，回国率为84％。1979年以来，我国留学归国人数始终保持上升趋势，1982—1984年，派出人员数与当年回国人员数保持了几乎相当的水平。

从1984年开始，出国留学人员回国率呈现大幅下降，尤其是取得较高学位者，更不愿回国。为此，中国政府采取了一些政策性措施，包括严格选拔并向逾期不归者提出行政处理意见和赔偿要求，并开始着手制定吸引留学人员回国的优惠政策。同时，在人员派出方面也做出了一些调整。鉴于本科出国留学生回国率低等现实问题，20世纪80年代中期以后，开始逐渐增加进修人员和高级访问学者的派出比例。而进入 20 世纪 90 年代之后，在出国攻读博士学位人员选派政策中，明确提出了力争"保质保回"的方针，这种提法在改革开放大规模派遣留学生政策出台后还是首次出现。

1986 年，中共中央和国务院联合印发《关于改进和加强出国留学工作若干问题的通知》，明确提出，公派出国留学人员要与派出单位签订出国留学协议书，明确与选派单位的责任、义务和权利，以经济和法律手段约束出国留学人员，要求他们学成回国。同年制订的《关于出国留学人员工作的若干暂行规定》以及 1987 年的《关于签订〈出国留学协议书〉的通知》重申了签订协议书的规定。在公派出国人数不断增加的情况下，留学归国人员数量持续走低。在这一阶段，归国留学政策出现一定的转变，苗丹国认为，对公派出国留学人员的政策性要求已经从"规定其必须回国工作"悄悄地演变为"设法争取其回国工作"和吸引其回国。① 这一时期的工作主要遵循了邓小平在 20 世纪 80 年代末 90 年代初的一些讲话精神，概括起来就是：首先，肯定在国外的我国留学人员是宝贵财富，不回来可惜；其次，希望在国外的我国留学人员回国为国家做贡献；再次，要创造适合留学生回国工作的条件；最后，要抓紧争取出国留学人员回国工作的问题。②

从 1987 年开始，国家下拨 1 000 万元专款，专门用于留学回国人员的科研资助费；从 1990 年起，每年从出国留学经费中拿出 20％，作为留学回国人员的科研资助经费。③ 相关的措施还包括组织国内用人单位出国招聘留学人员，对做出突出贡献的回国留学人员进行表彰等。这些政策起到了一定的效果，留学人员归国比率有所提升。不过 1989 年之后，留学归国率严重走低，其原因是多方面的，包括政治风波之后西方国家借机截留中国留学人员等。不过这也构成了中国出国留学政策的一个关键时间点。

---

① 苗丹国：《出国留学六十年》，285 页，北京，中央文献出版社，2010。

② 于富增、江波、朱小玉：《教育国际交流与合作史》，231 页，海口，海南出版社，2002。

③ 同上书，235～236 页。

1992 年，中国领导人提出并逐步确认了"支持留学、鼓励回国、来去自由"的出国留学政策方针。1992 年国务院办公厅发布的《关于在外留学人员有关问题的通知》中，对上述方针进行了全面解读。1992 年之后，留学归国率逐年回升。

2. 1996 年至今留学归国及引进海外人才政策的演进

随着经济社会发展，我国自费留学生人数已经远远超出公派留学生群体，而从 2000 年以来，留学生总的回国率一直保持在 20%～30%，[①]因此，吸引留学生政策对于我国高等教育国际化显得更为重要和迫切。从 20 世纪末开始，我国逐渐建立了一套吸引海外人才的政策体系，尤其是在吸引高层次海外留学人才方面，近年来成为这一领域政策的重点。这些政策如表 11-7 所示。

表 11-7   1996 年以来引进海外人才政策（项目）

年份	政策（项目）名称	主要内容
1996	"春晖计划"	吸引高层次海外留学人才
1998	"长江学者奖励计划"	
2000	《关于组织开展国家留学人员创业园示范建设试点工作的通知》	引导全国留学人员创业园的发展，为留学人员归国创业创造良好的环境和条件
2000	《关于设立"春晖计划"海外留学人才学术休假回国工作项目的通知》	鼓励留学人员以多种形式回国服务
2001	《关于鼓励海外留学人员以多种形式为国服务的若干意见》	鼓励在海外学习和工作的留学人员以多种形式为祖国服务
2005	《关于印发〈2002—2005 年全国人才队伍建设规划纲要〉的通知》	关于海外和留学人才的吸引和使用
2003	《国务院办公厅关于转发人事部教育部科技部等部门〈留学人员回国服务工作部际联席会议制度〉的通知》	加强各部门协调配合，建立有效的吸引留学人员回国服务的工作机制
2007	《关于建立海外高层次留学人才回国服务绿色通道的意见》	为加大高层次留学人才引进工作开绿色通道

---

① 王耀辉：《中国留学人才发展报告 2009》，296 页，北京，机械工业出版社，2009。

续表

年份	政策(项目)名称	主要内容
2007	《关于进一步加强引进海外优秀留学人才工作的若干意见》	搭建海外留学人才回国工作快速通道
2008	《中央人才工作协调小组关于实施海外高层次人才引进计划的意见》	完善高层次人才引进的体制建设
2009	《教育部贯彻落实海外高层次人才引进计划工作方案》	将引进人才与培养人才相结合，全面提高高校人才队伍整体水平
2010	《青年海外高层次人才引进工作细则》《"千人计划"短期项目实施细则》	引进有潜力的优秀青年人才，为未来10～20年科技、产业跨越式发展提供支撑
2011	《"千人计划"高层次外国专家项目工作细则》	围绕国家经济社会发展战略需求利用10年左右时间引进500～1 000名高层次外国专家
2012	《关于为外籍高层次人才来华提供签证及居留便利有关问题的通知》	为外国专家出入境及停居留提供便利并推动出入境相关配套法规实施

从上述政策来看，我国引进海外人才政策的目标和重点在于吸引高层次人才和紧缺人才，这些政策既面向所有出国留学人员，引进人才主要服务于国内高校、科研院所、国家重点（开放）实验室、工程技术研究中心。以2008年为例，四个引进人才平台共引进海外高层次人才122人，其中56名进入高校工作，占总数的45.9%。[①] 而以资助留学人员短期服务的开始于1996年的"春晖计划"主要面向国内进入"211工程"的高等学校。而"长江学者奖励计划"其设计之初的目标就是落实"科教兴国"战略、配合"211工程计划"吸引和培养杰出人才，加速高校中青年学科带头人队伍建设的一项重大举措。其主要宗旨在于通过特聘教授岗位制度的实施，延揽大批海内外中青年学界精英参与我国高等学校重点学科建设，带动这些重点学科赶超或保持国际先进水平，并在若干年内培养、造就一批具有国际领先水平的学术带头人，以大大提高我国高校在世界范围内的学术地位和竞争实力。同时，通过特聘教授岗位制度的实施，推动我国

---

① 苗丹国：《出国留学六十年》，458页，北京，中央文献出版社，2010。

高等学校的用人制度和分配制度改革。

这一阶段，海外人才引进政策尤其是高层次人才引进政策成为一个重要的教育国际化政策领域。而近年来最受关注的为"千人计划"及相关的海外高层次人才引进政策。2008 年 12 月，中共中央办公厅发布《中央人才工作协调小组关于实施海外高层次人才引进计划的意见》（以下简称《意见》），该《意见》在充分认可和肯定人才资源在综合国力竞争中的决定性作用的前提基础上提出，为进一步推进人才强国战略，充分发挥海外高层次人才在国家经济社会发展中的作用，大力引进海外高层次人才，是用较短时间拥有一批世界一流人才的重要途径，是进一步扩大对外开放、提高国际竞争力的迫切需要，是深入贯彻落实科学发展观、建设创新型国家、实现全面建设小康社会奋斗目标的重大举措。而改革开放以来我国现代化建设各项事业的蓬勃发展为海外高层次人才回国（来华）工作提供了前所未有的事业平台和发展空间。中央层面的海外高层次人才引进计划（简称"千人计划"）中，人才引进主要围绕国家发展战略目标，重点引进一批能够突破关键技术、发展高新产业、带动新兴学科的战略科学家和科技领军人才。从 2008 年开始，用 5～10 年时间，在国家重点创新项目、重点学科和重点实验室、中央企业和国有商业金融机构、以高新技术产业开发区为主的各类园区等，引进并有重点地支持一批海外高层次人才回国创新创业。而在国家实施"千人计划"后，全国 29 个省、自治区、直辖市先后颁布省层面的海外高层次人才引进政策，形成了政策的示范效应。

2010 年 12 月，中央人才工作协调小组办公室批准通过了《青年海外高层次人才引进工作细则》，正式启动"青年千人计划"，大力引进一批有潜力的优秀青年人才，为今后 10～20 年的中国科技、产业的跨越式发展提供支撑。

2011 年，在原有"千人计划"基础上，为进一步吸引高层次非华裔外国专家参与我国现代化建设，推动人才强国战略深入实施，中央人才工作协调小组设立"千人计划"高层次外国专家工作平台，又称为"外专千人计划"，其政策目标是利用 10 年左右的时间，引进 500～1 000 名高层次外国专家，每年引进 50～100 名，由国家外国专家局牵头组织实施。

2012 年 3 月，外国专家局制定并颁布了《"千人计划"高层次外国专家长期项目工薪补助办法》（以下简称《办法》），该《办法》规定外国专家局为"外专千人计划"专家连续三年，每年拨付年薪 60％的工薪补贴（总数不超过60 万元），专项用于提高其医疗、养老保障水平。2012 年 5 月，经中央人才工作协调小组同意，经财政部会签，出台《"外专千人计划"科研经费补助管理办法》，进一步规范和加强了在工薪补助和科研补助上的管理。与此同时，2012 年 6 月，全国人大常委会审议通过的《中华人民共和国出境入境管理办法》明确将"人才引进"作为普通签证签发事由之一，为在相关配套法规方面设立人才类签证提供了上位法依据。这为我国更大规模引进海外高层次人才提供了政策保障和便利。2012 年 7 月，中组部会同人力资源和社会保障部、外交部、公安部、国家外国专家局等单位研究制定并印发了《关于为外籍高层次人才来华提供签证及居留便利有关问题的通知》，作为出入境相关配套法规施行前的过渡办法，为外籍高层次人才提供入境及停居留便利。2013 年 7 月，国务院常务会议审议通过了《中华人民共和国外国人入境出境管理条例》，在普通签证项下增设了 R 字签证（即人才签证），发给国家需要的外国高层次人才和急需紧缺专门人才。2013 年 7 月 1 日和 2013 年 9 月 1 日，《中华人民共和国出境入境管理法》和《中华人民共和国外国人入境出境管理条例》相继施行，人才签证正式启用。①

（四）中外合作办学政策变迁

中外合作办学是指中国教育机构与外国教育机构在中国境内合作举办以中国公民为主要招生对象的教育机构的活动。② 更具体地来说，作为跨境教育的一部分，根据联合国教科文组织和全球跨境教育联盟（GATE）所界定的跨境教育形式，中外合作办学主要涵盖以下几种跨境办学形式：①结对合作，不同国家的教育机构签订协议提供联合培养项目；②特许办学，某教育机构准许一个国外教育机构在其所在国提供一个或多个教育项目；③海外分校，一个教育机构在他国设立分校并为外国学生提供

---

① 外国专家局：《中国吸引海外人才政策详解》，http：//www. safea. gov. cn/content. shtml？id＝12747646，2016-10-25。

② 国务院：《中华人民共和国中外合作办学条例》，2013-03-01。

教育和培训项目；④衔接式办学，某一教育机构系统地承认在另一国外教育机构的特定学习阶段可以作为满足其一个或多个教育项目要求的部分学分；⑤出国留学，某一教育机构的学生留学至一个国外教育机构学习并生活一段时间。① 上述各形式虽有所差异，但相对于其他领域，中外合作办学是一个新生的事物，因此，中外合作办学政策与法规制定也相对较晚。最早的中外合作办学实践始于 20 世纪 80 年代末期南京大学与美国约翰·霍普金斯大学成立南京大学中美文化中心，后来，陆续有一些高校或者高等教育机构进行了尝试。但是，中外合作办学早期缺乏专门的政策指导和规范，其最初的法律依据是 1982 年《中华人民共和国宪法》中所规定的"国家鼓励集体经济组织、国家企业组织和其他社会力量依照法律规定举办各种教育事业"②的法条。正是因为中外合作办学在最初尝试阶段缺乏专门的政策和管理规定的规范，所以在若干年的探索实践中积累了大量的问题，直到 20 世纪 90 年代，国家才出台专门的政策对这一领域的教育活动进行规范，这显示出这一领域政策的滞后性。

1. 20 世纪 90 年代，中外合作办学政策探索期

由于一直缺乏一定的政策引导，中外合作办学领域存在较多的问题。1992 年 4 月，国家教委下达了《关于国外机构或个人在华办学等问题的通知》的内部文件，这份文件表明国家对中外合作办学基本采取关门态度。③邓小平南方谈话之后，国家对中外合作办学态度得以扭转。1993 年 2 月，中共中央、国务院颁布《中国教育改革和发展纲要》，提出教育要扩大开放、改革创新、不断尝试新的办学形式。这为中外合作办学实践探索提供了重要的政策依据。在此推动下，我国相继出台了一系列与中外合作办学相关的政策文件，中外合作办学开始受到关注和重视。1993 年，经过调研，国家教育委员会发布了《关于境外机构的个人来华合作办学问题的通知》，对中外合作办学表现出积极的态度，提出多种形式的教育对外交流和国际合作是我国改革开放政策的一个重要组成部分。通过接受捐

---

① 查强、康静：《中外合作办学研究：一个批判的文化主义视角》，载《大学教育科学》，2012(2)。

② 邵丽霞：《中外合作办学政策分析》，硕士学位论文，扬州大学，2009。

③ 张文舜等：《中外合作办学政策变迁研究及其动因分析》，载《江西教育学院学报(社会科学)》，2014。

资助学、合作办学等形式，有条件、有选择地引进和利用境外于我有益的管理经验、教育内容和资金，有利于我国教育事业的发展。

为了使中外合作办学实践走上依法办学、依法管理的轨道，1995年1月，国家教委颁布了《中外合作办学暂行规定》，对中外合作的意义、性质、必要性、审批标准以及程序、办学主体及领导体制等非常具体的问题做出了规定，构成了我国中外合作办学政策的基本框架。《中外合作办学暂行规定》指出，合作办学是指国内办学机构同境外机构和个人在中国境内合作建立教育机构，双方共同承担办学经费，共同参与学校的教学和管理。可以看出，在这一阶段的政策规定中，中外合作办学仅限于实体性教学机构，而不涉及中外高等教育机构合作建立的教学类项目。

此后，为进一步规范中外合作办学中的学位授予办法，保障中外合作办学的有序发展，1996年国务院学位办颁发了《关于加强中外合作办学活动中学位授予管理的通知》，用于规范学位授予。这两份规定为处于实践中摸索的中外合作办学提供了一定的制度性规范，也推动了中外合作办学的发展。

2.21世纪初，中外合作办学政策调整期

中外合作办学真正进入法制化、政策化阶段，是在2003年《中华人民共和国中外合作办学条例》颁布实施之后。《中华人民共和国中外合作办学条例》是中国政府颁布的第一部关于中外合作办学的行政法规，对于中外合作办学的合法、规范发展有直接的指导作用。

为了贯彻和实施《中华人民共和国中外合作办学条例》，2004年，教育部发布了配套规章《中华人民共和国中外合作办学条例实施办法》公布。《中华人民共和国中外合作办学条例实施办法》对中外合作办学机构设立、组织与管理、教育教学、资产与财务、变更与终止、法律责任等做出了具体的规定，在内容上更具体、更具可操作性。

2004年9月，教育部发布《关于设立和举办实施本科以上高等学历教育的中外合作办学机构和项目申请受理工作有关规定的通知》；10月，发布了《关于发布〈中外合作办学项目备案和项目批准书编号办法（试行）〉的通知》和《关于启用中外合作办学许可证和中外合作办学项目批准书的通知》。这些文件对中外合作办学的运行管理问题提出了明确要求。

2006 年，为了引导中外合作办学走上规范发展的道路，更好地促进中外合作办学的稳步健康发展，教育部发布了《关于当前中外合作办学若干问题的意见》。

2007 年，教育部又发出了《教育部关于进一步规范中外合作办学秩序的通知》（以下简称《通知》），指出，虽然教育部已经相继发布了一系列规范性文件，对加强中外合作办学的管理工作发挥了重要作用，但是，中外合作办学在工作中仍存在一些突出问题。比如，有些学校偏重在办学成本相对低廉的商科、管理以及计算机和信息技术等学科低水平重复办学；有些学校未能悉心谋划合作办学模式和教学安排，引进外国教育优质资源特别是引进外方核心专业课程以及外国教育机构教师授课比例很低，难以保证办学质量；一些地方和学校背离中外合作办学的公益性原则，追逐经济利益等。为了进一步规范中外合作办学秩序，该《通知》指出，要坚定不移坚持合作办学的公益性原则，抵制和纠正将中外合作办学当作学校创收手段的错误认识和做法；要以引进优质教育资源为核心，牢牢把握好审批入口关；加强高等职业教育阶段中外合作办学的政策研究和发展规划；把握中外合作办学的政策界限。对于不属于中外合作办学范围、无益于高校教学质量的提高的项目，各高校应该把工作重点放在提高办学质量上，不宜实施此类教育活动，更不得以中外合作办学名义实施此类教育活动；要进一步加强中外合作办学过程中的监督管理，重点推进"两个平台"和"两个机制"的建设。可以说，进入 21 世纪后，政策建设的重点在于推动中外合作办学的规范化并且针对办学中存在的问题进行调整。

2010 年，中共中央政治局审议通过发布《国家中长期教育改革和发展规划纲要(2010—2020 年)》，该《纲要》在"扩大教育开放"部分指出，吸引境外知名学校、教育和科研机构以及企业，合作设立教育教学、实训、研究机构或项目。鼓励各级各类学校开展多种形式的国际交流与合作，办好若干所示范性中外合作学校和一批中外合作办学项目。探索多种方式利用国外优质教育资源。《纲要》为中外合作办学未来发展指明了方向，进一步放宽了对合作办学中外方的资质要求，同时将中外合作办学进一步扩展至各级各类学校，鼓励学校走出去参与国际交流与合作。

总之，经过近 40 年的探索、实践，我国逐渐形成了较为完善的中外合作办学政策框架，在政策不断调整过程中，国家对中外合作办学采取了逐步开放的态度，鼓励中外合作办学向全方位、多层次、高质量的方向发展。

三、中国教育国际化政策的实施效果分析

1978 年，邓小平同志发表关于大量派遣留学生的讲话，促使中国高等教育重新走向世界，并开启了中国高等教育国际化发展的新时代。此后，中国政府陆续出台的一系列公派出国留学、自费出国留学、中外合作办学、引进海外人才等政策，大大推动了中国高等教育国际化的步伐，而实际上在很长的一段时间里，国家政策中并没有"国际化政策"的提法，但是这些政策却对教育国际化具体活动的开展，如人员流动、中外合作办学等起到了直接的引导和推动作用。

20 世纪末 21 世纪初，中国多部国家政策法规和战略性发展规划文本中都将教育国际交流与合作作为重要的内容，要求积极推进国际交流与合作，这大大促进了教育国际化的发展，尤其是高等教育领域的教育国际化发展。1998 年颁布的《中华人民共和国高等教育法》提出，国家鼓励和支持高等教育事业的国际交流与合作，高等学校按照国家有关规定，自主开展与境外高等学校之间的科学、技术、文化交流与合作。这一政策方针赋予了大学参与国际交流与合作的主体地位。1999 年 1 月，国务院批转教育部拟定的《面向 21 世纪教育振兴行动计划》对大学国际交流的多个方面提出专门的要求，确立了大学进一步推进教育交流的方针政策。2004 年，国务院批转教育部《2003—2007 年教育振兴行动计划》中将国际合作与交流作为国家教育战略的关键环节提出，要求推进教育国际合作与交流向全方位、多领域、高层次的方向发展。

2010 年，中共中央、国务院印发的《国家中长期教育改革和发展规划纲要（2010—2020 年）》明确提出，要坚持以开放促改革、促发展。开展多层次、宽领域的教育交流与合作，提高我国教育国际化水平。这是在我国国家性教育发展规划文本中首次明确使用"国际化"，也是从国家政策层面确立了教育发展的国际化目标，这一战略性目标为这一阶段的教育国际化发展提供了较为充足的政治空间。

2016 年，中共中央办公厅、国务院办公厅印发的《关于做好新时期教育对外开放工作的若干意见》提出，要统筹国内国际两个大局、发展安全两件大事，坚持扩大开放，做强中国教育，推进人文交流，不断提升我国教育质量、国家软实力和国际影响力，为实现"两个一百年"奋斗目标和中华民族伟大复兴的中国梦提供有力支撑；同时对做好新时期教育对外开放工作做出了重点部署，为新时期教育国际化发展奠定了政策基础。

（一）出国留学政策目标及实施效果分析

改革开放后，我国出国留学政策进入建立、恢复、调整和不断规范的阶段，出国留学人数尤其是公派出国留学人数受政策影响呈现阶段性发展状态。据教育部国际司统计，从 1978 年到 2015 年年底，我国各类出国留学人员总数达 404.21 万人。仅 2015 年，我国出国留学人员总数就达到 52.37 万人，其中国家公派留学 2.59 万人，单位公派 1.6 万人，自费留学 48.18 万人。[①] 作为教育对外开放的一个重要组成部分，我国出国留学事业在过去的将近 40 年中取得了巨大的发展，建立了涵盖出国留学"选、派、管、回、用"的完善的政策体系和工作机制，留学服务市场不断发展并得到规范。受特定的国际环境和国内社会经济背景影响，出国留学政策在不同历史阶段呈现出一定的阶段性特征，甚至在某段时间内曾产生重大变化，这在上一节中已有所论述，但是总体而言，我国出国留学政策趋势性目标及实施效果如下。

目标 1：扩大公派留学规模

1978 年改革开放之初，当年国家公派留学生人数为 860 人，可以说规模相当小。1978 年 8 月，教育部在邓小平提出关于增加留学生派出的讲话后印发《关于增选出国留学生的通知》，确定了加大留学生派出规模的决策，提出了将国家公派留学生名额增至 3 000 人的目标。"力争多派"，扩大公派留学规模是改革开放后我国出国留学政策相对稳定的政策目标之一。但公派留学规模的变化也呈现一定的阶段性特征。

首先，自教育部在印发《关于增选出国留学生的通知》后，到 1981 年，留学生派出规模即达到 2 925 人，接近当时提出的 3 000 人的规模。

---

① 教育部：《2015 年度我国出国留学人员总数达 52.37 万人》，http://www.gov.cn/xinwen/2016-03/17/content_5054762.htm，2016-03-17。

而且这一快速增长趋势一直持续并在 1985 年达到峰值，这充分体现了公派留学政策对出国留学事业的推动作用。1985 年，尤其是 1987 年公派留学由于内外部政治环境原因呈现下降趋势，一直到 1992 年，国家提出进一步放开留学教育，把"支持留学、鼓励回国、来去自由"作为留学工作的总方针，留学教育发展进入新的发展阶段。

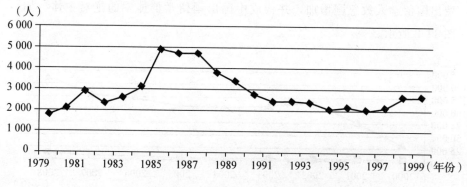

图 11-1　1979—1999 年公派出国留学人员数

注：1990—1995 年数据引自苗丹国《出国留学六十年》，p. 332；1979—1989 年数据引自冉春《留学教育管理的嬗变》，p. 190；两位作者所提供的的数据重合年度为 1990 年、1991 年，数据一致。图表由作者根据两位学者提供的数据整理、绘制而成。

1996 年，国家留学基金管理委员会成立，该委员会作为非营利性的法人组织，受教育部的委托专门负责公派出国留学人员的选派和管理工作。出国留学工作进一步制度化。进入 21 世纪，国家进一步出台一系列专门推动公派出国留学工作的政策、项目（计划），其中最具有里程碑意义的是"国家建设高水平大学公派研究生项目"，自该项目启动后，国家公派留学人员大幅增长，2007—2013 年国家公派出国留学共计派出 83 707 人，平均每年派出 11 958 人，比 2000—2006 年派出总数量增长 3.8 倍。

目标 2：放松、规范自费留学

改革开放以后，国家对自费留学的政策产生了一些新的变化，这直接表现为自费出国留学规模的扩大。1981 年，国务院批转教育部等七个部门"关于自费出国留学的请示"，明确提出"自费出国留学是国家培养人才的一条重要渠道，自费留学人员是我国留学人员的组成部分"，此后又陆续发布多项相关政策进一步放开对自费留学的限制。总体而言，改革开放至 20 世纪 90 年代，关于自费出国留学政策的目标在于加强自费出国留学的自由和灵活性上，如 1993 年《关于自费出国留学有关问题的通知》在国家政策层面取消对自费出国留学的一切限制，只要能够获得国外高校录取通知书，并筹集到足够的资金，就可以实现自费出国。因此，自费出国留学人数急剧增加，并构成中国出国留学群体中的绝对主体，如图 11-2 所示。

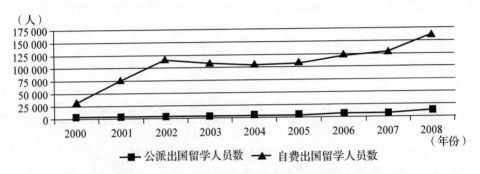

图 11-2　2000—2008 年公费、自费出国留学人员数

注：表格由作者根据"冉春：《留学教育管理的嬗变》，197、200 页，济南，山东教育出版社，2010"绘制而成。

这一发展趋势在进入 21 世纪之后得到进一步强化。据统计，在过去的 10 年中，自费出国留学总人数占全国出国留学人数比例均在 89.9% 以上，在 2012 年这一比例更是高达 93.8%。这意味着一个巨大的自费出国留学市场的形成与发展，也正因为如此，进入 21 世纪后，我国自费出国留学政策更多聚焦于如何建立规范化的自费出国留学市场。2002 年，教育部发布了《自费出国留学中介服务管理规定（修订版）》征求意见稿，将留学中介资质审批权下放到省（直辖市）教育行政主管部门，要求规范留学中介服务，全面梳理了具体实践中所存在的违法违规情况，并进一步完善了相关的责任与处罚办法。2013 年，根据《国务院关于第六批取消和调整行政审批项目的决定》，自费出国留学中介服务机构资格认定的实施部门由教育部调整至省级人民政府教育行政部门。与此同时，近年来教育部一直致力于权威信息发布平台的建设，搭建了"教育部教育涉外监管信息网""中外合作办学监管工作信息平台"，定期发布官方权威中介机构审批信息及中外合作办学项目信息。

目标3：择优选拔，保证质量，留学工作服务国家需要

除扩大规模之外，出国留学政策的另一个重要政策目标是保证留学人员，其中主要是公派出国人员的质量，以确保留学工作能够服务于国家建设需要，这是过去几十年中我国出国留学工作一贯的政策目标之一。从1981年国家提出并明确"力争多派、突出重点、统筹兼顾、保证质量"的派出方针，到1989年《关于出国留学工作若干方针政策问题的请示》明确要进一步调整结构、精选精派、定人定向的留学方针，一直到公派留学史上最为重要的《国家建设高水平公派研究生项目》提出"选派一流的学生，到国外一流的院校（专业），师从一流的导师"的三个一流的原则，都始终坚持"择优选拔、保证质量"的原则。而实际上，这一选拔方针（原则）的坚持及其实现为我国教育科技界培养了一批学术领导群体，形成了巨大的社会效益。据统计，在中国科学院院士中，改革开放以来的留学归国人员占大多数，在工程院院士中，其比例也超过了50％。[1] 这些留学归国人员进一步成长成为具有国际经验的高等院校和科研机构的业务、管理骨干，推动了我国科技、教育各项事业的发展。

2007年，国家建设高水平公派研究生项目实施后，不仅公派留学规模得到巨大提升，该项目建设效果逐步显现。根据北京大学一项专项调查显示，在受该项目支持的毕业回国的公派留学生中，约有82.7％的毕业生进入高校和科研机构工作，16.6％进入非高校和科研机构工作，还有0.7％的学生选择自主创业。[2] 而对全国百篇优秀博士论文的统计显示：2011—2013年全国百篇优秀博士论文中有42篇的作者接受过"国家高水平大学公派研究生项目"资助，占2011—2013年全国百篇优秀博士论文总数（287篇）的14.63％，占2009—2011年联合培养学生（全国百篇优秀博士论文评比一般推迟两年参评）的约0.60％，是全国2009—2011年获得优秀博士论文学生占全国获得博士学位学生比例的约4倍。2013年获得全国百篇优秀博士论文的100名获奖者中，有21人曾经参加"国家

---

① 陈学飞：《改革开放以来大陆公派留学教育政策的演变及成效》，载《复旦教育论坛》，2004(3)。

② 陈洪捷等：《国家建设高水平公派研究生项目评估报告》(内部)，2014。

建设高水平大学公派研究生项目"，占比 21%。[1] 总体来说，该项目在高水平大学人才培养、科技创新、国际交流、人才储备等方面发挥了重要作用，取得明显成效。随着高水平研究生派出数量的逐年递增及国家对公派留学生培养环节提供的强力保障，国家推行高水平人才战略和强竞争力的创新战略打下坚实的人才基础，同时也进一步扩大了我国高等教育的国际影响力。

(二)来华留学政策目标及实施效果分析

来华留学是加强教育交流与合作，发展和提高我国教育国际化水平的重要组成部分。与此同时，来华留学工作也是扩大国家对外交流的重要战略性举措，是我国加强对外人文交流、促进与世界各国实现共同、和谐发展的重要举措。从近年来国家政策层面而言，来华留学生进一步被视为中国高等学校走向世界和建设世界一流大学的重要组成部分。[2] 通过改革开放以来近 40 年的来华留学政策的不断完善，来华留学教育工作的推进和投入的增加，来华留学教育取得了巨大的发展。这与来华留学政策的建设、日益完善紧密相关。我国来华留学政策趋势性目标及实施效果如下。

目标 1：扩大来华留学人员规模

1978 年，中国政府做出大量派遣留学生的决定。1979 年 2 月，国务院批转了教育部、外交部、文化部、财政部和国家计委关于扩大接收外国留学生规模的报告，并提出到 1985 年高等学校接收外国留学生总数要达到 12 000 人的政策目标，这体现了国家在开放办学，大规模提高来华留学生规模上的重大决心。而自此之后近 40 年的时间里，来华留学教育的显著特征之一便是留学生数量和接收院校的持续增加。自 1950 年我国开始接收来华留学生开始至今，来华留学生人数从 1950 年的 33 人发展到 2015 年的 397 635 人，留学生国别从东欧五国发展到来自全世界 202 个国家和地区，而接收外国留学生的院校也从最初的清华大学一所学校发展

---

① 中国学位与研究生教育发展年度报告课题组：《中国学位与研究生教育发展年度报告·2014》，2014。

② 陈盈晖：《落实留学中国计划　推动来华留学发展》，http://goabroad.sohu.com/20120309/n337237405.shtml，2016-12-05。

至现在的全国 31 个省、自治区、直辖市的 811 所高等学校、科研院所和其他教学机构。①

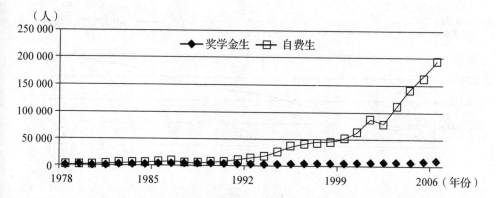

图 11-3　1978—2008 年来华留学生人数变化

注：图中数据由作者根据"于富增：《改革开放 30 年的来华留学生教育》，109～116、284 页，北京，北京语言大学出版社，2009"中的相关数据汇总绘制而成。

图 11-3 是 1978—2006 年改革开放近 30 年来华留学生人数（自费生、奖学金生）变化图。从图示的趋势可见，从 1978 年至 1988 年改革开放后的十年，来华留学生人数呈现增长趋势，但是增速缓慢，从政策发展角度看，这一时期属于我国来华留学生教育政策和制度初建阶段，是来华留学生工作从无到有、从封闭到开放的建设过程，因此，这十年中虽然留学生数量逐年增长，但是非常缓慢。在这十年中，中国政府共颁布了 9 部与来华留学生教育有关的政策，这些政策的颁布使我国逐渐建立起一套来华留学生的管理体制。

而自 1991 年开始，来华留学生规模进入相对快速增长阶段，尤其显著的是自费生来华留学生人数快速增长，并逐渐构成了来华留学生人数的主体。这一阶段，中国政府陆续颁布了一些留学生教育、管理方面的政策，使得留学生教育制度日趋完善，为来华留学生教育快速发展奠定了政策基础。

而到 20 世纪末 21 世纪初，来华留学生人数规模几乎呈直线上升趋

---

① 教育部：《2015 年全国来华留学生数据发布》，http://www.moe.edu.cn/jyb_xwfb/gzdt_gzdt/s5987/201604/t20160414_238263.html，2016-12-12。

势,如图 11-4 所示,除 2003 年因非典影响来华留学人数有所下降外,其余各年度均保持了 10% 以上的增比,其中 2004 年增比甚至达到 42.6%。

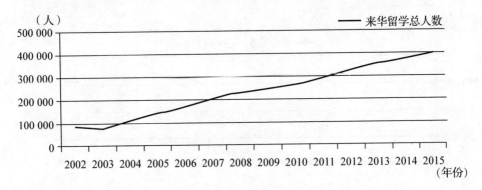

图 11-4　2002—2015 年来华留学总人数变化

注:图中数据由作者根据教育部网站来华留学生年度数据发布整理而成。

由于建设世界一流大学政策的推动,中国高等院校普遍将国际化作为学校建设的重要策略,招收海外留学生从"被动"转为"主动",这构成了来华留学规模扩张的重要原因之一。而除此之外,中央加大财政对于来华留学工作的投入,扩大中国政府奖学金生规模,以及诸如"留学中国计划"、《推动共建"一带一路"教育行动》等专项计划,大幅度提高了来华留学生中奖学金学生的数量,从而有效推动了来华留学教育规模的扩张。

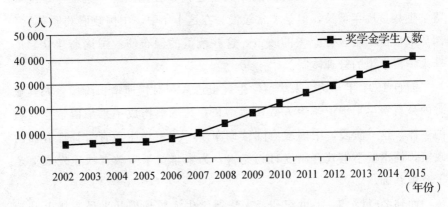

图 11-5　来华留学生中获政府奖学金学生人数

注:图中数据由作者根据教育部网站来华留学生年度数据发布整理而成。

图 11-6 能够更直观地呈现来华留学政策对来华留学事业的推动。如前所述，自费来华留学生规模自 20 世纪 90 年代快速发展，并迅速占据了来华留学生的绝对主体，但是，进入 21 世纪以来，虽然来华留学生总体持续扩大，但是自费来华留学生的比例实际在逐年下降。这说明中央财政支持来华留学生教育推动来华留学人数增长幅度超过自费来华留学生人数的增长。

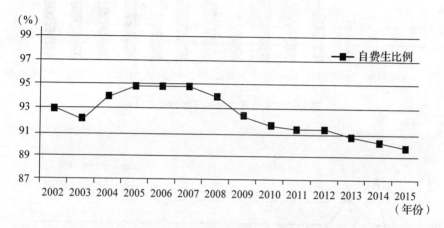

图 11-6　自费来华留学生占比变化趋势

注：图中数据由作者根据教育部网站来华留学生年度数据发布整理而成。

目标 2：优化来华留学生生源结构

2004 年，国务院批转《2003—2007 年教育振兴行动计划》，提出"扩大规模、提高层次、保证质量、规范管理"的来华留学教育工作方针；除了延续之前扩大来华留学教育规模的工作思路，更是提出了"提高层次"和"保证质量"的方针。此后，优化留学生生源结构，提高来华留学层次成为来华留学教育工作的重要目标。

图 11-7、图 11-8 是 2002—2015 年来华留学生中学历留学生与非学历留学生群体的人数变化图，由图所示，两大留学生群体人数均处于增长趋势（除 2003 年外），虽然非学历留学生处于来华留学生总体的主体，但是攻读学位的学历留学生群体数量增长速度在 2005 年后即超过非学历生群体。到 2015 年，来华攻读学位留学生群体占比 43.6%。这说明随着高校建设世界一流大学工程的推进，我国高等教育在全球认可度逐渐提升。

而具体到学历生的具体层次，本科留学生是学历来华留学生的主体，

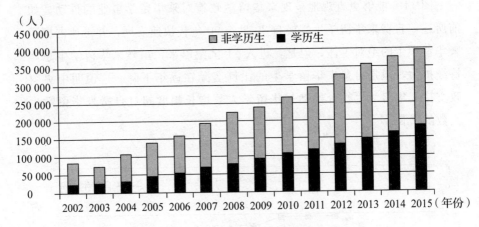

图 11-7 来华留学生生源结构变化(1)

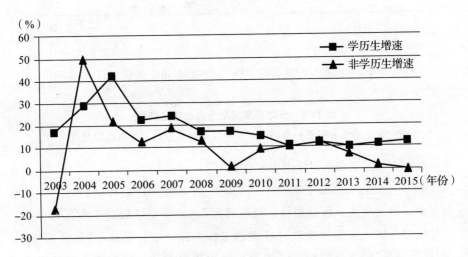

图 11-8 来华留学生生源结构变化(2)

近十年来在来华学历留学生总体中占比始终在 70％以上，最高时达到 84％。但本科留学生占来华留学生总数的比例基本上在逐步下降。硕士研究生作为学历来华留学生的第二大群体，占来华留学生总数的比例在过去十几年中稳步提升，目前在学历生中占比达到 21％。在各留学学历层次中，博士生占比最小(见图 11-9)，但是由图 11-10 各学历层次规模增长速度变化趋势比较可见，进入 21 世纪，来华攻读本科学位留学生增速不断下降，并在 2000 年左右进入平缓阶段，年均增长率在 10％左右，出现同样趋势的还有硕士生，2010 年以后，来华硕士留学生增速显著下降至 10%～20%，而博士生增速稳定在 20% 左右。但是，博士来华留学生占我国在读博士生总体的比重仍然相对稳定，据统计，2005—2013 年，该比例稳定在 4.88%～6.61%，而硕士留学生占全国硕士在校生比重则由 2005 年的 10.72% 上升到 20.85%。①

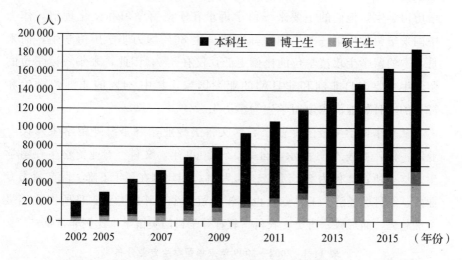

图 11-9　来华学历留学生留学层次分布变化

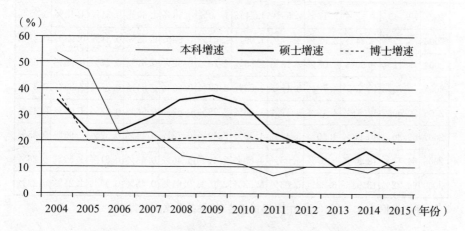

图 11-10　各学历层次来华学历留学生数增长趋势比较

① 中国学位与研究生教育发展年度报告课题组：《中国学位与研究生教育发展年度报告 (2014)》，北京，高等教育出版社，2016。

从来华留学生的区域分布来看，亚洲国家仍然是来华留学生的主体，2015 年占全体来华留学生的 60.4%，而且"一带一路"沿线国家成为来华留学新的发力点。随着中国在非洲影响力的提升，非洲国家来华留学生显著增长，占据全国来华留学生 12.52%，2015 年增长率近 20%。不同区域来华留学生学习诉求存在较大差异，76% 的欧美发达国家学生为非学历留学生，他们的主要来华留学诉求在于语言学习和文化理解，作为中国来华留学生第一派出国，韩国留学生 86% 均为非学历留学生，而来自日本的留学生攻读学位的比例更低，仅有 6%，因此，来华攻读学位的留学生主要来自非洲和非日韩的亚洲国家，其中 84% 的非洲留学生和 72% 的非日韩亚洲国家留学生为学历生。[①]

从来华留学生修读专业来看，文科类专业始终是海外留学生修读专业的主体，如表 11-8 所示，自 2002—2009 年，文科类专业留学生在留学生总体中所占比例为 64.14%～79.74%，但比例在逐年下降。除文科类专业外，医科、经济、工科专业也是较受留学生青睐的专业，且所占比例呈上涨趋势，而理科、历史、农科、教育等学科门类留学生比例非常低。

表 11-8 2002—2009 年来华留学生专业分布[②]

年份	文科	医科	经济	工科	管理	法学	理科	历史	农科	教育	哲学
2002	79.74%	7.82%	3.17%	2.85%	1.21%	1.50%	0.46%	1.60%	0.31%	1.10%	0.24%
2003	75.99%	9.24%	3.98%	3.47%	1.99%	2.64%	0.60%	0.62%	0.31%	0.93%	0.23%
2004	75.11%	9.90%	4.08%	3.18%	2.56%	2.20%	0.50%	0.67%	0.27%	0.90%	0.63%
2005	70.75%	12.78%	4.72%	3.16%	2.52%	2.06%	0.53%	0.54%	0.27%	2.29%	0.39%
2006	70.59%	12.51%	4.49%	3.57%	3.66%	2.25%	0.62%	0.56%	0.27%	1.06%	0.42%
2007	69.30%	13.08%	4.50%	3.47%	4.39%	2.40%	0.72%	0.44%	0.39%	0.96%	0.35%
2008	64.14%	12.82%	5.07%	4.08%	4.80%	2.10%	4.46%	0.43%	0.31%	1.52%	0.26%
2009	64.32%	13.94%	6.23%	5.03%	5.32%	2.15%	0.61%	0.45%	0.44%	1.21%	0.27%

注：根据 2003—2010 年《中国教育年鉴》提供的数据汇总得出。

---

① 《2014 年度来华留学调查报告》，http：//www.eol.cn/html/lhlx/content.html＃131，2016-12-12。

② 刘宝存等：《来华留学教育现状、问题及对策研究项目结题报告》，2014。

具体到来华研究生专业分布，2013 年，来华硕士研究生主要分布在管理、工科、经济学、汉语言和文学这五个学科领域；来华博士研究生主要分布在工科、管理、理科、文学等学科领域，这与留学生总体的学科分布存在差异(见表 11-9)。

表 11-9　2013 年来华研究生学习专业(类)分布①

专业(类)	合计(人)	硕士研究生(人)	博士研究生(人)
管理	8 308	7 094	1 214
工科	7 877	5 338	2 539
文学	3 486	2 547	939
汉语言	2 792	2 715	77
经济	4 103	3 496	607
法学	3 192	2 479	713
西医	2 674	2 301	373
中医	1 698	1 179	519
理科	1 851	699	1 152
教育	1 981	1 604	377
农科	999	334	665
历史	476	241	235
哲学	327	165	162
艺术	838	636	202
总计	40 602	30 828	9 774

(三)留学归国及引进人才政策目标与效果分析

改革开放拉开了中国大规模派遣留学人员的序幕。随着公派留学人数的不断增加，做好留学回国人员的安置、使用，以及保障留学人员按期回国成为留学政策中的一个重要课题。如前文所述，留学归国政策是我国在一定时期出国留学政策的一部分。随着大量公派留学人员学习期满

---

① 中国学位与研究生教育发展年度报告课题组：《中国学位与研究生教育发展年度报告(2014)》，北京，高等教育出版社，2016。

以及留学人员滞留不归现象的加剧，注重研究如何使公派留学人员、特别是获得博士学位者回国工作，开始成为中国留学政策中的研究与操作方面的重点，成为出国留学政策体系中一个十分重要的组成部分，并逐渐演变为具有相对独立性的"争取在外留学人员回国的政策"。[①] 而引进人才政策则是随着国家政策制定思路的变化而变化，对公派出国留学人员回国的政策要求逐渐从惩罚性规定转变为鼓励性引导之后出现的政策领域。二者主要的政策目标在于提升出国留学人员，尤其是杰出人才的回国率。

随着我国出国留学事业的发展，鼓励留学人员回国服务成为出国留学政策的一个重要领域。最初，国家实行了相对严格的留学人员管理办法，明确要求出国进修人员学习期限为 1～2 年，不得攻读学位，不得改读研究生或延长年限；学习期满后，不得申请留下工作(或变相工作)、索取资助(即变相工资)等，因此，1979—1984 年，我国公派出国留学人员回国率始终在 80% 以上。

同年制定的《关于出国留学人员工作的若干暂行规定》以及 1987 年的《关于签订〈出国留学协议书〉的通知》重申了签订协议书的规定。不过从出国留学和留学归国人数对比情况看，这一制度是缺乏实际效力的。从 1984 年开始，出国留学人员回国率呈现大幅下降，尤其是取得较高学位者。为此，中国政府采取了一些政策性措施，而进入 20 世纪 90 年代之后，在出国攻读博士学位人员选派政策中，明确提出了力争"保质保回"的方针。但是如图 11-11 所示，相关的政策和管理办法在实际实践中缺乏足够的效力。

此后，我国在归国留学政策领域发生了转变。苗丹国认为，对公派出国留学人员的政策性要求已经从"规定其必须回国工作"悄悄地演变为"设法争取其回国工作"和吸引其回国。[②] 即要创造适合留学生回国工作的条件，争取出国留学人员回国工作。1992 年，中国领导人提出并逐步确认了"支持留学、鼓励回国、来去自由"的出国留学政策方针。1992 年之后，留学归国率逐年回升。从 1996—2007 年的情况来看，公派出国留学应回国人数与实际回国人数基本重合，显示了留学人员较高的履约率。

---

① 苗丹国：《出国留学六十年》，285 页，北京，中央文献出版社，2010。
② 同上。

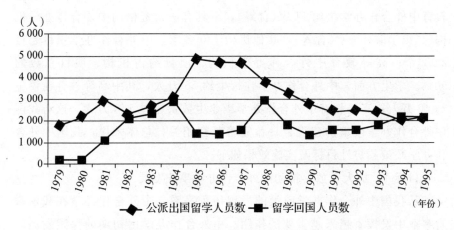

图 11-11　1979—1995 年公派出国人员回国情况

　　注：图中数据由作者根据"于苗丹国《出国留学六十年》中第 332 页相关数据"汇总绘制而成。

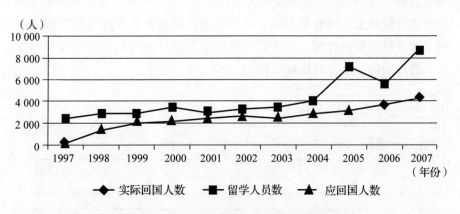

图 11-12　1996—2007 年公派留学生归国情况

　　注：图中数据来自"苗丹国著《出国留学六十年》中第 337 页表格"，其中，2006—2007 年应回国人数缺失。

　　（四）中外合作办学政策目标与效果分析

　　中外合作办学是我国改革开放以来教育国际化的一个重要组成部分。从 20 世纪 80 年代起步至今历经近 40 年的发展，我国中外合作办学政策体系日臻完善，在此基础上，中外合作办学的数量、办学模式以及办学质量都有了长足的发展。截至 2016 年 6 月，全国经审批机关批准设立或举办的中外合作办学机构和项目有 2 413 个。其中，具有法人资格的高等教育中外合作办学机构 11 家(含筹),不具有法人资格的中外合作办学机构(二级学院)66 家(含筹),其他机构 130 多家,中外合作办学项目超过 2 000 个;高等教育中外合作办学机构、项目约占机构、项目总数的 90%。学生方面,中外合作办学在校生约 56 万人,其中高等教育在校生约 46 万人;高等教育中外合作办学毕业生数量超过 160 万人。这与我国中外合作办学政策的建设、日益完善紧密相关。总体来说,我国中外合作办学政策趋势性目标及实施效果如下。

目标 1:扩大开放,推动中外合作办学事业发展

从我国中外合作办学政策的发展历程来看,中外合作办学在我国教育事业中发挥着越来越重要的作用。中外合作办学由初期的探索发展阶段,逐步走上规范发展的轨道,数量也有了快速的发展,使中外合作办学成为我国高等教育的重要补充;之后,经过规范管理,我国中外合作办学的秩序得到了进一步规范,为我国在 2010 年后中外合作办学新一轮的快速发展奠定了良好的基础,并在促进我国高等教育国际化发展中起到了越来越重要的作用。如今,中外合作办学已成为推动教育改革和发展、提高国际化水平的战略措施。

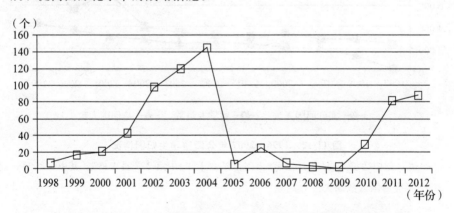

图 11-13 1998—2012 年获批中外合作办学机构/项目数量变化情况①

由图 11-13 可见,在 1998—2004 年,我国批准的中外合作办学机构与项目数量呈现出了较快增长的趋势,但 2005 年则出现了快速下降的趋

---

① 陆根书等:《中外合作办学:现状、问题与发展对策》,载《高等工程教育研究》,2013(4)。

势，当年获批中外合作办学数量由 2004 年的 146 项急剧下降到了 5 项，2006 年虽有所提升，但在 2007—2009 年基本上处于停滞状态。直到 2010 年之后继续呈现快速发展的趋势，而且这一趋势持续至今。这实际上与中外合作办学政策的发展、变化存在直接的联系。

20 世纪 90 年代中外合作办学政策探索期，尽管政府出台了一些相关的政策文件，但总体上说，这一时期我国中外合作办学的数量较少，发展速度比较缓慢，尚处于探索发展阶段。统计数据显示，1996 年 6 月，中国仅有 27 个正式授予学位的中外合作办学项目，而 1998 年当年获批中外合作办学项目数量仅为 8 项。2000—2004 年，由于我国高等教育事业的发展、经济全球化以及教育对外开放政策的发展，为中外合作办学事业创造了良好的外部环境。这一阶段中外合作办学快速发展，2001 年，有权授予国外学位和香港特别行政区学位的合作办学项目累计达到 71 个，涉及大陆 47 所大学和学院。截至 2002 年年底，全国共有中外合作办学机构和项目 712 个，与 1995 年初相比增加了 9 倍多，覆盖了 28 个省、自治区，直辖市。① 而 2004 年以后，随着一系列规范中外合作办学事业的政策文件的出台，虽然中外合作办学中存在的一些问题得到了有效的规范和解决，但是大大减少了中外合作办学的数量。一直到 2010 年《国家中长期教育改革和发展规划纲要（2010—2020 年）》的出台，中外合作办学才重新走上快速发展的阶段。这体现了中外合作办学与相关政策体系的发展、完善的密切联系。

高校是推动中外合作办学的关键主体，从举办中外合作办学的高校情况来看，目前，全国举办中外合作办学项目和机构的高校有 577 所，占全国高校总数的 21％。"985 工程""211 工程"高水平大学 79 所，举办项目占项目总数的 16％。普通本科和高职院校举办中外合作办学项目的有 498 所，举办项目占项目总数的 84％，已成为中外合作办学的主力。

目标 2：提升质量、优化结构

中外合作办学承担着引入优质教育资源、提高学校整体办学实力以进一步提升教育国际化水平的重要使命，因此，中外合作办学发展的规

① 邵丽霞：《中外合作办学政策分析》，硕士学位论文，扬州大学，2009。

模与质量同等重要。在中外合作办学政策领域，始终坚持的是"一手抓发展，一手抓规范的政策原则"，即规范办学秩序、提高办学质量。

从办学层次来看，目前中外合作办学已形成多元化的办学层次、结构，但是总体以本科层次机构和项目合作为主。以 2016 年数据为例，当年本科层次中外合作办学数量为 984 项，而硕士层次仅为 241 项。而从 2002—2012 年的发展来看，本科层次的中外合作办学机构与项目数从 148 个发展到 538 个，而硕士层次的中外合作办学机构与项目数由 54 个增加到 169 个，而博士层次的中外合作办学机构或数量则仅从 2 个增加到了 10 个。[①]

从学科专业来看，我国的政策目标强调社会急需与新兴学科专业的合作办学，并且要求教育机构在开展中外合作办学中要主动适应我国经济结构的战略性调整、人才市场需求以及提高国际竞争能力的需要，以发展高新技术类学科专业和应用型学科专业为重点。因此，国家通过政策导向重点支持高校在理、工、农、医等自然科学领域开展合作办学，逐步改变了以往以人文社会科学为主的局面。从实施本科及以上学历教育的中外合作办学项目来看，目前中外合作办学涉及 11 个学科，举办项目最多的是工学，占 37%；而法学、文学、历史学项目所占比例均低于 2%。

从区域分布来看，表 11-10 为 2016 年我国本科及以上中外合作办学机构与项目数的区域分布情况，由下表可见，我国中外合作办学发展不仅在总体规模上取得了发展，而且在区域分布上日益平衡，北京、上海、天津等高等教育发达区域虽然仍然在中外合作办学发展中存在优势，但是通过政府对中西部地区中外合作办学给予政策倾斜，我国中西部地区中外合作也得到了进一步的发展。

---

① 陆根书等：《中外合作办学：现状、问题与发展对策》，载《高等工程教育研究》，2013 (4)。

表 11-10 本科及以上中外合作办学机构与项目数 （单位：个）

	本科水平		硕士水平	
	合作办学机构	合作办学项目	合作办学机构	合作办学项目
北京	6	56	5	39
上海	6	38	9	70
天津	2	14	1	22
重庆	1	4	4	17
江苏	6	9	8	92
浙江	3	18	6	43
广东	6	14	7	11
海南	—	—	—	3
福建	—	1	—	17
山东	—	4	4	67
江西	—	9	0	17
四川	—	8	3	11
安徽	—	2	—	13
河北	—	2	2	24
河南	—	—	3	87
湖北	2	6	1	55
湖南	—	1	1	24
陕西	1	6	3	9
山西	—	—	2	2
黑龙江	—	5	—	171
辽宁	2	5	8	35
吉林	—	1	3	43
广西	—	—	—	16
云南	—	2	—	9
贵州	—	1	—	5
甘肃	—	—	—	1

续表

	本科水平		硕士水平	
	合作办学机构	合作办学项目	合作办学机构	合作办学项目
内蒙古	—	—	—	10
新疆	—	—	—	1
总计	35	206	70	914

资料来源：根据教育部中外合作办学监管工作信息平台数据汇总整理而成。参见 http：//www. crs. jsj. edu. cn/index. php/default/approval/orglists/2 及 http：//www. crs. jsj. edu. cn/index. php/default/approval/orglists/1.

四、中国教育国际化重要挑战与对策

（一）教育国际化服务于国家重大国际战略需求

教育国际化是经济全球化的必然结果，是教育的能动选择，也是国家意志的体现。我国教育国际化正处于快速发展阶段，贯彻落实《国家中长期教育改革和发展规划纲要(2010—2020 年)》、做好新时期教育对外开放工作、推进教育国际化进程，需要以更宽广的事业认识中国教育国际化问题。当前，研究与探索中国教育国际化问题，有两个关键词十分重要：一个是"人类命运共同体"，另一个是"一带一路"。[1]当今世界是各国共同组成的命运共同体，国际社会日益成为一个你中有我、我中有你的命运共同体，面对世界经济的复杂形势和全球性问题，任何国家都不可能独善其身。这一超越民族、国家和意识形态的"全球观"已经逐步从一种意识发展成为我国外交的目标和对外行动原则，已经成为新时期大国外交的基石。在这种形势下，"教育应该顺此大势，通过更加密切的互动、交流，促进对人类各种知识和文化的认知，对各民族现实奋斗和未来愿景的体认，以促进各国学生增强相互了解，树立世界眼光，激发创新灵感，确立为人类和平与发展贡献智慧和力量的远大志向。"[2]这实际上为我们在新时期理解教育国际化提供了新的视角。

"一带一路"倡议是中国在建设"人类命运共同体"进程中，从国家利

---

① 瞿振元：《中国教育国际化要注重提高质量》，载《高校教育管理》，2015(5)。
② 同上。

益角度出发提出的具有创造性、操作性的举措。"一带一路"倡议为教育提供了前所未有的发展机遇，同时也是对中国教育国际化发展的巨大挑战。

2016 年 7 月，为贯彻落实中共中央办公厅、国务院办公厅《关于做好新时期教育对外开放工作的若干意见》和国家发展改革委员会、外交部、商务部经国务院授权发布的《推动共建丝绸之路经济带和 21 世纪海上丝绸之路的愿景与行动》，教育部牵头制定了《推动共建"一带一路"教育行动》，指出，中国将一以贯之地坚持教育对外开放，深度融入世界教育改革发展潮流。推进"一带一路"教育共同繁荣，既是加强与沿线各国教育互利合作的需要，也是推进中国教育改革发展的需要，中国愿意在力所能及的范围内承担更多的责任和义务，为区域教育发展做出更大的贡献。

在这一大背景下，在继续加快留学事业发展、提升中外合作办学水平等工作的同时，教育国际化发展还需承担起促进中外人文交流、促进教育交流与合作共赢等重大使命。教育机构，尤其是高等教育机构，应主动对接国家战略需求，打造、整合一批中外人文交流品牌项目，积极开展国际理解交流，加强人文交流机制建设。通过深化和世界各国语言合作交流，加强在汉语推广和非通用语学习中的交流与合作，推进与世界各国语言互通，并在此过程中传播好中国声音。积极参与、开展教育援助、技术援助，尤其是"南南合作"中的教育援助，加快对外教育培训中心建设，积极开展一体化援助项目实施。

（二）来华留学教育面临日益激烈的国际竞争，留学"逆差"巨大

在过去的三四十年间，随着全球化进程的加速，全球留学生规模和增长速度达到了前所未有的水平，留学生的增长速度远远超过了世界各国高等教育扩招的速度。[①] 根据经合组织的数据显示，全球留学生总人数从 1975 年的 80 万人增长到 1985 年的 110 万人，到 1995 年增长至 170 万人，并在 2005 年达到 300 万人，2012 年全球国际留学生总数为 450 万

---

① 蒋凯：《来华留学生教育的战略定位：基于多因素的分析》，载《中国高教研究》，2010(5)。

人，而据估算，至 2025 年，全球留学生总数将达到 720 万人。① 随着全球化进程的不断深入，全球学生跨国流动速度明显加快。特别是高等教育留学生人数增长迅猛。越来越多的学生选择到国外接受高等教育，既给留学生接收国带来了大批优质生源，又有助于提高接收国的高等教育国际化水平。而且，国际留学生也为接收国带来了可观的经济收益，很多国家已明确提出将留学产业纳入经济社会发展战略规划。② 随着我国综合国力和国际影响力的上升，"一带一路"倡议的实施，以及全球留学生规模的不断扩大及由此带来的巨大的留学教育发展空间，为我国大力发展来华留学生教育事业提供了重要的机遇。

中华人民共和国成立以来，尤其是改革开放以来，我国来华留学生教育事业取得了长足的发展。但从全球国际学生流动和国际留学生竞争的角度来看，我国与西方发达国家相比仍然存在相当大的差距，我们在全球主要留学生接收国中的地位和竞争力仍然不足。而全球留学生市场与日俱增的竞争也为我国发展来华留学教育带来了巨大的挑战。一方面，我们要通过历史的、纵向的比较认识到我国在来华留学教育中取得的历史性进展与成绩；另一方面，我们需要通过横向的跨国比较认识到我国在来华留学教育中存在的问题、面临的挑战，并在此基础上进一步明确未来推动来华留学生教育工作的策略。

如前所述，经过几十年的发展，我国来华留学生教育政策、管理体系日臻完善，而来华留学生教育规模、层次结构等均取得较大发展，尤其是从规模上来看。图 11-14 为美国国际教育协会(Institute of International Education，IIE)发布的全球学生流动趋势报告数据，由图可见，全球学生流动呈现两大趋势：第一，学生全球流动规模扩大；第二，留学生的分布更加集中，2016 年，美、英、中等 8 个国家吸收了全球 81% 的留学生。而我国目前已超过德国成为世界第三大留学生接收国，实现了 2010 年《留学中国计划》提出的到 2020 年成为亚洲最大的留学目的地国家的目标。

---

① Education at a Glance：OECD Indicators 2015[R]. http：//www.oecd-ilibrary.org/docserver/download/9615031e.pdf? expires = 1483678399&id = id&accname = guest&checksum = BDEFFF51A471EA6D379FE6DA23282BA0，2015-11-5/2016-12-26.

② 陈郁：《中国留学发展报告发布：我国仍是世界第一大留学生来源国》，http：//finance.ifeng.com/a/20141218/13366328_0.shtml，2016-12-26。

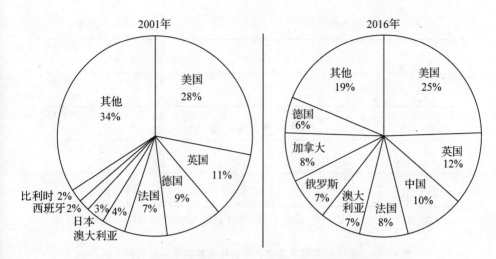

图 11-14　2001 年和 2016 年全球留学生国别分布①

但是，通过进一步的留学生层次、结构等的跨国分析和比较，我国来华留学生教育仍然存在着诸多的问题。

第一，我们虽然实现了留学生规模的较大发展，但是如果将国家总体教育规模考虑进来，即如果进一步计算留学生占本国在校生的比例，我们仍然与西方发达国家存在相当大的差距。图 11-15 为美国国际教育协会 2015 年发布的各主要留学生接收国高等教育领域留学生所占比例，由图可见，我国高等教育领域留学生所占比例不足 1%，远远低于其他国家。而根据美国国际教育协会 2016 年最新数据显示，英国高等教育领域留学生所占比例为 21.1%，从生源国际化角度来看全球第一，其次为澳大利亚，同样超过了 20%，而加拿大、新西兰、法国、荷兰、芬兰等国留学生所占比例均高于 10%，日本留学生所占比例为 4.2%，同样高于我国的 0.9% 的水平。②

---

①　Global Mobility Trends, "Project Atlas 2016," https：//p. widencdn. net/hjyfpw/Project-Atlas-2016-Global-Mobility-Trends-Infographics，2016-12-26.

②　同上。

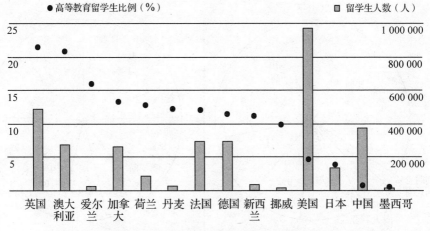

图 11-15　全球主要留学生接收国高等教育留学生比例和人数①

第二，从来华留学生留学层次来看，目前我国来华留学生教育存在层次偏低的问题，这一点与发达国家存在较大差距。一方面，尽管来华攻读学位的留学生规模不断扩大，2005 年，来华攻读学位的学历留学生群体数量增速开始超过非学历留学生。但是学历生群体在来华留学生总体中所占比例始终低于非学历留学生。另一方面，来华学历留学生以本科生为主，近十年来在来华学历留学生总体中占比始终在 70% 以上。这与发达国家存在巨大的差距。以美国为例，根据美国 2016 年留学数据显示，当年赴美留学生 40.9% 为攻读本科学位，攻读研究生学位留学生占比 36.8%，非学历生比例仅有 8%。②在英国、法国等国呈现同样的情况，而当考虑到相应学历层次的总体规模时，这些国家本科、硕士、博士阶段的留学生所占比例依次上升。图 11-16 为 20 世纪 80 年代以来近三十年中主要留学生接收国博士授予学位中留学生所占比例变化，由图可见，在 2000 年以后，各国博士生生源国际化程度普遍提高，其中以英国为首，其接收的博士生所占比例高且增速快，而我国接收的留学生所占比例低且增长缓慢。

① Global Mobility Trends，"Project Atlas 2015，"https：//p. widencdn. net/hjyfpw/Project-Atlas-2016-Global-Mobility-Trends-Infographics，2016-12-26.

② "International Students in the U. S. 2016 Fast Fact，" http：//www. iie. org/Research-and-Publications/Open-Doors/Data/Fast-Facts♯. WG _ HG1TFmlc，2016-12-26.

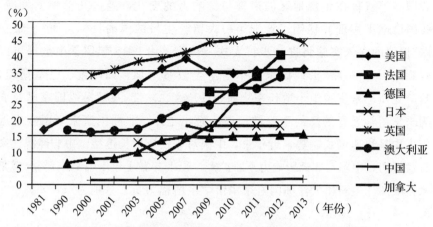

图 11-16　世界各国历年授予的博士学位当中留学生的比例①

　　第三，来华留学生来源国不平衡，仍集中在我国周边少数国家。2008 年，来华留学生共来自 189 个国家和地区，但是留学生总数超过 500 名的国家只有 39 个，这 39 个国家的来华留学生占当年来华留学生总数的 92％。来华留学生最多的 10 个国家中 8 个为亚洲国家。在学历留学生中，来自韩国、印度和越南的学生最多，分别占来华学历留学生的 32.1％、9.4％和 8.8％。② 而到 2015 年，来华留学生共来自全球 203 个国家，但亚洲国家仍然是来华留学生的主体，在全年来华留学生中的占比为 60.4％，比上年增长 14.64％。前 10 位生源国有 7 个国家为亚洲国家。而且，来华留学生较为突出的一个结构性特点是，学历留学生以亚、非国家生源为主，尤其在研究生层次。以 2013 年为例，当年攻读硕士学位来华留学生人数前 10 名的国家有韩国、越南、泰国、蒙古、美国、尼泊尔、巴基斯坦、哈萨克斯坦、马来西亚、日本，其中来自 9 个亚洲国家的来华攻读硕士生占比达到 42％。而前 3 名的博士生源国家包括巴基斯坦、韩国、越南，三国来华攻读博士生占攻读博士留学生总体的 37.88％，较之硕士生源国更加集中于亚洲国家。来华留学教育体现一国的硬实力和软实力，而来华留学生生源国的变化也在某种程度上反映着

　　① 沈文钦、王传毅、金帷：《博士生跨国学位流动的国际趋势与政策动向》，载《高等教育研究》，2016(3)。
　　② 蒋凯：《来华留学生教育的瓶颈问题及解决措施》，载《大学教育科学》，2010(2)。

我国高等教育在生源地区的声誉与影响力的变化，经过几十年的发展，我国已逐步实现并稳固了亚洲第一大留学生目的国的目标，而"一带一路"倡议的深入实施将进一步扩大这一优势，由 2015 年留学生数据可以看到，"一带一路"沿线国家来华留学生数量增加，如印度、巴基斯坦、哈萨克斯坦来华留学生增长率均超过 10%，"一带一路"沿线国家已经成为来华留学教育的新的重要增长点。除此之外，非洲国家来华留学生近年来均呈快速增长趋势。近年来，中国对非投资增长迅猛，中非经济往来日益密切，中国在非洲影响力不断扩大。2015 年较上年增幅 19.47%。但是来自欧洲、美洲和大洋洲国家来华留学生增幅为负，分别为 -1.08%、-3.34%、-4.19%。

第四，来华留学生攻读专业主要集中于文科专业，留学生专业分布极不均衡。据统计，2002—2008 年，来华留学生主要就读于文科类专业，其中又以文学类专业为主，约占全部来华留学生的 72%，其次为医科（中医），其他各专业比例均非常低。这就导致我国出国留学和来华留学在专业上的极大不平衡。

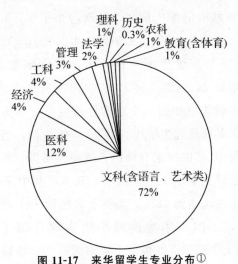

图 11-17　来华留学生专业分布①

注：因图中数字比例为约数，故总和不等于 100%。

与之相对，2016 年美国海外留学生就读最多的为工科（20.8%）、经

---

① 刘宝存等：《来华留学教育现状、问题及对策研究项目结题报告》，2014。

管(19.2%)以及数学/计算机(13.6%)学科。其中，留学生就读涵盖科学、技术、工程与数学专业的 STEM 学科领域所占比例超过 40%，其次为经济管理类学科，所占比例为 20.1%。除此之外，教育等社会科学类学科及艺术、传播等人文学科也占有一定的比例。

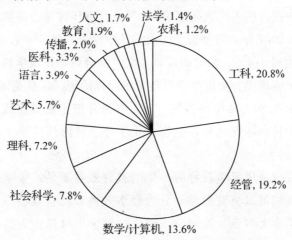

图 11-18　美国 2016 年海外留学生学科分布①

注：因图中数字比例为约数，故总和不等于 100%。

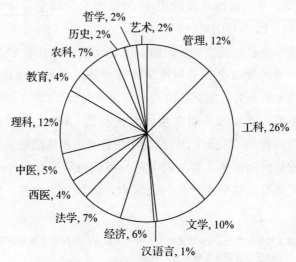

图 11-19　2013 年来华留学生(硕士生)学科分布

①　"International Students in the U.S. 2016 Fast Fact," http：//www.iie.org/Research-and-Publications/Open-Doors/Data/Fast-Facts＃.WG＿HG1TFmlc, 2016-12-26.

相对而言，来华留学生攻读研究生学位修读专业更加平衡，以 2013 年来华留学生在校生专业分布情况看，来华留学生以修读工科、管理、理科、文学专业为主，以上四个学科领域占比 60%。

而美国研究生层次留学生专业分布更加集中，比如 2007 年工程学海外博士学位获得者所占比例高达 59.12%，且逐年递增。而物理学科增速显著，1977—2007 年，海外留学生就读该学科人数从 680 人增长到 3 662 人，增长率达到 814%。相对而言，人文、社会科学领域学科留学生人数比例更低，增速缓慢。英国呈现出与美国同样的情况，在英国，1/3 的海外留学生集中在 STEM 学科领域。理工科海外博士生增速最为突出，尤其是计算机学科，除此之外，生物、化学等学科海外留学生数量和占比均增速显著。[①]

第五，我国来华留学教育所产生的教育效益不足。留学生教育能够带来的效益我们可以将其简单划分为经济效益和社会效益。在西方发达国家，尤其是澳大利亚、英国等，明确将留学生教育作为出口产业的国家，更加重视对留学生教育所产生的经济效益的统计和分析。而我国长期以来更加关注来华留学生教育的规模、结构和质量问题，对效益问题关注不足。2009 年，凌德祥教授提出 2009 年来华留学教育经济贡献近 112 亿元（占当年国内 GDP 比例为 0.033%），与中国学生在美、澳、新西兰等八大留学生目的国留学费用的 961 亿元相比存在非常大的逆差。[②]袁利新教授课题组发布全国来华留学教育经济效益报告指出，2011 年，我国来华留学生教育为我国创造的直接经济效益为 147.73 亿元，而从经济拉动作用来看，当年来华留学生教育使我国 GDP 总量增加 282.8 亿元，创造教育机会 24.24 万个。[③] 从留学生教育所产生的经济效益角度分析，我国与发达国家存在非常大的差距。英国高等教育每年产生的出口额达到 110 亿英镑。留学生聚集的大城市，诸如英国伦敦，由留学生带

---

① 金帷、沈文钦、赵世奎：《全球化背景下博士生教育：国际化现状与趋势分析——以美国、英国为案例》，载《学位与研究生教育》，2010(6)。

② 凌德祥：《来华留学教育与京沪高等教育国际化及经济贡献度比较研究》，载《汉语国际传播研究》，2013(2)。

③ 2011 年全国来华留学生教育经济效益研究课题组：《2011 年全国来华留学生教育经济效益研究报告》，http://www.cafsa.org.cn/research/show-219.html，2016-12-26。

来的年直接经济效益达到 23 亿英镑，年创造教育机会 7 万个。[①]而据美国国际教育协会 2014 年的数据显示，留学生为美国经济贡献了 270 亿美元，而纽约 2013—2014 年度留学生规模为 98906 人，当年留学生经济贡献达到 33 亿美元，年增长率为 69％。[②]

除去留学生教育所能够带来的巨大的经济效益外，其所产生的社会效益，以及我国留学生教育社会效益不足的问题也值得关注。以美国为例，2007 年 11 月至 2008 年 5 月，《科学》杂志的美国学术论文中，53％的论文共同作者包括外国学生或博士后；研究生作为第一作者的论文中，60％均为留学生。而且，留学生毕业后很多选择留在美国工作，为美国的科学、技术与经济发展做出了杰出的贡献。[③] 也正因如此，留学生被视为美国技术创新和科技发展的重要动力。

第六，英文学位及英文课程有限在一定程度上限制了来华留学教育的发展。在全球留学生的竞争中，英语国家具有天然的优势，美国、英国、澳大利亚、加拿大等国始终是留学生的重要接收国。但法国、德国、日本等非英语国家均通过推行英语课程和学位项目不断扩大了其在留学生市场的份额。德国大学的国际研究生院采用英语为工作语言，并允许学生使用英语进行学位论文写作。瑞士的高校早在 1980 年就将课程和研究网络的国际化作为优先战略，其海外博士生的比例从 1973—1974 年的 3％上升到 1993—1994 年的 19％。到 2007 年，德国使用的英语教学研究生教育项目达到 300 个，法国则有 100 个。[④] 而我国在开设英文课程及英文学位项目方面，尤其是高校的反应显然处于滞后的状态。

第七，现行留学生招生与管理体制限制了高校自主权和积极性。我国现行的来华留学规章制度和主要政策是在 20 世纪 90 年代末和 21 世纪

---

①　London First & PWC, "London Calling: International Students' Contribution to Britain's Economic Growth," http://classof2020.nl/wp-content/uploads/2016/06/International-students-contribution-to-Britains-economic-growth-June-2015-pwc.pdf, 2016-12-26.

②　WENR World Education News & Reviews, "International Student Mobility Trends 2015: An Economic Perspective," http://wenr.wes.org/2015/02/international-student-mobility-trends-2015-an-economic-perspective, 2016-12-29.

③　沈文钦、王传毅、金帷：《博士生跨国学位流动的国际趋势与政策动向》，载《高等教育研究》，2016(3)。

④　同上。

初形成的。由于国际国内形势的变化和来华留学生教育的迅速发展，一些规章制度和政策已经不能适应来华留学生教育发展的需要。① 在此情况下，高校在来华留学生招生管理中的责任、权利和义务并不清晰。而我国长期以来由于种种原因所形成的留学生与本土学生相互隔离的管理体系，不仅大大增加了高校的资源投入，从而进一步限制了高校接收更多留学生的能力，而且非常不利于留学生的本土化融入，从而影响其文化适应及留学体验。

如上所述，教育全球化进程的推进为我国来华留学教育发展提供了重要机遇期，但与此同时，我们也面临日益激烈的竞争和挑战，提高中国在全球留学生市场上的竞争力和影响力的核心在于不断提高中国高等教育的国际地位与影响力，当然，这也有赖于我国来华留学招生、管理、奖学金等支持政策和管理制度的完善，具体而言要有以下几方面。

第一，明确来华留学教育工作战略性地位。近些年来，欧美国家和亚太地区国家均以不同政策形式将招收海外留学生作为国家重要战略，采取多种策略招收国际留学生，这使得全球留学生市场竞争日益激烈。留学生教育的发展是国家硬实力和软实力的体现，也反映了一国教育体系的声誉与影响力，同时，留学生教育能够推动教育体系质量的提升、影响力的扩大，与此同时，留学生教育具有巨大的社会效益。在美国，海外留学生被认为是一种维系美国持续创新能力的重要资源，是美国大学、产业界的新理念和创新的重要源泉。如前几章所述，我们已看到近些年美国、英国、澳大利亚、日本、韩国等国出台的以吸引海外留学生为目标的国际化战略。比如，澳大利亚 2010 年推出的《澳大利亚国际学生战略》(International Students Strategy for Australia)旨在提供高质量的国际教育以吸引更多的国际留学生赴澳学习。2008 年，时任日本首相福田康夫提出到 2020 年"接收 30 万外国留学生计划"，该计划不但提供了指导性政策，也提出了为扩大留学生招收而需要采取的具体措施及相关预算。而新兴国家，如新加坡、韩国，更是利用吸引国际顶尖师资在新办学、增加奖学金名额、鼓励英语授课等多种方式吸引留学生。可以说，

---

① 蒋凯：《来华留学生教育的瓶颈问题及解决措施》，载《大学教育科学》，2010(2)。

对留学生的竞争已日趋白热化。我国是全球最大的留学生输出国，且出国留学规模呈持续上升趋势，可以说存在巨大的留学"逆差"。扭转这一局面，需要从政策层面明确来华留学教育的战略性地位，并制定与我国国家形象相匹配的来华留学教育战略。

第二，提高我国在全球留学生市场上的竞争力关键在于提升我国高等教育的全球竞争力与影响力。1998 年以来，通过实施"985 工程""211 工程"以及"优势学科创新平台"和"特色重点学科项目"等重点建设项目，我国高等教育建设取得了重大进展，带动了我国高等教育整体水平的提升，我国高校尤其是一批重点研究型大学在全球性大学排行中的位次不断上升。2015 年，国务院出台《国务院关于印发统筹推进世界一流大学和一流学科建设总体方案的通知》，以加快建成一批世界一流大学和一流学科，提高我国高等教育综合实力和国际竞争力。一方面，世界一流大学建设需要国际化策略；另一方面，世界一流大学建设为国际化奠定坚实的基础，只有当我国高等教育具备足够的国际声誉和影响力，才能从根本上推动来华留学教育规模、层次以及质量的提升。

第三，高校是国际化的主体，也是来华留学生教育的关键实施主体。我国来华留学生教育的长远发展和在全球留学生市场中的竞争力最终取决于高校的办学水平、国际化水平，尤其是我国一流研究型大学和高水平特色大学，因此，高校应将来华留学生教育作为学校重要战略性发展目标。在加快建设世界一流大学、一流学科的同时，整合、利用现有资源进一步开发高水平英文教学课程或学位项目，巩固并进一步拓展与海外高水平大学合作项目，依托校际合作平台拓展学生交流、交换并促进留学生招生工作，应以能力建设为目标，进一步提升高校管理服务国际化水平，借鉴欧美国家经验，进一步完善留学生招生、学籍管理、教学管理服务水平，提升院校留学生接收能力，树立留学生教育的院校品牌。

第四，国家应进一步加大教育财政投入，拓展高层次来华留学生的经费资助渠道。与欧美国家相比，我国面向来华留学生提供的奖学金规模较小，而且完全依靠中央政府奖学金，渠道单一。为了吸引更多优秀海外留学生来华留学，我国需要进一步构建以中央政府奖学金为主，地方政府、高校、企事业单位奖学金为辅，多元奖学金并重的奖学金架构，逐步扩大奖学金规模。① 并以奖学金为重要杠杆，以调节来华留学生的层次、专业结构，并进一步促进来华留学生来源地的平衡。此外，应引导高校通过提升来华留学生质量并树立来华留学教育办学"效益"的理念，并在此基础上中央政府出台政策和激励机制鼓励地方政府和高校设立来华留学生奖学金，因为留学生是重要的人力资源，尤其是高水平留学生，是科研与创新的重要源泉，同时能够对地方经济带来巨大的直接和间接经济效益。

（三）中外合作办学质量保障机制亟待完善

中外合作办学是我国深化教育对外开放、推动教育改革和发展、提高教育国际化水平的重要战略性举措。经过近30年的发展，中外合作办学规模取得了长足的发展，作为我国教育国际交流与合作的一种重要形式，对推动办学体制改革、拓宽人才培养途径、促进教育对外开放发挥了积极作用。但是，当前通过中外合作办学引进国外教育资源的数量和质量，与国家改革开放和教育国际化对中外合作办学的新需要以及社会对中外合作办学的新期待还有不相适应的地方。②

开展中外合作办学的核心目标之一是引进国外优质教育资源。可以说被引进国外教育资源的质量、水平在一定程度上直接决定着中外合作办学的质量和效果。国外优质教育资源是指在世界范围内具有较高水平和办学特色，具有一定领先优势的教育教学理念、人才培养模式、课程、教材、教学方式方法、教育管理制度、师资队伍、管理团队和质量保障体系等。在高等教育领域，国外优质教育资源表现为有特色的或者已有办学经验的学科和专业。③ 优质教育资源的引入有利于促进我国建设世界一流大学和建设地方性、特色型高水平大学，有利于促进高等学校管理机制体制创新。

但在中外合作办学实践中，非优质国外教育资源，甚至是低质、劣质教育资源的引入情况时有发生，而且在中外合作办学中常见的情况是外方高校并不实质性输出核心课程，仅仅提供外语课程或个别任课教师，

---

① 蒋凯：《来华留学生教育的瓶颈问题及解决措施》，载《大学教育科学》，2010(2)。
② 林金辉：《中外合作办学中引进优质教育资源问题研究》，载《教育研究》，2012(10)。
③ 同上。

这种非实质引入国外教育资源的情况普遍存在。"大量是低水平重复建设的专业，有的根本没有实质性地引进国外教材和师资，国外高校仅派一两名老师前来授课，遑论引进国外高校的现金管理模式和治理经验。"[1]目前来看，在中外合作办学中外方高校世界名校较少，而且引进国外名校办学资源所占的比例不升反降，2011—2014 年，我国新举办的中外合作办学项目中，外方合作高校进入世界 500 强的高校比例仅有 10％，而这一比例在 2011 年以前为 23％。而且中外合作办学项目中实质引入外方教育资源过少，如 2014 年教育部中外合作办学评估中，参评的全部 73 个办学项目中，引入外方课程最低比例仅为 8.1％，远低于教育部在 2006 年《关于当前中外合作办学若干问题的意见》中提出的"三分之一"的要求，而在这次评估中此项未达标的项目数占参评项目的 1/3。[2]

在这种情况下，近年来学界在"中外合作办学"领域一个重要的研究关键词是"政策失真"，有学者将中外合作办学实践中表现出的政策失真概括为："你有政策，我有对策"——替换性执行；"曲解政策，为我所用"——选择性执行；"软拖硬抗，拒不顺从"——象征性执行；搞"土政策"——附加性执行。[3] 因此，当前中外合作办学面临着规范、依法办学，加强质量评估与监控等多重挑战，中外合作办学未来健康、可持续发展需要通过进一步完善相关政策法规予以规范和管理，而与此同时，构建并进一步完善中外合作办学项目审批、评估机制，并建立这一机制赖以运行的支撑和管理体系同样至关重要。

首先，在法律法规和政策方面，应进一步完善中外合作办学相关法律法规和政策体系，统筹好"引进来"和"走出去"办学政策，改变中外合作办学"走出去"缺少法律法规的局面。对"优质教育资源""合理回报"等进行进一步清晰的界定，明确相关配套操作制度与程序。建立、优化不同办学项目形式的分类审批程序，加强中外合作办学过程管理和质量监控。进一步完善中外合作办学管理体系，明确中央与地方的权责关系。

---

① 方可成：《教育部要对"中外合作办学"乱象动刀》，载《南方周末》，2011-08-26。
② 薛卫洋：《质量建设进程中的高等教育中外合作办学——基于〈高等教育第三方评估报告〉的思考》，载《中国高教研究》，2016(2)。
③ 陆小兵、王文军：《中外合作办学政策失真的批判性分析》，载《国家教育行政学院学报》，2011(12)。

　　其次，应建立完善的中外合作办学审核准入机制，确保引入国外优质教育资源。杜绝上述此类问题的出现，最关键的是应加强项目审批时的质量把关。第一，进一步明确"优质教育资源"的内涵和评价标准，在此基础上建立规范化的中外合作办学机构（项目）申请、审核前期评估论证制度；第二，继续推行权力下放，完善省一级教育行政主管部门在中外合作办学方面的管理机制，并且建立相应的监督机制；第三，建立中外合作办学审核的责任机制，强化各级部门的责任意识。应进一步完善中外合作办学质量认证与评估制度。为了保证中外合作办学质量，我国已经建立了相关的中外合作办学质量评估机制，但现有评估制度从评估性质而言属于合格评估（门槛评估），与中外合作办学引进优质国外教育资源的目标定位存在较大偏差，并不能够确保"优质"而仅能够说明"合格"。我国应在此基础上进一步探索尝试多元化的优秀评估机制，一方面促进高水平具有示范性的中外合作办学的建设，另一方面以多元化、差异化评估避免评估可能带来的一刀切和抹杀办学特色的结果。在这方面，应积极借鉴其他国家在跨境教育质量认证、质量保障框架建设方面的经验，从中外合作办学质量评估与认证的组织机构、运行体系、质量指标、质量改进等多个方面着手进一步完善我国现有的质量保障机制。在此基础上，还应建立有效的中外合作办学处罚与退出机制。在进一步完善中外合作办学评估和认证的基础上，还应进一步探索建立中外合作办学的处罚与退出机制。早在 2007 年，教育部就已经提出建立中外合作办学执法和处罚机制。但是这一要求的落实情况并不乐观。当前应加强退出机制的研究和探索，逐步建立和完善低质量中外合作办学的退出机制。在探索退出机制时，应强化办学主体的责任意识，完善问责制度。①

　　最后，中外合作办学作为我国培养高素质国际化人才的重要途径之一，其人才培养必须满足国家经济社会发展的人才需求，虽然中外合作办学规模、结构在近 30 年取得较大发展，但仍然存在着办学层次偏低、学科结构重复单一以及区域不平衡等问题，尤其是管理学、经济学等学科比例过高，低水平重复实际上是降低办学成本驱动下的专业设置，与

---

① 林金辉、刘梦今：《论中外合作办学的质量建设》，载《教育研究》，2013(10)。

"鼓励在国内新兴和急需的学科专业领域开展合作办学"的政策宗旨相悖。因此，在未来的中外合作办学进程中，中央应进一步加强中外合作办学顶层设计与规划，尽快建立高等教育中外合作办学学科专业指导目录，以不同形式鼓励高校申报我国急需或能够适应区域经济社会发展的学科专业，并且严格限制过剩专业审批，甚至对部分成本高、见效慢但是对我国经济社会发展具有重大价值的学科，国家应适当建立补贴或者资金扶持政策，与此同时，中外合作办学承担着推进区域间教育平衡的功能，但是，中西部高等教育资源薄弱且国际化程度低，既缺乏参与中外合作办学的主动性，也缺乏足够的吸引力，在这种情况下，国家政策应进一步向中西部地区倾斜，以切实通过中外合作办学推动中西部教育的跨越式发展。

参考文献

一、中文参考文献

(一)专著类

[德]弗·鲍尔生．德国教育史[M]．腾大春,滕大生,译．北京:人民教育出版社,1986.

[德]卡尔·雅斯贝尔斯．大学之理念[M]．邱立波,译．上海:上海世纪出版集团,2007.

[法]米歇尔·福柯．知识考古学[M]．谢强,马月,译,北京:生活·读书·新知三联书店,2013.

[荷兰]佛兰斯·F. 范富格特．国际高等教育政策比较研究[M]．王承绪,等译．杭州:浙江教育出版社,2001.

[美]D. 亚当斯．比较教育与国际教育[M]．朱旭东,译．重庆:西南师范大学出版社,2011.

[美]S. E. 佛罗斯特．西方教育的历史和哲学基础[M]．吴元训,等译．北京:华夏出版社,1987.

[美]伯顿·克拉克．高等教育新论——多学科的研究[M]．王承绪,徐辉,郑继伟,等译．杭州:浙江教育出版社,2001.

[美]伯顿·克拉克．探究的场所:现代大学的科研和研究生教育[M]．王承绪,译．杭州:浙江教育出版,2001.

[美]丹条·特弗拉,[加]简·奈特．非洲高等教育国际化[M]．万秀兰,孙志远,等译．杭州:浙江大学出版社,2013.

[美]菲利普·G. 阿特巴赫．比较高等教育:知识、大学与发展[M]．人民教育出版社教育室,译．北京:人民教育出版社,2000.

[美]克拉克·克尔．高等教育不能回避历史——21世纪的问题[M]．王承绪,译．杭州:浙江教育出版社,2001.

[美]罗兰·罗伯森．全球化:社会理论和全球文化[M]．上海:上海人民出版

社，2000.

[美]欧文·拉兹洛．多种文化的星球——联合国教科文组织国际专家小组的报告[M].戴侃，辛未，译．北京：社会科学文献出版社，2001.

[美]史蒂芬·海内曼．为了21世纪的教育——问题与展望[M]．王晓辉，赵中建，等译．北京：教育科学出版社，1996.

[美]约翰·布鲁贝克．高等教育哲学[M]．王承绪，等译．杭州：浙江教育出版社，2001.

[美]罗杰·盖格．大学与市场的悖论[M].郭建如，马林霞，译．北京：北京大学出版社，2003.

[美]威廉·富布赖特．跛足巨人：美国对外政策及其国内影响[M].伍力协，译．上海：上海人民出版社，1972.

[美]威廉·富布赖特．帝国的代价[M]．简新芽，等译．北京：世界知识出版社，1991.

[美]弗兰克·纽曼，莱拉·科特瑞亚，杰米·斯葛瑞．高等教育的未来：浮言、现实与市场风险[M].李沁，译．北京：北京大学出版社，2012.

[日]浦野起央．国际关系理论导论[M]．刘甦朝，译．北京：中国社会科学出版社，2000.

[日]喜多村和之．大学的国际化[M].东京：玉川大学出版部，1984.

[英]安迪·格林．教育、全球化与民族国家[M].朱旭东，徐卫红，等译．北京：教育科学出版社，2004.

[英]安东尼·吉登斯．现代性与自我认同[M]．赵旭东，等译．北京：生活·读书·新知三联书店，1998.

[英]罗金·金．全球化时代的大学[M]．赵卫平，主译．杭州：浙江大学出版社，2008.

[英]罗素．西方哲学史（上卷）[M]．何兆武，李约瑟，译．北京：商务印书馆，1997.

[英]马尔科姆·泰特．高等教育研究进展与方法[M]．侯定凯，译．北京：北京大学出版社，2007.

[英]纽曼．大学的理想[M]．徐辉，等译．杭州：浙江教育出版社，2001.

[英]皮特·斯科特．高等教育全球化理论与政策[M]．周倩，高耀丽，译．北京：北京大学出版社，2009.

[英]爱德华·泰勒．原始文化——神话、哲学、宗教、语言、艺术和习俗发展之研究[M].连树声，译．桂林：广西大学出版社，2005.

[英]安东尼·吉登斯．全球时代的欧洲[M]．潘华凌，译．上海：上海译文出版社，2015.

《非洲教育概况》编写组．非洲概况[M]．北京：中国旅游出版社,1997.

安双宏．印度教育战略研究[M]．杭州：浙江教育出版社,2013.

陈昌贵,谢维和．走进国际化：中外教育交流与合作研究[M]．广州：广东教育出版社,2010.

陈可森．教育外事工作历时沿革及现行政策[M]．北京：北京师范大学出版社,1998.

陈时见．比较教育学[M]．重庆：西南师范大学出版社,2012.

陈学飞．高等教育国际化：跨世纪的大趋势[M]．福州：福建教育出版社,2005.

陈学飞．美国、德国、法国、日本当代高等教育思想研究[M]．上海：上海教育出版社,1998.

陈玉琨．教育：从自发走向自觉[M]．上海：华东师范大学出版社,2012.

成文章,唐滢,田静．云南省高等教育国际化战略研究[M]．北京：科学出版社,2008.

程方平．中国教育问题报告[M]．北京：中国社会科学出版社,2002.

单中惠,贺国庆．外国教育思想通史(第8卷)[M]．长沙：湖南教育出版社,2005.

丁钢．中国教育的国际研究[M]．上海：上海教育出版社,1996.

方汉文．西方文化概论[M]．北京：中国人民大学出版社,2006.

冯国平．跨国教育的国际比较研究[M]．上海：上海人民出版社,2010.

冯增俊．当代国际教育发展[M]．上海：华东师范大学出版社,2002.

冯增俊．比较教育[M]．南京：江苏教育出版社,1996.

傅治平,曹成杰．教育与人[M]．北京：知识产权出版社,2013.

顾海良．教育体制改革攻坚[M]．北京：中国水利水电出版社,2006.

顾建新,牛长松,王琳璞．南非高等教育研究[M]．北京：中国社会科学出版社,2010.

顾明远,薛理银．比较教育导论——教育与国家发展[M]．北京：人民教育出版社,1998.

顾明远．教育大辞典·增订合编本(上)[M]．上海：上海教育出版社,1998.

顾明远．中国教育科学[M]．北京：人民教育出版社,2010.

韩延明,大学理念论纲[M]．北京：人民教育出版社,2003.

胡卫,张继玺．新观察：中国教育热点透视2007[M]．上海：上海人民出版社,2008.

胡文涛．美国文化外交及其在中国的运用[M]．北京：世界知识出版社,2008.

黄福涛．外国高等教育史[M]．上海：上海教育出版社,2003.

李爱萍．美国国际教育：历史、理论及政策[M]．昆明：云南大学出版社,2005.

李恒举,王复三．美国国际化和当代资本主义发展趋势[M]．北京：中国社会科学出版社,1993.

李兴业,王淼．中欧教育交流的发展[M]．济南：山东教育出版社,2010.

李振亭．教育竞争论[M]．北京：中央文献出版社，2005.

苗丹国．出国留学六十年——当代中国的出国留学政策与引导在外留学人员回国政策的形成、变革与发展[M]．北京：中央文献出版社，2010.

欧共体官方出版局．欧洲联盟法典：第一卷[M]．苏明忠，译．北京：国际文化出版公司，2005.

庞红卫．教育全球化辨析——浙江大学教育学院研究生论文集[M]．杭州：浙江大学出版社，2001.

秦行音，王力．公平与质量——全民教育追求的目标[M]．北京：北京师范大学出版社，2012.

冉春．留学教育管理的嬗变[M]．济南：山东教育出版社，2010.

上海市教育科学研究院高等教育研究所．抉择与探索：高等教育改革与发展若干问题研究[M]．上海：上海科学技术出版社，2001.

史静寰，等．当代美国教育(修订版)[M]．北京：社会科学文献出版社，2012.

孙培青，任钟印．中外教育比较史纲(古代卷)[M]．济南：山东教育出版社，2001.

唐振福．日本教育国际化战略研究[M]．北京：经济科学出版社，2012.

滕大春．今日美国教育[M]．北京：人民教育出版社，1980.

滕大春．美国教育史[M]．北京：人民教育出版社，1994.

王承绪．比较教育学史[M]．北京：人民教育出版社，1998.

王剑波．跨国高等教育与中外合作办学[M]．济南：山东教育出版社，2012.

王琳璞，毛锡龙，张屹．南非教育战略研究[M]．杭州：浙江教育出版社，2014.

王延芳．美国高等教育史[M]．厦门：福建教育出版社，1995.

王耀辉．中国留学人才发展报告 2009[M]．北京：机械工业出版社，2009.

王英杰．美国高等教育的发展与改革[M]．北京：人民教育出版社，1993.

王长纯．印度教育[M]．长春：吉林教育出版社，2000.

邬志辉．教育全球化——中国的视点与问题[M]．上海：华东师范大学出版社，2004.

吴恒山．治教方法与策略——教育名家探索学校管理(上)[M]．桂林：漓江出版社，2010.

吴坚．当代高等教育国际化发展[M]．北京：人民出版社，2009.

吴式颖，阎国华．中外教育比较史纲(近代卷)[M]．济南：山东教育出版社，2001.

徐辉，辛治洋．现代外国教育思潮研究[M]．北京：人民教育出版社，2008.

徐辉，国际教育初探——比较教育的新进展[M]．成都：四川教育出版社，2005.

薛澜．科技全球化与中国发展[M]．北京：清华大学出版社，2015.

杨启光．教育国际化进程与发展模式[M]．北京：社会科学文献出版社，2011.

杨小平. 高等教育学[M]. 重庆:重庆出版社,2006.

于富增. 改革开放 30 年的来华留学生教育[M]. 北京:北京语言文化大学出版社,2009.

于富增,江波,朱小玉. 教育国际交流与合作史[M]. 海口:海南出版社,2002.

翟学,甘会斌,褚建芳. 全球化与民族认同[M]. 南京:南京大学出版社,2009.

张楚廷. 院校论[M]. 重庆:西南大学出版社,2015.

张民选. 国际组织与教育发展[M]. 上海:上海教育出版社,2010.

张人杰. 中外教育比较史纲(现代卷)[M]. 济南:山东教育出版社,2001.

张世英. 哲学导论[M]. 北京:北京大学出版社,2002.

张泰金. 英国的高等教育历史现状[M]. 上海:上海教育出版社,1995.

张有录. 大学现代教育技术教程[M]. 北京:中国铁道出版社,2007.

赵旻. 国际化战略——理论、模式与中国的抉择[M]. 天津:南开大学出版社,1996.

中国学位与研究生教育发展年度报告课题组. 中国学位与研究生教育发展年度报告 (2014)[M]. 北京:高等教育出版社,2016.

中央教科所比较教育研究室. 发展中国家高等教育改革研究[M]. 贵阳:贵州教育出版社,1991.

周满生. 世界教育发展的基本特点和规律[M]. 北京:人民教育出版社,2003.

周强武. 2012 全球与中国经济热点问题研究[M]. 北京:中国财政经济出版社,2013.

卓挺亚,程志龙,谭永春,等. 当代世界教育思潮及教育改革动态[M]. 海口:南海出版公司,2003.

经济合作与发展组织. 教育政策分析 2005—2006[M]. 清华大学教育研究所,译. 北京:教育科学出版社,2008.

(二)期刊论文类

[美]菲利普·G. 阿特巴赫,[英]简·莱特. 高等教育国际化的前景展望:动因与现实[J]. 别敦荣,杨华伟,陈艺波,译. 高等教育研究,2006(1).

[美]菲利普·G. 阿特巴赫. 全球化与国际化[J]. 姜川,陈廷柱,译. 高等教育研究,2010(2).

[美]马利杰克,凡·德·温得. 国际化政策:关于新倾向和对照范式[J]. 姚加惠,译. 国际高等教育研究,2003(2).

[日]太田满. 20 世纪 90 年代以来日本教育国际化的动向[J]. 外国教育研究,2002(8).

蔡玲凌,夏宏钟. 欧盟"2020 战略"对我国教育发展的启示[J]. 四川理工学院学报(社会科学版),2013(2).

查强,康静．中外合作办学研究：一个批判的文化主义视角[J]．大学教育科学,2012
(2).

陈昌贵．1978—2006：我国出国留学政策的演变与未来走向．[J]．高教探索,2007(5).

陈佩英,陈舜芬．美国高等教育的国际化[J]．教育资料与研究,2006(76).

陈如平,苏红．论我国基础教育的国际化[J]．当代教育科学,2010(14).

陈尚宝．对话与融合：基础教育国际化的认识与实践——首届"中外卓越校长南山对
话"综述[J]．中小学管理,2011(8).

陈学飞,贺武华．积极开展高等教育管理与政策案例研究[J]．高校教育管理,2009
(1).

陈学飞．改革开放以来大陆公派留学教育政策的演变及成效[J]．复旦教育论坛,2004
(3).

陈学飞．高等教育国际化——从历史到理论到策略[J]．教育发展研究,1997(11).

陈学飞．谈谈美国高等教育国际化的若干基本要素[J]．比较教育研究,1997(2).

陈玉云．教育国际化与教育民族性问题[J]．教育探索,2003(10).

崔庆玲．在高等教育国际化中美、英两国留学生教育思考[J]．理工高教研究,2004(5).

戴妍,袁利平．印度高等教育国际化的特点及趋势[J]．比较教育研究,2010(9).

付八军．文化属性：高等教育的永恒主题[J]．教育学术月刊,2009(10).

高耀明．欧盟夸美纽斯计划初探[J]．外国中小学教育,2013(11).

耿益群．各国研究生教育国际化现状及其政策分析[J]．学位与研究生教育,2005(7).

韩敏．德国的高等教育国际化[J]．高教研究与实验,2000(3).

何天淳．中国高等教育国际化的哲学思考及对策研究[J]．学术界,2003(2).

和学新．教育全球化进程中的教育开放战略[J]．教育理论与实践,2007(12).

黄福涛．"全球化"时代的高等教育国际化——历史与比较的视角[J]．北京大学教育
评论,2003(2).

计秋枫．论欧洲一体化的文化与思想渊源[J]．世界历史,1998(1).

冀鼎全．印度远程教育的特色[J]．陕西广播电视大学学报,2013(3).

姜英敏,于帆．日本"全球公民教育"模式的理论分析[J]．比较教育研究,2013(12).

蒋凯．来华留学生教育的瓶颈问题及解决措施[J]．大学教育科学,2010(2).

蒋凯．来华留学生教育的战略定位：基于多因素的分析[J]．中国高教研究,2010(5).

金帷,沈文钦,赵世奎．全球化背景下博士生教育：国际化现状与趋势分析——以美国、
英国为案例[J]．学位与研究生教育,2010(6).

阚阅．联合国教科文组织对高等教育国际化的全球治理：质量保证和文凭互认的视角
[J]．比较教育研究,2012(7).

李国强．"洪堡教席"奖——德国吸引海外尖子人才的新举措[J]．德国研究，2009(2)．

李联明．"9·11事件"之后美国高等教育国际化的四个趋向[J]．外国教育研究，2007
(5)．

李梅．美国高等教育的国际化政策：强国兴邦的工具[J]．比较教育研究，2010(10)．

李盛兵，邹英英．"伊拉斯谟世界计划"研究生跨国联合课程探析[J]．比较教育研究，
2011(7)．

李素琴，闫效鹏．研究生教育国际化初探[J]．中国高教研究，2003(11)．

李亚婉，编译．开放学习的新技术在学习社会中的发展与应用[J]．中国电化教育，1999
(7)．

梁珊珊．欧盟教师国家间流动的特点及相关政策研究[J]．比较教育研究，2012(9)．

林金辉，刘梦今．论中外合作办学的质量建设[J]．教育研究，2013(10)．

凌德祥．来华留学教育与京沪高等教育国际化及经济贡献度比较研究[J]．汉语国际
传播研究，2013(2)．

刘楚君，王璐．高等教育国际化的发展研究[J]．现代教育科学(高教研究)，2003(3)．

刘清乐，王剑波，康健．高等教育国际化比较研究——兼论WTO对我国高等教育国
际化的影响[J]．河北师范大学学报(教育科学版)，2002(5)．

陆根书，康卉，闫妮．中外合作办学：现状、问题与发展对策[J]．高等工程教育研究，
2013(4)．

陆小兵，王文军．中外合作办学政策失真的批判性分析[J]．国家教育行政学院学报，
2011(12)．

吕林海．解读高等教育国际化的本体内涵——基于概念、历史、原因及模型的辨析与思
考[J]．全球教育展望，2009(10)．

苗丹国，程希．1949-2009：中国留学政策的发展、现状与趋势(上)[J]．徐州师范大学
学报(哲学社会科学版)，2010(3)．

牟宜武，朱丽萍．国际化背景下的日本外语教育战略——"青年交换与合作教学"的理
念与实践[J]．中国外语教育，2014(11)．

聂名华．英国高等教育国际化发展特征与启示[J]．学术论坛，2011(11)．

瞿振元．中国教育国际化要注重提高质量[J]．高校教育管理，2015(5)．

沈若慧．UNESCO与WTO框架下高等教育国际化政策比较研究[J]．湖州师范学院
学报，2005(3)．

沈文钦，王传毅，金帷．博士生跨国学位流动的国际趋势与政策动向[J]．高等教育研
究，2016(3)．

苏真．日本向国外派遣留学生情况[J]．比较教育研究，1984(1)．

汪利兵，谢峰．论 UNESCO 与 WTO 在高等教育国际化进程中的不同倾向[J]．比较教育研究，2004(2).

王晨．从普遍知识到高深学问——大学观念的知识论逻辑及其变迁[J]．清华大学教育研究，2006(5).

王洪才．论高等教育的本质属性及其使命[J]．高等教育研究，2014(6).

王冀生．高等教育国际化的科学内涵[J]．现代大学教育，2002(1).

王留栓，小柳佐和子．日本大学国际化的进程与回顾[J]．日本问题研究，2001(1).

王留栓．美国教育国际化进程展望[J]．上海高教研究，1995(3).

王少东，朱军文．教育国际化的内涵、动因与路径设计[J]．苏州大学学报(哲学社会科学版)，2002(4).

王晓宇．牛津大学国际化之路探析[J]．比较教育研究，2013(7).

王一兵．知识经济、信息社会与高等教育大众化[J]．上海高教研究，1998(6).

王英杰．高等教育国际化——21 世纪中国高等教育发展的重要课题[J]．清华大学教育研究，2000(2).

王玉清．《促进世界的发展——日本外国留学生接收战略》评述[J]．郑州师范教育，2016(1).

邬大光，林莉．教育服务:现代教育交流的一种异化[J]．教育研究，2005(6).

项贤明．教育:全球化、本土化与本土生长——从比较教育学的角度关照[J]．北京师范大学学报(人文社科版)，2011(2).

徐辉，王静．国际理解教育研究[J]．西南师范大学学报，2003(11).

薛二勇，徐向阳．芬兰高等教育国际化政策及分析[J]．高等农业教育，2007(2).

薛卫洋．质量建设进程中的高等教育中外合作办学——基于《高等教育第三方评估报告》的思考[J]．中国高教研究，2016(2).

杨贺盈，陈滔伟．欧盟高校学生流动的国际化政策及英国的执行分析[J]．辽宁教育研究，2006(12).

杨启光．当代不同国家高等教育国际化政策发展模式[J]．现代大学教育，2008(5).

杨珊珊．欧盟教育合作机制及其启示[J]．高教发展与评估，2005(6).

易红郡，王晨曦．印度高等教育发展中的问题、对策及启示[J]．清华大学教育研究，2002(5).

尹玉玲．OECD 视野下的高等教育国际化政策分析——基于跨境高等教育的视角[J]．中国高教研究，2011(11).

袁利平．教育国际化的真实内涵及其现实检验[J]．西华师范大学学报，2009(1).

臧佩红．试论当代日本的教育国际化[J]．日本学刊，2012(1).

展瑞祥．共生理念下的日本中小学国际理解教育[J]．教学文汇(上旬刊),2009(2).

展瑞祥．日本中小学国际理解教育的经验不足及启示[J]．教学与管理,2009(3).

张德伟．论日本学校教育的国际化[J]．外国教育研究,1994(2).

张贵洪．印度的国际组织外交[J]．国际观察,2010(2).

张建新．英国高校学生的国际流动[J]．比较教育研究,2003(5).

张军凤,王银飞．关于基础教育国际化的几个问题[J]．上海教育科研,2011(1).

张露露．樊士进谈日本"问题学校"的整治措施与启示——以日本某高中的国际理解教育的实践探索为例[J]．文教资料,2015(3).

张睦楚．美国十万强基金会的筹款路径[J]．高教发展与评估,2016(3).

张蓉．教育国际化与世界基础教育改革[J]．外国中小学教育,2003(7).

张文舜,王素珍,侯桃,等．中外合作办学政策变迁研究及其动因分析[J]．南昌师范学院学报,2014(4).

张岩丰,王孙禺．谈教育的经济属性[J]．清华大学教育研究,2002(2).

张屹．南非高等教育语言政策的演变与现行多语制政策的实施困境[J]．比较教育研究.2010(4).

赵萱．基础教育国际化:美、英、日的经验[J]．中小学管理,2012(2).

赵叶珠．印度《外国教育机构法案》的出台背景、主要内容及争议焦点[J]．复旦教育论坛,2014(2).

中国驻德大使馆教育处．德国高等教育十年改革重要举措[J]．世界教育信息,2010(2).

周晨琛．OECD 和 UNESCO 高等教育国际化政策的比较研究[J]．洛阳师范学院学报,2013(3).

周海涛,李虔,张墨涵．论激发教育服务的消费潜力[J]．教育研究,2016(5).

周鸿．论培养世界公民的文化包容与自信品格[J]．大学教育科学,2008(6).

周满生,诸艾晶．21 世纪国家教育战略规划与重大政策的比较研究[J]．全球教育展望,2009(1).

周满生．当前国际教育改革的若干动向和趋势[J]．比较教育研究,1999(6).

周满生．国际高等教育发展的若干趋向[J]．教育研究,2007(11).

周满生．基础教育国际化的若干思考[J]．教育研究,2013(1).

周南照．教育国际化的多元内涵、战略意义与实施途径[J]．世界教育信息,2011(5).

周南照．教育国际化的若干国家政策比较和世界态势反思[J]．世界教育信息,2013(4).

朱兴德．教育国际化及其未来走向[J]．世界教育信息,2014(17).

（三）学位论文类

毕勇．中国高等教育国际化的发展对策［D］．武汉：华中师范大学，2003.

邓桦．20世纪90年代以来英国高等教育国际化研究［D］．昆明：云南师范大学，2006.

丁仕潮．中国研究型大学国际化动因、模式与绩效研究［D］．合肥：中国科学技术大学，2014.

董峰．促进欧盟基础教育整合的"夸美纽斯计划"探析［D］．兰州：西北师范大学，2012.

高巍．欧盟高等教育伊拉斯莫计划研究［D］．北京：首都师范大学，2009.

谷海玲．英国高等教育国际化的策略研究［D］．广州：华南师范大学，2005.

季艳艳．欧盟伊拉斯谟计划（ERASMUS）的发展及成效研究［D］．上海：上海师范大学，2011.

蒋竞莹．上海高等教育国际化对策研究［D］．上海：华东师范大学，2005.

蒋璐．"2010欧盟教育与培训行动计划"研究［D］．北京：首都师范大学，2013.

李联明．后"9·11"时代美国高等教育国际化新发展研究［D］．南京：南京大学，2012（1）.

李琴．后发达国家高等教育国际化研究——以泰国、马来西亚为例［D］．济南：山东大学，2010.

李晓东．澳大利亚留学生教育政策研究［D］．北京：中央民族大学，2013.

刘军明．发达国家高等教育国际化政策的发展［D］．上海：复旦大学，2008.

刘自任．美国高等教育国际化初探［D］．重庆：西南大学，2007.

马媛．加拿大高等教育国际化研究［D］．保定：河北大学，2009.

毛锡龙．南非入境跨国教育质量保障研究［D］．杭州：浙江师范大学．2007

苗俊俊．山西高等教育国际化问题研究［D］．太原：山西财经大学，2010.

潘学来．欧共体/欧盟高等教育一体化［D］．芜湖：安徽师范大学，2007.

冉源懋．从隐性生存走向软性治理［D］．重庆：西南大学，2013.

邵丽霞．中外合作办学政策分析［D］．扬州：扬州大学，2009.

申丽．美国研究生教育国际化问题研究［D］．济南：曲阜师范大学，2011.

宋扬．高等教育国际化的研究——兼谈我国高等教育国际化的对策［D］．上海：华东师范大学，2002.

孙际．美国国际教育与文化外交战略［D］．厦门：厦门大学，2009.

滕珺．游走在"自由主义"与"保守主义"之间——联合国教科文组织教育政策的话语演变［D］．北京：北京师范大学，2010.

王威．日本国际理解教育政策变迁研究［D］．北京：北京师范大学，2008.

吴猛．福柯话语理论探要[D]．上海：复旦大学，2003.

洗稚．江苏高等教育国际化的环境分析与发展对策[D]．苏州：苏州大学，2006.

肖丽．富布赖特项目创建到兴盛的研究[D]．北京：北京师范大学，2007.

许传静．我国大学国际化问题研究[D]．重庆：西南大学，2010.

杨尊伟．澳大利亚高等教育国际化探析[D]．长春：东北师范大学，2004.

尹毓婷．欧洲高等教育改革研究[D]．济南：山东大学，2009.

尤碧珍．欧盟国家高等教育国际化——以法、德、英为研究对象[D]．济南：山东师范大学，2006.

袁琳．德国高等教育国际化发展研究[D]．重庆：西南大学，2011.

张小燕．研究生教育国际化的发展战略[D]．大连：大连理工大学，2009.

赵希．湖南高等教育国际化政策研究[D]．长沙：湖南大学，2009.

(四)其他

陈洪捷，等．国家建设高水平公派研究生项目评估报告[内部]，2014.

方可成．教育部要对"中外合作办学"乱象动刀[N]．南方周末，2011-08-26.

2011年全国来华留学生教育经济效益研究课题组．2011年全国来华留学生教育经济效益研究报告[R]．(2014-07-09)[2016-12-26].http://www.cafsa.org.cn/research/show-219.html.

澳洲政府公布国际教育国家战略草案[EB/OL]．国家教育研究院国际教育讯息电子报[2016-06-20]．http://fepaper.naer.edu.tw/paper_view.php? edm_no=75& content_no=4207& preview.

陈盈晖：落实留学中国计划 推动来华留学发展[N/OL]．(2012-03-09)[2016-12-05]．http://goabroad.sohu.com/20120309/n337237405.shtml.

陈郁．中国留学发展报告发布：我国仍是世界第一大留学生来源国[EB/OL]．(2014-12-8)[2016-12-26].http://finance.ifeng.com/a/20141218/13366328_0.shtml.

国家中长期教育改革和发展规划纲要(2010—2020)[EB/OL]．中华人民共和国中央人民政府网．[2015-11-10].http://www.gov.cn/jrzg/2010-07/29/content_1667143.htm.

姜英敏．国际理解教育的发展及其问题[EB/OL]．中国教育新闻网．[2007-05-05].http://www.jyb.com.cn.

教育部．2015年全国来华留学生数据发布[N/OL]．(2016-04-14)[2016-12-12].http://www.moe.edu.cn/jyb_xwfb/gzdt_gzdt/s5987/201604/t20160414_238263.html.

教育部．2014年度中国出国留学人员总数达45.98万人[R]．[2015-09-20].http://news.xinhuanet.com/2015-03/05/c_1114534837.htm.

教育部．2015 年度我国出国留学人员总数达 52．37 万人［N/OL］．［2016-03-17］．http：//www．gov．cn/xinwen/2016-03/17/content_5054762．htm．

康丽．教育国际化更应该关注课程的国际化［N］．中国教师报，2014-10-22．

刘宝存，刘敏，韩瑞莲，等．来华留学教育现状、问题及对策研究项目结题报告［R］．2014．

外国专家局．中国吸引海外人才政策详解［N/OL］．（2015-05-07）［2016-10-25］．http：//www．safea．gov．cn/content．shtml？id＝12747646．

新科伦坡计划实习与辅导网络：印度—太平洋地区接收大学指南［EB/OL］．［2016-06-15］．Australian Embassy，China．http：//china．embassy．gov．au/bjngchinese/NCP．html．

新中国档案：1978 年邓小平做出增派留学生决策［EB/OL］．新华网．［2011-11-09］．htp：//www．chinanews．com/lxsh/news/2009/09-29/1892600．shtml．

赵存生．世界文化走向与大学的使命［N］．中国教育报，2007(11)：12．

中国、印尼、印度明年将成澳洲新科伦坡计划三大目的地［EB/OL］．澳洲网（2014-12-03）［2016-06-15］．http：//www．au123．com/australia/mainstream/20141203/204882．html．

中国教育在线．2014 年度来华留学调查报告［R/OL］．［2016-12-12］．http：//www．eol．cn/html/lhlx/content．html♯131．

中国领事馆网站，http：//cs．mfa．gov．cn/zggmcg/ljmdd/fz_648564/nf_651047/．

中国留学发展报告 2015［EB/OL］．［2015-10-22］．http：//www．360doc．com/content/15/1022/23/11269421_507687746．shtml．

周江林，房欲飞．教师国际化的历史回顾及发展趋势［EB/OL］．（2006-03-23）［2009-09-20］．http：//www．net．edu．cn/zonghe_380/20060323/t20060323_137120．shtml．

二、外文参考文献

(一)专著类

Alma Maldonado-Maldonado，Roberta Malee Bassett．The Forefront of International Higher Education［M］．New York and London：Springer Dordrecht Heidelberg，2014．

Carolyn A Brown．Globalization，International Education Policy and Local Policy Formation：Voices from the Developing World［M］．New York and London：Springer Dordrecht Heidelberg，2015．

Brock C．Historical and Social Roots of Regulation and Accreditation of Higher Education for Quality Assurance．In GUNI．Higher Education in the World 2007：Accreditation for Quality Assurance：What Is at Stake？［M］New York：Palgrave Macmillan．2007．

Christina Tay. International Marketing of Education Services: Trends, Obstacles and Issues[M]. Berlin:Springer Berlin Heidelberg,2013.

Coffin, Tristram. Senator Fulbright: Portrait of a Public Philosopher[M]. New York: E. P. Dutton and Co. ,1966.

David D, Mackintosh B Making a difference: Australian international education[M]. Sydney:University of New South Wales Press, 2012.

V. K. Kohi. Indian Education and Its Problems[M]. Ambala:Vivek Publishers, 1990.

Hans De Wit. Internationalization of Higher Education in the United States of America and Europe: A Historical, Comparative, and Conceptual Analysis[M]. Westport and London: Greenwood Press, 2002.

European Communities. The History of European Cooperation in Education and Training [M]. Luxembourg: Office for Official Publications of the European Communities, 2006.

Hans De Wit. Strategies for Internationalization of Higher Education: A Comparative Study of Australia, Canada, Europe and the United States of America[M]. Amsterdam, 1995.

J. Knight. "Internationalization of Higher Education", OECD(eds.), Quality and Internationalization in Higher Education[M]. Paris: OECD, 1999.

J. Knight. Progress and Promise:Report on the Internationalization of Canadian Universities[M]. Ottawa: AUCC, 2000.

J. L. Davies. "University Strategies for Internationalization in Different Institutional and Cultural Settings: A Conceptual Framework", in P. Blok(ed.). Policy and Policy Implementation in Internationalization of Higher Education (EAIE Occasional Paper8)[M]. Amsterdam: EAIE, 1995.

Jaishree K, Peter T, Manicas. Globalization and Higher Education[M]. Honolulu: University of Hawai'i Press,2003.

Joseph Zajda. Second International Handbook on Globalization, Education and Policy Research[M]. New York and London:Springer Dordrecht Heidelberg,2015.

Knight Jane. Higher Education in Turmoil: The Changing World of Internationalization [M]. Rotterdam: Sense Publishers,2008.

L. J. Daly. The Medieval University: 1200 − 1400[M]. New York: Heed and Ward, Inc. ,1961.

Lenoard R, Sussman. The Culture of Freedom: The Small World of Fulbright Scholars, Lanham[M]. Maryland: Rowman &Little Field Pub Inc. ,October, 1992.

OECD. Internationalization and Trade in Higher Education: Opportunities and Challenges[M]. Paris:CERI/OECD, 2004.

Nikovich,Frank A. The Diplomacy of Ideas: U. S. Foreign Policy and Cultural Relations 1938－1950[M]. New York: Cambridge University Press, 1981.

Ridder-Symoens,Hilde De. A History of University in Europe,Vol. Ⅰ, Universities in the Middle Ages[M]. Cambridge: Cambridge University Press,1992.

Ron Scapp. The Product: Education[M]. New York:Palgrave Macmillan US,2016.

Simon McGrath, Qing Gu. Routledge Handbook of International Education and Development[M]. New York: Routledge.

T. M. Vestal. International Education: Its History and Promise for Today[M]. New York:Praeger Publishers, 1994.

Tim May. Social Research: Issues, Method and Process(Third Edition)[M]. Buckingham: Open University Press,2001.

TorstenKaelvemark. Marijk van der Wende. National Policies for the Internationalization of Higher Education in Europe[M]. Stockholm: the National Agency for Higher Education(Hoeskoleverket), 1997.

Walter Johnson andFranscis J. Colligan:The Fulbright Program: A History[M]. Chicago: The University of Chicago Press,1965.

Wenzhong Zhu, Dan Liu, YiWang, and Ming Zhang. Analysis of Current Strategic Modes of Chinese Higher Education Internationalization[M]. Springer:Verlag Berlin Heidelberg,2011.

佐藤由利子. 日本の留学生政策の評価[M].東京:東信堂,2009.

福永文夫. 大平正芳[M]. 东京:中央公论新社,2008.

(二)论文类

Ali Ghasempoor, Mohmmd Javad Liaghatdar, Ebrahim Jafari. The Internationalization of Higher Education: An Effective Approach for Iran Higher Education[J]. Higher Education Studies, 2011(12).

Altbach, P. G. , & Knight, J. The Internationalization of Higher Education: Motivations and Realities[J]. Journal of Studies in International Education,2007(11).

Hans de Wit(eds). Internationalization of Higher education in Asia Pacific Countries[J]. Amsterdam: EAIE,1997.

Andrea G. Trice. Faculty Perspectives Regarding Graduate International Students' Isolation from Host National Students[J]. International Education Journal,2007(8).

Barbara M. Kehm. Research on Internationalization in Higher Education[J]. Journal of Studies in International Education, 2007(11).

Akiyoshi Yonezawa Yukiko Shimmi. Transformation of University Governance Through Internationalization: Challenges for Top Universities and Government Policies in Japan[J]. Higher Education,2015(1).

Bipasha Sinha. The Feasibility and Fallacies of Internationalization of Higher Education in India[J]. Asia Pacific Journal of Education, Arts and Sciences, 2014(7).

Bitzer,E. South Africa Legislation on Limiting Private and Foreign Higher Education: Protecting the Public or Ignoring Globalization? [J]. Journal of Higher Education, 2002. Vol. 16(1).

C. Geoffrey. Globalization, Internationalization, and the Recruitment of International Students[J]. The Canadian Journal of Higher Education, 2005(1).

Chadee, D. , & Naidoo, V. Higher Education Services Exports: Sources of Growth of Asian Students in US and UK[J]. Service Business,2009(3):173.

D. Coleman. Quality Assurance in Transnational Education[J]. Journal of Studies in International Education, 2003(7).

Dirk V. Damme. Quality Issues in the Internationalization of Higher Education[J]. Higher Education, 2001(41).

Dolby, Nadine;Rahman, Aliya. Research in International Education[J]. Review of Educational Research78. 3 2008(9).

Durkin, Mark; Howcroft, Barry; Fairless, Craig. Product Development in Higher Education Marketing[J]. International Journal of Educational Management,2016(8):354.

G. Harman. Internationalization of Australian Higher Education: A Critical Review of Literature and Research[J]. CERC Studies in Comparative Education, 2005(16).

G. McBurnie & C. Ziguras. The Regulation of Transnational Higher Education in Southeast Asia: Case Studies of Hong Kong, Malaysia and Australia[J]. Higher Education, 2001(42).

Grant Harman. Internationalization of Australian Higher Education: A Critical Review of Literature and Research[J]. CERC Studies in Comparative Education, 2005(16): 119-140.

H. De Wit. "Studies in International Education: A Research Perspective[J]. Journal of Studies in International Education, 1997,1(1).

IPMaithufi. The South Africa School Act of 1996:A Break with the Past[J]. Desegregation Methods. 1997. http://files. eric. ed. gov/fulltext/ED17472. pdf,2016-12-30.

J. Knight. Internationalization Brings Important Benefits as well as Risks[J]. International Higher Education, 2007(46).

J. Knight. Internationalization Remodeled: Definitions, Approaches and Rationales[J]. Journal of Studies in International Education, 2004,8(1).

J. Knight. Internationalization: Management Strategies and Issues[J]. International Education Magazine, 1993(9).

J. Knight. Updating the Definition of Internationalization[J]. International Higher Education, 2003(338).

Jack T. Lee. Education Hubs and Talent Development:Policy Making and Implementation Challenges[J]. Higher Education,2014(3).

Jacky Lumby ,Nick Foskett. Internationalization and Culture in Higher Education[J]. Educational ManagementAdministration &. Leadership,2016, Vol. 44(1).

James O. Jowi. Internationalization of Higher Education in Africa: Developments, Emerging Trends, Issues and Policy Implications[J]. Higher Education Policy, 2009 (22).

JamesOtieno Jowi. Internationalization of Higher Education in Africa: Developments, Emerging Trends, Issues and Policy Implications[J]. Higher Education Policy, 2009 (22).

James P. Lassegard. International Student Quality and Japanese Higher Education Reform[J]. Journal of Studies in International Education,2006(10).

Jane Knight. Internationalization: Concepts, Complexities and Challenges[J]. International Handbook of Higher Education, 2007(Volume 18).

Jane Knight. Internationalization: Elements and Checkpoints[J]. Higher Education, Postsecondary Education, 1994.

John C. Scott. The Mission of the University: Medieval to Postmodern Transformations [J]. The Journal of Higher Education, 2006(1).

Jurgen Enders. Higher Education, Internationalization, and the Nation - state: Recent Developments and Challenges to Governance Theory[J]. Higher Education, 2004 (47).

K. Lisa. Internationalization Plans for Higher Education Institutions[J]. Journal of Studies in International Education, 2009,13(9).

Knight, J. Asia Pacific Countries in Comparison to Those in Europe and North America:Concluding Remarks.

M. Lieven &. G. Martin. Higher Education in a Global Market: The Case of British Overseas Provision in Israel[J]. Higher Education, 2006(52).

M. Van der Wende. The Internationalization of Higher Education in the OECD Countries: Challenges and Opportunities for the Coming Decade[J]. Journal on Studies in International Education, 2007,11(3—4).

McLellan, Carlton E. Speaking of Internationalisation: An Analysis Policy of Discourses on Internationalisation of Higher Education in Post-Apartheid South Africa[J]. Journal of Studies in International Education,2008(2).

Philip G. Altbach (ed,)1996. The International Academic Profession: Portraits of Fourteen Countries[J]. Higher Education, 1998(4).

Philip G. Altbach. Perspectives on International Higher Education[J]. Change, 2002, (5-6).

R. Keeling. The Bologna Process and the Lisbon Research Agenda: the European Commission's Expanding Role in Higher Education Discourse[J]. European Journal of Education, 2006(2).

R. Kishun. The Internationalization of Higher Education in South Africa: Progress and Challenges[J]. Journal of Studies in International Education, 2007,11(3—4).

R. Yang. University Internationalization: Its Meanings, Rationales and Implications [J]. Intercultural Education, 2002,12(1).

S. A. Tachie. R. Chireshe. High Failure Rate in Mathematics Examinations in Rural Senior Senior Secondary Schools in Mthatha District,Eastern Cape:Learners' Attributions [J]. Study Tribes Tribals 2013(11).

S. P. Heyneman. The History and Problems in the Making of Education Policy at the World Bank 1960—2000[J]. International Journal of Educational Development,2003.

S. W. Rudy. The Revolution in American Higher Education,1865—1900[J]. Harvard Education Review. 21,1951.

Sanjay Pawar. Internationalization of Higher Education in India: Pathways and Initiatives[J]. Journal of Research &. Method in Education, 2016(5).

Sehoole,Chika . Internationalisation of Higher Education in South Africa:A Historical Review[J]. Perspective in Education. 2006,24(4).

Shailendra Kumar. India's Trade in Higher Education[J]. High Education, 2015(70).

Stephen P. Heyneman. International Education: A Retrospective[J]. Peabody Journal

Education, 1972,78(1).

Subrata Kumar Mitra. Internationalization of Education in India: Emerging Trends and Strategies[J]. Asian Social Science, 2010(6).

T. Turpin, R. Iredale and P. Crinnion. The Internationalization of Higher Education: Implication for Australia and Its Education Client[J]. Minerva, 2002(40).

Terry Wu, Vik Naidoo. International Marketing of Higher Education[J]. New York: Palgrave Macmillan, 2016.

U. Teichler. "Research on Higher Education in Europe"[J]. European Journal of Education, 2005, 40(4).

U. Teichler. The Changing Debate on Internationalization of Higher Education[J]. Higher Education, 2004, 48(1).

VanEeden, Elize S. Van der Walt, J. L. Creating a Future for History within South Africa's Curriculum 2005[J]. Theory and Research in Social Education, 2000(1).

YONEZA WA Akiyoshi. The Internationalization of Japanese Higher Education: Policy Debates andRealities[J]. 名古屋高等教育研究, 2009(9).

Yunpeng Sun. Internationalization of Higher Education in China: From a Historical Perspective[D]. Memorial University of Newfoundland, 2005.

白石勝己.「留学生数の変遷と入管施策からみる留学生 10 万人計画」[J].（財団法人アジア学生文化協会）ABK 留学生メールニュース, 2006(12).

白石勝己. 留学生"30 万人計画"と"受入れ戦略"[J]. アジアの友, 第 486 号, 2010 (8).

白雪花. 留学生政策に見る日本の国際化[J]. 東アジア日本語教育日本文化研究, 2015 (18).

大村吉弘. 若者の「内向き」志向を打ち破る!:一歩先への留学のススメ[J]. 近畿大学教養・外国語教育センター紀要. 外国語編, 2015, 6(1).

大西好宣. 日本人学生の海外留学促進に関する提言 : 2020 年の挑戦[J]. 留学生教育, 2008(13).

茂住和世.「留学生 30 万人計画」の実現可能性をめぐる一考察[J]. 東京情報大学研究論集, 2010, 13(2).

滝田祥子.「1980 年代における日本留学の新展開」[J]. 国際政治, 1988(87).

太田浩. 日本人学生の内向き志向に関する一考察 ー既存のデータによる国際志向性再考[J]. 留学交流, 2014(7).

太田浩. なぜ海外留学離れは起こっているのか[J]. 教育と医学, 2011, 59(1).

小松翠. 世界の留学生交流の現状と動向：アメリカと中国を中心 に[J]. お茶の水女子大学人文科学研究,2016(12).

Beverly A. Ross. Internationalization of Higher Education：A Case Study of the University of Regina[D]. University of Regina，2005.

Eun Y. Kim. Internationalization of Korean Higher Education[D]. University of Illinois at Urbana-Champaign，2010.

F. Siah. Internationalization of Higher Education in China in Iran：An Interpretive Case Study of Perception of a Selected Group of University Professors[D]. University of Hawai'i，2009.

Kang-Yup Jung. Internationalization Policies of Jesuit Universities：A Case Study of Japan and the U. S. [D]. University of Maryland，2009.

Karen A. McBride. Thai Perspectives on the Internationalization of Higher Education in Thailand：A Mixed Methods Analysis and Three Mini-Case Studies[D]. University of Minnesota，2012.

Karen Anne McBride. Thai Perspectives on the Internationalization of Higher Education in Thailand：A Mixed Methods Analysis and Three Mini-Case Studies[D]. University of Minnesota，2012.

Stephen Mark Halpern. The Story of International Education：A History[D]. Columbia University，1969.

(三)其他

A Final Report to the Directorate General for Education and Culture of the European Commission (2008). Joint Report on the Evaluation of the Socrates Ⅱ，Leonardo da Vinci andeLearning programmes[EB/OL]. [2015-10-26]. http：//www. epos-vlaanderen. be/_Uploads/dbsAttachedFiles/Joint_report_socrates_Ⅱ_Leonardo_e-learning. pdf.

A Statistical Overview of the Erasmus Programme in 2011-12. [EB/OL]. [2015-04-06]. http：//ec. europa. eu/education/library/reports/erasmus1112_en. pdf.

About the New Colombo Plan[EB/OL]. Australian Government Department of Foreign Affairs and Trade. [2016-06-15]. http：//dfat. gov. au/people-to-people/new-colombo-plan/about/Pages/about. aspx.

Action 1：Joint Programmes including scholarships. [EB/OL]. [2015-10-17]. http://eacea. ec. europa. eu/erasmus_mundus/programme/action1_en. php.

Actions[EB/OL]. [2016-02-26]. http：//eacea. ec. europa. eu/erasmus-plus/actions_en.

Australian Government Department of Education and Training. Australia steps up on international education[EB/OL]. [2016-06-20]. https://ministers. education. gov. au/australia-steps-international-education.

Bildungsserver Berlin- Brandenburg. Brigitte Sauzay[DB/OL]. [2016-08-18]. http://bildungsserver. berlin-brandenburg. de/themen/internationales/schulpartner-schueler-austausch/brigitte-sauzay/.

Bildungsserver Berlin-Brandenburg. Europaschulen im Land Brandenburg[DB/OL]. [2016-08-18]. http://bildungsserver. berlin-brandenburg. de/themen/internationales/europa-und-schule/europaschulen/.

British Council. British Council Schools Online Blog[EB/OL]. [2014-09-01]. http://webarchive. nationalarchives. gov. uk/20130302044140/http://schoolsonline. british-council. org/british-council-schools-online-blog.

British Council. Comenius for Further Education[EB/OL]. [2014-10-07]. http://webarchive. nationalarchives. gov. uk/20110907215453/http://www. britishcouncil. org/comenius-for-further-education. htm.

British Council. International School Award[EB/OL]. [2014-08-27]. http://webarchive. nationalarchives. gov. uk/20090506074521/http://schoolsonline. britishcouncil. org/International-School-Award.

British Council. Record Number of UK Students Study or Work Abroad in Europe with Erasmus [EB/OL]. [2014-08-28]. http://webarchive. nationalarchives. gov. uk/20130904034007/http://www. britishcouncil. org/press/record-number-uk-students-study-work-abroad-erasmus.

British Council. WHAT IS DELPHE? [EB/OL]. [2014-09-29]. http://webarchive. nationalarchives. gov. uk/20130908125547/http://www. britishcouncil. org/ar/delphe-what-is-delphe. htm.

Bundesministerium für Bildung und Forschung. Internationalisierung der Hochschulen [EB/OL]. [2016-12-01]. https://www. bmbf. de/de/internationalisierung-der-hochschulen-924. html.

Bundes-Netzwerk Europaschule e. V. Grußwort/Ziele[EB/OL]. [2016-08-18]. http://www. bundesnetzwerk-europaschule. de/index. php/grusswortziele. html.

Center for Internationalization and Global Engagement. CIGE Model for Comprehensive Charlotte West. Internationalization of Teacher Education: Three Case Studies[R]. NAFSA: Association of International Educators, 2009.

ClementinaAcedo. Internationalization of Teacher Education[EB/OL]. [2012-04-07]. http://link. springer. com/article/10. 1007%2Fs11125-012-9225-y#page-1.

Code of Ethical Practice in the Provision of Education to International Students by South Africa Higher Education Institution[EB/OL]. [2016-11-04]. Http://www. ru. zc. za/media/rhodesuniversity/content/law/documents10-students/Code-of ethical-%20practice. pdf.

Comenius-School Education（Socrates Action1）[EB/OL]. [2016-02-26]. http://eacea. ec. europa. eu/static/en/overview/comenius_overview. htm.

Comenius Multilateral Projects[EB/OL]. [2016-02-26]. http://eacea. ec. europa. eu/llp/comenius/comenius_multilateral_projects_en. php.

Comenius Programme[EB/OL]. [2016-02-26]. http://eacea. ec. europa. eu/llp/comenius/comenius_en. php.

Comenius School Partnerships Handbook for schools[EB/OL]. [2016-02-26]. http://www. ua. gov. tr/docs/okul-ortakl%C4%B1klar%C4%B1/comenius-school-partnerships-handbook-for-schools. pdf? sfvrsn=0.

Commission of The European Communities. Communication from The Commission to The Council and The European Parliament. Improving the Quality of Teacher Education[EB/OL]. [2015-10-20]. http://www. ateel. org/uploads/EUpolicies/improving_the_quality_of_teacher_education_aug2007. pdf.

COUNCIL OF THE EUROPEAN COMMUNITIES, COMMISSION OF THE EUROPEAN COMMUNITIES. TREATY ON EUROPEAN UNION. [EB/OL]. [2015-10-19]. http://europa. eu/eu-law/decision-making/treaties/pdf/treaty_on_european_union/treaty_on_european_union_en. pdf.

Deartment of School Education and Literacy. Annual Repot 2009-10[EB/OL]. [2016-10-16]. http://www. mhrd. gov. in/sites/upload_files/mhrd/files/document-reports/AR2009-10. pdf.

Department for Business, Innovation and Skills. Evaluation of The Value of Tier 4 International Students to FE Colleges and the UK Economy[R/OL]. [2013-04-01]. https://www. gov. uk/government/uploads/system/uploads/attachment_data/file/182049/13-767-evaluation-of-value-of-tier-4-international-students-to-fe-colleges-and-uk-economy. pdf.

Department for Business, Innovation and Skills. Government Response to the recommendations from the Further Education Learning Technology Action Group （FELT-

AG)[R/OL].[2014-06-01]. https://www. gov. uk/government/uploads/system/up-loads/attachment _ data/file/320242/bis-14-841-government-response-to-recommenda-tions-from-the-FELTAG-action-plan. pdf.

Department for Business, Innovation and Skills. Survey of Further Education Interna-tional Student Satisfaction Levels[R/OL].[2012-06-01]. http://webarchive. nation-alarchives. gov. uk/20110907160006/http://www. britishcouncil. org/fe_report_2011_pdf.

Department for Business, Innovation and Skills. Understanding Higher Education in Further Education Colleges[R/OL]. [2012-06-01]. https://www. gov. uk/govern-ment/uploads/system/uploads/attachment _ data/file/32425/12-905-understanding-higher-education-in-further-education-colleges. pdf.

Department for Education and Skills. 14-19 Education and Skills[R/OL].[2015-02-01]. http://webarchive. nationalarchives. gov. uk/20130418100916/https://www. educat-ion. gov. uk/publications/eOrderingDownload/CM%206476. pdf.

Department for Education and Skills. Developing the global dimension in the school cur-riculum[R/OL].[2015-03-01]. https://www. education. gov. uk/publications/eOrde-ringDownload/1409-2005DOC-EN-02. doc.

Department for Education and Skills. Five Year Strategy for Children and Learners[R/OL]. [2014-07-01]. http://webarchive. nationalarchives. gov. uk/20070108132242/http://www. dfes. gov. uk/publications/5yearstrategy/docs/DfES5Yearstrategy. pdf.

Department for Education. Outcome of Education[EB/OL]. (2013-02-04)[2014-09-04]. ht-tp://webarchive. nationalarchives. gov. uk/20130401151655/http://www. education. gov. uk/researchandstatistics/statistics/keystatistics/b00221160/outcome-of-education.

Department for Innovation, Universities and Skills. Globalisation: Meeting the Chal-lenge: An international Strategy for Further Education in England[R/OL].[2008-11-01] http://webarchive. nationalarchives. gov. uk/20130802101005/http://www. lsis. org. uk/sites/www. lsis. org. uk/files/migrated-files/InternationalStrategyFinal. pdf.

Department for International Development. Making sure children in developing countries get a good education[EB/OL]. (2013-10-11)[2014-09-12]. https://www. gov. uk/government/policies/making-sure-children-in-developing-countries-get-a-good-educa-tion.

Department of Business, Innovation and Skills. Estimating the Value to the UK of Edu-cation Exports [R/OL]. [2011-06-01]. http://webarchive. nationalarchives. gov. uk/20110704165856/https://bis. gov. uk/assets/biscore/higher-education/docs/e/11-980-estimating-value-of-education-exports. pdf.

Department of Business, Innovation and Skills. Following Up the Wilson Review of Business-University Engagement Contents [R/OL]. [2012-06-01]. https://www. gov. uk/government/uploads/system/uploads/attachment _ data/file/32399/12-903-following-up-wilson-business-university-collaboration-next-steps. pdf.

Department of Business, Innovation and Skills. Further Education and Skills System Reform Plan: Building a World Class Skills System[R/OL]. (2011-12-01)[2014-09-19]. https://www. gov. uk/government/uploads/system/uploads/attachment _ data/file/145452/11-1380-further-education-skills-system-reform-plan. pdf.

Department of Business, Innovation and Skills. International Comparative Performance of the UK Research Base-2013 [R/OL]. (2013-12-06) [2014-09-16]. https://www. gov. uk/government/publications/performance-of-the-uk-research-base-international-comparison-2013.

Department of Business, Innovation and Skills. SKILLS FOR SUSTAINABLE GROWTH[R/OL]. (2010-11-16)[2014-10-05]. https://www. gov. uk/government/uploads/system/uploads/attachment _ data/file/140059/bis-10-1274-skills-for-sustainable-growth-strategy. pdf.

Department of Business, Innovation and Skills. The Wider Benefits of International Higher Education in the UK[R/OL]. [2013-09-01]. https://www. gov. uk/government/uploads/system/uploads/attachment _ data/file/240407/bis-13-1172-the-wider-benefits-of-international-higher-education-in-the-uk. pdf.

Department of Higher Education. Indian National Commission for Co-operation with UNESCO[EB/OL]. [2016-10-16]. http://www. mhrd. gov. in/international-cooperation-cell-4.

Department of State: Fact Sheet on the International Educational Exchange Program, 1946—1966.

EC. Green Paper on the European Dimension of Education[R]. Brussels: European Commission,1993.

ECTS Users' Guide[EB/OL]. [2016-02-25]. http://ec. europa. eu/education/ects/users-guide/docs/ects-users-guide_en. pdf.

Education at a Glance: OECD Indicators 2015 [R]. (2015-11-5)[2016-12-26]. http://www. oecd-ilibrary. org/docserver/download/9615031e. pdf? expires = 1483678399&id = id&accname=guest&checksum=BDEFFF51A471EA6D379FE6DA23282BA0,

Education exports hit a record ＄17. 6billion[EB/OL]. [2015-01-22]. https：//ministers. education. gov. au/pyne/education-exports-hit-record-176-billion.

Education for Global Era：Challenges to Equity，Opportunities for Diversity. Globalisation，Values，and HIV/AIDS[EB/OL]. [2017-01-04]. http：//dhet. gov. za.

Education White Paper 3：A Program For Transformation of Higher Education［EB/OL］. ［2016-12-30］. http：//wsu. ac. za/campuslife/indaba/documents/Education％20White_ Paper3％20A％20Programme％20transformation％20for％20transformation％20of％20Higher％20Education/pdf.

Education，Audiovisual and Culture Executive Agency. The European Higher Education Area in 2012：Bologna Process Implementation Report[R/OL]. [2012-04-01]. http：//www. ehea. info/Uploads/％281％29/Bologna％20Process％20Implementation％20Report. pdf.

Employment Outcomes for Australian-educated Graduates in China[EB/OL]. [2016-06-20]. Australian Government Australian Education International. https：//internationaleducation. gov. au/research/Research-Snapshots/Documents/Graduate％20employment％20outcomes％20-％20China％20docx. pdf.

Engineering Construction Industry Training Board. International［EB/OL］. ［2014-09-25］. http：//www. ecitb. org. uk/Regions/International/.

Erasmus ＋ Programme Guide. ［EB/OL］. ［2015-04-06］. http：//ec. europa. eu/programmes/erasmus-plus/discover/guide/index_en. htm.

EUA. Communiqué of the Meeting of Ministers in Charge of Higher Education in Prague on May 19th 2001［EB/OL］. ［2016-02-25］. http：//www. unn. ru/pages/e-library/vestnik/99990199_West_innov_2003_1(4)/11. pdf.

European Commission. Annual Report on Education Systems in the EU Confirms Slow but Steady Progress[EB/OL]. (2008-10-07)[2014-09-11]. http：//europa. eu/rapid/press-release_IP-08-1127_en. htm.

EUROPEAN COMMISSION. Common European Principles for Teacher Competences and Qualifications[EB/OL]. [2015-10-20]. http：//www. ateel. org/uploads/EUpolicies/common_eur_principles_en. pdf.

European Commission. Erasmus＋ Programme Guide[EB/OL]. [2015-10-26]. http：//ec. europa. eu/programmes/erasmus-plus/documents/erasmus-plus-programme-guide_en. pdf.

European Commission. File：Early leavers from education and training, 2012 (1) (％ of population aged 18-24）YB14 I. png［EB/OL］. 2012. http：//epp. eurostat. ec. europa. eu/statistics_explained/index. php/File：Early_leavers_from_education_and_training,_2012_％281％29_％28％25_of_population_aged_18-24％29_YB14_I. png.

FINAL REPORT FROM THE COMMISSION ON THE IMPLEMENTATION OF THE SOCRATES PROGRAMME 1995 － 1999［EB/OL］.［2016-02-26］. http：// aei. pitt. edu/33396/1/COM_(2001)_75. pdf.

Futao Huang. Internationalization of Higher Education in China［J/OL］.［2013-06-29］. http：//www. gcn-osaka. jp/project/finalreport/2/2-3e. pdf.

Global Mobility Trends. Project Atlas 2015［R］.（2015-12-01）［2016-12-26］. https：// p. widencdn. net/hjyfpw/Project-Atlas-2016-Global-Mobility-Trends-Infographics.

Government of India. An Approach to the Twelfth Five Year Plan － Education［EB/ OL］.［2016-10-16］. http：//www. mhrd. gov. in/sites/upload_ files/mhrd/files/document-reports/XIPlandocument_1. pdf.

Government of India. Status of InternationalStudents in India for Higher Education［EB/ OL］.［2016-10-16］. http：//www. mhrd. gov. in/sites/upload_ files/mhrd/files/statistics/FSI2014_0. pdf.

Government of India. The Foreign Educational Institutions（ Regulation of Entry and Operations）Bills，2010［EB/OL］.［ 2016-10-27］. http：//karmayog. org/education/ upload/29981/Foreign％20Educational％20Institutions％20Bill％202010. pdf.

Government of India. Towards Faster and More Inclusive Growth［EB/OL］.［2016-10-10］. http：//planningcommission. nic. in/plans/planrel/app11_16jan. pdf.

Hessisches Kultusministerium. Zertifizierung von drei neuen Hessischen Europaschulen ［DB/OL］.［2015-09-14］. http：//www. europaschulen. de/8. html.

Higher Education Statistic Agency. Higher Education Statisticsfor the UK 2004/05 ［EB/OL］. 2004. https：//www. hesa. ac. uk/index. php？ option＝com_ content&view ＝article&id＝2484.

History of the Tempus programme-main milestones［EB/OL］.［2015-04-05］. http：//eacea. ec. europa. eu/tempus/programme/history_tempus_en. php.

HM Government. International Education：Global Growth and Prosperity［R/OL］. （2013-07-29）［2014-09-15］. https：//www. gov. uk/government/publications/international-education-strategy-global-growth-and-prosperity.

IIE. IIE 2001 Annual Report［R］. 2002.

Impact of the Comenius School Partnerships on the participant schools［EB/OL］.［2016-

02-25]. http://www2. cmepius. si/files/cmepius/userfiles/publikacije/2013/comenius-report_en. pdf.

Institute of International Education. Open Doors Fact Sheet: India 2010[EB/OL]. [2016-10-27]. http://www. iie. org/~/media/Files/Corporate/Open-Doors/Fact-Sheets-2010/Country/India Fact Sheet-Open Doors 2010. pdf? la=en.

International Student Survey 2014 Overview Report[EB/OL]. Australian Government Australian Education International [2016-06-20]. https://internationaleducation. gov. au/research/research-papers/Documents/ISS%202014%20Report%20 Final. pdf.

Internationalization. [EB/OL]. [2015-10-17]. http://www. acenet. edu /newsroom/Pages /CIGEModelfor-Comprehensive Internationalization. aspx.

J. William Fulbright Foreign Scholarship Board. Annual Report 2011—2012. eca. state. gov/files/bureau/2011-2012_ffsb_annual_report. pdf.

J. William Fullbright The Creative Power of Exchange A Quarter Centry: The American Adventure in Academic Exchange The Fullbright Program: A History Chicago: University of Chicago Press.

Judah P. Makonye. The Impact of a National Curriculum on Equity Learning and Achievement: The Case of Curriculum 2005 in South Africa[EB/OL]. [2016-12-28]. http://researchggate. net/publication/265396743_. The_ Impact _o_f a _National_ Curriculum_ on _Equity_ Learning _and _Achievement_ The_ Case_ of _Curriculum_ 2005_ in _South _Africa.

Kaushiki Sanyal. Legislative Brief of The Foreign Educational Institutions (Regulation of Entry and Operations) Bill, 2010[EB/OL]. [2016-10-27]. http://www. prsindia. org/uploads/media/Foreign%20Educational%20Institutions%20Regulation/Legislative%20Brief%20-%20Foreign%20Education%20Bill. pdf.

Knight, J. Internationalization of Higher Education Practices and Priorities' IAU Survey Report[R]. Paris: UNESCO. 2003.

Kofi Annan. A Call for the Internationalization of Teacher Education in an Era of Globalization [J/OL]. [2013-06-30]. http://www. educatorsabroad. org/ndownload. aspx? bib=74.

Kultusministerkonferenz. Beschluss der Kultusministerkonferenz vom 08. 06. 1978 i. d. F. vom 05. 05. 2008[DB/OL]. (2008-05-05)[2016-08-17]. https://www. kmk. org/ fileadmin/Dateien/veroeffentlichungen _ beschluesse/1978/1978 _ 06 _ 08 _ Europabildung. pdf.

Learning and Skills Improvement Service. Learning and Skills for a Global Economy[R/OL]. [2010-03-01]. http://webarchive. nationalarchives. gov. uk/20130802101903/http://www. lsis. org. uk/sites/www. lsis. org. uk/files/migrated-files/Globalisation-Research-Report. pdf.

London First&PWC. London Calling: International Students' Contribution to Britain's Economic Growth [R]. [2016-12-26]. http://classof2020. nl/wp-content/uploads/2016/06/International-students-contribution-to-Britains-economic-growth-June-2015-pwc. pdf.

Lundall P. Howell C. Computers in Schools: A National Survey of Information Communication Technology in South Africa Schools [EB/OL]. [2016-12-25]. Http://ai. org. za.

Michael Gove. Education Secretary Michael Gove speaks to the BETT conference about how technology and computing are changing education[EB/OL]. (2014-01-22)[2014-09-15]. https://www. gov. uk/government/speeches/michael-gove-speaks-about-computing-and-education-technology.

Ministry of Human Resource Development Government of India. Some Inputs for Draft National Education Policy [/EB/OL]. [2016-10-23]. http://www. mhrd. gov. in/sites/upload_files/mhrd/files/nep/Inputs_Draft_NEP_2016. pdf.

Ministry of Human Resource Development Government of India. The Indira Gandhi National Open University Act, 1985 [EB/OL]. [2016-10-16]. http://www. mhrd. gov. in/sites/upload_files/mhrd/files/upload_document/IGNOUACT-1985. pdf.

Australian Government Department of Foreign Affairs and Trade. Mobility Program Guideline 2017 [EB/OL]. [2016-06-15]. http://dfat. gov. au/people-to-people/new-colombo-plan/mobility-program/Pages/mobility-program-guidelines-2017. aspx.

Monthly Summary of the International Student Data January-June 2016[EB/OL]. [2016-06-20]. Australian Government Department of Education and Training. https://internationaleducation. gov. au/research/International-Student-Data/Documents/MONTHLY%20SUMMARIES/2016/06_June_2016_MonthlySummary. pdf.

Naidoo,Perm and Singh,Mala. In The Aftermath of Liberalization Designing a Common Framework for Public and Private Providers to Serve National Development Goals: South Africa[Z]. Paris: Paper Prepared for the Policy Forum on Accreditation and the Global Higher Education Market,2005(6).

National Foundation for Educational Research. Primary Modern Foreign Languages[R/

OL]. [2009-07-01]. http://webarchive. nationalarchives. gov. uk/20111122063311/ http://education. gov. uk/publications/eorderingdownload/dcsf-rr127. pdf.

Australian Government Department of Education and Training. National Strategy for International Education 2025 [EB/OL]. [2016-06-20]. https://internationaleducation. gov. au/International-network/Australia/InternationalStrategy/Pages/NationalStrategy. aspx.

Australian Government Department of Education and Training. National Strategy for International Education 2025[EB/OL]. [2016-06-20]. https://nsie. education. gov. au/.

NelsonMandela. Inaugural Address as President of South Africa[EB/OL]. [2016-06-15]. http://blackpast. org/1994-nelson-mandela-s-inaugual-address-president-south-africa.

Australian Government Department of Foreign Affairs and Trade . New Colombo Plan [EB/OL]. [2016-06-15]. http://dfat. gov. au/people-to-people/new-colombo-plan/Pages/new-colombo-plan. aspx.

Minister for Foreign Affairs. New Colombo Plan 2016 Scholars announced[EB/OL]. [2016-06-15]. http://foreignminister. gov. au/releases/Pages/2015/jb _ mr _ 151201. aspx.

Open Doors Data International Students: Enrollment Trends[EB/OL]. [2016-10-08]. http://www. iie. org/Research-and-Publications/Open-Doors/Data/International-Students/Enrollment-Trends/1948-2015.

Opendoors. International students in the U. S. 2016 Fast Fact[R]. (2016-11-01)[2016-12-26]. http://www. iie. org/Research-and-Publications/Open-Doors/Data/Fast-Facts#. WG_HG1TFmlc.

Presidency Conclusions of the Barcelona European Council, 15 and 16 March 2002[EB/OL]. [2016-02-25]. http://www. consilium. europa. eu/uedocs/cms_data/docs/pressdata/en/ec/69871. pdf.

Proposal for a European Parliament and Council Decision Establishing the Second Phase of the Community Action Programme in the Field of education "Socrates"[EB/OL]. [2016-02-26]. http://aei. pitt. edu/10294/1/10294. pdf.

Australian Government Department of Foreign Affairs and Trade. Scholarship Program Guideline 2017 [EB/OL]. [2016-06-15]. http://dfat. gov. au/people-to-people/newcolombo-plan/scholarship-program/Pages/scholarship-program-guidelines-2017. aspx.

Skills Funding Agency. SFA: European Social Fund[EB/OL]. (2014-02-25)[2014-10-

14]. https://www. gov. uk/government/publications/sfa-european-social-fund/sfa-european-social-fund.

Social Mobility& Child Poverty Commission. State of the Nation 2014: Social Mobility and Child Poverty in Great Britain[R/OL]. [2014-10-14]. https://www. gov. uk/government/publications/state-of-the-nation-2014-report.

Statistisches Bundesamt. Bevölkerung mit Migrationshintergrund auf Rekordniveau[EB/OL]. (2016-09-16)[2016-12-05]. https://www. destatis. de/DE/PresseService/Presse/Pressemitteilungen/2016/09/PD16_327_122. html.

Stumpf, R. Higher Education Sub-Sector Analysis[Z]. 2010. Unpublished paper commissioned by the World Bank. Pretoria.

The Africa Unit. Good Practices in Educational Partnerships Guide [R/OL]. 2010. http://webarchive. nationalarchives. gov. uk/adv_search/.

The Constitution of Republic of South Africa [EB/OL]. [2016-12-30]. http://www. goa. za/documents/constitution/constitution-republic-south-africa-1996-1.

The Lifelong Learning Programme 2007-2013 - Glossary[EB/OL]. [2016-02-26]. http://programmaleonardo. net/llp/cd/cd2/dati/documenti/LLP%20glossary. pdf.

The National Education Policy Act[EB/OL]. [2017-01-04]. Http;//saflii. org/za/legis/consol_act/nepa1996256. pdf.

Australian Government Department of Foreign Affairs and Trade. The New Colombo Plan Mobility Program[EB/OL]. [2016-06-15]. http://dfat. gov. au/people-to-people/new-colombo-plan/mobility-program/Pages/mobility-program. aspx.

Australian Government Department of Foreign Affairs and Trade. The New Colombo Plan Scholarship Program[EB/OL]. [2016-06-15]. http://dfat. gov. au/people-to-people/new-colombo-plan/scholarship-program/Pages/scholarship-program. aspx.

The South Africa Qualification Authority Act [EB/OL]. [2016-12-26]. http://saqa. org. za/show. php? id=5469.

The White Paper on Education andTraining [EB/OL]. [2017-01-04]. http://education. gov. za/Portals/0/Documents/Legislation/White%20 Paper %20on%20 Education %20and %20Training%20pdf1995.

TimLoughton. The Parliamentary Under-Secretary of State for Children and Families stresses the importance of technology in education at the BETT Education Leaders' Conference and exhibition at Olympia[EB/OL]. (2012-04-26)[2014-09-16]. https://www. gov. uk/government/speeches/tim-loughton-to-the-bett-education-leaders-conference.

Toward a Policy on Internationalization of Higher Education for South Africa：Global，National and Institutional Imperatives［EB/OL］．［2016-11-04］．http：//www.che. ac. za/sites/default/publications/d00085_Toward_ a _Policy _on_ Internationalization _of _Higher_ Education _for _South_ Africa_Global,_National _and_ Institutional _Imperatives. pdf.

Treaty of Maastricht［EB/OL］．［2015-11-02］．http：//testpolitics. pbworks. com/w/page/20734328/Treaty％20of％20Maastricht.

U. S. Students in Overseas Degree Programs：Key Destinations and Fields of Study［EB/OL］．［2015-11-22］．http：//www. iie. org /en /Research-and -Publications /Project -Atlas /Mobility-Publications.

UK Commission for Employment and Skills. Understanding Employer Networks［R/OL］．［2013-02-01］．https：//www. gov. uk/government/uploads/system/uploads/attachment_data/file/303510/ER66_Understanding_employer_networks_-_Feb_2013. pdf.

UNESCO. Draft Conclusion and Recommendations. Expert Meeting on the Impact of Globalization on Quality Assurance，Accreditation and the Recognition of Qualifications in Higher Education［R/OL］．［2016-11-04］．http：//unesdoc. unesco. org/images/0014/001459/145969m. pdf.

UNESCO. Higher Education in aGlobalized Society：UNESCO Education Position Paper［R/OL］．［2016-11-05］．http：//101. 96. 8. 165/unesdoc. unesco. org/images/0013/001362/136247e. pdf.

UNESCO. Preliminary Report Concerning the Preparation of A Global Convention on the Recognition of Higher Education Qualifications［R/OL］．［2016-11-04］．http：//101. 96. 8. 165/unesdoc. unesco. org/images/0023/002352/235261e. pdf.

UNESCO. Recognition of Qualifications［R/OL］．［2016-11-03］．http：//www. unesco. org/new/en/education/themes/strengthening-education-systems/higher-education/recognition/.

University Grants Commission. International Students in Indian Institutions of Higher Education（2012－2013&.2013－2014）［R］. 2016. Secretary，University Grants Commission,New Delhi-110002.

University of Cambridge. Global research［EB/OL］．［2014-08-06］．http：//www. cam. ac. uk/global-cambridge/global-research.

WENR World Education News &. Reviews. International Student Mobility Trends 2015：An economic Perspective［N］. （2015-02-02）［2016-12-29］．http：//wenr. wes.

org/2015/02/international-student-mobility-trends-2015-an-economic-perspective.

What is the European Qualifications Framework (EQF)？［R/OL］.(2011-03-17)［2014-10-22］.http：//webarchive.nationalarchives.gov.uk/20111206224617/http：//www.ofqual.gov.uk/qualifications-assessments/eqf？format＝pdf.

William Fulbright Foreign Scholarship Board，Fulbright 1955：the 32nd Annual Report of William Fulbright Foreign Scholarship Board［R］. 29.

"100k strong," http：//www.100kstrong.org/initiatives/100k-strong/，2017-10-14.

www.eca.state.gov/files/bureau/fulbright_one-pager_2014.pdf.

「第 9 回　教育再生分科会議事録」平成 19 年 4 月 18 日，p.13，http：//www.kantei.go.jp/jp/singi/kyouiku/3bunka/dai9/9gijiroku.pdf.

「留学生 10 万人計画」達成の経緯，http：//www.iic.tuis.ac.jp/edoc/journal/ron/r13-2-4/r13-2-4b.html.

「日本人の海外留学者数」及び「外国人留学生在籍状況調査」等について［R］.［2015-09-01］http：//www.mext.go.jp/a_menu/koutou/ryugaku/1345878.htm.

国際理解教育の文献リストⅡ（1998—2003 年）.

経済産業省.2011 年 6 月 22 日グローバル人材育成推進会議中間まとめの概要、関連資料・データ集参考資料 1－3［R］.［2016-10-08］.http：//www.meti.go.jp/policy/economy/jinzai/san_gaku_kyodo/sanko1-3.pdf.

留学生の受入れ推進施策に関する政策評価書［R］.総務省，2005.

留学生政策論議に道［N］.朝日新聞，2007-11-05(29).

日本政府観光統［R］.［2015-09-20］.https：//www.jnto.go.jp/jpn/news/data_info_listing/pdf/150120_monthly.pdf.

太田泰彦.日米商工会議所会長レイク氏——留学生誘致は大学改革で（インタビュー領空侵犯）［N］.日本経済新聞，2008-09-22(5).

特集——キーワード3、留学生 30 万人計画、観光圏、他（次の10 年へ未来を読む）［N］.日本経済新聞，2010-01-01(39).

文部科学省.「日本人の海外留学者数」及び「外国人留学生在籍状況調査」等について［R］.［2016-10-05］.http：//www.mext.go.jp/a_menu/koutou/ryugaku/1345878.htm.

文部科学省. 文部科学白書［R］. 2007.

文部科学省. 学制百二十年史［R］.［2016-10-09］.http：//www.mext.go.jp/b_menu/hakusho/html/others/detail/1318221.htm .

文部科学省高等教育局・学生・留学生課留学生交流室　留学生交流の推進について［R］. 2010.

文部省. 我が国の文教施策［R］. 1989.

后　记

随着世界政治格局的变化和世界经济一体化趋势的加强,教育国际化已成为世界教育的发展趋势,引起了各国政府以及国际社会的广泛关注。本课题从教育国际化政策制定的背景与依据、政策变迁过程、政策实施效果、政策特征等方面,重点比较研究了中外几个主要国家的教育国际化政策及其实施效果,这不仅有助于我们深刻把握教育国际化的国际经验,也有助于我们在国际背景下认识我国教育国际化政策和实践的特色,并为进一步推动我国教育国际化战略的实施提供一些参考。

本研究得到了全国教育科学规划办公室的大力支持,被列为国家社会科学基金 2013 年度的教育学重点项目,在此表示衷心感谢。本书能够顺利付梓得益于我们整个学术研究团队的共同努力。北京师范大学国际与比较教育研究院马健生教授负责全书整体的框架设计、分工组织和统稿工作。参与本书研究与撰写工作的是:

杭州电子科技大学中国科教评价研究院讲师田京博士:第一章。

福建师范大学教育学院讲师吴佳妮博士:第二章。

宁波诺丁汉大学副研究员孙珂博士:第三章。

北京师范大学国际与比较教育研究院硕士生王苏雅:第四章。

洛阳师范学院副教授杨红军博士:第五章。

北京师范大学国际与比较教育研究院博士生时晨晨:第六章。

上海师范大学国际与比较教育研究院孔令帅教授、硕士生陈铭霞:第七章。

北京师范大学国际与比较教育研究院博士生蔡娟:第八章。

北京师范大学国际与比较教育研究院硕士生王杨楠:第九章。

北京师范大学国际与比较教育研究院博士生蔡娟：第十章。

中国农业大学人文与发展研究院副教授金帷博士：第十一章。

在三年多的研究过程中，我们还得到了北京师范大学国际与比较教育研究院的王英杰教授、刘宝存教授、高益民教授、王璐教授、林杰教授、谷贤林教授、孙进教授、滕珺副教授，以及国家教育发展研究中心周满生研究员、东北师范大学张德伟教授、首都师范大学丁邦平教授、北京大学施晓光教授等专家和学者的指导和帮助，在此表达我们最诚挚的感谢！最后，衷心地感谢北京师范大学出版社编辑陈红艳女士，正是她的细心和认真才得以保证本书的质量。

在开展研究的过程中，我们查阅和引用了许多学者的研究成果，在此深表谢意！我们尽管做出了很多的努力，数易其稿，但是由于水平有限，书中难免有谬误之处，还望学界同人多多批评赐教！

马健生

北京师范大学国际与比较教育研究院

北京师范大学研究生教育研究中心

2018 年 3 月

图书在版编目(CIP)数据

教育国际化政策及其实施效果的国际比较研究 / 马健生
等著 . —北京：北京师范大学出版社，2018.6
ISBN 978-7-303-23745-6

Ⅰ.①教… Ⅱ.①马… Ⅲ.①教育－国际化－教育政策
－对比研究－世界 Ⅳ.①G510

中国版本图书馆 CIP 数据核字(2018)第 099801 号

营 销 中 心 电 话　010-58805072　58807651
北师大出版社高等教育与学术著作分社　http://xueda.bnup.com

JIAOYU GUOJIHUA ZHENGCE JIQI SHISHI XIAOGUO DE GUOJI BIJIAO YANJIU

出版发行：北京师范大学出版社 www.bnup.com
　　　　　北京海淀区新街口外大街 19 号
　　　　　邮政编码：100875
印　　刷：三河市兴达印务有限公司
经　　销：全国新华书店
开　　本：787 mm×1092 mm　1/16
印　　张：32.25
字　　数：500 千字
版　　次：2018 年 6 月第 1 版
印　　次：2018 年 6 月第 1 次印刷
定　　价：78.00 元

策划编辑：陈红艳　　　　　　　　责任编辑：鲍红玉
美术编辑：李向昕　　　　　　　　装帧设计：李向昕
责任校对：段立超　王志远　　　　责任印制：马　洁